KB265909

폭풍의 언덕

세계교양전집 54

폭풍의 언덕

에밀리 브론테 지음

이현숙 옮김

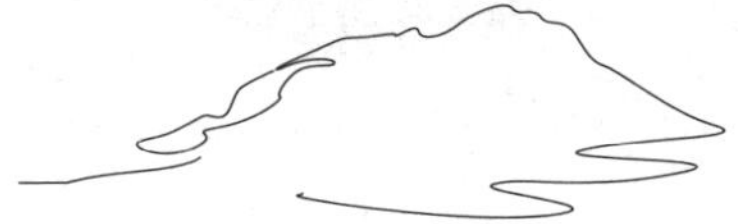

올리버

에밀리 브론테Emily Brontë

• 차례 •

1권

1장

　1801년. 방금 집주인 댁에 다녀왔다. 이제 그는 내가 신경 써야 할 유일한 이웃이다. 참으로 경치 좋은 시골이다! 영국 어디를 둘러보아도, 이처럼 세상사의 소란과 완전히 동떨어진 곳은 찾기 어렵다. 완벽한 염세가에게 이보다 더한 천국이 또 있을까. 히스클리프 씨와 나는 이 황량한 고립을 나누기에 더없이 어울리는 한 쌍이다. 참으로 훌륭한 친구를 둔 셈이다. 내가 말을 세우자, 그의 검은 눈이 미심쩍은 듯 눈썹 아래로 숨어들었고, 내가 이름을 밝히자 경계심을 늦추지 않고 손을 조끼 속으로 더 깊숙이 파묻었다. 그는 상상도 못 했겠지만, 나는 그 모습을 보고 마음이 따뜻해짐을 느꼈다.

　"히스클리프 씨 되십니까?" 내가 물었다.

　고개를 한 번 끄덕이는 것이 그의 대답이었다.

　"록우드입니다. 새로 세 들어 살게 된 사람인데, 도착하자마자 찾아뵙는 게 예의라 생각했습니다. 제가 스러시크로스 그레인지Thrushcross

Grange*를 빌리고 싶다고 거듭 청을 드렸는데, 그 일로 혹시 불편을 끼친 건 아닌지 염려가 됩니다. 어제 듣기로는, 다시 생각해 보신 게 있다고 하던데….”

“스러시크로스 그레인지는 내 소유요.” 그가 얼굴을 찡그리며 말을 끊었다. “내가 막을 수 있다면, 누가 나한테 불편을 끼치게 두진 않소. 들어오시오.”

이 ‘들어오시오’라는 말을 그는 이를 악문 채 내뱉었다. 듣기에 따라서는 ‘꺼져 버려!’라는 말과 다를 바가 없었다. 그가 기대어 서 있던 대문조차도 그의 말에 전혀 동조하지 않는 듯 꼼짝하지 않았다. 그런데 묘하게도 그 싸늘한 태도에 오히려 안으로 들어가야겠다는 마음이 생겼다. 나보다 훨씬 더 속을 숨기는 사람에게 흥미가 일었기 때문이다.

내 말이 몸통으로 문을 힘껏 밀치는 모습을 보고 나서야 그는 손을 뻗어 문에 걸린 사슬을 풀었다. 그러고는 언짢은 표정으로 앞서 걸어가다가 안뜰에 들어서자, 큰 소리로 외쳤다.

“조지프, 록우드 씨의 말을 끌고 가. 포도주도 좀 가져오고.”

‘짐작건대, 이 집안 전체 일을 도맡아 하는 하인인가 보군.’ 한 사람에게 두 가지 지시를 내리는 것을 보고 나는 이렇게 생각했다. ‘이러니 돌길 사이엔 풀이 무성하고, 산울타리 손질은 풀 뜯는 소들의 몫이겠지.’

조지프는 늙수그레한, 아니… 아주 늙은 사내였다. 어쩌면 꽤 고령

---

* ‘개똥지빠귀(thrush)가 지나다니는(cross) 곳의 시골 저택(grange)’이라는 뜻으로, 브론테가 창작한 지명이자 저택의 이름이다. 황야의 거친 야생성을 상징하는 ‘워더링 하이츠(Wuthering Heights)’와 극명하게 대비되는 공간으로, 린턴 가문의 우아한 격식과 부, 그리고 정돈된 문명 세계를 상징한다.

일지도 모르지만, 여전히 몸은 건장하고 힘줄이 불거져 있었다.

"아이고, 주님!" 그는 내 말을 넘겨받으며 앵돌아진 듯 나직이 중얼거렸다. 그러면서도 내 얼굴을 심술궂게 쳐다보기에, 나는 이 늙은이가 식후에 속이 불편해서 주님께 하소연을 하는 것이지, 내 느닷없는 방문과는 아무 상관이 없으려니 하고 너그럽게 넘겨 버렸다.

워더링 하이츠Wuthering Heights*는 히스클리프 씨가 사는 저택의 이름이다. '워더링Wuthering'이라는 말은 이 고장에서 특별한 의미가 있는 형용사로, 폭풍이 몰아칠 때 위치상 이 집이 온전히 맞닥뜨려야 하는 대기의 격동을 표현하고 있다. 저 위에는 사시사철 맑고 서늘한 바람이 쉬지 않고 드나들 테니, 통풍 하나만큼은 더할 나위 없이 좋을 것이다. 집 끝자락에 서 있는 전나무 몇 그루가 다 자라지도 못한 채 한쪽으로 심하게 기울어 있고, 한 줄로 늘어선 앙상한 가시덤불은 마치 태양에 구걸이라도 하듯 모두 한쪽으로 뻗어 있다. 이를 보기만 해도 산마루를 넘어 불어오는 북풍의 위력을 짐작할 수 있다. 다행히도 건축가의 선견지명 덕에 건물은 튼튼하게 지어졌다. 좁은 창문은 벽 속 깊이 박혀 있고, 벽 모퉁이마다 커다란 돌출석이 버팀목처럼 서 있어 바람을 막아 준다.

문지방을 넘기 전, 나는 잠시 걸음을 멈추었다. 집 정면에 아낌없이 새겨진 괴이한 조각들이 내 눈을 사로잡았기 때문이다. 특히 출입

*《폭풍의 언덕》의 원제이자 소설의 주요 배경인 저택의 이름이다. '워더링(Wuthering)'은 집이 자리한 언덕에 폭풍우가 몰아칠 때 대기가 소용돌이치며 내는 거친 소리를 뜻하는 요크셔 지방의 방언이며, '하이츠(Heights)'는 높은 지대를 의미한다. 이 명칭은 황야의 혹독한 기후뿐 아니라, 그곳에 사는 인물들의 격정적인 기질과 히스클리프의 야성적인 내면을 상징한다. 이 책에서는 이 고유한 상징성을 온전히 전달하기 위해 원어의 독음을 살려 표기한다.

문 위쪽에는, 부서져 가는 그리핀*들과 발가벗고도 부끄럼을 모르는 어린 사내아이들이 뒤엉켜 난장판처럼 어지럽게 늘어선 조각들 사이로, '1500'이라는 연도와 '헤어턴 언쇼'라는 이름이 눈에 들어왔다. 나는 이 퉁명스러운 주인에게 집에 대한 감상평이라도 몇 마디 건네며 이 집의 짤막한 내력을 들려달라고 청하고 싶었지만, 문간에 선 주인의 태도에는 내게 어서 들어오든지 아니면 당장 물러가라는 기색이 역력했다. 결국 나는 집 안을 살펴보기도 전에 그의 성마름을 더 부채질하고 싶지 않아 말없이 발을 들여놓았다.

한 걸음 내딛자마자 우리는 바로 가족들이 모이는 큰방으로 들어섰다. 별도의 현관이나 복도는 없었다. 이 고장에서는 특별히 이런 공간을 '하우스'라고 부른다. 일반적으로 부엌과 응접실을 포함하지만, 워더링 하이츠에서는 부엌이 다른 구역으로 멀찍이 밀려나 있는 듯했다. 적어도 안쪽 깊숙한 곳에서는 두런두런 이야기를 나누는 말소리와 조리 도구들이 쩽그랑거리는 소리가 들려왔지만, 거대한 벽난로 주변에는 고기를 굽거나 삶거나 빵을 구운 흔적이 전혀 없었고, 벽에도 반짝거리는 구리 냄비나 양철 채반 같은 것은 하나도 걸려 있지 않았다. 사실 방 한쪽 끝은 실로 눈이 부실 만큼 반짝이고 있었다. 커다란 참나무 장식장 위로 줄지어 늘어선 백랍** 접시들과 그 사이로 군데군데 놓인 은주전자, 그리고 큰 잔들이 층층이 쌓여 천장에 닿을 듯했고, 그 빛과 열이 방 안 가득 퍼졌다. 하지만 애초부터 반자*** 없이 마감한 천장이라 유심히 쳐다보면 서까래와 들보가 그 민낯

---

* 독수리의 머리·날개에 사자의 몸통을 가진 괴수.
** 주석을 주성분으로 한 합금. 은과 비슷한 광택이 나며 견고하여, 18~19세기 초반 유럽의 부유한 자작농이나 중산층에서 재력을 상징하는 고급 식기 재료로 널리 쓰였다.
*** 지붕 밑이나 위층 바닥 밑을 평평하게 가려 치장한 천장의 아랫면.

을 고스란히 드러내고 있었다. 다만, 귀리 비스킷과 소와 양의 넓적다리며 햄 덩어리들을 뭉텅이째 얹어 둔 나무틀이 그 일부만을 가리고 있을 뿐이었다. 벽난로 위에는 형편없이 낡은 총들이 잡다하게 널려 있었고, 기병용 단총 두 자루도 눈에 띄었다. 벽난로 선반 위에는 고상함이라고는 눈곱만치도 찾아볼 수 없이 번지르르하게 칠해진 작은 통 세 개가 장식용으로 늘어서 있을 따름이었다. 바닥에는 매끄럽고 하얀 돌이 깔렸으며, 등받이가 높고 투박한 의자들은 녹색으로 칠해져 있었다. 또한 육중한 검은 의자 한두 개가 그림자에 가려져 있었다. 장식장 바로 밑 아치형 공간에는 커다란 적갈색의 암컷 포인터 사냥개 한 마리가 깽깽거리는 새끼들에 둘러싸여 드러누워 있고, 다른 개들은 이 구석 저 구석을 어슬렁거리고 있었다.

이 방이나 가구가 무릎 바지에 각반을 차고 튼튼한 다리통을 드러낸, 고집스러운 인상의 투박한 북부 농부의 소유라면 아주 자연스러워 보였을 터였다. 식사 후 적당한 때에, 이런 사람이 안락의자에 앉아 둥근 탁자 위로 거품 이는 맥주잔을 올려놓는 모습은, 이 일대 언덕 마을 5~6마일* 안팎을 한 바퀴만 둘러보아도 어디서나 흔히 볼 수 있는 광경이니 말이다. 그러나 히스클리프 씨는 그의 거처나 생활 양식과는 확연히 대비되는 존재다. 생김새는 낯빛이 거무스름한 집시인데, 옷차림과 태도만큼은 여느 신사 못지않다. 말하자면, 시골 유지다운 풍모를 갖춘 신사라고 할 수 있다. 다소 단정치 못한 구석이 있을지언정, 곧은 자세와 잘생긴 외모 덕분에 그 허술함이 오히려 눈에 거슬리지 않는다. 하지만, 기분은 조금 침울해 보인다. 혹자는 그에게서 본데없이 자란 자들 특유의 오만함을 눈치챌지도 모른다. 그러

* 1마일은 약 1.6km에 해당한다.

나 내 마음속 깊은 울림은 그건 결코 그런 부류의 오만함은 아니라고 속삭인다. 나는 본능적으로 그의 과묵함은 야단스럽게 감정을 내비치는 것에 대한 반감, 즉 서로 친절을 주고받는 식의 겉치레를 혐오하는 데서 비롯된 것임을 안다. 그는 사랑도 미움도 아무도 모르게 은밀하게 할 것이고, 사랑받거나 미움받는 일조차 주제넘는 짓으로 여길 것이다. 아니, 내가 너무 앞서 나가고 있다. 나 자신의 기질적 특성을 그에게 지나치리만치 투영하고 있다. 히스클리프 씨가 친한 척 다가오는 사람에게 손을 내밀지 않는 데는, 아마 나와는 전혀 다른 까닭이 있을 것이다. 부디 내 기질이 유별나게 특이한 것이길 바랄 뿐이다. 어머니께서는 내가 평생 안락한 가정을 이루지 못할 거라고 늘 말씀하셨다. 아니나 다를까 지난여름, 나는 내게 그런 안식처를 누릴 자격이 추호도 없음을 아주 제대로 증명해 보였다.

해변에서 한 달간 이어진 화창한 날씨를 즐기던 중, 나는 무척이나 매혹적인 한 사람과 자연스레 안면을 트게 되었다. 그녀가 내게 관심을 두지 않는 동안만큼은 내 눈에 비친 그녀는 진정한 여신이었다. 입으로 나는 '결코 나의 사랑을 말하지 않았다.'* 다만 눈빛에도 말이 담길 수 있다면 천하의 바보 천치라도 내가 완전히 빠져 있다는 걸 알아챌 수 있었을 것이다. 마침내 그녀는 내 마음을 알아주었고, 나를 바라봐 주었다. 세상 그 무엇과도 바꿀 수 없는 달콤한 눈빛으로. 그런데 나는 어떻게 했을까? 부끄럽게도 고백하자면, 달팽이처럼 내 안으로 움츠러들어, 그녀의 눈길이 닿을 때마다 점점 더 냉랭하게 물

---

* 셰익스피어의 희곡 《십이야(Twelfth Night)》의 대사인 "그녀는 결코 자신의 사랑을 말하지 않았다.(She never told her love.)"를 인용한 것이다. 록우드는 말할 수 없는 사랑이 있음을 읊조리는 이 유명한 구절을 그 자신에게 투영함으로써, 자신의 침묵을 문학적이고 고결한 절제로 포장하고 있다.

러섰다. 결국 그 순진한 아가씨는 자신의 눈과 귀를 믿지 못하게 되었고, 잘못 짚었다는 생각에 당혹스러워하며 어머니를 졸라 해변을 떠나고 말았다.

이런 별난 성격 탓에 나는 일부러 매정하게 군다는 평판을 얻게 되었지만, 그것이 얼마나 억울한 오해인지는 나만이 알 뿐이다.

나는 벽난로 한쪽 끝에 자리를 잡았다. 집주인이 맞은편으로 다가왔다. 잠시 찾아온 어색한 침묵을 달랠 겸, 새끼들을 놔두고 내 다리 뒤로 슬며시 다가온 어미 개를 쓰다듬어 보려 했다. 그러자 녀석은 입술을 젖히더니 흰 이를 드러내고 침을 흘리며, 금세라도 덤벼들 듯한 기세였다.

내 손길이 닿자, 어미 개가 목구멍소리로 낮고 길게 으르렁거렸다.

"그 개는 손대지 않는 게 좋을 거요." 히스클리프 씨가 어미 개와 한목소리를 내듯 낮게 으르렁거렸다. 그는 어미 개가 더 사납게 굴지 못하도록 발로 툭 찼다.

"응석받이로 자란 녀석이 아니오. 애완견이 아니니까."

그러고는 옆문으로 성큼 다가가 거칠게 소리쳤다. "조지프!"

조지프가 지하실 밑에서 뭐라 중얼거리긴 했으나, 올라오는 기척은 전혀 없었다. 이에 주인은 재빨리 지하실로 내려갔고, 나는 사납게 생긴 암캐 한 마리랑 우락부락한 양치기 개 두 마리와 마주한 채 홀로 남겨졌다. 세 마리의 개는 내 모든 움직임을 빈틈없이 지켜보았다.

나는 그놈들의 송곳니와 접촉하고픈 어떤 욕망도 없었기에 그저 가만히 앉아 있었으나, 불행히도 그 개들이 내 은밀한 조롱을 알아차릴 리 없을 거라는 생각에 이르자, 삼인조를 향해 눈을 깜빡이고 오만상을 짓는 장난을 치고 말았다. 그 순간, 내 어떤 표정이 암캐의 심사를 뒤틀리게 했는지는 알 수 없으나 그놈이 돌연 성난 기세로 내 무릎 위로 뛰어올랐다. 나는 놈을 있는 힘껏 내던지고, 급히 테이블을 끌어와 앞을 가로막았다. 그러자 마치 벌집이라도 건드린 듯 일이 걷잡을 수 없이 커지고 말았다. 크기도 나이도 제각각인 대여섯 마리의 네 발 달린 악마들이 숨죽이고 있던 은신처에서 우르르 몰려나왔다. 내 발뒤꿈치와 외투 자락이 특히 놈들의 표적이 된 것 같았다. 나는 부지깽이를 휘두르며 덩치가 더 큰 녀석들의 공격은 어떻게든 막아 냈지만, 결국 평화를 되찾겠다는 명분 아래 어쩔 수 없이 목청껏 집안 사람들을 불러 병력 지원을 요청하지 않을 수 없었다.

히스클리프 씨와 그의 하인은 아무렇지 않은 듯 태연하게 지하실 계단을 올라왔다. 난롯가는 사납게 물어뜯고 짖어 대는 개들의 난동으로 그야말로 아수라장이었지만, 그들은 평소의 걸음걸이보다 단 1초도 빨라진 것 같지 않았다.

다행히도 부엌에서 지원군이 더 신속히 출동했다. 양 볼이 불처럼 달아오른 활기찬 아낙이 소매를 걷어 올리고 팔을 드러낸 채, 프라이팬을 휘두르며 나와 개들 사이로 성큼 달려들었다. 그녀가 그 무기와 혀를 능수능란하게 휘두른 덕분에 난동은 마법처럼 진압되었고, 오직 그녀만이 강풍이 휘몰아친 직후의 바다처럼 온몸을 들썩이며 헐떡이고 있었다. 주인은 그제야 현장에 모습을 드러냈다.

"대체 이게 무슨 소란이오?" 그가 내게 물었다. 이토록 터무니없는 냉대를 받고 나서인지라, 나는 그의 태도를 도저히 참을 수가 없었다.

"정말, 대체 이게 무슨 소란이람!" 내가 중얼거렸다. "귀신 들린 돼지 떼도 댁의 저 개들보다는 순할 거요. 차라리 호랑이 떼가 낫겠군요!"

"가만히 있는 사람한테는 덤비지 않소." 그가 내 앞에 술병을 내려놓고, 밀려난 테이블을 제자리로 옮겼다. "개들은 제 할 일을 한 거요.

한잔하겠소?"

"아니, 됐습니다."

"물리지는 않았소?"

"그랬다면 나를 문 놈은 내가 휘두른 주먹에 우리 가문의 인장이 호되게 찍혔을 겁니다."

히스클리프가 씩 웃었다.

"자, 자." 그가 말했다. "록우드 씨, 진정하시고, 이거 좀 드시죠. 이 집에는 손님이 극히 드물어서, 솔직히 나도, 우리 개들도, 손님 맞는 법을 잘 모릅니다. 자, 록우드 씨의 건강을 위하여!"

나는 고개를 숙여 잔을 맞부딪쳤다. 생각해 보니, 망할 개 몇 마리 때문에 혼자 토라져 있는 것도 우스운 노릇이었다. 게다가 내 분통 터진 꼴이 그의 유일한 오락거리인 듯해서 더는 그에게 그런 재미를 줄 생각이 없어졌다.

그는 아마도 나무랄 데 없는 세입자를 자극해 봐야 득 될 게 없다고 여겼는지, 말끝을 잘라먹고 짧게 툭 내뱉던 말투를 조금 누그러뜨리더니 내가 흥미를 느낄 법하다고 여긴 화제, 즉 내가 앞으로 은거하게 될 거처의 장단점에 관해 이야기를 꺼냈다.

그와 몇 마디 나눠 보니, 의외로 제법 식견이 있는 사람이었다. 그래서인지, 거길 떠나기 전에는 내일 다시 들르겠다고 스스로 자청할 정도로 기분이 풀렸다.

그는 분명 나의 이런 방문이 두 번 다시 없길 바라는 눈치였다. 그래도 나는 갈 작정이다. 그와 비교하면, 나도 꽤 사교적인 인간이라는 생각이 든다.

2장

어제 오후는 안개가 자욱하고 쌀쌀했다. 히스heath* 덤불과 진창을 헤치고 워더링 하이츠까지 갈 생각을 하니, 차라리 서재 벽난로 앞에 들어앉아 시간을 보낼까 하는 마음이 있었다.

그런데 점심을 마치고,(참고로, 나는 대개 12시에서 1시 사이에 식사를 한다. 애초에 집을 세 낼 때 가구처럼 딸려 온 품위 있고 점잖은 가정부**는 5시

---

* 영국 황야에서 흔히 볼 수 있는 작고 낮은 관목류. 척박한 땅에서 잘 자라며, 보라색이나 분홍색의 작은 꽃을 피운다. 소설 속 거칠고 황량한 자연환경을 상징하며, 주인공 히스클리프(Heathcliff)의 이름 또한 이 식물이 자라는 절벽이라는 뜻에서 유래했다.

** 18~19세기 영국의 가정부(housekeeper)는 대저택의 여성 고용인 중 최고 직책으로, 단순히 가사를 돕는 하인을 넘어 가문의 살림 전반을 관리하고 하녀들을 통솔하는 실질적인 관리자였다. 주로 결혼하지 않은 중년 여성이 이 직책을 맡아 자신의 생애를 가문의 안녕에 온전히 바쳤으며, 미혼일지라도 그 직업적 위상에 걸맞게 '부인(Mrs.)'이라 불리며 존중받았다. 대를 이어 한 집안에 봉사하며 주인의 아이를 양육하고 가문의 개인사까지 깊이 공유하는 등, 단순한 고용인을 넘어선 친밀한 조력자이자 가족의 일원 같은 위상을 지녔다.

에 식사하고 싶다는 내 요구를 도무지 이해하지 못하거나, 이해하려 들지 않았다.) 벽난로 앞에서 느긋하게 하루를 보낼 생각으로 계단을 올라 방 안으로 들어서니, 하녀 하나가 빗자루며 석탄통이 널린 바닥에 무릎을 꿇고 앉아 잿더미를 퍼부어 불씨를 끄느라, 사방에 그야말로 지옥 같은 먼지를 일으키고 있었다. 나는 그 꼴을 보고는 얼른 물러나 모자를 집어 들고 4마일이나 걸어서 히스클리프의 정원 문 앞에 도착했다. 바로 그때였다. 마치 눈보라를 아슬아슬하게 따돌리기라도 한 듯 새털 같은 눈송이가 하늘에서 흩날리기 시작했다.

그 황량한 언덕 꼭대기 땅은 거무스름한 서리로 꽁꽁 얼어붙어 있었고, 찬 공기가 사방으로 스며들어 온몸이 덜덜 떨렸다. 사슬을 풀 수 없었던 나는 대문을 뛰어넘고, 제멋대로 자란 구스베리 덤불이 길 양쪽을 에워싼 돌길을 달려가 문을 두드렸다. 하지만 손마디가 저릿할 정도로 두드려도 인기척은 없었고, 개들만 짖어 댔다.

"이 빌어먹을 집구석!" 나는 속으로 외쳤다. "이따위로 손님을 푸대접하다니, 평생 자기들끼리 따로 살아도 모자랄 판이군. 나도 낮에는 빗장을 걸어 잠그지 않는데…. 알 게 뭐야, 반드시 들어가고야 말겠어!"

그렇게 결심을 굳히고, 나는 문고리를 움켜쥔 채 힘껏 흔들었다. 까칠한 얼굴의 조지프가 헛간 둥근 창문으로 머리를 내밀었다.

"뭔 일로 그러쇼?" 그가 소리쳤다. "주인은 축사에 내려가셨네만…. 할 얘기가 있거든 마구간을 삥 돌아가시든가."

"안에 문 열어 줄 사람이 아무도 없습니까?" 나는 맞받아치듯 외쳤다.

"마님밖에 읎소. 해 넘어갈 때까지 그리 요란하게 두드려 봐야 문 안 열어 줄 긴데…."

"아니, 내가 누구인지 마님께 알려 줄 수는 없나요, 조지프?"

"그건 내 일이 아니오! 내 소관이 아니올시다." 조지프가 중얼거리며 둥근 창문 뒤로 모습을 감췄다.

눈발이 굵어지며 거세게 날리기 시작했다. 내가 다시 문고리를 움켜쥐고 흔들려는데, 마침 겉옷도 걸치지 않은 한 청년이 쇠스랑을 어깨에 메고 뒷마당에서 나타났다. 그는 나를 불러 따라오라고 손짓했다. 우리는 빨래터를 지나 석탄 창고와 물 펌프, 비둘기집이 자리한 포석 깔린 마당을 가로질러, 드디어 내가 예전에 안내받았던 그 널찍하고 따뜻하며 활기찬 실내로 들어섰다.

석탄과 토탄, 장작이 어우러진 커다란 벽난로 불빛이 포근하게 방을 밝히고 있었다. 풍성한 저녁 식사가 차려진 식탁 옆에는, 반갑게도 이제껏 존재조차 짐작하지 못했던 '마님'이 있었다.

나는 고개를 숙여 인사하고, 내심 그녀가 자리를 권하기를 기다렸다. 그러나 그녀는 의자에 등을 기대고 앉아 나를 바라볼 뿐, 꼼짝도 하지 않고 아무 말도 하지 않았다.

"날씨가 참 험악하네요!" 내가 말했다. "외람된 말씀이지만, 히스클리프 부인, 댁의 하인들이 느긋하니 문짝이 버티기 힘들겠어요. 하인 한번 불러내기가 이토록 힘들 줄이야."

그녀는 입을 열지 않았다. 나는 그녀를 유심히 바라보았고, 그녀도 나를 똑바로 쳐다보았다. 어쨌든, 그녀는 내게서 눈을 떼지 않았는데, 냉랭하고 무심한 태도 때문에 극히 거북하고 불쾌했다.

"앉으쇼." 그 청년이 퉁명스럽게 내뱉었다. "그분도 곧 들어올 거니까."

나는 그의 지시에 따라 자리에 앉아 헛기침을 하고, 그 못된 주노를 불러 보았다. 이번 두 번째 만남에서, 녀석은 꼬리 끝을 살짝 흔들어 내 얼굴을 알아본다는 표시를 해 주었다.

"그놈 참 잘생겼군요!" 내가 다시 말을 꺼냈다. "새끼들은 분양하실 생각이신가요, 부인?"

"제 것이 아닌데요." 상냥해 보이는 겉모습과는 달리, 안주인은 제아무리 히스클리프라도 울고 갈 쌀쌀맞은 말투로 대꾸했다.

"아, 부인께서 아끼시는 녀석들은 저쪽에 있나 보군요?" 나는 고양이 비슷한 형체들이 잔뜩 얹혀 있는 구석 자리에 놓인 방석을 가리키며 말을 이었다.

"취향도 참 별나네." 그녀가 비아냥 섞인 말투로 쏘아붙였다.

불행하게도, 방석 위에 쌓여 있는 것은 죽은 토끼들이었다. 나는 다시 한번 헛기침을 하고는 난로 쪽으로 몸을 옮기며, 오늘 저녁의 궂은 날씨에 대한 이야기를 또다시 꺼냈다.

"오늘 같은 날은 안 나오는 게 상책이지요." 그녀가 자리에서 일어나 벽난로 선반에 있는 색이 칠해진 차통 두 개를 집으려 손을 뻗으며 말했다.

그녀가 앉아 있던 자리는 빛이 닿지 않아 잘 보이지 않았다. 이제 그녀가 몸을 일으키자, 그녀의 온전한 모습과 안색이 또렷하게 드러났다. 내 눈에 들어온 그녀는 호리호리한 몸매에, 이제 막 소녀 티를 벗은 듯 앳된 모습이었다. 감탄을 금치 못할 빼어난 자태며, 지금까지 본 적 없는 작고 섬세한 얼굴에, 오목조목한 이목구비와 곱디고운 흰 피부 위로, 곱슬곱슬 말린 연노란색, 아니 금빛 머리칼이 고운 목선을 따라 흘러내렸다. 두 눈은—그 눈빛이 상냥했다면 누구라도 매혹되었을 테지만—다행스럽게도 쉽게 흔들리는 내 마음을 위해, 경멸과 일종의 절망 사이를 오가며, 그 눈과는 전혀 어울리지 않는 묘한 감정을 내뿜고 있었다.

차통은 그녀의 손에 닿을락 말락 했다. 내가 도우려 몸을 기울이

자, 그녀는 금화를 세던 구두쇠가 남의 손길을 의식하듯, 휙 돌아 나를 노려보았다.

"안 도와줘도 돼요." 그녀가 날카롭게 쏘아붙였다. "혼자 할 수 있어요."

"실례했습니다!" 내가 황급히 사과했다.

"차 마시러 오라는 초대를 받으셨나요?" 그녀는 단정한 검은 옷에 앞치마를 두른 채 찻잎 한 숟가락을 찻주전자에 넣으려다 말고 물었다.

"한잔 주시면 더없이 기쁘겠습니다." 내가 대답했다.

"초대를 받으셨나요?" 그녀가 다시 다그쳤다.

"아니요." 나는 살며시 웃음을 머금고 응수했다. "초대는 부인께서 해 주시면 되겠군요."

그녀는 찻잔과 숟가락을 내던지듯 치워 버리더니, 뾰로통해져서는 의자에 털썩 앉았다. 이맛살이 찌푸려지고, 붉은 아랫입술을 삐죽 내민 얼굴은 영락없이 울음보가 터지기 직전의 어린아이 같았다.

한편, 그 청년은 너덜너덜한 겉옷을 걸치고, 난롯불 앞에 똑바로 서서 나를 흘겨보고 있었다. 마치 우리 사이에 풀지 못한 원한이라도 있다는 듯한 태도였다. 나는 그가 하인인지 아닌지 의심이 들기 시작했다. 옷차림과 말투가 거친 것으로 미루어 보건대, 히스클리프 내외에게서 풍기는 우월감 같은 것은 조금도 느껴지지 않았다. 숱이 많은 갈색 곱슬머리는 단정치 못하게 헝클어져 있었고, 수염은 곰처럼 턱을 덮었으며, 손은 볼품없는 노동자의 그것처럼 검게 그을려 있었다. 하지만 그의 태도는 거의 불손해 보일 정도로 거리낌이 없었고, 안주인을 시중드는 하인의 부지런함 같은 것은 조금도 찾아볼 수 없었다.

그 젊은 사내의 신분을 짐작할 만한 명확한 증거가 없었던 터라,

나는 그의 별난 거동을 일부러 눈여겨보지 않기로 했다. 5분쯤 지나 히스클리프가 들어오자, 나는 다소 거북한 상황에서 조금이나마 안도할 수 있었다.

"자, 약속대로 찾아왔습니다!" 나는 짐짓 쾌활한 기색으로 목소리를 높였다. "그런데 날씨가 이러니, 반 시간쯤은 꼼짝도 못 하겠네요. 그동안 잠시 신세를 져야겠습니다."

"반 시간이라고요?" 그는 옷에 묻은 눈을 털어 내며 말했다. "하필 눈보라가 몰아치는 날을 골라 돌아다니다니, 도대체 무슨 생각인지 모르겠군요. 자칫 늪에 빠져 길을 잃을 수도 있다는 걸 모르시오? 이런 날에는, 이 근방 습지대를 수시로 드나드는 사람조차 길을 잃기 십상이란 말이오. 게다가 당장은 날씨가 좋아질 기미도 전혀 없소."

"댁에서 일하는 일꾼 중에 길잡이로 삼을 만한 젊은이가 있을지 모르겠군요. 그레인지에서 하룻밤 재워 보내도 결례가 되지 않는다면 말입니다."

"아니, 그럴 수 없소."

"아, 그렇군요! 그럼 제 영민함을 믿고 길을 나서는 수밖에요."

"흥!"

"차는 끓이는 거여?" 누더기 겉옷을 걸친 젊은 사내가, 사나운 눈길을 나에게서 젊은 숙녀에게 옮기며 물었다.

"저 사람에게도 줘요?" 그녀가 히스클리프에게 조심스레 물었다.

"준비해, 어서." 대답이 어찌나 포악스럽던지, 나는 소스라치게 놀랐다. 그 말투만으로도 그의 고약한 천성이 여실히 드러났다. 다시는 히스클리프를 멋진 친구라고 부르고 싶지 않았다.

차가 준비되자, 히스클리프가 나를 향해 말했다. "자, 의자를 당겨 앉으시오." 그리고 우리는 그 시골뜨기 청년까지 포함해 다 같이 식탁에 둘러앉았다. 하지만 식사 내내 무거운 침묵이 흘렀다.

나는 생각했다. 내가 이 어두운 분위기를 만든 장본인이라면, 그 암울함을 걷어 내기 위해 애쓰는 것도 내 몫이리라. 설마 날마다 이렇게 침울하게, 말 한마디 내뱉지 않고 앉아 있을 리는 없겠지. 아무리 괴팍한 사람들이라 해도, 세상에 저 찌푸린 낯을 매일 달고 사는 이는 없을 것이야.

"참 이상한 일이지요." 나는 첫 잔을 비우고, 새 잔을 받아 드는 그 틈에 말을 꺼냈다. "습관이라는 것이 사람의 취향과 생각까지도 바꾸어 놓을 수 있다니 말입니다. 세상 사람 중에는, 히스클리프 씨처럼 세속과 담을 쌓고 지내면서도 행복을 느낄 수 있으리라곤 상상조차 못 하는 이들이 많지요. 하지만 감히 말씀드리건대, 이렇게 가족의 온기에 둘러싸여 계시고, 또 다정하신 안주인께서 이 집을 돌보시어 마음의 위안이 되어 주시니…."

"다정한 안주인?" 그가 끼어들었다. 얼굴에는 거의 악마 같은 조소가 번졌다. "어디 계신가, 다정한 안주인이?"

"히스클리프 씨 부인, 그러니까 아내 되시는 분 말입니다."

"거참, 그렇군. 당신 말은, 내 아내의 영혼이 몸은 떠났어도 수호천사처럼 워더링 하이츠를 지켜 주고 있다, 뭐 그런 말씀이오?"

나는 큰 실수를 저질렀음을 깨닫고, 이를 바로잡으려 했다. 부부라고 하기에는 두 사람의 나이 차가 너무 크다는 사실을 이미 눈치챘어야 했다. 한쪽은 마흔쯤으로, 정신이 가장 또렷한 시기라서 단순한 연애 감정에 이끌려 어린 여성과 결혼하려는 환상은 좀처럼 품지 않는다. 그런 환상은 인생의 황혼기를 위해 남겨진 위안거리일 뿐이다. 다른 한쪽은 아직 열일곱도 안 되어 보였다.

그러다 문득 깨달았다. '내 옆에서 대접으로 차를 들이켜고, 씻지도 않은 시커먼 손으로 빵을 뜯는 이 촌놈이 그녀의 남편인가 보군. 물론 히스클리프의 아들일 테고. 이러면 생매장당한 거나 다름없는 거 아닌가! 세상에 더 나은 남자가 얼마든지 있다는 걸 까맣게 모른 채, 저런 무식한 촌놈에게 몸을 맡기다니! 참 딱한 일이야. 하지만 조심해야겠다. 저 여자가 나를 보고 남자를 잘못 골랐다고 후회하면 곤란하니까.'

방금 한 생각이 혹여 자만으로 비칠지도 모르겠으나, 결코 그런 뜻은 아니었다. 옆자리에 앉은 사내는 정말 혐오스러울 지경이었고, 나는 지금까지의 경험으로 제법 매력 있는 남자라는 것을 확신하고 있었다.

"히스클리프 부인은 내 며느리요." 히스클리프는 내 짐작이 맞았음을 확인해 주듯 말했다. 그러면서 그녀를 향해 어딘지 기이하고도 혐오스러운 표정을 지었다. 증오라 부를 만한 감정이 담긴 표정이었다. 그게 아니라면, 그의 안면 근육이 다른 사람들과 달리 영혼의 감정을 제대로 드러내지 못할 만큼 뒤틀린 탓일지도 모른다.

"아하, 그렇군요. 이제야 알겠네요. 댁이 바로 저 인정 넘치는 천사의 은총을 독차지한 사람이로군요." 나는 옆자리의 사내를 향해 이렇게 말했다.

상황은 조금 전보다 훨씬 심각해졌다. 젊은 사내는 얼굴이 시뻘게지며, 당장이라도 나를 한 대 칠 기세로 주먹을 불끈 쥐었다. 그러나 이내 마음을 가라앉힌 듯, 지독한 욕설로 격분을 눌러 버렸다. 나를 향해 쏟아 낸 말이었지만, 나는 애써 못 들은 척했다.

"또 추측이 빗나가셨네." 집주인이 말했다. "아쉽게도, 우리 둘 다 당신이 말한 그 선한 천사의 은총을 받을 만한 특권은 없소. 그녀의 남편은 이미 죽었고, 아까 내 며느리라고 말했으니, 틀림없이 내 아들과 결혼했겠죠."

"그럼 이 젊은이는…."

"내 아들이냐고? 설마!"

히스클리프가 다시 웃었다. 마치 자신을 저 곰 같은 놈의 아버지라고 생각하다니, 너무 지나친 농담 아니냐는 듯이.

"내 이름은 헤어턴 언쇼요." 젊은 사내가 으르렁거리듯 말했다. "나를 얕보지 마시오!"

"얕본 적 없습니다." 대답은 이렇게 하면서도, 나는 자기 이름을 대며 위엄을 뽐내는 이 사내가 가소로워 속으로 웃었다.

그는 나를 한참 동안 빤히 쳐다보았다. 나는 일부러 그의 시선을 피했다. 계속 눈을 맞추다간 자칫 손이 올라가거나 웃음이 터져 나올 것 같아서였다. 그제야 나는 이 정겨워 보이는 가족 틈에서 나만 겉돌고 있다는 기분이 들기 시작했다. 음울한 기운이 나를 감싸고 있는 이 집안의 온기와 아늑함을 완전히 압도해 버렸다. 나는 속으로 결심했다. 이 집에 감히 세 번째로 발을 들이는 일은 신중히 생각해 봐야겠다고.

식사가 끝난 뒤에도 누구 하나 입을 여는 사람이 없었다. 나는 날씨를 살피러 창가로 갔다.

눈앞에 절망적인 광경이 펼쳐졌다. 이른 밤이 내려앉았고, 매서운 바람과 숨이 막힐 듯 빽빽한 눈발이 한데 뒤엉켜 하늘과 언덕의 경계마저 흐릿해졌다.

"이래서야 길잡이 없이 집에 돌아가긴 틀렸군." 나도 모르게 푸념이 터져 나왔다. "지금쯤이면 길은 다 눈에 묻혔을 테고, 설령 묻히지 않았더라도 한 치 앞도 안 보일 거야."

"헤어턴, 저기 양 열두 마리는 헛간 안에 몰아넣어. 밤새 우리에 두면 눈에 묻혀 버릴 테니… 앞에 판자 하나 세워 놓고." 히스클리프가 말했다.

"저는 이제 어쩌면 좋죠?" 초조함이 밀려오자, 나는 말을 멈출 수가 없었다.

아무런 대답이 없었다. 주위를 둘러보니, 개들한테 줄 죽 한 통을 들고 들어오는 조지프와 벽난로 앞에 몸을 숙이고 있는 히스클리프 부인뿐이었다. 그녀는 차통을 선반에 올려놓을 때 떨어진 성냥 한 뭉치를 심심풀이로 태우고 있었다. 죽통을 내려놓은 조지프가 방 안을 유심히 둘러보고 나더니 귀에 거슬리는 쉰 소리로 이렇게 내뱉었다.

"어쩌자고 혼자서 저리 게으름을 피우는지 모르겠다. 다들 나가서 일허는디! 허긴, 쓸모없는 놈한테 이런 소리 해 봐야 다 헛일인 기라. 제 버릇 어디 가것나. 니 어미처럼 퍼뜩 악마한테나 가 버려라!"

잠깐, 그 말이 나 들으라고 한 욕지거리인가 싶어, 분노가 치밀어 올라 그 늙다리를 문밖으로 걷어찰 작정으로 성큼 다가섰다.

그러나 히스클리프 부인의 대꾸가 내 발길을 붙들었다.

"이 가증스러운 위선자 같으니!" 그녀가 말했다. "악마의 이름만 꺼내도 산 채로 끌려간다는데, 무섭지도 않아? 경고하겠는데, 나 건드리지 마. 내가 당장이라도 악마한테 너를 데려가 달라고 부탁하는 수가 있어! 잠깐, 조지프, 여길 봐!" 그녀는 선반에서 기다랗고 검은 책을 꺼내더니 계속 말을 이어 나갔다. "내 흑마술 실력이 얼마나 늘었는지 보여 줄게. 머지않아 이 집은 내 손아귀에 들어올 거야. 그 붉은 암소가 죽은 건 우연이 아니야. 네 신경통도 신이 내려 주셨다고 생각하면 오산이야!"

"오, 사악하도다, 사악해!" 늙은 하인이 숨을 몰아쉬며 중얼거렸다. "주여, 우리를 악에서 구하옵소서!"

"그건 안 될걸, 이 못된 놈아! 너는 이미 하느님께 버림받은 줄이나 알아라. 썩 꺼져! 안 그러면 내가 본때를 보여 줄 테니. 너의 형상을 밀랍과 점토로 빚어 저주하리라. 내가 정한 선을 먼저 넘는 자는… 무슨 일을 당할지는 지금 말하지 않겠다. 곧 네 두 눈으로 보게 될 테니까! 어서 꺼져라, 내가 지켜보고 있다!"

이 귀여운 마녀가 예쁜 눈에 짐짓 악의를 품은 표정을 지어 보이자, 조지프는 진심으로 경악했다. 그는 몸을 부들부들 떨며 기도를 올린 뒤, 황급히 달려 나가며 "사악하도다!"를 외쳤다.

나는 그녀의 행동이 음울한 기분을 달래려는, 일종의 장난기가 발동한 것으로 생각했다. 그리고 이제 우리 둘만 남게 되었으니, 나는 내 곤경에 그녀가 관심을 기울이도록 애썼다.

"히스클리프 부인," 내가 진지하게 말했다. "폐를 끼쳐 죄송합니다만, 얼굴이 아름다우시니 마음씨도 고우시리라 믿고 부탁드립니다. 혹시 제가 집으로 가는 길을 알 수 있도록, 길잡이 삼을 만한 지형지물이 있다면 알려 주실 수 있을까요? 부인께서 런던으로 가는 길을 모르는 것처럼, 저도 집으로 돌아가는 길을 전혀 알지 못합니다."

"오신 길로 돌아가세요." 그녀는 의자에 편히 앉아 촛불을 밝히더니, 그 기다란 책을 앞에 펼쳐 놓은 채 말했다. "간단한 충고지만, 제가 드릴 수 있는 가장 확실한 방법이에요."

"그럼 제가 늪이나 눈구덩이에서 시체로 발견되어도, 부인께서는 전혀 양심의 가책을 느끼지 않으시겠군요?"

"그럼 어쩌겠어요? 저는 당신을 바래다드릴 수도 없고, 집안 사람들은 저를 대문 밖으로 못 나가게 하는데요."

"부인, 그런 뜻이 아니에요! 이런 날씨에 제 편의를 봐 주시겠다고 문밖에 나서신다면 오히려 제가 죄인이죠." 내가 목소리를 높였다.

"제가 바라는 건 단지 길을 가르쳐 달라는 것이지, 바래다달라는 게 아닙니다. 아니면 히스클리프 씨를 설득해 제게 길잡이를 붙여 달라고 해 주셔도 좋고요."

"누구를요? 히스클리프 씨와 언쇼, 질라, 조지프, 그리고 저뿐인데요. 누구를 붙여 달라는 거죠?"

"농장에 젊은 일꾼은 없나요?"

"없어요, 우리가 다예요."

"그렇다면, 어쩔 수 없이 하룻밤 묵어갈 수밖에 없겠군요."

"그건 집주인과 말씀하세요. 저는 상관없는 일이니까."

"이번 일을 교훈 삼아, 다시는 이 산중을 함부로 돌아다니지 않길 바라겠소!" 부엌 입구에서 히스클리프의 엄숭한 녹소리가 울려 퍼졌다. "그리고 여기서 묵겠다고 하셨는데, 손님용 방은 따로 없소. 묵고 갈 생각이라면, 헤어턴이나 조지프와 한 침대를 쓰셔야 할 거요."

"저는 여기 의자에서 자도 괜찮습니다." 내가 대답했다.

"아니, 안 되오! 부자든 가난뱅이든, 모르는 사람은 모르는 사람일 뿐이오. 내가 안 보는 사이에 누가 이 집 안을 마음대로 돌아다니게 놔둘 수는 없소!" 그 무례한 사내가 말했다.

이런 모욕 앞에 내 인내심은 급기야 바닥이 나고 말았다. 나는 혐오감을 드러내며 그를 밀치고 황급히 마당으로 뛰쳐나가다가 언쇼와 부딪쳤다. 너무 캄캄해 출구가 어딘지 분간조차 할 수가 없었다. 그렇게 이리저리 헤매던 중, 나는 그들다운 '예의'의 전형적인 한 장면을 또 엿듣게 되었다.

처음에는 그 젊은 사내가 나에게 호의를 베풀려는 것 같았다.

"그레인지 어귀까진 제가 데려다주겠소." 그가 말했다.

"아예 지옥까지 데려다주지 그러냐!" 그의 주인인지, 아니 그와 무슨 관계인지 알 수 없는 사내가 소리쳤다. "그럼, 말은 누가 돌보지, 응?"

"사람 목숨이 중하지, 하룻저녁 말 못 챙기는 게 중요해요? 누군가는 가야 해요." 히스클리프 부인이 뜻밖에도 다정하게 말했다.

"네가 시킨다고 내가 하겠냐?" 헤어턴이 툭 쏘아붙였다. "저 남자 목숨이 아까우면 입이나 다물고 있어."

"그럼 저 남자 유령한테 시달려 봐! 그리고 히스클리프 씨, 그레인지가 폐허가 될 때까지 다시는 세입자 못 들일걸요!" 그녀가 매섭게 맞받았다.

"주여, 맙소사! 저것이 저주를 퍼붓고 있구먼." 조지프가 중얼거렸다. 나는 그를 향해 다가가고 있었다.

그는 누가 부르면 들릴 만한 거리에서 등불을 하나 밝혀 놓고 앉아 소젖을 짜고 있었는데, 나는 예의고 뭐고 없이 막무가내로 등불을 집어 들고는 내일 돌려주겠다고 외치며 가장 가까이에 있는 작은 뒷문 쪽으로 달음박질을 쳤다.

"나리, 나리, 저자가 등불을 훔쳐 가요!" 그 늙은이가 내 뒤를 쫓아오며 소리를 질렀다. "봐라, 내셔! 봐라, 멍멍아! 울프, 저놈 잡아라, 얼른!"

작은 문을 여는 순간, 털북숭이 괴물 두 마리가 내 목덜미로 달려들어 나를 쓰러뜨렸고, 그 바람에 손에 쥐고 있던 등불이 꺼졌다. 그때 어둠을 가르며 터져 나온 히스클리프와 헤어턴의 폭소가 내 분노와 치욕을 절정으로 몰고 갔다.

다행히 그 짐승들은 앞발을 쭉 뻗고 늘어지게 하품을 하며 꼬리를 휘두르는 데 열중할 뿐, 나를 산 채로 잡아먹을 생각은 없어 보였다. 하지만 내가 다시금 몸을 일으켜 세우는 것만은 추호도 용납

하지 않겠다는 기세로 단 한 치의 틈도 허락하지 않았다. 나는 그 악랄한 주인들이 구하러 올 때까지 꼼짝없이 바닥에 누워 있을 수밖에 없었다. 그렇게 모자가 벗겨져 날아간 상태로, 분노로 몸을 부들부들 떨면서 나는 그 불한당들을 향해 내보내 달라고 소리쳤다. 단 1분이라도 나를 이대로 붙잡아 두면 큰코다칠 줄 알라고 고함을 치면서 앞뒤가 맞지 않는 복수를 운운하며 몇 마디 쏟아 냈는데, 그 끝 모를 독기와 혼란스러운 광기는 마치 《리어 왕》의 한 장면을 떠올리게 했다.

너무 격분한 탓에 코피가 줄줄 흐르는데도 히스클리프는 여전히 껄껄 웃어 댔고, 나는 이에 질세라 계속 호통을 쳤다. 만약 그 자리에 나보다 분별 있고 집주인보다 인정 많은 누군가가 없었다면, 이 소동이 대체 어떻게 끝을 맺었을지 모를 일이었다. 다행히 이 집의 안살림을 도맡은 다부진 체격의 질라가 구원자로 나섰다. 마침내 그녀가 이 소란의 정체를 살피기 위해 밖에 나타났다. 질라는 집안 사람 중 누군가가 내게 손찌검이라도 한 걸로 짐작했는지, 감히 주인에게는 대들지 못하고 목청을 대포 삼아 저 무뢰한 같은 젊은 놈에게만 맹공을 퍼부었다.

"보세요, 언쇼 씨," 그녀가 소리쳤다. "다음에는 또 무슨 짓을 벌이려나? 이 집 문간에서 사람이라도 죽일 셈이에요? 이 집구석은 도무지 못 쓰겠어. 저 불쌍한 젊은 양반 좀 봐요… 저러다가 숨넘어가겠네! 아이고, 아이고, 이러다 큰일나겠어요. 들어와요, 내가 좀 치료해 드릴 테니. 자자, 가만히 있어 봐요."

그녀는 이렇게 말하고는 갑자기 얼음물 한 사발을 내 목덜미에 확 끼얹었더니, 부엌 안으로 나를 끌고 들어갔다. 히스클리프 씨도 따라 들어왔지만, 잠시 밝았던 기색은 금세 사라지고, 다시 평소처럼 침울한 표정으로 돌아왔다.

나는 속이 심하게 울렁거리고, 머리가 핑 돌면서 온몸의 기운이 쭉 빠져 버렸다. 어쩔 수 없이 그의 집에서 하룻밤 신세를 져야 했다. 히스클리프 씨는 질라에게 나한테 브랜디를 한 잔 내주라고 지시한 뒤, 안쪽 방으로 들어갔다. 그녀는 내 딱한 처지를 안쓰러워하며 다독여 주고는 주인의 지시에 따라 브랜디를 내게 건넸다. 내가 조금 기운을 차리자, 그녀는 나를 잠자리로 데려다주었다.

3장

질라는 앞장서 계단을 오르며, 촛불은 가린 채 소리 내지 말고 조용히 올라가라고 귀띔했다.

내가 묵게 될 그 방에 대해 주인이 좀 괴상한 생각을 품고 있어서, 웬만해서는 아무도 그 방에서 자게 두지 않는다는 것이다. 나는 그 까닭이 무엇이냐고 물었다. 질라는 자기도 잘 모른다고 했다. 이 집에 산 지 고작 두어 해밖에 안 되었는데도 워낙 별난 일들이 많아서, 일일이 궁금해할 틈도 없었다는 것이다.

나 자신도 너무 멍한 상태여서 아무 궁금증도 느끼지 못한 채 방문을 걸어 잠그고 방 안을 둘러보았다. 가구라고는 의자 하나, 옷장 하나, 그리고 커다란 참나무 장 하나뿐이었다. 그 장 위쪽에는 마차 창문처럼 생긴 네모난 구멍이 뚫려 있었다. 나는 가까이 다가가 안을 들여다보았고, 이것이 가족들이 각자 방을 하나씩 차지할 필요가 없도록 아주 편리하게 꾸민 별난 형태의 구식 간이침상이라는 것을 알 수 있었다. 실제로 그 안은 작은 방이나 다름없었고, 그곳에 달린 창턱은 탁자 대용으로 쓰기에 안성맞춤이었다.

나는 미닫이 판자를 옆으로 밀어젖히고 촛불을 들고 안으로 들어가서 문을 닫았다. 그렇게 하고 나니 히스클리프와 다른 사람들의 감시로부터 안전하다는 느낌이 들었다.

나는 창턱에 촛불을 올려놓았다. 그 한쪽 구석에는 흰곰팡이가 핀 책 두어 권이 쌓여 있었고, 페인트칠 된 표면은 온통 긁어서 새긴 낙서로 가득했는데, 죄다 똑같은 이름을 크고 작은 온갖 서체로 여러 번 반복해서 적어 놓은 것뿐이었다. '캐서린 언쇼'라는 이름이 여기저기 '캐서린 히스클리프'로 바뀌었다가, 다시 '캐서린 린턴'으로 이어지고 있었다.

나는 넋이 나가 멍하니 창문에 머리를 기댄 채, '캐서린 언쇼―히스클리프―린턴'을 계속해서 되뇌었다. 어느새 눈이 감겼지만, 5분도 채 지나지 않아 어둠 속에서 눈부시게 하얀빛을 내뿜는 글자들이 유령처럼 튀어나왔다. 허공에는 캐서린이라는 글자들이 들끓었다. 이 성가신 이름을 떨쳐 내려 몸을 일으켜 보니, 촛불 심지가 낡은 책 위로 비스듬히 기울어지는 바람에 송아지 가죽 표지 타는 냄새가 진동하고 있었다.

나는 촛불 심지를 눌러 껐다. 추위와 좀처럼 가시지 않는 메스꺼움 탓에 몸과 마음이 심히 불편했지만, 겨우 일어나 앉아 불에 그슬린 낡은 책을 무릎 위에 펼쳤다. 성경책이었다. 작은 활자로 인쇄되어 있었고, 지독한 곰팡내가 코를 찔렀다. 표지 안쪽에는 '캐서린 언쇼의 책'이라는 서명과 대략 사반세기 전의 날짜가 쓰여 있었다.

나는 성경을 덮고 다른 책들도 한 권씩 들춰 보았다. 캐서린의 장서는 엄선된 책들로 꾸려져 있었고, 책들의 해진 상태로 보아 꽤 손때가 탄 듯했다. 다만 그 쓰임이 꼭 정당한 것만은 아니었던 듯, 거의 모든 장마다 인쇄소가 남겨 둔 여백에는 펜과 잉크로 쓴 흔적이(혹은 흔적처럼 보이는 글씨가) 빼곡히 들어차 있었다.

어떤 것은 단편적인 문장에 불과했고, 또 어떤 것은 어린아이 손으로 삐뚤빼뚤 휘갈겨 놓은 일기처럼 보였다. 여분의 백지 상단에는 (처음 발견했을 당시에는 분명 보물이라도 본 듯했을 귀한 여백이었겠지만) 내가 아는 그 조지프 영감을 익살스럽게 풍자한 근사한 캐리커처가 그려져 있었다. 서투르지만 인물의 특징을 기가 막히게 잡아낸 스케치였다. 그 순간 미지의 캐서린에게 묘한 호기심이 일었고, 나는 곧바로 그녀의 상형문자처럼 빛바랜 글자들을 해독하기 시작했다.

그 아래 문장은 이렇게 시작되었다.

끔찍한 일요일! 아버지가 돌아오셨으면 좋겠다. 아버지 흉내 내는 힌들리, 정말 진저리가 난다. 히스클리프한테 하는 짓은 끔찍하기 짝이 없다. H랑 나는 반란을 일으킬 거야. 오늘 그 첫발을 내디뎠다.

온종일 비가 쏟아졌다. 우리는 교회에 갈 수 없었다. 그러자 조지프가 다락방에 사람들을 모아 예배를 드리기로 했다. 힌들리 부부는 아래층에서 아늑한 벽난로 곁에 앉아 불을 쬐고 있었는데—무슨 짓을 했는지는 모르지만 둘이 성경을 읽었다고는 장담 못 하겠다—히스클리프와 나, 그리고 불쌍한 농장 아이만 각자 기도서를 들고 올라가라는 명령을 받았다. 우리는 곡식 자루 위에 일렬로 앉아 몸을 덜덜 떨며 끙끙거렸다. 조지프도 부들부들 떨었으면! 그래야 자기도 추워서 설교를 좀 짧게 하지. 하지만 헛된 기대였다. 예배는 정확히 세 시간 동안 계속되었다. 그런데도 오빠는 우리가 다락방에서 내려오는 모습을 보더니 얼굴에 철판을 깔고는 "뭐야, 벌써 끝났어?" 하고 소리쳤다.

일요일 저녁에는 떠들지만 않으면 놀게 해 주었는데, 요즘에는 조금만 킥킥 웃어도 구석으로 쫓겨난다!

"이 집에 가장이 있다는 걸 잊었구나." 폭군이 말했다. "누구든 내 성질 건드리는 놈부터 눈물 쏙 뺄 각오를 해라! 떠들고 까불면 바로 혼날 줄 알아! 어쭈, 그래 너였냐? 프랜시스, 여보, 그쪽으로 지나갈 때 저놈 머리끄덩이 좀 잡아당겨요. 손가락 튕기는 거 들었지?"

프랜시스는 그 애의 머리를 힘껏 잡아당기고는 오빠 무릎에 가서 앉았다. 그러고 나서는 부부가 아이처럼 한두 시간이고 입을 맞추며 실없는 소리를 떠들어 대니, 정말이지 우리까지 민망해지는 바보 같은 잡담이었다.

우리는 그릇장 밑 아치 아래로 기어 들어가 최대한 아늑하게 자리를 잡았다. 내가 막 우리의 앞치마를 서로 이어 붙여 커튼 대신 걸어 놓았을 때 마구간 일을 보고 돌아오던 조지프가 우리를 발견했다. 그는 내가 정성 들여 만든 커튼을 잡아떼고는, 내 뺨을 후려치며 고함을 쳤다.

"주인 나리 묻히신 지 얼마나 됐다고, 안식일도 끝나지 않았는디, 예배 말씀도 아직 가시지 않았거늘, 감히 장난질을 혀! 부끄러운 줄 알아라, 이 못된 것들아! 읽을 책이 수두룩헌디…. 퍼뜩 자리로 돌아가 니들 영혼이나 챙기거라!"

이렇게 말하며 조지프는 우리를 억지로 똑바로 앉혔다. 멀찍이 떨어져 있는 벽난로의 희미한 불빛에 의지해서라도, 그 작자가 우리에게 떠안긴 그 투박하고 케케묵은 책을 읽으라는 것이었다.

하지만 나는 그런 고역을 도저히 견딜 수가 없었다. 나는 그 칙칙하고 때 묻은 책을 꽉 움켜잡고는 개집 안으로 내던지며, "착한 책 따위는 정말 질색이야!" 하고 외쳤다.

히스클리프도 자기 책을 발로 차서 그곳에 처박았다.

그 바람에 집안이 순식간에 발칵 뒤집혔다.

"힌들리 나리!" 우리 집 설교꾼이 소리쳤다. "이리 와 보소! 캐시 아가씨가 《구원의 투구》 책등을 찢어발기고, 히스클리프 놈은 《멸망에 이르는 넓은 길》 첫 장을 발로 짓이겨 놓았소! 참말로 무서운 세상이오. 어쩌자고 이런 못된 자식들을 내버려두는 건지! 에휴, 주인어른께서 계셨으면 제대로 혼꾸멍을 냈을 텐데, 이제는 계시질 않으니…."

힌들리가 벽난로 앞 자기만의 아늑한 낙원에서 한걸음에 달려와, 우리 중 한 명은 먹살을 잡고 다른 한 명은 팔뚝을 움켜잡더니 둘 다 부엌 뒤편으로 내던졌다. 조지프는 틀림없이 '마귀'가 우리를 잡으러 올 거라고 단언했다. 참으로 위안이 되는 그 말에 힘입어, 우리는 각자 구석진 자리를 찾아 그 '마귀님'이 오시기를 기다렸다.

나는 선반에서 이 책과 잉크 병을 집어 들고, 빛이 들어오도록 문을 살짝 열어 두었다. 그렇게 20분 동안 글을 쓰며 시간을 보냈다. 하지만 내 짝꿍은 한시도 가만히 있지 못하고, 소젖 짜는 아낙의 망토를 슬쩍 꺼내 뒤집어쓰고 들판으로 뛰어나가자고 한다. 재미있겠다. 어차피 그 심술궂은 영감이 들어오면, 자기 예언이 들어맞았다고 흡족해하겠지. 비를 맞고 돌아다니더라도, 여기보다 더 축축하고 춥지는 않을 테니까.

아마 캐서린은 계획한 대로 했던 모양이다. 다음 문장은 전혀 다른 이야기로 넘어가 있었다. 이번에는 눈물겨운 내용이었다.

힌들리 오빠 때문에 내가 이렇게 울게 될 줄 꿈엔들 생각했겠어! 베개를 베고 가만히 누워 있지도 못할 만큼 머리가 지끈거리는데, 아직도 눈물이 그치질 않는다. 불쌍한 히스클리프! 오빠는 그 애를 부랑자라고 부르며 이제 우리랑 함께 앉지도, 밥을 같이 먹지도 못하게 한다. 내가 그 애랑 놀면 둘 다 집에서 쫓아내겠다고 협박까지 했다.

심지어 아버지가 히스클리프에게 너무 잘해 주셨다며 아버지를 탓하기까지 했다. (어떻게 감히 그럴 수가 있지!) 그 애한테 제 분수를 가르쳐 주겠다고 큰소리치면서….

어둑한 불빛 아래 책장을 앞에 두고 서서히 눈꺼풀이 내려앉았다. 글자들이 흐릿해지고, 시선은 필사본에서 인쇄 활자 쪽으로 천천히 옮겨 갔다. 붉은 장식으로 꾸민 제목이 눈에 들어왔다. 《일흔 번씩 일곱 번, 그리고 그 일흔한 번째의 첫 번째: 기머든 서프 교회 야베스 브랜더햄 목사의 설교》*. 나는 반쯤 잠든 채, 대체 야베스 브랜더햄이라는 사람이 이 제목으로 어떤 강론을 펼쳤을지 머릿속으로 애써 헤아려 보다가, 다시 침대에 몸을 내려놓고 천천히 잠에 빠져들었다.

고약한 차와 엉망인 기분 탓이다! 이토록 끔찍한 밤을 보내게 한 게 달리 무엇이겠는가? 고통이 뭔지 알게 된 후로, 이와 견줄 만한 밤은 내 기억 속에 단 한 번도 없었다.

주위의 감각이 채 사라지기도 전에, 꿈이 나를 덮쳤다. 아침이 밝은 듯했고, 나는 조지프를 길잡이 삼아 집으로 향하고 있었다. 길은

*《마태복음》 18장 21~22절. 베드로가 예수에게 "주여, 형제가 내게 죄를 범하면 몇 번이나 용서하여 주리이까?"라고 묻자, 예수는 "일곱 번뿐 아니라, 일흔 번씩 일곱 번까지라도 하라."고 대답하였다. 이 구절은 무한한 용서와 관용의 상징으로 해석되며, 19세기 영국 문학에서 경건한 설교나 도덕적 훈계의 문맥에서 자주 인용되었다.

사람 키를 훌쩍 넘길 만큼 두껍게 쌓인 눈에 파묻혀 있었다. 우리는 그 속을 허우적거리며 나아갔고, 조지프는 내가 순례자의 지팡이를 챙기지 않았다며 끊임없이 나를 꾸짖었다. 그는 순례자의 지팡이 없이는 돌아갈 수 없다고 타박하며, 머리가 묵직한 몽둥이를 뽐내듯 휘둘러 보였다. 그것이 바로 그가 말하는 '순례자의 지팡이'인 모양이었다.

나는 잠시, 내 집에 들어가는데 그런 무기가 필요하다는 게 터무니없다는 생각이 들었다. 그러다 문득, 새로운 생각이 뇌리를 스쳤다. 나는 집으로 가고 있는 것이 아니었다. 우리는 그 이름 높은 야베스 브랜더햄 목사의 설교, 〈일흔 번씩 일곱 번〉을 들으러 가는 길이었다. 조지프든 설교자든, 아니면 내가 '일흔한 번째의 첫 번째' 죄를 지어, 사람들 앞에서 고발당하고 파문될 운명이었다.

우리는 예배당에 다다랐다. 나는 평소 산책길에 두세 번쯤 그곳을 스쳐 지나간 적이 있었다. 예배당은 두 언덕 사이, 주변보다 약간 높다란 곳에 형성된 우묵한 지대에 자리를 잡고 있었는데, 인근의 늪에서 배어 나오는 토탄 습기가 그곳에 묻힌 몇 안 되는 시체들을 방부 처리하는 데 안성맞춤이라고들 했다. 예배당의 지붕은 지금껏 온전히 보존되어 있었지만, 성직자의 연봉이 고작 20파운드에 불과한 데다, 방 두 칸짜리 사택마저 곧 한 칸이나 다름없게 될 조짐이 보여서 이 교구를 맡겠다고 나서는 목사가 없었다. 게다가 이곳 신도들은 차라리 목사를 굶겨 죽이면 죽였지, 자기 호주머니를 털어 목사의 생계비를 보태 줄 위인들이 못 된다는 소문이 파다했으니 오죽했을까. 어쨌든 꿈에서는 야베스가 예배당을 가득 메운 신자들 앞에서 설교를 하고 있었다. 교회에 모인 사람들은 숨을 죽인 채, 그 말씀의 한 구절이라도 놓칠세라 귀를 기울이고 있었다. 하느님 맙소사! 설교는 그야말로 가관이었다. 무려 490부로 나뉘어 있었는데, 각각이 평범한 설교 하나와 맞먹는 분량이었고, 저마다 서로 다른 죄목을 주제로 삼고 있었다! 그 많은 죄를 대체 어디서 찾아냈는지 모를 일이었다. 야베스는 그 성경 구절을 자기만의 독특한 방식으로 해석했는데, 신자라면 매번 상황에 따라 다른 죄를 저질러야 한다고 생각하는 모양이었다. 죄라기보다는 기묘한 일탈에 가까운 것들이었다. 그때까지 살면서 한 번도 상상해 보지 못한 죄들이었고, 그 죄목도 참으로 희한한 것들이었다.

후유, 얼마나 지겨웠던지…. 나는 몸을 뒤틀고, 하품하고, 꾸벅꾸벅 졸다가 다시 정신을 차렸다. 내 살을 꼬집고, 찌르고, 눈을 비비고, 일어섰다가 다시 주저앉기를 반복했다. 옆에 있는 조지프를 쿡쿡 찔러, 저 설교가 끝나거든 나를 깨워 달라고도 했다.

그러나 나는 끝까지 다 들어야 하는 형벌을 받은 몸이었다. 마침내 그는 '일흔한 번째의 첫 번째'에 이르렀다. 그 순간, 번개처럼 한 계시가 내게 내려왔다. 나는 자리에서 벌떡 일어나서 야베스 브랜더햄이 지은 죄는 그 어떤 신자도 용서해서는 안 될 것이라고 규탄했다.

"목사님!" 내가 외쳤다. "여기 사방이 벽으로 막힌 곳에서 쉬는 시간도 없이 목사님의 설교 490편을 견디고, 또 용서했습니다! 일흔 번씩 일곱 번이나 모자를 집어 들고는 떠나려 했고, 일흔 번씩 일곱 번이나 당신은 터무니없게도 나를 다시 앉혀 놓았소! 하지만 이제 491번째라니…. 이건 도저히 참을 수 없소! 나의 동료 순교자들이여, 저자에게 덤비십시오! 저자를 끌어내려, 그를 박살 내시오. 이곳에 그를 아는 자가 다시는 없도록!"

"네가 그 사람이로다!" 잠시 엄숙한 침묵이 흐른 뒤, 야베스가 설교대 앞으로 몸을 기울여 청중을 굽어보며 외쳤다. "일흔 번씩 일곱 번이나 너는 입이 찢어지게 하품하며 얼굴을 일그러뜨렸고, 일흔 번씩 일곱 번이나 나는 내 영혼과 의논하였도다. 보라, 이것이 인간의 연약함이로다. 이 또한 용서될 수 있으리라! 그러나 이제 '일흔한 번째의 첫 번째'가 왔도다! 형제들이여, 그에게 기록된 심판을 집행하라. 이런 영예가 그의 모든 성도에게 있도다!"

그 말이 끝나기 무섭게, 예배당 안의 모든 신도가 일제히 순례자의 지팡이를 높이 쳐들고 한 몸이 되어 나를 향해 달려들었다. 나는 몸을 지킬 무기가 없었으므로, 가장 가까이에서 사납게 덤벼드는 조지프와 맞붙어 그의 몽둥이를 빼앗으려 몸싸움을 벌였다. 뒤엉킨 사람들 사이로 수많은 몽둥이가 날아들었고, 나를 겨냥했던 몽둥이가 빗나가 엉뚱한 이의 머리통을 내리쳤다.

예배당 안은 순식간에 아수라장이 되었다. 모두가 자기 이웃을 공격하자 브랜더햄은 가만히 손 놓고 있기가 싫었던지, 설교대의 단상을 요란하게 두드리며 열의를 쏟아 냈다. 그 소리가 어찌나 또렷하게 울려 퍼지던지 나는 꿈에서 깨어났고, 마침내 이루 말할 수 없는 안도감이 밀려왔다.

도대체 무엇 때문에 그런 엄청난 소동이 벌어졌다고 생각했던 걸까? 그 난리 통에 야베스 목사 노릇을 하며 단상을 두드려 대던 것은 또 무엇이었을까? 그저 울부짖는 바람에 전나무 가지가 창살을 스치며, 그 끝에 달린 마른 솔방울들이 창유리에 부딪혀 덜커덕거렸을 뿐이었다!

나는 잠시 혼란스러운 마음으로 귀를 기울였고, 소란의 실체를 확인했다. 그러고는 다시 돌아누워 잠이 들었는데, 설마 그보다 더할까 싶었지만, 전보다 훨씬 더 사납고 불쾌한 꿈이 몰려왔다.

이번에는 내가 참나무 침대 위에 누워 있다는 것을 의식했다. 세찬

바람 소리와 눈보라가 휘몰아치는 소리가 또렷하게 들려왔다. 전나무 가지가 반복적으로 내는 성가신 소리도 들렸다. 나는 그 원인을 알고 있었지만, 창문을 때리는 소리가 너무나 거슬린 나머지 어떻게든 그 소리를 잠재워 버리기로 마음먹었다. 나는 몸을 일으켜 여닫이창의 걸쇠를 풀어 보려 애썼다. 걸쇠 고리는 이미 땜질이 되어 있었다. 깨어 있을 때는 눈여겨보았지만, 꿈속에서는 깜빡 잊고 있었던 것이다.

"저 소리를 멎게 해야겠어!" 나는 중얼거리며 창유리를 주먹으로 내리쳤다. 깨진 유리 사이로 팔을 뻗어 성가신 가지를 움켜쥐려는데 내 손끝에 닿은 것은 가지가 아니라, 얼음처럼 차가운 조그만 손이었다.

끔찍한 악몽의 공포가 엄습했다. 나는 팔을 빼려 애썼지만, 그 작은 손이 내 팔을 붙들고 놓아주지 않았다. 바로 그 순간 더없이 애처롭게 울먹이는 목소리가 내 귓가를 스쳤다.

"들어가게 해 줘! 들어가게 해 줘!" 나는 팔을 빼려고 버둥거리면서 물었다.

"넌 누구냐?"

"캐서린 린턴이야." 오들오들 떨리는 목소리였다. (왜 하필 린턴이 떠올랐을까? 언쇼라는 이름을 스무 번도 넘게 읽었는데…) "이제야 집에 왔어. 황야에서 길을 잃어버렸거든!"

목소리가 들리는 순간, 창문 너머로 희미하게 비치는 어린아이의 얼굴이 내 눈앞에 스쳤다.

공포가 나를 잔인하게 몰아붙였다. 아이의 손을 아무리 뿌리치려 해도 소용이 없음을 깨닫고, 나는 손목을 끌어당겨 깨진 유리창에 문질러 댔다. 흘러내린 피가 침대보를 흠뻑 적실 때까지 흔들었지만 아이는 계속 "들어가게 해 줘!"라고 울부짖으며 내 팔을 악착같이 붙들고 있었다. 나는 두려움에 거의 미쳐 버릴 지경이었다.

"내가 무슨 수로!" 나는 결국 소리쳤다. "나를 놓아줘야 너를 들어오게 할 수 있잖아!"

꽉 붙든 손이 느슨해지자, 나는 재빨리 손을 창구멍에서 빼고, 창문 앞에 책을 피라미드처럼 쌓아 구멍을 막았다. 그러고 나서 귀를 틀어막고, 그 구슬픈 애원을 듣지 않으려 했다.

15분은 족히 귀를 막고 버틴 것 같았다. 그러나 다시 손을 떼자 그 구슬픈 울음소리가 여전히 내 귓가에 울리고 있었다!

"꺼져 버려!" 나는 소리쳤다. "아무리 애걸해도 소용없어. 스무 해를 빌어도 절대 들이지 않겠다!"

"스무 해…." 그 목소리가 흐느꼈다. "스무 해야! 스무 해 긴긴날을 떠돌았어!"

그때 밖에서 약하게 긁는 소리가 나기 시작하더니, 쌓아 올린 책더미가 떠밀린 것처럼 흔들거렸다.

벌떡 일어나려 했으나 손가락 하나 까딱할 수 없었다. 나는 공포에 사로잡혀 미친 듯이 비명을 질러 댔다.

정신을 차려 보니, 내가 질러 댄 비명이 꿈에서 내뱉은 것이 아니었던 모양이다. 황급히 방으로 다가오는 발걸음 소리가 들렸고, 누군가 문짝을 힘껏 밀어젖혔다. 이윽고 침대 머리맡에 난 격자 틈으로 불빛이 스며들었다. 나는 떨리는 몸을 추스르며 일어나 앉아, 이마의 식은땀을 훔쳤다. 침입자는 잠시 머뭇거리며 혼잣말처럼 중얼거리고 있었다.

마침내 그는 반쯤 속삭이듯 말했다. 대답은 기대하지 않는 듯한 목소리였다.

"여기 누구 있소?"

나는 내 존재를 고백하는 것이 상책이라고 생각했다. 히스클리프의 억양을 모르는 것도 아닌데, 잠자코 있다가는 그가 더 안쪽까지 찾아볼 것 같아 두려웠기 때문이다.

결심을 굳히고 뒤돌아 미닫이를 열었다. 그때 내 행동이 가져온 결과는, 오래도록 잊지 못할 것이다.

히스클리프는 미닫이문 근처에 서 있었다. 셔츠와 바지만 걸친 차림이었고 손등에는 촛농이 뚝뚝 떨어지고 있었으며 얼굴은 바로 뒤에 보이는 벽만큼이나 창백했다. 참나무 판지 미닫이가 삐걱거리며 열리는 소리에 그는 마치 감전된 것처럼 혼비백산이 되었다. 손에 들고 있던 초는 몇 발짝 떨어진 곳으로 나가떨어졌지만, 충격이 워낙 컸는지 끝내 집을 엄두조차 내지 못했다.

"댁의 손님입니다." 나는 소리쳤다. 그가 겁에 질린 모습을 더 드러내 수치를 느끼지 않도록, 나는 조심스럽게 배려했다. "불행히도, 끔찍한 악몽에 시달리다 그만 잠결에 비명을 질렀습니다. 방해해서 죄송합니다."

"빌어먹을, 록우드! 당신을 그냥…." 집주인이 이렇게 소리를 지르며 초를 의자 위에 내려놓았다. 손이 떨려 초를 제대로 쥘 수도 없었다.

"대체 누가 당신을 이 방으로 올려 보냈소?" 그는 손바닥에 손톱이 파고들 만큼 힘주어 주먹을 쥐고, 턱의 떨림을 가라앉히려고 이를 악물면서 말을 이었다. "어떤 놈이오? 당장 이 집에서 쫓아내고 말겠어!"

"댁의 가정부 질라였습니다." 나는 몸을 던지듯 침대에서 내려와, 재빨리 옷을 챙겨 입고 대답했다.

"쫓아내든 말든 난 상관없어요, 히스클리프 씨. 당연히 쫓겨나도 싸죠. 아마 나를 희생양 삼아, 이 집이 귀신 들린 집이라는 증거를 또 하나 잡고 싶었던 모양입니다. 정말 유령과 마귀가 들끓고 있더군요! 방문을 걸어 잠근 것도 일리는 있겠네요. 이런 곳에서 재워 준대도 고마워할 사람은 아무도 없을 테니까요."

"그게 무슨 말이오?" 히스클리프가 쏘아붙였다. "그리고 지금 뭐 하는 짓이오? 기왕 들어왔으니, 오늘 밤은 그냥 묵으시오. 하지만 제발, 제발 그 지독한 소리만은 다시 내지 마시오! 목이라도 베이는 게 아닌 다음에야, 그런 소란을 피우는 건 절대 용서하지 않겠소!"

"그 작은 마귀가 창문으로 기어들기라도 했다면, 틀림없이 내 목을 졸랐을 겁니다!" 나는 퉁명스레 받아쳤다. "당신네 조상들의 그 으스스한 '환대'를 다시는 감내할 생각이 없습니다. 야베스 브랜더햄 목사는 당신 외가 쪽 친척 아닌가요? 그리고 캐서린 린턴인지 언쇼인지, 이름도 헷갈리는 그 말괄량이 여자애는, 요정이 바꿔치기라도 한 모양이더군요. 얼마나 요망스럽던지! 자기 말로는 20년째 이 세상을 떠돌고 있다던데, 살아생전 저지른 죄에 대한 응보임이 틀림없습니다."

이 말을 내뱉자마자, 그 책에서 히스클리프의 이름과 캐서린의 이름이 어떻게 나란히 이어져 있었는지 불현듯 떠올랐다. 조금 전까지 새까맣게 잊고 있었던 기억이 그제야 되살아난 것이다. 나의 경솔함에 얼굴이 화끈 달아올랐지만, 그런 내색은 하지 않은 채 서둘러 말을 이었다.

"실은, 히스클리프 씨, 제가 잠들기 전에…." 나는 말을 멈추었다. '그 낡은 책들을 읽고 있었어요.'라고 말할 참이었으나, 자칫 인쇄된 내용뿐 아니라 그 위에 적힌 글까지 읽은 게 탄로 날 판이었다. 그래서 얼른 말을 돌렸다. "저기, 창턱에 새겨져 있던 이름들을 하나하나 더듬어 보고 있었습니다. 숫자를 세듯, 같은 글자를 되뇌다 보면 잠이

오지 않을까 싶어서….”

“나한테 그따위 말을 하다니, 지금 제정신이오?” 히스클리프가 격분하여 포효하듯 고함쳤다.

“어떻게… 감히 내 집에서! 맙소사, 미쳤군, 미쳤어! 미쳤으니 저런 말을 하지!” 그는 분노에 치를 떨며 자기 이마를 내리쳤다.

그의 거친 언사에 불쾌해해야 할지, 아니면 변명을 이어 가야 할지 헷갈렸다. 나는 잠시 망설이다 그가 너무도 격렬한 감정에 휩싸여 있는 것 같아서 측은한 마음에 꿈 이야기를 계속했다. 나는 여태 ‘캐서린 린턴’이라는 이름을 한 번도 들어 본 적이 없지만, 그 이름을 거듭 되뇌는 동안 내 상상 속에서 그것이 차츰 형체를 얻어, 마침내 사람의 모습으로 나타난 것 같다고 말했다.

내가 이야기를 이어 가는 동안 히스클리프는 천천히 침대 뒤로 물러나더니 결국은 주저앉아 모습이 거의 보이지 않게 되었다. 하지만 간간이 끊어질 듯 이어지는 불규칙한 숨소리로 짐작건대, 격한 감정을 가라앉히느라 애쓰는 것 같았다.

그의 내면에 요동치는 격정을 모른 척해 주고 싶은 마음에, 나는 괜스레 부산을 떨며 옷매무시를 정리했고, 시계를 들여다보며 혼잣말처럼 긴 밤을 푸념했다.

“아직 3시도 안 됐다니! 6시는 된 줄 알았는데…. 여긴 정말 시간이 멈춰 버렸나, 분명 8시에 잠자리에 든 것 같은데….”

“겨울에는 9시 취침, 4시 기상, 늘 이렇다네.” 집주인은 속으로 신음을 삼키며 말했다. 팔 그림자의 움직임으로 보아, 눈물을 훔치는 듯했다.

“록우드 씨,” 그가 덧붙였다. “내 방에 가 있는 게 좋겠소. 이렇게 이른 아침에 아래층에 내려가면 오히려 방해만 될 거요. 게다가 맥의 어린애 같은 비명 덕분에, 난 잠이 싹 달아나 버렸으니까."

"저도 마찬가지입니다." 내가 대꾸했다.

"마당이나 거닐다가 해가 뜨면 떠나겠습니다. 다시는 들이닥치지 않을 테니 걱정 마십시오. 이제는 시골이든 도시든 사람들과 어울려 즐거움을 찾고 싶은 마음이 완전히 사라졌습니다. 분별 있는 사람이라면 자기 자신을 벗 삼아도 충분하니까요."

"촛불을 들고, 어디든 내키는 대로 가시오. 내가 곧 뒤따라가겠소. 다만, 마당에는 가지 마시오. 개들을 풀어놓았으니까. 집 안은 주노가 지키고 있으니… 안 되겠군. 댁이 어슬렁거릴 만한 데는 계단과 복도 말고는 없겠소. 어쨌든 나가 주시오! 금방 따라 나가겠소."

나는 시키는 대로 방을 나섰다. 하지만 좁은 복도가 어디로 이어지는지 알지 못해, 잠시 서 있다가 뜻하지 않게 집주인의 미신적인 면모를 목격하게 되었다. 평소 차분하고 분별 있어 보이던 그의 겉모습과는 완전히 어긋나는 것이었다.

그는 침대 위로 올라가 격자창의 걸쇠를 비틀어 풀더니, 창문을 힘껏 당겨 열면서 걷잡을 수 없이 터져 나오는 눈물을 쏟아 냈다.

"들어와, 들어와!" 그가 흐느끼며 말했다. "캐시, 제발 들어와. 아아, 제발 한 번만이라도! 아아, 내 사랑! 내 말을 들어 줘, 캐서린! 이제 들리니?"

유령은 유령답게 제멋대로 변덕을 부리는지 자신의 존재를 드러낼 기미가 전혀 없었다. 다만, 눈보라가 창문으로 휘몰아쳐 내가 들고 있던 촛불까지 꺼 버렸다.

그가 광분하며 울부짖는 비통한 울음소리에는 이루 말할 수 없는 고통이 담겨 있었다. 나는 측은한 마음에 그의 어리석은 행동을 못 본 척하면서 자리를 피했다. 하지만 한편으로는 내가 이런 흐느낌을 엿들었다는 사실 자체에 화가 났고, 내 터무니없는 악몽 이야기가 그에게 이런 고통을 안겨 주었다는 생각에 짜증과 후회가 한꺼번에 밀려왔다. 그러나 왜 그가 그토록 고통스러워하는지 그 이유는 알 길이 없었다.

조심스레 아래층으로 내려가니 부엌 뒤편이 나타났다. 다행히 모아 둔 잿더미에 불씨가 남아 있어 촛불을 다시 밝힐 수 있었다.

잿더미 틈에서 기어 나와 투덜대듯 야옹거리는 얼룩덜룩한 잿빛 고양이 말고는 움직이는 것은 아무것도 없었다.

둥글게 휘어진 긴 의자 두 개가 난로를 거의 감싸듯 놓여 있었다. 나는 한쪽 의자에 드러누웠고, 늙은 암고양이는 나머지 한쪽을 차지했다. 누군가가 우리의 안식처로 침입하기 전까지, 고양이와 나는 꾸벅꾸벅 졸고 있었다. 그때 나무 사다리를 삐걱거리며 내려오는 조지프가 보였다. 사다리가 천장 구멍으로 이어진 걸 보니, 아마 그 위가 그의 다락방인 모양이었다.

그는 내가 벽난로 앞 창살 사이로 촛불을 들이밀어 겨우 살려 놓은 가냘픈 불꽃을 험상궂게 노려보더니, 긴 의자 위에 있던 고양이를 휙 쫓아내고는 그 자리에 떡하니 앉아 손가락 마디만 한 짧은 담뱃대에 담배를 꾹꾹 눌러 담기 시작했다. 그는 내가 자신의 성역에 발을 들인 것을 차마 입에 올리기조차 부끄러운 무례한 짓으로 여기는 게 분명했다. 그는 묵묵히 담뱃대를 입에 물고 팔짱을 낀 채 연기만 내뿜었다.

나는 그가 방해받지 않고 이 호사를 즐기게 내버려두었다. 그는 마지막 한 모금을 길게 빨아들인 뒤 깊은 한숨을 내쉬고는 자리에서 일어나 들어올 때와 마찬가지로 근엄하게 나가 버렸다.

뒤이어 들려오는 발걸음은 한층 경쾌했다. 나는 '좋은 아침입니다.'

라는 인사말을 건네려고 입을 열었다가 그대로 말을 삼키고 입을 다물어 버렸다. 헤어턴 언쇼가 쌓인 눈을 치울 가래인지 삽인지를 찾는답시고 이 구석 저 구석을 뒤적이면서, 손에 닿는 온갖 물건에 기도문을 읊조리듯 나직이 욕설을 내뱉었기 때문이다. 그는 긴 의자 너머를 힐끗 쳐다보며 코를 벌름거릴 뿐, 나와 예의를 주고받는 일에는 조금도 관심을 두지 않았다. 내 동료인 고양이나 나에게 아침 인사를 건넬 생각 따위는 눈곱만큼도 없어 보였다.

나는 그가 나갈 채비를 하는 모습을 보고서야, 나가도 되겠다는 생각이 들어 딱딱한 자리에서 몸을 일으켜 그를 따라가려고 했다. 그가 이를 눈치채고는 삽자루 끝으로 안쪽 문을 쿡 찌르며, 알아듣기 힘든 소리로 웅얼거렸다. 부엌에서 나가려면 저리로 가라는 뜻임이 분명했다.

문으로 나가자 큰방이 나타났다. 여자들은 이미 분주히 움직이고 있었다. 질라는 거대한 풀무로 벽난로 속 불씨를 살리고 있었고, 히스클리프 부인은 난롯가에 무릎을 꿇고 앉아, 그 불빛에 의지해 책을 읽고 있었다.

그녀는 불기운이 닿지 않게 한쪽 손을 들어 눈을 가린 채 독서에 몰두하고 있었다. 그녀가 책장에서 눈을 떼는 때는 불똥이 튀었다고 하인을 꾸짖을 때, 아니면 이따금 자기 얼굴에 코를 비벼 대는 개를 밀어낼 때뿐이었다.

놀랍게도 히스클리프가 그곳에 함께 있었다. 그는 나를 등진 채 벽난로 옆에 서서, 가엾은 질라를 한바탕 매섭게 몰아붙이고 난 직후였다. 질라는 이따금 일손을 멈추고, 앞치마 자락으로 눈가를 찍어 내며 분을 참지 못해 신음을 내뱉곤 했다.

"그리고 너, 이 못난—." 내가 들어선 순간, 그는, 말하자면 실제로는 '오리'나 '양'처럼 무해한 표현이지만, 글에서는 보통 줄표(—)로 처리되는 욕을 섞어 며느리에게 퍼붓고 있었다. "또 농땡이냐! 다른 사람들은 다 자기 밥벌이를 하는데, 너만 버러지처럼 나한테 빌붙어 살고 있어! 그런 쓰레기 같은 책은 저리 집어치우고, 일거리나 찾으란 말이다! 평생, 내 눈앞에서 나를 성가시게 한 대가를 톡톡히 치르게 해 주마. 내 말 알아들어, 이 망할 것아?"

"이런 쓰레기는 치울게요. 안 하겠다고 해 봐야 힘으로 밀어붙일 테니까." 젊은 여자가 책을 덮어 의자 위로 휙 던지며 대답했다. "하지만 아무리 입이 닳도록 욕을 해 대도, 나는 내가 하고 싶은 것 말고는 손가락 하나 까딱하지 않을 거예요!"

히스클리프가 손을 번쩍 들어 올리자, 상대는 그 묵직한 손의 위력을 이미 알고 있다는 듯 멀찌감치 물러섰다. 나는 개와 고양이의 싸움을 구경하고 싶은 마음이 없었기에, 벽난로의 온기를 즐기려는 듯, 잠시 중단된 언쟁에 관해서는 전혀 아는 바 없다는 듯이 성큼성큼 걸음을 옮겼다. 양쪽 다 더 이상의 적의를 드러내지 않을 만큼의 체면은 있었다. 히스클리프는 충동을 억누르려는 듯 주먹을 호주머니 속에 찔러 넣었고, 히스클리프 부인은 입술을 비죽거리며 멀찍이 떨어진 의자로 가서 앉았다. 그러고 나서 내가 있는 동안에는 보란 듯이 조각상 노릇을 하며 꼼짝도 하지 않았다. 그 시간은 길지 않았다. 나는 그들의 아침 식탁에 끼는 것을 사양하고, 동이 트자마자 탁 트인 밖으로 나왔다. 공기는 맑고 고요했으며 만져지지 않는 얼음처럼 차가웠다.

정원 끝에 이르렀을 무렵, 집주인이 나를 불러 세우더니 황야를 지나는 데까지 데려가 주겠다고 했다. 참으로 다행이었다. 언덕 너머는 온통 출렁이는 흰 바다와 같아, 그 기복이 실제 지면의 높낮이를 전혀 가늠케 하지 못했다. 눈이 쌓여 평평해진 구덩이도 여러 개였고, 채석장의 폐석이 켜켜이 쌓여 이루어진 둔덕의 이랑들 또한 눈 속에 파묻혀, 어제 걸으며 마음속에 그려 두었던 지형의 그림이 흔적도 없이 지워져 있었다.

어제 나는 그 길을 걸으며, 길 한쪽으로 6~7야드* 간격을 두고 일렬로 똑바로 서 있는 돌들을 눈여겨본 기억이 있었다. 이 돌들은 어두운 날이나, 오늘처럼 눈 때문에 길 양쪽의 깊은 늪과 단단한 길이 구분되지 않을 때 길잡이 역할을 하도록 석회를 발라 세워 놓은 것이었다. 그런데 이제는 군데군데 거뭇하게 드러난 돌의 끝자락 몇 개를 빼면, 그 흔적은 온데간데없이 사라지고 말았다. 그래서 내가 길을 제대로 따라가고 있다고 믿을 때조차, 동행은 자주 나에게 오른쪽이나 왼쪽으로 방향을 틀라며 일러 주어야 했다.

우리는 거의 말을 나누지 않았다. 그는 스러시크로스 그레인지 입구에서 걸음을 멈추고, 거기서부터는 길을 잘못 들 염려가 없을 거라고 말했다. 우리의 작별 인사는 짧게 고개를 숙이는 것으로 대신했다. 그때부터 나는 오롯이 내 판단에 의지해 걸음을 옮겼다. 그레인지의 문지기 오두막이 아직 비어 있는 탓이었다.

정문에서 저택까지의 거리는 2마일 남짓이다. 하지만 숲에서 길을 잃고 목까지 차오른 눈더미를 헤치며 다닌 탓에, 체감상 4마일은 족히 걸은 것 같았다. 그 고생은 겪어 보지 않은 사람은 모른다. 아무튼 얼마를 헤맸든, 내가 집 안에 들어섰을 즈음 시계는 12시를 치고 있었다. 워더링 하이츠에서 통상 다니는 길로, 1마일에 꼬박 한 시간이 걸린 셈이다.

* 1야드는 1피트의 세 배로 91.44cm에 해당한다.

이 저택의 '붙박이' 가정부와 그 수하들이 우르르 달려 나와 나를 맞았다. 그들은 소란을 피우며, 내가 돌아올 거라는 기대를 완전히 접고 있었다고 떠들어 댔다. 모두들 내가 어젯밤에 죽은 줄로만 알았다며, 어떻게 내 시신을 찾아 나서야 할지 고심하던 참이었다는 것이다.

나는 이제 내가 돌아왔으니 그만 조용히 하라고 일렀다. 심장까지 얼어붙은 듯 무감각해진 몸뚱이를 끌고, 계단을 거의 기어오르다시피 올라가 마른 옷으로 갈아입은 뒤, 삼사십 분 정도 방 안을 서성이며 몸의 온기를 되찾으려 애썼다. 그러고서야 겨우 서재에 자리를 잡기는 했으나 새끼 고양이처럼 맥이 풀려 하인이 내 원기를 돋우려 마련해 둔 따뜻한 불과 김이 모락모락 피어오르는 커피조차 즐길 여력이 없었다.

4장

　인간이란 바람 부는 대로 돌아가는 풍향계처럼 참으로 변덕스러운 존재다! 세상과의 교제를 끊고 홀로 살기로 마음먹었고, 마침내 교제라는 것이 거의 불가능한 곳에 자리를 잡았다며 내 운명에 감사해하던 나였건만, 이 나약하고 가련한 인간은 해 질 녘까지 우울과 고독에 맞서 싸우다 결국 백기를 들고 말았다. 나는 저녁상을 가져온 던 부인에게 옆자리를 지켜 달라고 청했다. 집안 살림에 필요한 이모저모를 파악한다는 건 구실에 불과했고, 내심 그녀가 남 얘기하길 좋아하는 수다쟁이이기를 기대하며, 그 입담으로 내 우울한 기분을 쫓아내든지, 아니면 그녀가 늘어놓는 이야기로 나를 잠들게 해 주길 바랐다.

　"여기서 지낸 지 제법 오래됐다던데," 내가 말을 꺼냈다. "16년이라고 했나요?"

　"벌써 열여덟 해가 지났네요. 안주인이 결혼할 때 시중들려고 왔

"

지요. 안주인이 돌아가신 뒤에는 나리가 집안 살림을 맡기려고 저를 가정부로 두셨고요.”

“그랬군요.”

잠시 침묵이 흘렀다. 그녀는 내가 기대한 입담 좋은 수다쟁이가 아닌 것 같아 심히 우려스러웠다. 고작 자기 개인사나 늘어놓는 정도라면 들어 봤자 재미가 없을 텐데….

그러나 잠시 생각에 잠긴 듯, 양쪽 무릎에 주먹을 얹고 불그레한 얼굴에 사색의 그림자를 드리우는가 싶더니 불쑥 내뱉었다.

“아, 그때 여기에 온 후로 참 많은 게 변했답니다!”

“그렇군요. 그동안 변한 게 한둘이 아니었겠죠?” 내가 말했다.

“아무렴요. 그 세월 동안 숱한 풍파를 겪었지요.” 그녀가 답했다.

‘옳거니, 이제 집주인 가족 얘기로 넘어가야겠군.’ 나는 속으로 생각했다. 첫 번째 화제로 딱 좋지! 그리고 저 예쁜 과부 처자…. 그녀가 이 고장 출신인지, 아니면 아마도 이 무뚝뚝한 토박이들이 친척으로는 절대 인정하지 않는 외지인인지, 한번 그 사연을 알아봐야겠어.

우선, 나는 딘 부인에게 왜 히스클리프는 스러시크로스 그레인지에 세를 놓고, 주변 경관으로 보나 건물 상태로 보나 여기보다 훨씬 볼품없는 곳에서 지내기로 한 것인지를 물었다.

“이 저택을 제대로 관리할 만한 돈이 없는 건가요?”

“돈이야 차고 넘치죠!” 딘 부인이 대답했다. “전부 얼마인지 아무도 모를 정도인걸요. 게다가 해마다 불어나고 있지요. 네, 그럼요, 이 집보다 더 좋은 집에서 살 수 있을 만큼 부유하답니다. 하지만 그분은 꽤나… 인색하세요. 설령 스러시크로스 그레인지로 옮길 생각이었더라도, 좋은 세입자가 나타났다는 소식을 들었다면 몇백 파운드 더 벌기회를 놓칠 리가 없지요. 세상에, 자기 혼자뿐인데도 이렇게 욕심이 많다니, 참 신기하지 않나요?"

"아들이 있었다던데?"

"네, 하나 있었어요. 죽었지만요."

"그럼 저 젊은 부인, 히스클리프 부인은 그 아들의 아내인가요?"

"맞아요."

"부인은 어디 출신이죠?"

"어머, 모르셨군요. 돌아가신 여기 주인 나리의 따님이세요. 처녀 시절 이름은 캐서린 린턴이었고요. 제가 키웠지요, 그 불쌍한 어린것을! 히스클리프 씨가 여기로 옮겨 와서 살길 제가 얼마나 바랐는지 몰라요. 그러면 다시 함께 살 수 있었을 텐데…."

"뭐, 캐서린 린턴?" 나는 깜짝 놀라 외쳤다. 하지만 잠시 생각해 보니, 내 앞에 유령으로 나타났던 캐서린은 아니란 걸 깨달았다. "그럼," 나는 말을 이어 갔다. "이 집에 본래 살던 주인의 성이 린턴이겠군요?"

"그렇지요."

"그럼, 그 언쇼라는 사람은 누구죠? 헤어턴 언쇼, 히스클리프 씨와 함께 산다고 들었는데…. 혹시 친척인가요?"

"아니에요. 돌아가신 린턴 부인의 조카랍니다."

"그럼, 그 젊은 부인과 사촌간이란 말입니까?"

"네, 그렇지요. 그런데 아가씨는 죽은 남편과도 사촌지간이었어요. 한 분은 외가 쪽, 한 분은 친가 쪽이죠. 히스클리프 씨가 린턴 씨의 여동생과 결혼했거든요."

"워더링 하이츠 저택 현관 위에 '언쇼'라고 새겨져 있는 걸 봤는데, 오래된 집안인가요?"

"아주 오래된 집안이지요. 헤어턴이 그 집안의 마지막 후손이랍니다. 우리 캐시 아가씨가 우리 집안, 그러니까, 린턴 가문의 마지막 후손인 것처럼요. 워더링 하이츠에 다녀오셨나요? 여쭙기 송구하지만, 아가씨가 어떻게 지내는지 듣고 싶어서요."

"히스클리프 부인 말인가요? 아주 건강하고, 또 무척 당당하면서도 아름다워 보였어요. 그렇지만, 썩 행복해 보이진 않더군요."

"하이고, 내 그럴 줄 알았네! 그러면 그 집 주인장은 어떻던가요?"

"글쎄, 좀 거칠어 보이더군요. 그게 그 사람 성격인가요?"

"거칠기가 톱날 같고, 현무암처럼 완강한 사람이지요! 되도록 건드리지 않는 게 상책입니다."

"그렇게 괴팍한 사람이 된 데에는 필시 우여곡절이 많았겠죠? 혹시 그 사람의 과거에 대해 조금이라도 아는 게 있습니까?"

"뻐꾸기가 따로 없어요. 제가 속속들이 다 알거든요. 다만 어디서 태어났는지, 부모가 누구인지, 처음에 무슨 수로 재산을 모았는지는 모르는 일이지만요. 그리고 헤어턴은, 깃털도 자라지 않은 어린 새가 힘없이 내쳐지듯 버려졌지요."

"딘 부인, 적선하는 셈 치고 내게 그 이웃들 이야기 좀 들려주세요. 잠자리에 들어 봐야 좀처럼 잠을 이루지 못할 것 같아서 말입니다. 그러니 여기 앉아서 한 시간쯤 담소를 나눠 주세요."

"네, 물론이죠! 잠깐 바느질거리만 가져오고, 원하시는 만큼 있어 드릴게요. 그런데 감기에 걸리셨더군요. 아까 보니까 떨고 계시던데, 죽이라도 드셔서 속을 따뜻하게 하셔야겠어요."

그 믿음직한 부인이 서둘러 자리를 뜨자, 나는 벽난로 앞으로 몸을 더 바짝 웅크렸다. 머리는 불덩이 같은데, 몸은 오싹할 만큼 차가웠다. 게다가 신경이 곤두서고 머릿속이 달아오른 탓인지, 바보스러울 정도로 정신없이 들떠 있었다. 몸이 불편하다기보다는, 오히려 어제오늘 겪은 일들이 앞으로 나에게 이상한 후유증을 남길지도 모른다는 두려움이 스쳤다. (지금도 그 두려움은 가시지 않았다.)

잠시 후, 딘 부인은 김이 모락모락 나는 죽 그릇과 바느질 바구니를 들고 돌아왔다. 그녀는 그릇을 벽난로 위에 올려놓고 나서 의자를 당겨 앉으며 내가 제법 붙임성 있는 사람이라는 걸 알아차리고는 내심 흐뭇해하는 기색이었다.

"제가 이곳에 와서 살기 전에는요…." 그녀가 더 기다릴 필요도 없다는 듯 이야기를 풀어놓기 시작했다.

워더링 하이츠에서 살다시피 했습니다. 우리 어머니가 힌들리 언쇼 씨, 그러니까 헤어턴 아버지의 유모였거든요. 그래서 저도 어릴 저부터 그 집 아이들과 함께 놀곤 했답니다. 심부름도 하고, 건초 뒤집는 일도 거들고, 농장 근처를 어슬렁거리다 누가 뭐든 시키면 얼른 나서곤 했지요.

어느 맑게 갠 여름날 아침이었어요. 추수가 막 시작될 무렵이었는데, 지금도 눈에 선하네요.

예전 주인 어르신인 언쇼 나리께서 여행길 채비를 마치고 아래층으로 내려오셨죠.

나리께서는 먼저 조지프에게 그날의 일을 일러 주신 다음, 힌들리와 캐시*, 그리고 제 쪽을 돌아보셨어요. 그때 저는 아이들과 함께 귀리죽을 먹고 있었거든요.

"자, 우리 기특한 아들, 오늘 아비가 리버풀에 다녀올 건데… 뭘 사다 줄까? 갖고 싶은 건 뭐든 말해 보렴. 다만 너무 큰 건 곤란해. 걸

---

* 캐서린의 애칭. 작품 전체에서 인물들이 그녀를 친근하게 부를 때 사용하는 이름으로, 본문에서도 혼용되어 사용된다.

어서 다녀와야 하거든. 왕복으로 60마일이니, 그 길이 보통이 아니
란다!"

힌들리가 먼저 바이올린을 사 달라고 했어요. 그다음은 캐시 아가
씨 차례였죠. 겨우 여섯 살이었지만, 마구간에 있는 말이라면 못 타
는 말이 없던 아이라 채찍을 골랐어요. 나리는 저도 빠뜨리지 않으셨
습니다. 그분은 가끔은 엄하셨지만, 마음만은 참 따뜻한 분이셨거든
요. 저한테는 사과와 배를 한 주머니 가득 담아 오겠노라 약속하시
고, 아이들에게 입을 맞추신 뒤 길을 떠나셨어요.

주인어른이 집을 비우신 그 사흘이, 우리 모두에게는 어찌나 길게
느껴지던지요. 어린 캐시는 아버지가 언제 돌아오시냐고 하루에도
몇 번씩 물었지요. 언쇼 마님께서는 사흘째 되는 날 저녁 식사 때쯤
엔 돌아오리라 기대하셨는지, 식사 시간을 한 시간, 또 한 시간, 이렇
게 자꾸 미루셨어요. 하지만 아무리 기다려도 돌아오실 기미가 없자,
결국 아이들도 문간으로 달려 나가 확인하는 일에 지쳐 버렸답니다.

이윽고 어둠이 깔렸습니다. 마님은 아이들을 재우려 하셨으나, 아
이들은 울상을 지으며 자지 않겠다고 떼를 썼지요. 그러다가 밤 11시
쯤, 문 걸쇠가 살짝 들리더니 주인어른이 조용히 들어오셨습니다. 나
리는 의자에 털썩 주저앉아 한참을 웃다가 앓는 소리를 내시며 다들
좀 떨어져 있으라고 하셨습니다. 고단해서 죽을 지경이라며 세상을
다 준대도 이런 먼 길은 다시는 못 걷겠다면서요.

"게다가 막판에는 아주 진땀을 뺐다니까!" 나리는 두툼한 외투 품
안에 짐 뭉치 같은 커다란 뭔가를 감싸 안고 있더니, 그 불룩한 앞자
락을 넓게 펼쳐 보이며 말씀하셨어요. "여보, 여길 좀 봐요. 내 평생
이렇게 고생해 보긴 처음이오. 그래도 하느님께서 주신 선물이라 생
각하고 거둬 주시오. 악마가 보낸 것처럼 시커멓긴 하지만 말이오."

우리는 그 주위로 몰려들었어요. 저는 캐시 아가씨의 머리 위로 고개를 내밀어 슬쩍 들여다보았지요. 외투 속에는 땟국물이 줄줄 흐르는 몰골에, 누더기를 걸친 검은 머리의 아이가 있었어요. 걷고 말을 할 만큼은 커 보였지요. 얼굴이 캐서린보다 더 성숙해 보였거든요. 그런데 막상 바닥에 세워 놓자, 그저 주위를 멍하니 두리번거리며 아무도 알아듣지 못하는 이상한 말만 중얼거렸어요. 저는 덜컥 겁이 났답니다. 언쇼 마님이 당장이라도 그 아이를 문밖으로 내던질 기세였거든요. 정말 펄쩍 뛰시며 우리도 먹이고 입히고 부양해야 할 아이들이 있는데, 어쩌자고 저런 집시 아이를 집에 들일 생각을 했느냐, 대체 저 아이를 어쩔 작정이냐, 제정신이냐고 따지셨지요.

나리는 자초지종을 설명하려 애쓰셨어요. 하지만 정말로 손가락 하나 까딱할 기운도 없어 보였어요. 쉴 새 없이 몰아치는 마님의 호통에 묻혀 간신히 들려온 이야기로 알아낸 내용은 대략 이랬습니다. 리버풀 길바닥에서 갈 곳 없이 배를 곯고 있는 어린아이를 발견했는데, 말도 못 알아듣고 그저 벙어리처럼 웅얼거리기만 하더라는 거예요. 그래서 일단 아이부터 거두고는 혹시 그 애한테 보호자나 주인이 있는지 수소문하며 돌아다니셨답니다. 하지만 그 애가 누구 집 아이인지 아는 사람은 단 한 명도 없었다고 하더군요. 거기에서 더 발품을 팔면서 빠듯한 여비와 시간을 허비하느니 차라리 집으로 데려오는 편이 낫겠다 싶으셨대요. 적어도 자신이 그 아이를 발견한 이상, 그냥 내버려두고 올 수는 없었다고 하셨습니다.

결국 한참을 구시렁거리던 마님이 겨우 잠잠해지고 나서야 상황이 일단락되었습니다. 그러자 언쇼 나리는 저더러 아이를 씻기고 깨끗한 옷을 입혀서, 아이들과 함께 재우라고 이르셨답니다.

힌들리와 캐시는 한바탕 소동이 가라앉을 때까지 옆에서 얌전히 지켜보고만 있다가, 아버지가 약속했던 선물을 찾아보겠다며 주머니를 뒤지기 시작했어요. 힌들리는 열네 살 소년이었지만, 커다란 외투 주머니에서 으스러진 바이올린 조각을 꺼내 들고는 엉엉 소리 내어 울었어요. 캐시는 생전 처음 보는 아이를 챙기느라 그만 자기 말채찍을 잃어버렸다는 나리의 말을 듣고는, 그 멍텅구리 같은 아이에게 이를 드러내며 침을 뱉었지요. 그 못된 장난 덕분에 아버지에게 한 대 맞고, 제법 단정한 태도를 배우게 되었답니다.

아이들은 그 애를 자기들 침대에 눕히는 것은 물론, 방 안에 들이는 것조차도 완강히 거부했어요. 저도 아직은 철이 없던 때라, 층계참에 내버려두고 내일쯤이면 사라지겠거니 했지요. 그런데 우연이었는지, 아니면 언쇼 나리의 목소리를 따라간 것인지 그 애가 나리의 방까지 기어갔었나 봅니다. 언쇼 나리가 방에서 나오시다가 그 애를 발견하시고는 저에게 그 아이가 어떻게 여기까지 오게 되었는지 물으셨어요. 저는 이실직고할 수밖에 없었고, 그런 비겁하고 인정머리 없는 짓을 저지른 대가로 결국 그 집에서 쫓겨나고 말았죠.

그렇게 해서 히스클리프는 언쇼 집안에 처음 발을 들이게 된 거예요. 며칠 뒤 제가 돌아왔을 때,(제 추방령이 영원할 거라고는 생각지 않았거든요.) 식구들은 이미 그 아이를 '히스클리프'라고 부르고 있었답니다. 어릴 때 죽은 어르신의 아드님 이름이었는데, 그때부터 그게 그 아이의 이름이자 성이 되었지요.

캐시 아가씨와 히스클리프는 금세 둘도 없는 단짝이 되어 있더군요. 하지만 힌들리는 그 아이를 몹시 미워했죠. 솔직히 말하면, 저도 그 아이가 미웠답니다. 우리는 그 애를 괴롭히며 지독히도 못되게 굴었지요. 제가 하는 짓이 얼마나 잘못되었는지 깨달을 만큼 철이 들지 않았던 데다, 마님은 그 애가 구박받는 걸 보면서도 결코 편들어 주는 법이 없으셨거든요.

그 아이는 음침하면서도 인내심이 강해 보였는데, 아마도 이런 몹쓸 학대에 단련되어 그런 것 같았습니다. 힌들리의 매질에도 눈 하나 깜짝하지 않고 눈물 한 방울 흘리지 않았죠. 저한테 꼬집혀도 그저 숨 한 번 들이마시고 눈만 살짝 뜨는 게 전부였어요. 마치 자기가 실수로 다친 것일 뿐, 누구도 탓할 마음이 없다는 듯한 태도였답니다.

히스클리프가 참고만 있는 걸 본 어르신은 몹시 분개하셨습니다. 자기 아들이, 나리의 입을 빌리자면, 그 '아비 없는 딱한 것'을 모질게 박대하는 광경을 보셨으니 말이에요. 나리는 히스클리프를 묘하게 감싸고돌면서 그 아이가 하는 말이라면 죄다 믿어 주셨어요. (예년 게 아니라, 히스클리프는 말수가 워낙 적은 데다 대개 진실만을 말했거든요.) 캐시보다 그 아이를 훨씬 더 애지중지하셨답니다. 캐시는 귀염둥이로 불리기엔 너무 장난이 심하고 제멋대로였거든요.

이렇게 히스클리프는 처음부터 집안에 불화를 일으켰습니다. 그로부터 2년도 채 안 되어 마님이 세상을 떠나자, 어린 도련님은 아버지를 든든한 버팀목이 아닌 억압자로, 히스클리프를 부친의 사랑과 자신의 특권을 가로챈 찬탈자로 여기게 되었지요. 마음속에 억울함이 가득하니, 독기만 오를 수밖에요.

한동안은 저도 그런 도련님을 안쓰럽게 여겼답니다. 하지만 아이들이 홍역에 걸려 제가 병간호를 도맡고, 갑작스레 집안의 온갖 뒤치다꺼리까지 감당해야 했을 때 생각이 바뀌었어요. 히스클리프는 목숨이 위태로울 정도로 앓았는데, 가장 위중할 때에도 저만 찾으며 한시도 자기 머리맡을 떠나지 못하게 했답니다. 아마 제가 자기를 지극정성으로 돌본다고 믿고 의지했던 모양인데, 제가 마지못해 하는 일이라는 것까지는 알 리가 없었겠지요. 하지만 한 가지 분명한 건,

제 평생 병간호를 하면서 그렇게 군소리 없이 조용한 아이는 처음이었다는 거예요. 다른 아이들과 너무 딴판이라서, 전처럼 공연히 미워하던 마음도 누그러지더군요. 캐시와 그 애 오빠는 이거 해 달라, 저거 해 달라면서 저를 쉴 새 없이 들볶았지만, 히스클리프는 순한 양처럼 말 한마디 없이 얌전히 있었어요. 물론 그게 고분고분해서가 아니라, 성정이 워낙 독해서 폐를 끼치지 않았던 것이지만요.

히스클리프는 병을 이겨 냈고, 의사는 제가 간호를 잘한 덕분이라고 칭찬을 아끼지 않았어요. 저는 그 칭찬에 어깨가 으쓱해져서, 저를 인정받게 해 준 그 아이에 대한 미움도 슬며시 누그러졌답니다. 그렇게 힌들리는 마지막 동조자마저 잃고 말았지요. 그렇다고 제가 히스클리프를 애지중지하게 되었다는 건 아니에요. 도대체 저 뚱한 아이의 어디가 좋다고 주인어른께서 그토록 감싸고도는지 의아할 때가 많았거든요. 제 기억으로는 그 애가 주인어른의 총애에 단 한 번도 고마운 기색을 내비친 적이 없었으니까요. 은인에게 무례하게 굴지는 않았지만, 그저 무심하리만치 무감각할 뿐이었지요. 자신이 주인어른의 마음을 꽉 쥐고 있다는 사실을 정확히 알고 있었고, 자기가 무슨 말을 하든 온 집안이 자기 뜻대로 움직일 거라는 걸 뻔히 알면서도 말이에요.

한 예로, 지금도 기억나는 일이, 한번은 언쇼 나리가 장터에서 망아지 두 마리를 사 와서 두 사내아이에게 한 마리씩 나눠 준 적이 있어요. 히스클리프가 그중 더 잘생긴 놈을 골라 차지했는데, 얼마 안 가 그놈이 절름발이가 되어 있더군요. 히스클리프는 그 사실을 알게 되자 힌들리에게 가서 이렇게 말하더군요.

"망아지 바꿔 줘. 내 것은 마음에 안 들어. 안 바꿔 주면 너희 아버지한테 가서 네가 이번 주에 나를 세 번이나 때렸다고 이를 거야. 어깨까지 까맣게 멍든 내 팔도 보여 드릴 거고."

힌들리는 혀를 내밀더니 그 아이의 귀를 한 대 쳤어요.

"당장 바꿔 주는 게 좋을 거야." 히스클리프는 현관 쪽으로 달아나면서도 계속 우겼어요. (두 사람은 마구간에 있었어요.) "결국 바꿔 주게 될걸. 내가 지금 맞은 것까지 이르면, 너는 두 배로 더 세게 맞을 테니까."

"꺼져, 이 개자식아!" 힌들리는 이렇게 소리치며 감자와 건초를 달아 무게를 재는 데 쓰던 쇠 저울추로 그 애를 위협했어요.

"던지기만 해 봐." 히스클리프가 꼼짝도 하지 않고 서서 대꾸했습니다. "그럼, 내가 죄다 일러바칠 테니까. 아버지가 죽으면 나를 내쫓아 버리겠다고 큰소리쳤지? 그 말을 듣고도 네 아버지가 너를 당장 쫓아내지 않는지 두고 보자고."

힌들리 도련님은 정말로 저울추를 던져 히스클리프의 가슴께에 명중시켰어요. 히스클리프는 쓰러져 숨도 제대로 못 쉬고 얼굴이 하얗게 질려 있었지만, 곧바로 비틀거리며 일어나더군요. 제가 막았으니 망정이지, 말리지 않았다면 히스클리프는 그길로 주인 나리한테 가서 힌들리의 행패를 일러바쳐 앙갚음했을 거예요.

"그래, 내 망아지 가져가라, 이 집시 놈아!" 언쇼 도련님이 소리쳤어요. "말 등에서 떨어져 모가지나 부러져라. 가져가서 뒈지란 말이야, 이 개자식아! 아버지를 꼬드겨 전 재산을 몽땅 털어가라. 그다음엔 네 정체가 마귀 새끼라는 걸 낱낱이 까발려라! 자, 가져가. 말발굽에 차여 대갈통이나 박살 나라!"

히스클리프는 이미 망아지를 풀어 자기 마방馬房으로 옮기고 있었어요. 그 애가 말 궁둥이 뒤로 돌아가는 순간, 힌들리는 자기 말을 끝내기가 무섭게 히스클리프를 쳐서 말발굽 아래로 넘어뜨렸습니다. 그러고는 자신의 소망이 이루어졌는지 확인할 새도 없이 줄행랑을 쳤지요.

그 어린 애가 어찌나 침착하게 자리에서 툭툭 털고 일어나 제 몸을 추슬러 자기가 하려던 일을 끝까지 의연하게 해 나가던지, 저는 그 모습을 지켜보면서 깜짝 놀랐답니다. 말안장까지 싹 교체하고 나서야 건초 더미에 걸터앉더군요. 집 안으로 들어가기 전에 아까 얻어맞은 충격으로 울렁거리는 속을 달래려는 모양이었어요.

제가 멍은 말에 차여서 생긴 걸로 하자고 설득했고, 히스클리프는 순순히 제 말에 응했습니다. 자기 목적을 달성한 마당에 다른 사정은 상관하지 않았던 거지요. 사실 이런 소동을 겪고도 거의 불평하는 법이 없어서, 저는 그 애가 정말이지 앙심 같은 건 품지 않은 줄로만 알았답니다. 하지만 곧 들으시겠지만, 제가 감쪽같이 속았더라고요.

5장

세월이 흘러, 언쇼 나리도 기력이 예전 같지 않았습니다. 늘 기운 차고 건강하던 분이었는데, 갑자기 쇠약해져 벽난로 앞을 지켜야 하는 처지가 되자 성격이 아주 괴팍해지셨지요. 사소한 일에도 불같이 화를 내고, 권위가 조금이라도 무시당했다 싶으면 발작이라도 일으킬 듯 흥분하셨답니다.

특히 나리의 총애를 받는 그 아이를 누구라도 속이려 들거나, 힘으로 억누르려 하면 그 증세가 유독 심해졌어요. 누가 히스클리프에게 몹쓸 말을 할까 봐, 이만저만 신경 쓰는 게 아니었답니다. 자신이 히스클리프에게 오냐오냐하니, 다들 그 아이를 미워하고 해코지하려 든다는 생각이 머리에 깊이 박혀 버린 듯했지요.

그것은 아이에게도 오히려 독이 되었습니다. 저희 중에 마음씨 착한 이들은 나리의 심기를 건드리지 않으려 그 유별난 편애에 장단을 맞춰 주곤 했는데, 그게 아이의 오만함과 뒤틀린 성미를 길러 준 비옥

한 토양이 되었으니까요. 하지만 어쩔 수 없는 면도 있었어요. 두 번인가 세 번인가, 힌들리가 아버지 앞에서 노골적으로 히스클리프를 멸시하는 태도를 드러낸 적이 있는데, 그때마다 노발대발하셨거든요. 나리는 지팡이를 휘둘러 아들을 치려다 기운이 달려 뜻대로 되지 않자 분노로 몸을 부들부들 떠셨어요.

마침내 우리 교구 부목사님이 나서서 도련님을 대학에 보내라고 권유하셨어요. (그때 그분은 린턴가家와 언쇼가家의 아이들을 가르치며, 손수 자기 밭을 일궈 생계를 꾸려 가고 계셨거든요.) 주인 나리는 달가워하지 않았지만, 무거운 마음으로 허락하셨습니다. 그러고는 이렇게 말씀하셨지요.

"힌들리는 애초에 글러 먹은 녀석이라, 어딜 보내도 달라질 게 없을 거야."

저는 이제야 집안이 좀 조용해지려나 싶어 정말 마음이 놓였어요.

어르신께서 베푸신 선행이 도리어 짐이 되어 마음을 무겁게 짓누른다고 생각하니, 저도 안쓰럽더군요. 저는 나리가 늙고 병들어 예민해지신 게 가족의 불화 때문인 줄로만 알았어요. 나리 자신도 그렇게 믿고 계셨고요. 그런데 사실은, 그저 병이 깊어지고 기력이 다하셔서 그러셨던 거예요.

캐시 아가씨와 조지프, 그 두 사람만 없었다면 그럭저럭 견딜 만했을 거예요. 조지프는 저쪽 집에서 보셨겠지요? 세상에 그 영감만큼 독선적이고 진저리나는 바리새인도 없을 거예요. 성경을 이 잡듯 뒤져서 축복이란 축복은 죄다 자기 앞으로 긁어모으고, 저주란 저주는 모조리 이웃에게 퍼부어 대는 위인이었거든요. 아마 지금도 여전할 걸요. 설교조로 경건한 척 지껄이는 재주로 주인어른의 환심을 사는 데는 아주 도가 텄던지라, 어르신께서 기력을 잃어 갈수록 그 작자의 영향력은 날로 커져만 갔답니다.

조지프는 주인 나리에게 천국과 구원의 문제를 들먹이며 늘 마음을 졸이게 하고, 아이들을 엄하게 다스려야 한다며 몰아붙이기 일쑤였어요. 힌들리를 완전히 방탕아로 여기도록 부추겼고, 밤이면 밤마다 히스클리프와 캐서린의 험담을 늘어놓았답니다. 특히 캐시 아가씨에게 주로 잘못을 떠넘기면서, 히스클리프를 편애하는 주인 나리의 약점을 건드리지 않고 환심을 사는 솜씨는 정말이지 기가 막힐 정도였지요.

분명 캐서린은 다른 아이들과는 달랐어요. 별난 짓만 골라 하는 통에, 하루에도 쉰 번은 넘게 저희 속을 긁었지요. 아침에 눈 비비고 내려오는 순간부터 잠자리에 들 때까지, 무슨 소동을 벌일지 몰라 잠시도 방심할 수가 없었어요. 아가씨는 늘 들떠 있었고, 한시도 입을 다물 줄 몰랐지요. 종일 노래하고 깔깔대다가, 자기 흥에 맞춰 주지 않는 사람이 있으면 끝까지 들볶고야 말았지요. 천방지축으로 온 집안을 휘젓고 다니는 말괄량이 어린애였지만, 세상에 마을 어디를 둘러봐도 캐서린만큼 고운 눈매에 사랑스러운 미소를 가진 아이도 드물었지요. 발은 또 얼마나 날래던지! 돌이켜 생각해 보면 악의는 없었던 것 같아요. 남을 울릴 만큼 골려 놓고도, 늘 그 곁에 붙어 같이 울곤 했으니까요. 덕분에 먼저 울던 쪽은 울음을 그치고, 도리어 그녀를 달래 주지 않을 수 없었지요.

캐서린은 히스클리프를 지나칠 정도로 좋아했답니다. 우리가 그 애한테 줄 수 있는 가장 무거운 벌이 두 사람을 떼어 놓는 것이었을 정도니까요. 하지만 정작 그 애를 아끼고 감싸 준 대가로, 누구보다 꾸중을 자주 들은 사람도 바로 캐서린이었어요.

놀이를 할 때면 캐서린은 어린 안주인 역할을 하며 손을 함부로 휘두르거나 친구들을 자기 마음대로 부리곤 했어요. 저에게도 그랬지만, 손찌검이나 명령질 따위를 참아 줄 제가 아니었지요. 그래서 그런 짓은 제게 통하지 않는다는 걸 똑똑히 일러두었답니다.

언쇼 나리는 아이들의 장난을 좀처럼 받아 주지 않으셨습니다. 하긴, 그전에도 항상 엄격하고 근엄하게 대하긴 하셨지요. 캐서린으로서는, 아버지가 병들어 기력이 쇠하신 후로, 왜 그렇게 걸핏하면 화를 내고 참을성이 없어졌는지 도무지 이해할 수가 없었어요.

나리가 역정을 내며 나무라시면 캐서린은 더 장난기가 발동해 나리의 화를 부채질했지요. 캐서린이 가장 즐거워한 것은, 우리 모두한테 한꺼번에 야단맞으면서도 태연하게 건방진 표정으로 우리 말을 척척 맞받아치거나, 조지프가 하느님이 천벌을 내리실 거라고 으름장을 놓으면 오히려 그걸 웃음거리로 만들거나, 저를 골탕 먹이거나, 아니면 아버지가 가장 질색하는 짓만 골라서 하는 것이었습니다. 캐서린의 오만한 언행을 그녀의 아버지는 진심으로 받아들였지만, 사실 캐서린은 히스클리프가 아버지의 친절한 말보다 시건방진 자기 말을 더 잘 따른다는 걸 보여 주려고 일부러 그런 척한 것뿐이었어요. 실제로 히스클리프는 나리의 말은 자기 기분이 내킬 때만 따랐지만, 캐서린이 시키는 일이라면 뭐든 군말 없이 했으니까요.

캐서린은 온종일 말썽을 피우다가도 밤이면 가끔 화해를 청하러 와서 애교를 부리곤 했어요. 그럴 때면 어르신은 이렇게 말씀하시곤 했지요.

"그만해라, 캐시야. 너는 네 오빠보다도 더 못돼 먹었다. 어서 가서 기도드리고, 하느님께 용서를 빌어라. 네 어머니와 내가 너 같은 아이를 낳아 기른 걸 뉘우치게 생겼구나."

그 말에 캐서린은 처음엔 눈물을 쏟았지만, 아무리 다가가도 번번이 밀쳐 내시니 차츰 감정이 무뎌졌어요. 나중에는 제가 잘못했다고 사과하고 용서를 빌라고 하면, 캐서린은 오히려 코웃음을 치며 웃어 넘기곤 했답니다.

그러다 마침내 언쇼 나리가 세상의 모든 근심을 내려놓으실 시간이 왔습니다. 그해 10월 어느 저녁, 난롯가 의자에 앉아 조용히 숨을 거두셨거든요.

거센 바람이 집을 휘감고, 굴뚝에서는 으르렁대듯 바람이 울부짖었지요. 소리는 시끄러웠지만 춥지는 않았고, 우리는 모두 한자리에 모여 있었어요. 저는 벽난로에서 조금 떨어진 자리에서 뜨개질을 하고 있었고, 조지프는 탁자 옆에 앉아 성경을 읽고 있었지요. (그때는 하인들도 일을 마치면 주인댁 큰방에 함께 앉아 있곤 했답니다.) 캐시 아가씨는 얼마 전의 병치레로 몸이 홀쭉해져서인지, 평소처럼 들떠 있지는 않았어요. 그래서 나리의 무릎에 머리를 기대고 얌전히 앉아 있었지요. 히스클리프는 아가씨의 무릎을 베고 방바닥에 누워 있었고요.

어르신이 잠시 눈을 붙이시기 전에 캐시 아가씨의 고운 머리카락을 쓰다듬던 모습이 아직도 제 눈에 선합니다. (아가씨는 얌전할 때가 드물었으니, 그럴 때면 더욱 기뻐하셨지요.) 나리가 이렇게 말씀하셨어요.

"캐시, 너는 어째서 늘 착한 아이가 되지 못하는 게냐?"

아가씨는 고개를 들어 아버지를 빤히 올려다보더니 깔깔대면서 이렇게 대꾸했답니다.

"아버지, 아버지는 어째서 늘 착한 아버지가 되지 못하시는 거예요?"

하지만 그 말을 듣고 아버지가 다시 언짢은 기색을 보이자, 캐시 아가씨는 곧바로 나리의 손에 입을 맞추고 자장가를 불러 드리겠다고 했어요. 그러고는 아가씨가 아주 나직한 목소리로 노래를 부르기 시작했어요. 어느 순간, 아가씨의 손을 잡고 있던 나리의 손이 툭 떨어졌고, 고개도 앞으로 수그러졌어요. 그래서 저는 아가씨에게 나리가 깨지 않게 조용히 있으라고 말했답니다. 우리는 모두 꼬박 반 시간 가량 숨죽이고 있었어요. 조지프가 하루치 성경을 다 읽고 자리에서 일어나 "나리께서 기도를 마치고 주무시게 깨워 드려야겠다."고 말하지 않았더라면, 더 오래 그러고 있었을 거예요.

조지프가 다가가 나리를 부르고 어깨에 손을 얹었지만, 나리는 꿈쩍도 하지 않았습니다. 그래서 조지프가 촛불을 들어 나리를 살펴보았지요.

그가 촛불을 내려놓는 순간, 저는 뭔가 잘못되었다는 생각이 들었어요. 그래서 두 아이의 팔을 한쪽씩 잡고 속삭였지요. "위층으로 올라가서 얌전히 있어. 오늘 저녁은 너희끼리 기도해. 조지프는 할 일이 있으니까."

"먼저 아버지께 안녕히 주무시라고 해야겠어." 캐서린은 우리가 말릴 새도 없이 아버지의 목을 감싸안으며 말했어요.

그 가엾은 것이 곧바로 아버지가 숨을 거두었다는 사실을 알아채고는 소리쳤습니다.

"아아, 히스클리프, 아버지가 돌아가셨어! 돌아가셨다고!"

두 아이는 가슴이 찢어질 듯 서럽게 울음을 터트렸지요.

저도 통곡했습니다. 하지만 조지프는 천국에 가서 성자가 되신 분을 두고 대체 무슨 생각으로 그렇게 울부짖느냐며 꾸짖었지요.

그는 저에게 망토를 챙겨 입고 기머턴으로 달려가 의사 선생님과 목사님을 데려오라고 말했습니다. 그때는 의사나 목사를 부른들 무슨 소용이 있을까 싶었지요. 하지만 비바람을 뚫고 달려가서 의사 선생님을 한 분 모시고 왔고, 목사님은 다음 날 아침에 오기로 했습니다.

사정을 설명하는 일은 조지프에게 맡겨 두고, 저는 아이들 방으로 달려갔어요. 조금 열린 문틈으로 안을 들여다보니, 자정이 훌쩍 넘었는데도 아이들은 아직 깨어 있더군요. 그래도 한결 차분해진 상태였고, 제가 굳이 나서서 달랠 필요는 없어 보였어요. 그 어린것들은 제가 생각지도 못한 곱디고운 위로의 말로 서로를 다독이고 있었어요. 세상 그 어떤 목사도 그 아이들의 천진난만한 이야기 속에 그려진 천국만큼 아름다운 걸 그려 내진 못했을 거예요. 그 이야기를 들으며 흐느끼던 저는, 우리 모두 그 천국에서 함께 평안히 있을 수만 있다면 얼마나 좋을까 하는 생각뿐이었답니다.

6장

힌들리 도련님이 아버지의 장례를 치르러 집에 돌아왔습니다. 그런데 우리를 깜짝 놀라게 한 것도 모자라 동네 사람들의 입방아에 오르내리게 되었지요. 아내를 데리고 나타났거든요.

그 여자가 어떤 사람인지, 또 어디에서 왔는지는 우리에게도 끝내 밝히지 않았어요. 짐작건대, 내세울 만한 재산도 가문도 없었겠지요. 그렇지 않았다면, 그토록 혼인 사실을 어르신께 숨길 까닭이 있었겠습니까.

집안의 일상을 흐트러뜨릴 만한 여자는 아니었어요. 문턱을 넘어서자마자 눈에 닿는 모든 것이 신기하고 마음에 드는지 보는 것마다 즐거워했고, 주변에서 일어나는 모든 일에 흡족해했어요. 장례 준비나 조문객들의 방문은 예외였지만요.

장례식이 진행되는 동안 그녀가 하는 행동을 보니, 생각이 좀 모자라는 여자가 아닌가 싶더군요. 아이들을 갖춰 입히느라 한창 바

뻔 저를 자기 방으로 따라오라고 하더니, 자리에 앉아 두 손을 깍지 끼고 벌벌 떨면서 "사람들 아직 안 갔어?" 하고 몇 번이나 되묻는 거예요.

그러고 나서는 자기는 검은색만 봐도 소름이 끼친다며 신경질적으로 감정을 쏟아 내기 시작하더군요. 흠칫 놀라는가 싶더니, 부들부들 떨다가, 급기야는 울음을 터뜨리지 뭐예요. 무슨 일이냐고 물었더니 자기도 모르겠다면서, 그저 죽는 게 너무나도 무섭다고 대답하더라고요!

하지만 제가 보기에는 그 여자도 저 못지않게 오래 살 사람 같았어요. 몸은 가냘픈 편이었지만 나이도 어린 데다 혈색도 좋았고, 눈동자는 다이아몬드처럼 반짝였거든요. 물론 계단을 오르내릴 때면 금세 숨을 헐떡이고, 작은 소리에도 소스라치게 놀라거나 가끔 심한 기침을 해 대긴 했지만요. 하지만 그 증상들이 어떤 병의 전조인지 전혀 몰랐던 탓에, 딱히 동정심이 생기지도 않았습니다. 록우드 씨, 이 고장 사람들은 외지인이 먼저 살갑게 굴지 않는 한 정을 잘 주지 않는답니다.

언쇼 집안의 젊은 주인은 집을 떠나 있던 지난 3년 사이 몰라보게 달라져 있었습니다. 몸은 더 야위고, 안색은 파리해졌으며, 말투와 옷차림도 예전과는 딴판이었죠. 돌아온 바로 그날 그는 저와 조지프에게, 앞으로는 부엌방에 거처를 정해 거기에서만 생활하고, 그동안 공용 거실로 쓰던 큰방은 자신이 쓸 수 있게 비워 두라고 명령하더군요. 실은, 아무도 안 쓰는 작은 방에 카펫을 깔고 벽지를 발라 응접실을 따로 꾸밀 생각이었지요. 하지만 그의 아내가 흰 마룻바닥과 활활 타는 벽난로, 백랍 접시와 도자기 진열장, 심지어 개집까지 놓여 있는 그 넓은 큰방을 보고는 정말 마음에 든다며 기뻐하니, 아내의 편의를 위해 굳이 응접실을 새로 만들 필요는 없겠다고 판단했는지, 결국 그 계획을 접었습니다.

그녀는 새로 생긴 가족 중에 시누이가 있는 것을 알고 기뻐했어요. 처음에는 캐서린에게 재잘거리고 입도 맞춰 주며 함께 뛰어놀기도 하고 선물도 잔뜩 안겨 주었지요. 하지만 그 애정은 오래가지 못했답니다. 그녀가 투덜거리면 힌들리는 금세 폭군이 되어 버렸어요. 히스클리프에 대한 반감을 드러내는 아내의 몇 마디만으로도, 그 아이를 향한 힌들리의 해묵은 원한을 전부 되살리기에 충분했습니다. 그는 히스클리프를 하인들의 거처로 내쫓았고, 교구 부목사님에게 받던 수업도 그만두게 하더니 밖에 나가 일을 하도록 강요했습니다. 농장의 여느 아이들처럼 고된 일을 시켰지요.

처음에 히스클리프는 하인 신세로 전락한 자신의 처지를 꽤 잘 견뎌 냈습니다. 캐시가 자기가 배운 것을 그에게 가르쳐 주었고 들판에서 함께 일하거나 놀았으니까요. 두 아이가 예의도 규율도 모르는 무지렁이로 자라날 것은 뻔했습니다. 젊은 주인은 그 둘이 눈에 띄지만 않으면, 행동거지가 어떻든, 무슨 짓을 하든 아예 상관하지 않았으니까요. 심지어 일요일에 교회 가는 것도 전혀 신경 쓰지 않았어요. 그러다가 조지프나 교구 부목사가 아이들이 교회에 나오지 않는다고 그의 무심함을 나무라면, 그제야 히스클리프에겐 매질을, 캐서린에겐 점심이나 저녁을 굶기는 벌을 내렸을 뿐이죠.

하지만 그 아이들에게 가장 큰 즐거움은 아침 일찍 황야로 달아나 종일 놀다 오는 것이었어요. 그 뒤에 어떤 벌을 받든, 이제는 그저 웃어넘길 정도의 일이 되고 말았죠. 부목사가 캐서린에게 아무리 많은 성경 구절을 외우게 해도, 조지프가 팔이 저리도록 히스클리프를 매질해도, 두 아이는 다시 만나기만 하면 모든 걸 까맣게 잊어버렸습니다. 아니, 둘이 함께 못된 복수라도 계획하기 시작하면, 세상 근심 따윈 눈 녹듯 사라졌지요. 아이들이 날로 제멋대로 자라는 모습을 보며 저 혼자 눈물 흘린 적도 많았답니다. 그러나 그 기댈 데 없는 아이들에게 제가 말 한마디 잘못 보탰다간, 아이들 마음이 완전히 돌아설까 싶어 차마 입을 열지 못했지요.

어느 일요일 저녁, 두 아이가 큰방에서 쫓겨난 일이 있었습니다. 시끄럽게 떠들었거나 사소한 장난을 쳤다는 이유였겠지요. 저녁 먹으라고 부르러 갔더니, 아이들이 온데간데없이 사라져 버렸더군요.

우리는 위층, 아래층, 마당, 마구간 할 것 없이 샅샅이 뒤졌지만, 아이들은 보이지 않았습니다. 결국 힌들리는 화를 참지 못하고 우리에게 문을 꽉 잠그라고 명령한 뒤, 그날 밤만큼은 누구도 아이들을 들이지 말라고 엄히 단속했습니다.

집안 식구들은 모두 잠자리에 들었지만, 저는 걱정이 가시지 않아 눕지도 못하고 비가 내리는데도 창문을 열어 머리를 내밀고 귀를 기울였어요. 혹시라도 아이들이 돌아온다면 금지령을 어기고서라도 들여보낼 작정이었거든요.

잠시 후, 대문 밖 길을 따라 발걸음 소리가 들리는가 싶더니, 대문 틈으로 등불 하나가 어른거렸습니다.

저는 머리에 숄을 뒤집어쓰고, 혹시 문 두드리는 소리에 언쇼 씨가 깰까 봐 달려 나갔습니다. 그런데 히스클리프가 혼자 서 있는 게 아니겠어요. 덜컥 겁이 났습니다.

"캐서린 아가씨는 어디 있어?" 제가 다급히 물었어요. "큰일 난 건 아니지?"

"스러시크로스 그레인지에 있어." 히스클리프가 대답했습니다. "나도 같이 있고 싶었는데, 예의 없는 것들이 나한테는 자고 가란 말도 안 하더라고."

"에구, 큰일 날 짓 했네!" 제가 말했지요. "아주 쫓겨나야 정신 차릴 모양이네. 도대체 어쩌다 스러시크로스 그레인지까지 쏘다닌 거야?"

"우선 젖은 옷부터 벗게 해 줘." 그가 대답했습니다. "그러고 나서 다 얘기할게, 넬리."

저는 히스클리프에게 주인을 깨우지 않도록 조심하라고 당부했어요. 히스클리프가 옷을 벗으면서, 불을 꺼 주려고 기다리는 저에게 이야기를 들려주었습니다.

"캐시와 나는 세탁장에서 몰래 빠져나와 마음껏 돌아다녔어. 그러다 그레인지 저택의 불빛이 언뜻 눈에 들어왔고, 한번 가서 구경이나 해 보자고 생각했던 거야. 린턴가 아이들도 방구석에 처박혀 벌벌 떨며 일요일 저녁을 보내는지 궁금했거든. 그 부모라는 작자들이 벽난로 앞에서 눈알이 타도록 뜨거운 불을 쬐며 먹고 마시고 흥청댈 때 말이야. 정말 개들도 그럴 거 같아? 그 집 애들도 하인 놈 앞에서 설교집이나 읽고 교리문답이나 하다가, 대답이 시원찮으면 성경에 나오는 이름들을 한 줄씩 통째로 외우는 벌을 받고 있을까?"

"글쎄, 그럴 리는 없겠지." 제가 대꾸했습니다. "그 애들은 얌전하고 착할 테니까. 너희처럼 말썽을 피워서 혼날 일도 없을 거고."

"허튼소리 집어치워, 넬리." 히스클리프가 쏘아붙였습니다. "헛소리야! 우리는 워더링 하이츠 꼭대기에서 그레인지 입구까지 단숨에 내달렸어. 달리기에서는 캐서린이 완패했지. 맨발이었거든. 내일 늪지에 가서 그 애 신발을 좀 찾아 줘. 우리는 산울타리의 성긴 틈새로 기어 들어가, 길을 더듬어 올라가서는 응접실 창문 밑 화단에 자리를 잡고 앉았어. 바로 거기서 불빛이 새어 나왔거든. 덧창도 닫히지 않은 데다 커튼도 반쯤 열려 있었으니까. 받침돌 위에 올라서서 창턱을 붙잡고 안을 들여다봤어. 그런데, 세상에… 별천지가 따로 없더라. 방 안은 정말 으리으리했어. 바닥엔 진홍색 카펫이 깔려 있고, 의자며 테이블도 온통 진홍색 천으로 덮여 있더라고. 천장은 순백색에 황금빛 테두리가 둘려 있고, 그 한복판에는 은색 사슬에 매달린 유리 방울들이 마치 쏟아져 내리는 비처럼 길게 드리워져서 작은 촛불들 사이로 은은하게 반짝였지. 린턴 부부는 없었어. 에드거 남매가 그 넓은 방을 둘이서 독차지하고 있더라고. 걔들은 즐거워해야 마땅한 거 아냐? 우리 같으면 천국에 온 기분이었을 텐데! 그런데, 넬리가 말한 그 착한 아이들이 뭘 하고 있었는지 알아? 이사벨라는—아마 열한 살일 거야, 캐시보다 한 살 어리니까—방 한쪽 끝에 드러누워 고래고래 소리를 지르고 있었어. 마치 벌겋게 달궈진 마녀의 바늘이 몸 여기저기를 찌르는 것처럼 말이야. 에드거는 벽난로 앞에 우두커니 서서 말없이 울고 있었는데, 테이블 한가운데에는 작은 개 한 마리가 앉아 앞발을 흔들며 깽깽거리고 있더라고. 서로 네 탓이라며 악을 쓰는 소리를 듣자 하니, 그 개를 서로 갖겠다고 양쪽에서 잡아당기다 두 동강을 낼 뻔했더라고. 바보 같은 것들! 고작 그따위 짓거리나 하면서 놀다니! 그 푹신하고 따뜻한 털 뭉치를 서로 갖겠다고 싸워 대더니, 나중엔 또 서로 안 갖겠다며 울고불고 난리를 치더라고. 우리는 그 응석받이들을 보며 한바탕 비웃어 줬지. 정말 꼴불견이었어. 넬리, 내가 언제 캐서린이 원하는 걸 뺏고 싶어 안달하는 거 봤어? 우리가 놀면서 악을 쓰고, 엉엉 울고, 바닥에서 뒹구는 거 봤냐고? 천 개의 목숨을 준대도 나는 그 에드거 린턴 놈이랑은 처지를 안 바꿔! 조지프 영감을 지붕 꼭대기에서 밀어 버리게 해 준대도, 힌들리의 피로 이 집 대문을 시뻘겋게 칠하게 해 준대도 절대 안 바꾼다고!"

"그만, 그만!" 제가 끼어들었어요. "히스클리프, 캐서린이 어쩌다 그 집에 혼자 남게 된 건지 아직 말 안 했잖아?”

“우리가 한바탕 웃었다고 했지.” 그가 대답했습니다. “그 집 아이들이 그 소리를 들었는지 둘이 쏜살같이 문 쪽으로 달려가더라고. 잠시 정적이 흐르더니, 곧 ‘으악, 엄마, 엄마! 으악, 아버지! 으악, 엄마, 이리 와요! 으아악, 아버지, 으아아!’ 하고 외치는 소리가 들렸어. 정말 그렇게 짖어 댔어. 우린 그 애들을 겁주려고 더 오싹한 소리를 냈지. 그러다 누군가가 덧창을 닫으려는 기척이 들려서 우리는 얼른 창턱에서 뛰어내렸어. 도망치는 게 상책이라고 느꼈거든. 내가 캐시의 손을 잡고 빨리 오라고 재촉하며 뛰어가는데, 갑자기 캐시가 바닥에 픽 하고 넘어지는 거야.

‘도망쳐, 히스클리프, 도망치라고!’ 캐시가 속삭였어. ‘불도그를 풀었나 봐. 그놈이 날 물고 안 놔줘!’

그 악마 같은 놈이 캐시의 발목을 물고 있었어. 놈의 그 역겨운 콧김 소리가 내 귀에까지 들리더라고. 캐시는 비명을 지르지 않았어. 절대 안 그랬어! 미친 소의 뿔에 꿰인다 해도 절대 비명 따윈 지르지 않았을 거야. 하지만 나는 달랐지. 천하의 악귀라도 모조리 전멸시킬 만큼 목청껏 저주를 퍼붓고, 돌멩이를 집어 놈의 아가리에 쑤셔 넣었어. 목구멍 깊숙이 처박으려고 죽을힘을 다해 밀어 넣었지. 마침내 짐승 같은 하인 놈 하나가 등불을 들고 달려오더군. ‘꽉 물어, 스컬커, 꽉 물고 있어!’ 하고 소리치면서 말이야.

하지만 스컬커가 물고 있는 사냥감을 보고는 금세 말투가 달라지더군. 하인 놈이 개의 목을 힘껏 조르며 떼어 놓자, 놈이 자줏빛 혓바닥을 한 뼘쯤 내밀고는 축 늘어진 입술 사이로 뻘건 침을 질질 흘리고 있었어. 하인 놈이 캐시를 일으켜 세웠어. 캐시는 사색이 되어 있었지. 하지만 확실히 말하면, 무서워서가 아니라 아파서였어. 하인 놈이 캐시를 안고 집으로 들어갔어. 나는 저주와 복수의 말을 퍼부어 대며 뒤따라갔고.

'뭐가 잡혔나, 로버트?' 린턴 영감이 현관 앞에서 외쳤어.

'스컬커가 여자애 하나를 물었습니다요, 나리.' 하인 놈이 대답했 지. '그리고 여기 사내 녀석도 하나 있는데,' 하인 놈이 나를 붙잡으며 덧붙였어. '아주 막 나가는 녀석이구먼요! 아무래도 도둑놈들이 애들 을 창문으로 밀어 넣고, 우리가 잠들면 안에서 문을 열게 시켰나 봅 니다. 아주 감쪽같이 해치우려고 말입니다. 닥쳐, 이 주둥이 더러운 도둑놈아! 넌 이 일로 교수대에 오르게 될 거다. 린턴 나리, 총은 그 대로 들고 계세요.'

'알았네, 알았어, 로버트.' 그 멍청한 영감이 말했지. '고약한 놈들, 어제 내가 소작료 거둬들인 걸 알고 제대로 털어 갈 작정이었군. 어디 들어와만 봐라, 내가 아주 톡톡히 대접해 줄 테니까. 저기, 존, 사슬 단단히 채우게. 제니, 스컬커에게 물 좀 주고. 치안판사 집에, 그것도 안식일에 쳐들어올 생각을 하다니! 세상에 무서운 게 없는 모양이지? 여보, 메리, 여기 좀 봐요! 겁낼 거 없소, 그냥 사내애일 뿐이니까. 그 런데 이놈 생긴 것만 봐도 딱 범죄형이네. 본성은 속일 수 없는 법, 앞 으로 더 큰 사고 치기 전에 당장 처단하는 편이 나라에 보탬이 되는 일 아니겠소?'

그 영감이 나를 상들리에 아래로 끌고 갔어. 린턴 부인은 안경을 콧등에 올리더니 양손을 쳐들며 기겁을 하더라. 겁쟁이 아이들도 슬 금슬금 다가왔어. 이사벨라가 혀 짧은 소리로 조잘대더군.

'아이, 무서워! 아빠, 쟤 지하실에 가둬요. 제가 길들인 꿩을 훔쳐 간 점쟁이 아들과 똑 닮았어요. 안 그래, 오빠?'

그들이 나를 이리저리 뜯어보는 동안, 캐시가 정신을 차렸어. 내가 점쟁이 아들놈과 똑 닮았다는 말을 들었는지 웃음을 터뜨리더군. 에드거 린턴은 한참을 쳐다보고 나서야 겨우 캐시를 알아보더라고. 우리가 평소에는 마주칠 일이 없지만, 교회에서 보긴 하니까.

'이 애는 언쇼 양이에요!' 에드거 놈이 자기 어머니에게 속닥거렸어. '스컬커가 세게 물었나 봐요. 발에서 피가 철철 나잖아요!'

'언쇼 양이라고? 그럴 리가!' 그 부인이 소리쳤어. '언쇼 양이 집시 애랑 이 근방을 떠돌아다닌다니, 말도 안 돼! 어머나, 그리고 보니 상복을 입고 있네. 정말이구나. 이를 어째, 평생 다리를 못 쓰게 될지도 몰라!'

'단속 못 한 오라비 책임이지!' 린턴 영감이 나에게서 눈을 떼고 캐서린 쪽으로 몸을 돌리며 소리쳤어. '쉴더스(부목사 이름이랍니다.)한테 들은 바로는, 자기 여동생을 신앙도 예절도 모르는 천한 계집애처럼 자라게 내버려둔다지 뭐요. 그런데 이건 또 누구지? 어디서 이런 놈을 알게 된 걸까? 오호, 세상에! 이 녀석이 바로 돌아가신 그 집 어른이 리버풀 갔다가 주워 왔다던 바로 그 애로군! 동인도 출신 뱃사람의 자식이거나, 아니면 아메리카나 스페인 난파선에서 떠밀려 온 아이겠지!'

'아무튼 몹쓸 녀석이네요.' 그 영감 부인이 치를 떨며 말했어. '점잖은 집안엔 발도 못 들이게 해야 해요! 린턴, 저 애 입에서 나온 말 들었어요? 우리 애들 귀에 들어갔을까 봐 속이 뒤집히네요.'

내가 다시 악담을 퍼붓기 시작하자—화내지 마, 넬리—로버트라는 하인 놈한테 날 쫓아내라는 명령이 내려졌어. 나는 캐시 없이는 절대로 안 가겠다고 버텼지. 하지만 로버트 놈이 날 정원까지 질질 끌고 가더니, 내 손에 억지로 등불을 쥐여 주며 내가 한 짓을 언쇼 씨한테 죄다 일러바치겠다고 으름장을 놓더라고. 그리고는 당장 꺼지라며 등을 떠밀고는 문을 걸어 잠갔어.

커튼 한쪽이 여전히 말려 올라가 있기에, 나는 다시 창턱에 매달려 안을 들여다보았지. 캐시가 돌아가고 싶어 하는데도 보내 주지 않으면 그 집의 커다란 유리창을 죄다 박살 낼 작정이었거든.

그런데 캐시는 소파에 얌전히 앉아 있었어. 린턴 부인은 우리가 우유 짜는 여자애한테 빌려 온 잿빛 망토를 벗겨 내더니, 한심하다는 듯 고개를 절레절레 흔들었어. 캐서린에게 뭐라 잔소리를 하는 것 같았어. 캐시는 아가씨니까 나랑은 대접이 달랐지. 하녀가 따뜻한 물이 담긴 대야를 가져와 발을 씻겨 주었고, 린턴 씨는 니거스negus* 한 잔을 만들어 주었고, 이사벨라는 쿠키 한 접시를 통째로 캐시의 무릎에 쏟아 주었어. 에드거는 멀찍이 떨어져 입을 헤벌리고 서 있었고. 나중에는 캐시의 아름다운 머리를 말려서 빗겨 주더니, 큼지막한 슬리퍼를 신기고는 캐서린을 의자째 밀어서 벽난로 앞으로 옮겨 주더군. 캐서린은 잔뜩 신이 나서 자기 먹을 것을 작은 개와 스컬커에게 나누어 주었어. 스컬커가 받아먹으니까 녀석의 코를 꼬집으며 까르르 웃는데, 그 덕분에 그 집 아이들의 흐리멍덩한 푸른 눈에도 겨우 생기가 돌더군. 캐서린의 눈부신 얼굴에서 반짝거리는 빛이 그 애들에게 희미하게나마 스며들었을 테니까. 나는 그걸 보고 그냥 돌아왔어. 그 애들이 캐시한테 홀린 게 빤히 보였거든. 캐시는 그 애들과는 아예 차원이 다르잖아. 아니, 이 세상 그 누구와도 비길 수가 없지. 안 그래, 넬리?"

"이번 일은 네가 생각하는 것보다 훨씬 더 큰 일로 번질 거야." 제

---

* 포도주에 설탕과 물, 레몬, 때로는 향신료를 섞어 만든 따뜻한 음료로, 18~19세기 영국에서 특히 즐겨 마셨다.

가 이불을 덮어 주고 불을 끄면서 말했습니다. "히스클리프, 너 참 구제 불능이다. 힌들리 씨도 이제는 진짜 끝까지 갈 수밖에 없을 거야. 두고 보렴."

제 말은 의도치 않게 맞아떨어지고 말았어요. 그 불운한 사건은 언쇼 씨를 길길이 날뛰며 격분하게 했지요. 그리고 다음 날, 린턴 어른이 사태를 바로잡겠다며 몸소 찾아오셔서 젊은 주인에게 집안을 올바르게 이끄는 법에 대해 한바탕 설교를 늘어놓고 돌아가셨는데, 덕분에 힌들리 씨도 정신을 바짝 차리고 집안 돌아가는 꼴을 진지하게 살펴보기 시작했습니다.

히스클리프는 매를 맞지는 않았지만, 캐시 아가씨에게 한마디라도 말을 걸면 그 자리에서 내쫓겠다는 경고를 받았어요. 언쇼 부인도 시누이가 집에 돌아오면 제대로 단속하겠다고 약속했고요. 강압 대신 술책을 쓸 작정이었지요. 억지스러운 방법으로는 결코 해낼 수 없었을 거예요.

7장

캐시는 크리스마스가 올 때까지 꼬박 5주를 스러시크로스 그레인지에 머물렀습니다. 그쯤 되니, 발목은 말끔히 나았고, 몸가짐도 한결 단정해졌지요. 그동안 언쇼 부인은 틈틈이 찾아가서 아가씨의 행실을 바로잡는 일을 시작했습니다. 고운 옷과 입에 발린 말로 캐시의 자존심을 한껏 세워 주었는데, 캐시는 그 고운 옷도, 사탕발림도 넙죽넙죽 잘도 받아들이더군요. 그렇게 모자도 없이 뛰어 들어와 우리를 숨도 못 쉬게 끌어안아 주던 그 말괄량이는 온데간데없이 사라지고, 그날 저희 앞에는 기품 넘치는 숙녀가 나타났답니다. 깃털 장식이 달린 비버 모자* 밑으로 흘러내리는 갈색 곱슬머리를 찰랑이며 두 손으로

---

* 비버의 털을 가공한 펠트로 만든 고급 모자. 16~19세기 유럽에서 방수 기능과 특유의 광택으로 큰 인기를 끌었으며, 주로 상류층의 부와 지위를 상징하던 고가의 사치품이었다.

길게 늘어진 승마복 치맛자락을 들어 올린 채, 멋스러운 검은 조랑말을 타고 품위 있게 모습을 드러냈지요.

힌들리는 캐시를 말에서 안아 내려 주며 기뻐서 외쳤습니다.

"이런, 캐시, 너 정말 미인이 됐구나! 못 알아볼 뻔했어. 이제 정말 숙녀티가 나는걸. 이사벨라 린턴 따위와는 비교도 안 되겠어. 안 그래, 프랜시스?"

"이사벨라는 타고난 미인이 아니니까요." 그의 아내가 대답했습니다. "하지만 아가씨도 이제 다시 천방지축으로 날뛰면 안 돼요. 엘런, 아가씨가 옷 갈아입게 도와드려. 잠깐, 아가씨, 컬이 흐트러지겠네. 모자 끈은 내가 풀어 줄게요."

저는 승마복을 벗겨 주었어요. 그랬더니 그 안에 감춰져 있던 화려한 격자무늬 실크 드레스와 하얀 바지, 그리고 눈부시게 반짝거리는 구두가 환한 자태를 드러냈지요. 개들이 반갑다고 펄쩍펄쩍 뛰어오르자 캐시의 눈도 즐겁게 반짝였지만, 그 귀한 옷에 개들이 매달려 자국이라도 남길까 봐 감히 예전처럼 마음껏 만지지도 못하더군요.

캐시는 조심스레 저에게 입을 맞추었습니다. 그때 저는 크리스마스 쿠키를 만드느라 밀가루투성이였거든요. 그러니, 예전처럼 포옹해 줄 수는 없는 노릇이었지요. 캐시는 히스클리프를 찾아 두리번거렸습니다. 언쇼 씨 내외는 두 사람의 재회를 긴장하며 지켜보았어요. 이번 만남을 통해, 어떻게 하면 저 둘을 떼어 놓을 수 있을지 그 방법을 가늠해 보려는 것이었겠지요.

처음에는 히스클리프의 모습이 금방 눈에 들어오지 않았어요. 캐시가 곁에 있을 때에도 자기 관리에 무신경하고, 남의 관심을 받지 못하는 아이였는데, 캐시가 집을 비운 뒤에는 그 정도가 열 배나 더 심해졌거든요.

저 말고는 그 아이에게 "더러운 녀석"이라고 말하며, 일주일에 한 번이라도 좋으니 제발 좀 씻으라고 일러 주는 정도의 친절조차 베푸는 사람이 없었답니다. 게다가 그 또래 아이들 중에 씻기 좋아하는 애가 얼마나 있겠어요. 그러니, 벌써 석 달째 진흙과 먼지 구덩이를 뒹군 옷은 말할 것도 없고, 빗질 한 번 안 해 덥수룩하게 엉킨 머리에다, 얼굴과 손은 시커멓기가 참담할 정도였지요. 히스클리프는 분명 숨고만 싶었을 겁니다. 자기처럼 머리가 헝클어진 아이가 뛰어 들어올 줄 알았는데, 그토록 눈부시고 우아한 숙녀가 다소곳이 집 안으로 들어오는 모습을 보았으니 얼마나 당황했겠어요! 그가 등받이가 높은 의자 뒤로 몸을 숨긴 것도 당연했지요.

"히스클리프 집에 없어?" 캐서린이 이렇게 물으며 장갑을 벗는데, 집 안에서만 지내며 아무 일도 하지 않은 덕에 놀라울 정도로 하얘진 손가락이 드러났습니다.

"히스클리프, 앞으로 나와라." 힌들리 씨가 소리쳤습니다. 그는 히스클리프가 당황하는 모습을 보는 게 즐거웠고, 불한당처럼 흉한 몰골로 나타날 생각에 흐뭇해했지요. "너도 나와서 다른 하인들처럼 캐서린 아가씨에게 인사드려라."

의자 뒤에 숨어 있던 친구를 발견한 캐시는 부리나케 달려가 덥석 그 아이를 껴안았어요. 눈 깜짝할 사이에 히스클리프의 뺨에 일고여덟 번 입을 맞추더니, 잠시 멈칫하며 뒤로 물러나서는 깔깔 웃으며 소리쳤습니다.

"어머나, 너 왜 이렇게 시커멓고 뾰로통한 거니! 어쩜, 정말 웃기면서도 험상궂다! 하긴, 내가 에드거와 이사벨라 린턴에게 익숙해져서 그런 걸 거야. 그나저나, 히스클리프, 설마 나를 잊은 거야?"

캐서린이 그렇게 물을 법도 했던 것이, 수치심과 자존심이 히스클리프의 얼굴에 평소보다 곱절이나 더 어두운 그늘을 드리웠고, 그를 얼어붙은 듯 미동조차 못 하게 만들었거든요.

"악수해, 히스클리프." 언쇼 씨가 거들먹거리며 말했습니다. "가끔은 허락해 주마."

"싫어." 한참 만에 말문을 연 아이가 대답했습니다. "날 웃음거리로 만들면 참지 않을 거야!"

그 아이는 사람들이 빙 둘러선 자리를 벗어나 도망치려 했지만, 캐시가 다시 그 아이를 붙잡았어요.

"너를 비웃으려던 건 아니야." 캐시 양이 말했습니다. "그냥 나도 모르게 웃음이 나왔어. 히스클리프, 제발 악수라노 하사! 왜 그딯세 골을 내니? 네가 이상해 보여서 그랬어. 세수하고 머리만 빗으면 괜찮아질 거야. 하지만 어쩜 이렇게 더럽니!"

캐서린은 자신이 붙잡고 있는 히스클리프의 거무스름한 손가락과 자신의 드레스를 걱정스러운 듯 번갈아 쳐다보았어요. 행여 그의 손이 닿아 드레스가 더러워지진 않을까 염려했던 것이지요.

"누가 만지래!" 히스클리프가 캐시의 시선을 좇다가 손을 홱 빼며 외쳤습니다. "더럽게 살든 말든 내 마음이야! 난 더러운 게 좋아, 난 더럽게 살 거야!"

히스클리프가 그렇게 내뱉고 방을 뛰쳐나가자, 언쇼 씨 내외는 한바탕 웃어 댔고, 캐서린은 어리둥절한 표정으로 어쩔 줄 몰라 했습니다. 자신의 한마디가 왜 이렇게 고약한 화풀이로 돌아왔는지, 캐서린으로서는 도저히 알 길이 없었습니다.

저는 새로 오신 숙녀분을 위해 시녀 노릇을 해 주고, 쿠키를 오븐에 넣고, 큰방과 부엌에 불을 활활 지펴 크리스마스이브에 어울리는 훈훈한 기운을 불어넣고 나서야, 자리를 잡고 앉아 캐럴을 부르며 혼자 조용히 시간을 보내려 했습니다.

조지프는 제가 부르는 흥겨운 노래들은 제대로 된 노래가 아니라며 투덜댔지만, 저는 아랑곳하지 않았어요.

조지프는 일찌감치 자기 방으로 물러나 혼자 기도를 올리고 있었고, 언쇼 씨 내외는 린턴가 아이들의 친절에 화답하기 위해 사 온 갖가지 화려한 선물꾸러미들로 캐시 양의 관심을 붙들고 있었습니다.

린턴 씨 댁 자제들이 다음 날 워더링 하이츠에 방문하기로 했거든요. 언쇼 씨 내외의 초대가 받아들여진 것이지요. 다만 한 가지 조건이 달렸습니다. 린턴 부인이 그 '버릇없고 입버릇 사나운 사내아이'가 자기의 귀여운 아이들 곁에 절대 얼쩡거리지 않게 해 달라고 부탁했거든요.

이런 상황으로 저는 온전히 혼자만의 시간을 가질 수 있었습니다. 저는 따뜻하게 데워지는 향신료의 진한 향을 음미했어요. 반짝반짝하는 조리 도구들과 호랑가시나무로 장식된 벽시계, 그리고 저녁상에 내놓을 따뜻한 멀드 에일Mulled Ale*을 담으려고 쟁반에 가지런히 올려 둔 은제 맥주잔들도 바라보았지요. 무엇보다도, 제가 특별히 공을 들여 쓸고 닦은 바닥을 보며 뿌듯함을 느꼈어요. 얼룩 하나 없이 반짝였거든요.

마음속으로 이 모든 것에 찬사를 보내고 있노라니, 문득 예전 주인어른이 생각났습니다. 집안이 말끔히 정돈된 모습을 볼 때면 저를 '바지런한 처녀'라고 부르시며, 크리스마스 용돈으로 1실링을 쥐여 주시곤 하셨지요. 그러자 그분이 히스클리프를 얼마나 아끼셨는지, 자기가 죽은 뒤에 아이가 홀대받지는 않을까 염려하시던 모습이 떠올

* 에일 맥주에 설탕과 달걀, 향신료 등을 넣어 따뜻하게 데운 영국식 맥주.

랐습니다. 그 생각이 이어지자, 불쌍한 아이의 처지가 안쓰럽게 느껴졌고, 노래를 흥얼거리던 제 마음은 어느새 울고 싶은 심정으로 바뀌어 버렸습니다. 하지만 곧 깨달았습니다. 눈물만 흘리고 있느니, 그 아이가 겪은 불행 중 일부라도 바로잡으려 노력하는 편이 훨씬 낫겠다는 것을요. 그래서 저는 일어나 히스클리프를 찾으러 안뜰로 나갔습니다. 멀리 갈 필요는 없었어요.

그 아이는 평소와 다름없이 마구간에서 새로 들어온 조랑말의 윤기 나는 털을 쓸어 주고, 다른 가축들에게도 먹이를 주고 있더군요.

"서둘러, 히스클리프!" 제가 말했습니다. "부엌이 얼마나 아늑한지 몰라. 조지프는 위층에 있어. 얼른 끝마쳐. 캐시가 나오기 전에, 내가 말끔하게 차려입혀 줄게. 그럼 너희 둘이서 벽난로 옆에 앉아 잠들기 전까지 실컷 재잘거릴 수 있을 거야."

히스클리프는 하던 일을 계속할 뿐, 제게 눈길 한 번 주지 않았습니다.

"어서, 올 거지?" 제가 말을 이었습니다. "너희 각자 먹을 쿠키도 조금씩 구워 놨어. 모자라진 않을 거야. 그런데 너를 단장시키려면 반 시간은 족히 걸리겠다."

저는 5분쯤 기다렸지만, 아무 대답도 듣지 못한 채 발길을 돌려야 했습니다. 캐서린은 오빠 부부와 함께 저녁을 들었고, 조지프와 저는 꽤 서먹하게 식탁에 마주 앉았지요. 한쪽의 끊임없는 잔소리와 다른 한쪽의 퉁명스러운 대꾸가 양념처럼 곁들여진 거북한 식사 자리였습니다. 히스클리프 몫으로 내놓았던 쿠키와 치즈에는 끝내 손이 닿지 않은 채, 요정들의 몫으로 밤새도록 식탁에 놓여 있었습니다. 히스클리프는 9시까지 어떻게든 일을 계속하고는 말없이, 시무룩한 표정으로 자기 방으로 들어가 버렸지요.

캐서린은 늦게까지 깨어 있었습니다. 새 친구들을 맞이하느라 준비해야 할 일이 산더미처럼 많았거든요. 그녀는 옛 친구에게 인사하려고 부엌에 한 번 들렀지만, 그 아이가 보이지 않자 무슨 일인지 물어보고는 금세 나가 버렸습니다.

다음 날 아침, 히스클리프는 일찍 일어났습니다. 그날은 휴일이었는데, 심사가 뒤틀려 있던 그 애는 황야로 나갔다가 집안 사람들이 교회에 간 뒤에야 겨우 모습을 드러내더군요. 밥도 굶고 사색의 시간을 가진 덕분인지 한결 기분이 나아진 듯했습니다. 그 아이는 한동안 제 주위를 맴돌다가, 용기를 짜낸 끝에 불쑥 이렇게 외쳤습니다.

"넬리, 나 좀 단정하게 꾸며 줘, 이제 착하게 굴게."

"진작 좀 그럴 것이지, 히스클리프." 제가 말했어요. "너는 이미 캐서린을 속상하게 했어. 아마 캐시는 괜히 집에 돌아왔다고 후회하고 있을걸! 사람들이 너보다 캐서린을 더 떠받들어 주니까, 시기하는 거야?"

히스클리프는 시기라는 것이 무슨 뜻인지도, 또 어떤 감정인지도 전혀 알지 못했지만, 그녀를 속상하게 했다는 사실만큼은 충분히 이해하더군요.

"캐시가 속상하대?" 히스클리프가 자못 진지한 표정으로 물었습니다.

"오늘 아침에 네가 또 나갔다고 하니까 울던걸."

"있잖아, 나도 어젯밤에 울었어." 그 아이가 대답했어요. "게다가 울 이유는 내가 더 많다고."

"왜 없었겠어! 네 그 알량한 자존심에 배를 곯고 자러 갈 이유가 왜 없었겠냐고!" 제가 말했어요. "자존심 부리는 사람은 없던 근심도 키우게 마련이거든. 어쨌든 괜히 심술부린 게 부끄럽다면, 캐시가 오자마자 바로 사과해. 위층으로 올라가서 먼저 입을 맞추게 해 달라고 하고, 그다음에 무슨 말을 할지는 네가 제일 잘 알 테지. 다만 진심을 담아서 말해야 해. 캐시가 멋들어진 옷을 입었다고 괜히 서먹한 척은 하지 말고. 이제부터 식사를 준비해야 하지만, 잠깐 짬을 내서 단정하게 꾸며 줄게. 에드거 린턴이 네 옆에 서면 그저 멋 부린 인형 같아 보일 거야. 사실, 그 애는 진짜 사내답진 않잖아. 내가 장담하는데, 너는 린턴보다 나이는 어리지만 키도 더 크고 어깨도 두 배는 넓어. 마음만 먹으면 한 방에 눕힐 수도 있지, 안 그래?"

히스클리프의 얼굴이 한순간 밝았다가, 곧 다시 먹구름이 낀 듯 어두워졌습니다.

"그렇지만 넬리, 내가 그 녀석을 스무 번을 때려눕힌들, 걔가 덜 잘 생겨지겠어? 내가 더 잘나 보이겠어? 나도 금발에 하얀 피부라면 얼마나 좋을까! 옷도 품위 있게 차려입고, 점잖게 행동하고, 나중에 그 녀석만큼 부자가 될 수 있다면 얼마나 좋을까!"

"그리고 걸핏하면 엄마를 찾고," 제가 말을 이었어요. "시골 촌뜨기가 주먹만 쳐들어도 벌벌 떨고, 소나기가 온다고 온종일 집 안에 틀어박혀 있으면 참 좋겠다? 애, 히스클리프, 너 왜 이렇게 풀이 죽었어! 거울 앞으로 와 봐. 네가 진짜 바라야 하는 게 뭔지 보여 줄게. 미간에 난 주름 두 줄이 보여? 활처럼 위로 휘지 못하고 가운데가 꺼진 짙은 눈썹과 그 아래 깊숙이 파묻힌 한 쌍의 검은 악마 같은 눈도 보이지? 그 두 눈이 똑바로 세상을 마주하지 못하고, 마치 악마의 첩자처럼 눈꺼풀 아래 숨어 은밀하게 번뜩이는 게 보이니? 심술궂은 주름을 없애고, 눈을 들어 올려 크게 뜨고, 악마 같은 눈을 자신 있고 순수한 천사의 눈으로 바꾸고, 아무것도 의심하지 말고, 누구든 적이 아니라는 확신이 있다면 친구라고 생각하는 법을 익혀. 그게 바로 네가 바라야 할 것들이야. 발길질을 당한 개가 맞아도 싸다는 듯 움찔대면서도, 그 분노를 참지 못해 발길질한 주인은 물론 세상까지 다 증오하는 그런 악랄한 똥개 같은 표정은 짓지 말란 말이야."

"한마디로, 에드거 린턴처럼 크고 푸른 눈과 번듯한 이마를 가지면 좋겠다는 말이네." 히스클리프가 대답했습니다. "그랬으면 정말 좋았겠지…. 하지만 바란다고 되는 게 아니잖아."

"이봐, 젊은이, 마음씨가 고와야 얼굴도 고와진다네." 제가 너스레를 떨며 말을 이었지요. "설령 흙먼지를 뒤집어쓴 것처럼 시커먼 몰골이라고 해도 마음이 고우면 곱게 보이고, 마음이 추하면 고운 얼굴도 흉하게 보이는 법이지. 자, 이제 다 씻고 머리두 빗었겠다, 댓 발 나왔던 입도 들어갔겠다… 어때, 이만하면 꽤 잘생겨 보이지 않니? 내 눈엔 정말 근사해 보이거든. 변장한 왕자라고 해도 믿겠다. 누가 알겠어? 네 아버지는 중국 황제고, 네 어머니는 인도 여왕일지? 한쪽의 주급만으로도 워더링 하이츠랑 스러시크로스 그레인지쯤은 다 사 버릴지? 그런데 알고 보니, 넌 몹쓸 뱃사람들에게 납치되어 이 먼 영국 땅까지 흘러 들어온 거지. 내가 너라면 내 혈통이 고귀하다고 생각하며 살겠어. 그러면 일개 보잘것없는 농부에게 천대받더라도, 내가 어떤 사람이었는지를 떠올리며 그 기개와 품위로 당당하게 이겨 낼 수 있을 테니까!"

저는 계속 그렇게 수다를 떨었습니다. 히스클리프의 찡그린 얼굴이 점차 펴지며, 제법 기분 좋은 표정을 짓기 시작했지요. 그러다 대문 밖에서 안뜰로 들어오는 마차의 덜컹거리는 소리에 우리의 대화는 갑자기 끊기고 말았습니다. 히스클리프는 창가로 달려갔고, 저는 문으로 향했습니다. 마침 린턴가 남매가 망토와 모피 속에 푹 파묻힌 채 가족 마차에서 내리고 있었고, 언쇼네 가족도 말에서 내려 그들을 맞이했습니다. 겨울철에도 그들은 종종 교회 갈 때 말을 탔거든요. 캐서린이 두 아이의 손을 한쪽씩 맞잡고 집 안으로 데리고 들어와 벽난로 앞에 앉혔습니다. 추위에 하얗게 질렸던 두 아이의 얼굴이 금세 발그레하니 생기가 돌더군요.

저는 히스클리프에게 서둘러 상냥한 모습을 보여 주라고 재촉했습니다. 그 아이가 순순히 제 말을 따르더군요. 그런데 하필 히스클리프가 부엌에서 큰방 문을 여는 찰나, 힌들리가 반대쪽에서 그 문을 열고 들어오는 게 아니겠어요! 두 사람은 정면으로 마주쳤습니다. 주인은 말끔하고 쾌활해진 히스클리프의 모습에 심사가 뒤틀린 건지, 아니면 린턴 부인과의 약속을 지키고 싶어 안달이 난 건지, 히스클리프를 냅다 밀쳐 버리더니 조지프에게 화를 내며 소리쳤습니다.

"이 녀석이 큰방에 얼씬도 못 하게 해! 식사 마칠 때까지 다락방에 처박아 두라고. 잠시라도 혼자 두면 타르트에 손가락을 쑤셔 넣거나 과일을 훔쳐 먹을 게 뻔하잖아!"

"아니, 얘는 아무것도 건드리지 않을 거예요, 절대로요." 저도 모르게 말이 튀어나왔어요. "그리고 맛있는 게 있으면 얘도 한 입은 먹어야죠."

"날 저물기 전에 아래층에서 얼쩡거리다 나한테 잡히면, 내 손맛을 보게 될 거다!" 힌들리가 고함을 쳤습니다. "꺼져, 이 부랑자야! 뭐야, 멋 부린 거냐? 어디 그 우아한 머리채 좀 한번 잡아 보자. 확 당겨서 쭉쭉 늘어나게 해 주마."

"안 그래도 긴걸요." 문간에서 고개를 내밀고 훔쳐보던 린턴네 남자아이가 한마디 거들었습니다. "무거워서 머리가 아프지 않을까 몰라…. 꼭 망아지 갈기처럼 눈을 덮었잖아요!"

전혀 모욕할 뜻은 없었지만, 히스클리프의 격한 성격은, 이미 연적으로 여기는 아이의 건방진 태도를 참아 줄 준비가 되어 있지 않았습니다. 히스클리프는 손에 잡히는 대로 뜨거운 사과 소스 그릇을 움켜쥐더니, 순식간에 그 아이의 얼굴과 목덜미에 끼얹었습니다. 비명과 탄식이 터져 나왔고, 이사벨라와 캐서린이 황급히 달려왔습니다.

언쇼 씨는 그 자리에서 히스클리프를 붙잡아 자기 방으로 끌고 올라갔어요. 한바탕 끓어오르는 분을 풀려고 극약 처방을 내린 게 분명했어요. 방에서 나온 주인은 얼굴이 시뻘게져서는 숨을 몰아쉬고 있었거든요.

저는 행주를 챙겨, 에드거의 코와 입을 다소 심술맞게 닦아 주면서 괜히 참견해서 자초한 일이라고 쏘아붙였어요. 에드거의 여동생은 집에 가겠다며 울기 시작했고, 캐시는 이 모든 난장판이 부끄러워 얼굴을 붉히며 서 있었지요.

"히스클리프한테 말을 걸지 말았어야지!" 캐시가 린턴 도련님을 꾸짖었습니다. "그 애는 화가 나 있었어. 너 때문에 분위기를 망쳤고, 그 애도 벌을 받을 거야. 나는 그 애가 매 맞는 게 싫어! 밥도 못 먹겠어. 에드거, 왜 그 애한테 말을 걸었어?"

"말 걸지 않았어." 에드거가 흐느끼며 말했습니다. 그는 제 손에서 빠져나가, 아마포 손수건으로 얼굴에 남은 소스를 닦아 냈습니다. "엄마에게 한마디도 하지 않겠다고 약속했고, 그 약속을 지켰어."

"야, 울지 마." 캐서린이 눈살을 찌푸리며 말했습니다. "누가 널 죽인 것도 아니잖아. 더 소동 피우지 마. 오빠가 이리로 온다, 조용히 해! 이사벨라, 쉿! 누가 널 해치기라도 했니?"

"자, 자, 얘들아, 자리에 앉아라!" 힌들리가 부산스럽게 들어오며 외쳤습니다. "저 불한당 같은 녀석 때문에 내가 제대로 열을 받았구나. 다음번에는, 에드거 군… 주먹으로 한판 붙어라. 그러면 식욕이 당길 거야!"

자리에 모인 사람들은 향긋한 저녁상을 보자 금세 평정을 되찾았습니다. 다들 말을 타고 오느라 시장기도 있었고, 정말로 누가 크게 다친 것도 아니었으니 금방 풀어졌지요. 언쇼 씨는 구운 고기를 큼직하게 썰어 접시에 한가득 담아 주었고, 안주인도 활기찬 이야기로 분위기를 살렸습니다.

저는 안주인 의자 뒤에서 시중을 들다가, 캐서린이 눈물 한 방울 없이 태연한 얼굴로 거위 날갯죽지를 써는 모습을 보고는 마음이 아렸습니다.

'정말 속정 없는 아이로군.' 하고 저는 속으로 생각했지요. '소꿉친구가 겪은 일을 저렇게 가볍게 넘기다니, 이렇게나 이기적인 줄은 미처 몰랐는데…'

캐서린은 고기 한 점을 입으로 가져갔다가, 곧 다시 내려놓았습니다. 그러다 이내 뺨이 붉어지더니 눈물이 주르륵 흘러내렸지요. 포크를 슬쩍 바닥에 떨어뜨리고는 얼굴을 들키지 않으려 허둥지둥 식탁보 아래로 몸을 숨겼습니다. 캐서린을 속정 없다고 탓했던 제 생각은 그리 오래가지 않았습니다. 캐서린에게는 그날 하루가 지옥이나 다름없었다는 걸 저는 눈치채고 있었습니다. 온종일 가시방석에 앉은 듯 혼자 빠져나갈 궁리만 하면서, 히스클리프에게 가고 싶어 안달이 나 있었어요. 주인이 그를 가둬 버렸다는 건 뒤늦게 알게 된 사실입니다. 제가 몰래 음식을 좀 가져다주려다, 문이 굳게 잠긴 걸 보고서야 알게 되었지요.

저녁에는 다 함께 춤을 추었습니다. 캐서린은 이사벨라 린턴에게 짝이 없으니 그때만이라도 히스클리프를 풀어 달라고 사정했지만, 소용이 없었습니다. 저더러 그 빈자리를 때우라고 하더군요.

우리는 신나게 춤을 추면서 우울한 기분을 잊을 수 있었고, 기머턴 악단이 도착하자 분위기는 한층 더 흥겹게 달아올랐습니다. 열다섯 명에 이르는 단원들은 트럼펫과 트롬본, 여러 대의 클라리넷과 바순, 프렌치호른에 베이스, 바이올린까지 갖추었고 가수들도 함께했지요. 기머턴 악단은 매년 크리스마스 때마다 덕망 있는 집들을 순회하며 사례금을 챙기곤 했는데, 우리는 그들의 연주를 제일가는 특별한 경험으로 꼽았습니다.

의례적인 캐럴 연주가 끝나고, 우리는 가곡과 합창곡들을 청해 들었습니다. 음악을 사랑하는 안주인을 위해 악단은 풍성한 연주로 화답해 주었지요.

캐서린도 음악을 좋아했습니다. 하지만 계단 꼭대기에서 들어야 그 선율이 더욱 감미롭다며, 어둠이 내려앉은 계단을 혼자 올라갔지요. 저도 그 뒤를 따라갔습니다. 아래층은 사람들로 북적거리는 통에 우리가 없어진 줄도 모르고 큰방 문을 닫더군요. 캐서린은 계단 꼭대기에서 멈추지 않고, 히스클리프가 갇혀 있는 다락방까지 단숨에 올라가 그 아이의 이름을 불렀습니다. 히스클리프는 한동안 고집을 부리며 대답하지 않다가, 캐서린이 몇 번이고 끈질기게 부르자 마침내 판자벽을 사이에 두고 이야기를 시작했어요.

저는 그 불쌍한 아이들이 방해받지 않고 이야기하도록 내버려두고 내려왔습니다. 그러다가 노래가 거의 끝나 가기에 가수들이 목을 축이며 한숨 돌리겠거니 싶어서, 얼른 캐서린에게 귀띔해 주려고 다시 사다리를 타고 올라갔지요.

그런데 캐서린의 모습은 보이지 않고 다락방 안쪽에서 그녀의 목소리가 들려왔어요. 이 맹랑한 어린것이 다락방의 들창으로 빠져나가 지붕을 타고, 히스클리프가 있는 다락방의 들창으로 쏙 들어간 것이었습니다. 겨우겨우 달래서 다시 밖으로 끌어내느라 얼마나 진땀을 뺐는지요.

캐서린이 내려올 때 히스클리프도 함께 따라 나왔습니다. 캐서린은 저에게 그를 부엌으로 데려가 달라고 고집을 부렸어요. 제 하인 동지 조지프는, 우리의 노래를 또 제멋대로 '불경한 가락'이니 뭐니 하며 투덜대다가, 듣기 싫다며 아예 이웃집으로 달아나 버린 참이었거든요.

저는 아이들에게 그런 속임수에 힘을 보탤 마음은 털끝만큼도 없다고 못을 박았지만, 다락방에 갇혀 줄지에 죄수 신세로 전락한 히스클리프가 어제 점심 이후로 쫄쫄 굶었으니, 이번 한 번만은 힌들리 씨 속이는 걸 눈감아 주기로 했지요.

히스클리프가 아래층으로 내려오자, 저는 난로 곁에 걸상 하나를 놓아 주고, 맛있는 것들을 넉넉히 차려 주었습니다. 그러나 그는 기운이 없는 듯 음식을 거의 입에 대지도 않았고, 어떻게든 기분을 풀어 주려던 제 노력도 모두 헛수고로 끝나고 말았습니다. 히스클리프는 팔꿈치를 양 무릎 위에 대고, 두 손으로는 턱을 받친 채 말없이 깊은 생각에 잠겨 있었습니다. 무슨 생각을 그리 골똘히 하느냐고 묻자, 그 아이는 놀라울 만큼 침착한 어조로 대답했습니다.

"힌들리에게 어떻게 갚아 줄지 궁리하고 있어. 얼마나 오래 걸리든 상관없어, 끝내 대갚음할 수만 있다면! 부디 나보다 먼저 죽지 않기만을 바랄 뿐이야."

"그런 못된 생각을 하다니, 히스클리프!" 제가 말했습니다. "악인을 벌하는 일은 하느님 몫이지, 우리는 용서하는 법을 배워야 하는 거야."

"싫어. 하느님은 맛볼 수 없는 그 만족을, 난 직접 누릴 거야." 그 아이가 낮게 받아쳤습니다. "어떻게 하는 게 가장 좋을지, 그것만 알면 돼. 그러니 나 좀 내버려둬. 궁리하는 동안엔 아픈 것도 모르겠으니까."

그런데, 록우드 씨, 이런 이야기가 당신의 기분을 풀어 주지 못한다는 걸 깜빡했네요. 어쩌다 이렇게 하염없이 지껄이고 있는지, 저 자신도 화가 날 지경이에요. 죽은 다 식어 버렸고, 록우드 씨는 벌써 꾸벅꾸벅 졸고 계시잖아요! 히스클리프의 사연 같은 건, 사실 대여섯 마디면 충분했을 텐데….

이야기를 중간에 끊은 가정부는 자리에서 일어나 바느질거리를 제쳐 두었으나, 나는 벽난로 곁에서 몸과 마음이 완전히 붙들린 듯 꼼짝할 수 없었고, 졸음은커녕 정신은 오히려 더욱 말똥말똥해졌다.

"아직 일어나지 마세요, 딘 부인!" 내가 외쳤다. "조금만 더, 30분만 더 앉아 있어 줘요. 이야기를 차근차근 아주 잘 풀어 주셨어요. 제 취향에 아주 잘 맞아요. 마무리도 꼭 이런 식으로 해 주세요. 등장인물 한 사람 한 사람이, 정도의 차이는 있지만, 마음이 가고 흥미가 생기는군요."

"시계가 지금 막 11시를 치고 있네요."

"상관없어요. 나는 자정 전에 잠자리에 드는 게 익숙하지 않거든요. 아침 10시까지 자는 사람에게 새벽 1~2시쯤은 오히려 이른 시간이지요."

"10시까지 누워 계시면 안 돼요. 그때면 이미 아침의 황금 같은 시간이 훌쩍 지나 버린 뒤니까요. 10시까지 하루 일의 절반을 끝내지 못한 사람은, 그 나머지 절반도 흐지부지 넘기기 쉬운 법이랍니다."

"그렇지만, 딘 부인, 다시 자리에 앉아 주세요. 오늘 밤은 내일 오후까지 내내 자면서 밤을 이어 갈 작정이거든요. 내 예상으로는, 쉽게 물러서지 않을 감기가 찾아올 것 같군요."

"저런, 그러면 안 될 텐데요…. 음, 그렇다면 제가 이쯤에서 3년 정도 훌쩍 건너뛰어야겠군요. 그 사이 언쇼 부인은…."

"아니, 안 돼요. 그건 도저히 용납할 수 없어요! 혹시 이런 기분을 아나요? 혼자 앉아, 발밑에 있는 고양이가 깔개 위에서 새끼를 핥는 모습을 지켜보며 그 동작 하나하나에 몰두해 있는데, 어미 고양이가 느닷없이 새끼의 한쪽 귀만 건너뛰어도 화가 치밀어 오르는 그런 기분 말입니다."

"그거야말로 정말 지독히도 무료한 기분이라고 해야겠군요."

"천만에요, 성가실 정도로 의욕이 넘치는 기분입니다. 지금 내 기분이 딱 그러니, 이야기를 아주 상세히 이어 가 주세요. 도시에서는 눈길도 안 주었을 사람들인데, 이 외딴곳에 있으니 지하 감옥의 죄수가 거미 한 마리에도 관심을 쏟듯 당신들 사연이 각별하게 다가오는군요. 하지만 이토록 깊이 매료된 것이, 전적으로 구경꾼인 내 처지 때문만은 아닙니다. 여기 사람들은 진정으로 삶에 몰두하며 자기 내면의 목소리에 충실하더군요. 겉치레나 사소한 외부의 자극에 휘둘리지도 않고요. 이곳에서라면 삶을 진실로 사랑할 수도 있겠다는 환상마저 듭니다. 사실, 1년을 넘기는 애정이란 건 세상에 없다고 단정하며 살아왔거든요. 시골에서의 삶은, 배고픈 이에게 단 하나의 요리만을 내어 주어, 식욕을 한껏 돋워서 그 참맛을 온전히 느끼게 하는 식탁과 같습니다. 반면 도시의 삶은, 프랑스 요리사 여러 명이 차려 놓은 화려한 만찬 같아서, 즐거움은 있을지언정 기억 속에는 그저 부스러기 같은 조각들로만 남을 뿐이지요."

"아유, 여기 사람들도 알고 보면 다른 데 사는 사람들과 마찬가지예요." 딘 부인이 다소 어리둥절한 기색으로 대답했다.

"실례일지 모르나, 내 생각은 다릅니다. 딘 부인이야말로 내 주장이 틀리지 않았음을 증명하는 산증인인걸요. 몇 가지 사소한 지방색을 제외하면, 딘 부인에게서는 내가 늘 딘 부인이 속한 계층의 전유물이라고 생각했던 특유의 행동거지들을 전혀 찾아볼 수가 없으니 말입니다. 당신은 분명 여느 하인들보다 훨씬 더 깊이 사유하며 살아온 게 틀림없습니다. 쓸데없는 노닥거림에 시간을 빼앗길 기회가 적었던 덕분에, 오히려 깊이 사고하는 능력을 기를 수밖에 없었던 것이겠지요."

딘 부인이 웃음을 터트렸다.

"물론 저는 제가 사리분별이 확실하고 이성적인 사람이라고 생각합니다만, 그게 그저 산속에 묻혀 한결같은 얼굴들만 보고, 비슷한 일들만 겪으며 살아서 그런 건 아니에요. 살다 보면 뼈아픈 시련을 겪게 마련이고, 그런 경험들이 제게 지혜를 일깨워 준 덕분이지요. 그리고 저는 록우드 씨께서 생각하시는 것보다 책도 훨씬 많이 읽었답니다. 이 서재에 꽂힌 책 중에서 제가 한 번쯤 들춰 보지 않은 건 거의 없거든요. 그 속에서 무엇이든 하나쯤은 제 것으로 건져 내기도 했고요. 물론 저기 죽 늘어선 그리스어나 라틴어, 프랑스어로 된 책들은 까막눈이지만, 그래도 어느 책이 어떤 언어인지는 구별할 줄 안답니다. 가난한 집 딸 처지에 그만하면 족하지 않겠어요? 아무튼, 수다쟁이답게 이야기를 제대로 이어 가려면 얼른 계속하는 편이 좋겠네요. 3년을 훌쩍 건너뛰는 건 접어 두고, 바로 그다음 해 여름으로 넘어가도록 할게요. 1778년 여름이었으니, 벌써 23년 가까이 지난 일이군요."

8장

화창한 6월의 어느 날 아침, 제가 손수 기른 첫 아이이자 유서 깊은 언쇼 가문의 마지막 어여쁜 후손이 태어났답니다.

그날 우리는 멀리 떨어진 들판에서 건초를 손질하느라 여념이 없었는데, 평소 아침밥을 나르던 하녀 애 하나가 한 시간이나 일찍 달려왔습니다. 목초지를 가로질러 샛길로 뛰어오면서 저를 부르더군요.

"헉헉, 진짜 예쁜 아이야!" 그녀가 숨을 고르며 내뱉었어요. "세상에, 이렇게 예쁜 아기는 처음 봐! 그런데 의사가 안주인은 오래 못 사신대. 이미 몇 달째 폐병을 앓고 계셨다나 봐. 내가 힌들리 씨한테 말씀하시는 걸 직접 들었어. 이제 안주인은 버틸 힘도 없어서 겨울을 못 넘기실 거래. 넬리, 당장 집에 가. 이제 네가 이 아이를 키워야 해. 우유에 설탕을 넣어서 먹이고, 밤낮으로 보살펴야 한대. 내가 너라면 좋겠다. 안주인이 안 계시면 이 아이는 온전히 네 차지잖아!"

"그런데 안주인은 많이 안 좋으신 거야?" 제가 갈퀴를 내려놓고,

보닛* 끈을 고치며 물었어요.

"그런가 봐. 그래도 얼굴은 씩씩해 보여." 하녀 애가 대답했어요. "그리고 이 아이가 장성할 때까지 살 것처럼 이야기하고 계셔. 너무 기뻐서 정신이 나간 모양이야. 하긴 진짜 예쁘거든. 내가 안주인이라면 절대 못 죽을 것 같거든. 케네스 씨가 뭐라고 떠들어도, 그 아이만 보면 병이 나을 것 같아. 케네스 씨 때문에 화가 나서 미칠 뻔했어. 아처 부인이 그 천사 같은 아기를 큰방에서 안고 내려와서 주인님 품에 안기는데, 주인님 얼굴이 환해지려는 순간 그 늙은 의사 양반이 앞으로 튀어나오더니 이렇게 말하지 뭐야. '언쇼, 자네 아내가 여태 목숨을 부지하고 이 아들을 남겨 준 건 하느님의 축복일세. 처음 이곳에 왔을 때부터 오래 살기는 힘들겠다고 짐작은 했네만…. 이제 분명히 말해 두겠는데, 아마 이번 겨울을 넘기기는 어려울 거야. 그러니 너무 마음 끓이며 안달복달하지 말게. 어쩔 수 없는 일 아닌가. 애초에 그렇게 부실한 처자를 서둘러 아내로 맞지 말았어야지!'"

"그랬더니 주인은 뭐라고 하든?" 제가 물었어요.

"아마 욕을 했던 것 같은데, 신경 안 썼어. 그 어린것을 한 번이라도 더 보려고 기웃거리느라 말이야!" 하녀 애가 잔뜩 흥분해서 다시 아기의 생김새를 묘사하기 시작했어요. 저도 그 애 못지않게 흥분해서 집까지 황급히 달려갔습니다. 물론 힌들리를 생각하면 마음이 무척 아팠지요. 힌들리의 마음속에는 아내와 자기 자신, 이 두 개의 우상밖에 없었거든요. 힌들리는 그 둘만을 애지중지했고, 특히 한 사람

* 18~19세기 유럽 여성들이 외출할 때 주로 썼던 모자. 머리 뒷부분부터 귀까지 감싸는 형태이며, 챙이 얼굴 앞쪽으로 돌출되어 있어 얼굴을 반쯤 가리는 것이 특징이다. 대개 턱밑에서 끈을 묶어 고정한다.

에게는 온 마음을 다 바쳤으니, 저는 그가 그 상실감을 어찌 감당할지 상상조차 할 수 없었습니다.

우리가 워더링 하이츠에 도착했을 때, 힌들리는 현관 앞에 서 있었어요. 제가 안으로 들어가면서 물었죠.

"아기는 어때요?"

"당장 뛰어다닐 기세야, 넬리!" 힌들리는 쾌활한 미소를 지으며 대답했어요.

"마님은요?" 제가 조심스레 물었어요. "의사 선생님 말씀으로는…."

"젠장, 망할 놈의 의사!" 힌들리가 얼굴을 붉히며 제 말을 끊었어요. "프랜시스의 판단이 옳아. 다음 주쯤이면 완전히 회복될 거라고. 위층에 갈 거야? 올라가면 이렇게 전해 줘. 아무 말도 안 하겠다고 약속하면 내가 올라가겠다고. 아내가 입을 다물지 않으려 해서 내가 나와 버렸거든. 케네스 씨 말로는, 이제 조용히 있어야 한대."

저는 이 말을 언쇼 부인께 전했어요. 그녀는 들뜬 기분으로, 명랑하게 대답했어요.

"엘런, 난 거의 아무 말도 안 했어. 그런데 그 사람이 울면서 두 번이나 뛰쳐나가잖아. 알았어, 아무 말도 안 하겠다고 약속할게. 그렇다고 그 사람을 보면 터져 나오는 웃음까지 참겠다는 건 아니야!"

가여운 사람! 죽기 일주일 전까지도, 그 명랑한 마음을 잃지 않았습니다. 그런데 남편인 힌들리는 나날이 아내의 건강이 좋아진다고 완강하게, 아니 불같이 화를 내며 우겼지요. 케네스 씨가 "병이 이미 이 지경에 이르면 약도 소용없으니, 더는 치료에 돈을 들이지 말게."라고 충고하자, 힌들리가 쏘아붙였어요.

"알아, 그럴 필요 없다는걸. 아내는 건강하니까. 이제 당신이 치료

하러 올 필요도 없어! 폐병? 결코 걸린 적 없어! 그냥 열병이었을 뿐이야. 그리고 이제 다 나았어. 맥박도 내 것만큼 느리고, 뺨도 서늘해.”

힌들리는 아내에게도 똑같이 이야기했어요. 아내는 믿는 눈치였지요. 그러나 어느 날 밤, 남편 어깨에 기대어 “내일 일어설 수 있을 것 같아요.”라고 말하던 순간, 갑자기 기침이 몰려왔습니다. 아주 약한 기침이었어요. 힌들리는 얼른 아내를 일으켜 품에 안았어요. 아내는 남편의 목을 끌어안은 채로 얼굴빛이 달라지더니 그대로 숨을 거두고 말았답니다.

하녀 애가 예상한 대로, 어린 헤어턴은 전적으로 제 손에 맡겨졌어요. 언쇼 씨는 아기가 건강해 보이고 울지만 않으면 만족해했지요. 하지만 자기 자신은 스스로 절망 속으로 걸어 들어갔습니다. 그의 슬픔은 겉으로 한탄하며 풀어낼 수 있는 성질의 것이 아니었거든요. 그는 울지도 않았고 기도하지도 않았습니다. 그저 저주하고 반항할 뿐이었죠. 하느님과 인간을 미워하고, 자신을 무모한 방탕 속에 내던졌답니다.

하인들은 주인의 횡포와 악행을 오래 견디지 못했어요. 집에 남은 사람은 조지프와 저, 둘뿐이었습니다. 저는 제가 돌보던 아이를 두고 차마 발길이 떨어지지 않았습니다. 무엇보다 힌들리와 저는 한집에서 거의 남매처럼 자라서, 남이라면 도저히 참지 못했을 그의 행동도 어느 정도는 이해하고 넘어갈 수 있었거든요.

조지프는 소작인들과 일꾼들을 호통치려는 속셈으로 남아 있었어요. 꾸짖을 거리가 많은 곳에서 악행을 들추어 책망을 일삼는 것이야말로 그의 천직이었으니까요.

주인의 그릇된 생활과 그가 어울리는 방탕한 족속들을 보면서 캐서린과 히스클리프가 보고 배울 건 뻔했어요. 특히 히스클리프가 당한 처사는, 성자도 심성을 잃고 악마가 될 만큼 모질었지요. 실제로 그 무렵의 히스클리프는 어딘가 사악한 기운에 사로잡힌 듯했습니다. 힌들리가 구원받지 못할 정도로 스스로를 망가뜨리는 모습을 보며 히스클리프는 희열을 느꼈고, 날이 갈수록 그 야만적인 침울함과 사나움은 도를 더해 갔습니다.

그때 집안 꼴이 얼마나 지옥 같았는지는 이루 다 말할 수 없을 지경이랍니다. 부목사님도 발길을 끊으셨고, 나중에는 점잖은 사람이라곤 아무도 근처에 오지 않았지요. 캐시 아가씨를 보러 오는 에드거 린턴 씨 정도가 예외였을까요. 그 당시 열다섯이었던 캐시는 이 일대에서 여왕처럼 군림했어요. 견줄 상대가 없다 보니, 나중에는 정말 오만하고 고집불통인 성격이 되고 말았지요! 솔직히 저는 아가씨가 철이 든 뒤로는 별로 좋아하지 않았어요. 캐시의 콧대를 꺾어 놓으려다 오히려 그녀의 화를 돋운 적도 많았지요. 그렇지만 캐서린은 저를 싫어하지 않았답니다. 옛정을 대하는 아가씨의 마음은 놀라울 만큼 한결같았지요. 심지어 고집불통인 히스클리프마저도 아가씨의 마음 한구석을 변함없이 차지하고 있었으니, 모든 면에서 번듯한 린턴 청년조차 그만큼 깊은 인상을 남기기는 쉽지 않았을 겁니다.

그 린턴 청년이 작고한 이 집의 주인 나리예요. 저기 벽난로 위에 걸린 그림이 바로 그분이랍니다. 예전엔 저 초상화가 이쪽에 있었고, 맞은편엔 안주인의 초상화가 있었는데, 안주인의 초상화는 치워 버렸어요. 안 그랬다면 안주인이 어떤 분이었는지 조금은 짐작할 수 있었을 텐데 말이에요. 저거, 알아보시겠어요?

딘 부인이 촛불을 높이 치켜들자, 온화한 인상의 얼굴이 눈앞에 나타났다. 하이츠에서 본 젊은 아가씨와 매우 닮았지만, 표정은 한층 사려 깊고 다정해 보였다. 참으로 아름다운 초상화였다. 어깨까지 내려오는 금발 머리카락이 관자놀이 부근에서 부드럽게 물결쳤고, 크고 진지한 눈매에 용모는 지나치다 싶을 만큼 우아했다. 캐서린 언쇼가 이 남자에게 마음을 빼앗겨 잠시 어릴 적 친구를 잊었다고 해도 전혀 이상할 게 없었다. 다만, 이토록 고결한 용모와 심성을 지닌 이가 내가 상상해 온 (불꽃 같은) 캐서린 언쇼를 마음에 품었다는 사실이 외려 놀라울 따름이었다.

"참 보기 좋은 초상화군요." 내가 가정부에게 말했다. "실물과 많이 닮았나요?"

"그럼요." 가정부가 대답했다. "하지만 생기가 돌 때는 훨씬 보기 좋으셨답니다. 저건 평상시 모습인데, 주인님은 대체로 활기가 조금 부족한 편이긴 하셨지요."

캐서린은 린턴 가문 사람들과 그 뒤로도 꾸준히 친분을 이어 갔습니다. 그들에게 자신의 거친 면을 내보일 생각은 추호도 없었지요. 늘 친절하게 대해 주는 사람들 앞에서 무례를 범하는 게 얼마나 부끄러운 일인지 알 만큼은 영리했거든요. 덕분에 그녀는 의식하지 않아도 노부부에게 살갑고 재치 있게 처신해 호감을 샀고, 이사벨라의 찬사와 에드거의 영혼까지 통째로 사로잡았답니다. 애초에 야망이 남달랐던 아가씨였기에, 이런 관심은 캐서린을 몹시 흡족하게 했지요. 누구를 작정하고 속일 생각은 없었으나, 이때부터 그녀의 내면에는 자연스레 이중적인 성격이 뿌리내리기 시작했답니다.

히스클리프가 '천한 녀석'이라느니 '짐승만도 못하다'라는 모욕을 듣는 자리에서라면, 캐서린도 그 애처럼 보이지 않으려 처신에 신경을 썼을 겁니다. 하지만 집에서는 사정이 달랐지요. 그곳에선 예의를 차려 봐야 웃음거리만 될 뿐이고, 성질을 죽인다고 알아줄 사람도 없었으니 마음 가는 대로 행동했던 것이지요.

에드거 씨는 워더링 하이츠를 대놓고 찾아올 용기를 좀처럼 내지 못했습니다. 언쇼 씨의 평판에 겁을 집어먹고는 그와 마주치는 일은 피하려고 했으니까요. 그래도 에드거 씨가 방문하면 우리는 최대한 정중히 대접했습니다. 주인어른도 그가 왜 오는지 뻔히 알았으니 일부러 기분을 상하게 하지는 않았고, 스스로 품위를 지킬 자신이 없으면 아예 모습을 드러내지 않았지요. 제 생각에, 캐서린은 에드거 씨가 이곳에 나타나는 것을 그리 반기지 않았던 것 같아요. 아가씨는 본래 교활한 구석이 없었고 남자들에게 아양을 떠는 부류도 아니었으니, 두 친구가 한자리에서 마주치는 상황 자체가 끔찍하게 싫었을 겁니다. 히스클리프가 린턴 씨 면전에서 그를 경멸할 때면, 캐서린은 둘만 있을 때처럼 온전히 맞장구를 쳐 줄 수가 없었지요. 반대로 린턴 씨가 히스클리프에게 혐오와 반감을 드러낼 때면, 어릴 적 친구를 깎아내리는 짓이 마치 별일 아니라는 듯 무심한 척 넘길 수도 없었고요.

저는 그렇게 당혹감에 빠져 말도 못 하고 끙끙대는 아가씨를 보며 속으로 얼마나 비웃었는지 모른답니다. 아가씨는 제 조롱을 사지 않으려고 애써 숨기려 했지만, 다 부질없는 짓이었지요. 이 말이 심술궂게 들릴지도 모르지만, 아가씨가 너무 도도해서 겸손해질 때까지는, 아가씨의 고통을 진심으로 안타까워하기가 거의 불가능했거든요.

결국 캐서린은 저에게 모든 것을 고백하고 털어놓았지요. 의논할 사람이 달리 없었으니까요.

어느 날 오후, 힌들리 씨가 집을 비운 틈을 타 히스클리프는 일을 쉬기로 작정했습니다. 그때 그 애는 아마 열여섯 살쯤 되었을 거예요.

얼굴이 못난 것도 아니고, 지능이 떨어지는 것도 아니었건만, 히스클리프는 내면과 외양 모두에서 불쾌한 기운을 풍기는 인상을 만들어 내는 기묘한 재주가 있었지요. 지금의 그에게선 도저히 상상할 수 없는 모습이지만요.

우선 그때쯤 히스클리프는 어린 시절 누렸던 교육의 혜택을 박탈당했습니다. 이른 새벽부터 시작해 밤늦게야 끝나는 가혹한 노동이 반복되면서, 한때나마 가졌던 지식에 대한 호기심도, 책이나 배움에 대한 애정도 모두 식어 버리고 말았어요. 돌아가신 언쇼 어르신이 아껴 주신 덕분에 마음속에 자리 잡았던 어린 시절의 우월감도, 어느새 흔적도 없이 사라지고 없었고요. 그 애는 오랫동안 캐서린과 학업 수준을 맞추려 애썼지만, 결국 가슴 깊이 사무치는 회한을 삼키며 포기하고 말았습니다. 완전히 굴복해 버린 것이지요. 자신의 처지가 이전보다 낮아질 수밖에 없음을 깨닫자, 그는 한 걸음이라도 더 위로 올라가려는 그 어떤 시도에도 마음의 문을 닫아 버렸습니다. 그때부터 용모도 마음의 퇴보를 그대로 반영하기 시작했습니다. 걸음걸이는 구부정했고 표정은 비열해졌어요. 타고나기를 말수가 적고 내성적인 아이였는데, 그 기질이 점점 뒤틀려 거의 우둔해 보일 만큼 침울하고 괴팍한 성정으로 변해 갔지요. 그러고는 얼마 되지 않는 주변 지인들한테서도 호감을 얻기보다는, 오히려 미움을 사는 데서 비뚤어진 쾌감을 느끼는 듯했답니다.

캐서린은 히스클리프가 고된 노동에서 잠시나마 벗어날 틈이 생기기만 하면, 여느 때처럼 금방 그 애 곁으로 다가갔습니다. 하지만 히스클리프는 언제부터인가 캐서린에게 말로 애정을 표현하지 않았어요. 스스럼없이 다가오는 아가씨의 다정한 몸짓에도 의심스러운 눈초리로 몸을 움츠리며 뒤로 물러나기 일쑤였지요. 마치 그런 다정함이 자신에게 기쁨을 주기는커녕, 채워질 수 없는 더 큰 허기만을 남기리라는 걸 본능적으로 예감한 사람처럼 말입니다. 바로 그날이었어요. 앞서 말씀드린 일이 일어났던 바로 그날 말이에요. 히스클리프는 집 안으로 들어오자마자 오늘은 손가락 하나 까딱하지 않겠다고 큰소리를 쳤습니다. 그때 저는 캐서린의 옷 치장을 도와주고 있었지요. 캐서린은 히스클리프가 느닷없이 일을 팽개치고 나타날 줄은 꿈에도 생각지 못했습니다. 그저 집 안에 방해꾼이 아무도 없을 거라 믿고는, 어떻게든 에드거 씨에게 전갈을 보내 오빠가 집을 비웠다는 사실을 알린 참이었지요. 이제 막 그를 맞이하려 분주히 채비를 하던 상황이었답니다.

"캐시, 오늘 오후에 바쁜 일 있어?" 히스클리프가 물었어요. "어디 갈 참이야?"

"아니, 비가 오잖아." 캐서린이 대답했어요.

"그런데 그 실크 드레스는 왜 입은 거야?" 히스클리프가 말했습니다. "설마 누가 오기로 한 건 아니지?"

"내가 알기로는 없어." 캐시가 더듬거리며 대답했어요. "그런데 히스클리프, 얼른 밭에 나가야지. 점심때가 지난 지도 벌써 한 시간이 넘었어. 아까 나간 줄 알았는데…."

"힌들리가 그 밉살맞은 낯짝을 들이밀지 않는 날이 거의 없잖아." 히스클리프가 투덜거리듯 말했어요. "난 오늘 더는 일 안 해. 너랑 있을 거야."

"어어, 그러다 조지프가 일러바칠 거야." 캐서린이 걱정스러운 말투로 말했어요. "밭에 가 있는 게 좋을걸."

"조지프는 석회를 싣느라 페니스턴 절벽 건너편으로 갔어. 해지기 전엔 못 끝내. 아무것도 모를 거야."

이렇게 말하며 히스클리프는 어슬렁어슬렁 벽난로 쪽으로 걸어가 자리를 잡았어요. 캐서린은 잠시 눈을 찡그리며 생각에 잠겼지요. 린턴 남매가 들이닥치기 전에, 앞길을 미리 다져 두어야겠다고 마음먹었을 거예요.

"이사벨라랑 에드거 린턴이 오늘 오후에 들를지도 모른대." 잠시 침묵이 흐른 뒤 캐서린이 말을 이었어요. "비가 오니까 아마 오겠지. 하지만 혹시라도 온다면, 네가 괜한 꾸중을 들을 수도 있어."

"엘런을 보내서 네가 다른 약속이 생겼다고 전하게 해, 캐시." 히스클리프가 계속 고집을 부렸어요. "그 한심하고 바보 같은 친구들 때문에 나를 내쫓지는 마! 가끔은 그 녀석들이 너를… 아니, 됐다, 말해 봐야 입만 아프겠지."

"아, 넬리!" 캐서린이 제 손에서 머리를 홱 빼내며 신경질적으로 말했어요. "이렇게 빗으니까 컬이 다 풀려 버리잖아! 됐어, 이제 그만해. 그냥 놔둬. 히스클리프, 대체 뭘 가지고 불평하려던 거야?"

"아무것도 아니야. 그냥 저 벽에 걸린 달력을 한번 봐." 히스클리프가 창문 옆에 걸린 액자 달력을 가리키며 말했어요.

"십자가는 네가 린턴 남매랑 보낸 저녁, 점은 나랑 함께한 날을 표시한 거야. 보이지? 내가 매일매일 표시했어."

"그래, 참 쓸데없는 짓을 했구나! 내가 저걸 신경이나 쓸 줄 알았어?" 캐서린이 짜증스러운 말투로 대꾸했어요. "도대체 그게 무슨 의미가 있다는 거야?"

"나는 신경 쓴다는 걸 보여 주려는 거야." 히스클리프가 대답했어요.

"그럼 내가 늘 너랑 함께 있어야 한다는 거니?" 캐서린이 점점 더 짜증을 내며 따져 물었어요. "그렇다고 나한테 무슨 득이 있어? 네가 할 줄 아는 말이 뭔데? 네가 무슨 말을 하든, 무슨 행동을 하든, 나를 즐겁게 할 수 있는 건 하나도 없잖아. 다 바보 같거나 어린애 같은 짓뿐이야!”

“전에는 그렇게 말한 적 없었잖아, 캐시. 내가 말이 너무 없다고, 나랑 같이 있는 게 싫다고 말한 적은 한 번도 없었잖아!” 히스클리프가 잔뜩 흥분한 목소리로 고함쳤어요.

“아무것도 모르고, 아무 말도 안 하는 사람이랑은 같이 있어도 같이 있는 게 아니야.” 캐서린이 중얼거렸습니다.

히스클리프는 벌떡 일어섰으나, 그 격렬한 심정을 더 쏟아 낼 겨를도 없이 멈춰 서고 말았습니다. 마침 포석 위로 말발굽 소리가 들려왔기 때문이지요. 곧이어 문을 조심스럽게 두드리는 소리가 났고, 린턴 청년이 모습을 드러냈습니다. 뜻하지 않은 초대를 받은 그의 얼굴에는 설레는 기쁨이 가득했습니다.

한 사람이 들어오고 한 사람이 나가는 순간, 캐서린은 두 친구의 차이를 실감하지 않을 수 없었을 거예요. 그 대비란, 음산하고 구릉진 탄광 지대를 떠나 비옥하고 아름다운 골짜기로 옮겨 가는 것만큼이나 극명하였지요. 생김새뿐만 아니라 목소리와 인사조차 정반대였어요. 린턴 청년은 다정하고도 나직한 목소리로 말했고, 발음도 꼭 록우드 씨처럼 또렷했어요. 적어도 이 고장 사람들의 투박한 말씨보다는 훨씬 부드럽고 상냥했지요.

“내가 너무 일찍 온 건가?” 린턴 청년이 제 쪽으로 눈길을 돌리며 물었습니다. 그때 저는 막 접시를 닦고, 찬장 맨 끝 서랍 몇 개를 정리하고 있던 참이었어요.

“아니야.” 캐서린이 대답했습니다. “거기서 뭐 해, 넬리?”

“일하고 있잖아요, 아가씨.” 제가 대답했습니다. (힌들리 씨는 린턴 씨가 혼자 찾아오면 제게 늘 옆에서 지켜보라고 당부했거든요.)

캐서린이 제 뒤로 다가와 심술맞게 속삭였습니다. "행주 챙겨서 얼른 나가! 손님이 계실 때 하인이 걸레질하면 안 된단 말이야!"

"주인님이 안 계시니 지금이 좋은 기회예요." 제가 큰 소리로 대답했습니다. "주인님이 계실 때는 부산스럽다고 싫어하거든요. 에드거 씨도 분명히 이해해 주실 거예요."

"내 앞에서 부산스러운 건 나도 싫다니까!" 어린 아가씨가 위엄 있게 소리쳤습니다. 손님에게 말할 틈조차 주지 않았지요. 히스클리프와의 작은 말다툼 이후, 그녀는 평정을 되찾지 못한 상태였습니다.

"죄송합니다, 캐서린 아가씨." 저는 이렇게 대답하고는, 다시 부지런히 하던 일을 계속했습니다.

에드거가 보지 못하리라 생각했는지, 캐서린은 제 손에서 행주를 낚아채고는 제 팔을 지그시 꼬집었습니다. 한참을 독하게 비틀어 꼬집더군요.

제가 이미 말했듯, 저는 캐서린을 좋아하지 않았고, 이따금 허영심 가득한 캐서린을 난처하게 만들어 굴욕감을 안기는 걸 은근히 즐기기도 했습니다. 하지만 이번에는 팔이 너무 얼얼해서 꿇었던 무릎을 펴고 벌떡 일어나 소리쳤습니다.

"아야, 아가씨, 장난이 너무 심한 거 아닌가요! 왜 이렇게 세게 꼬집으세요? 저, 참을 수가 없어요!"

"내가 언제 꼬집었다고… 이 거짓말쟁이야!" 캐서린이 소리쳤습니다. 손가락은 다시 꼬집고 싶어 근질거리는 모양이었고, 귀는 분노로 새빨갛게 달아올라 있더군요. 캐서린은 언제나 격한 감정을 숨기는 법이 없었습니다. 그럴 때면 늘 얼굴 전체가 불덩이처럼 달아오르곤 했거든요.

"그럼, 이건 뭐죠?" 저는 반박할 수 없는 명백한 증거로 시퍼렇게 멍든 팔을 들이밀며 응수했습니다.

캐서린은 발을 동동 구르며 잠시 머뭇거리는가 싶더니, 이내 속에서 치미는 못된 성미를 이기지 못하고 제 뺨을 후려치고 말았습니다. 어찌나 얼얼한지 눈물이 핑 돌 정도였지요.

"캐서린, 그만해! 캐서린!" 린턴이 끼어들었습니다. 자신이 우상처럼 받드는 아가씨가 거짓말에 이어 손찌검까지, 두 가지 잘못을 눈앞에서 태연히 저지르는 것을 보았으니 그 충격이 오죽했을까요.

"엘런, 당장 나가!" 그녀가 온몸을 부르르 떨며 다시 소리쳤습니다. 저를 늘 졸졸 따라다니던 꼬마 헤어턴은, 제가 눈물을 흘리는 모습을 보고는 같이 울음을 터뜨렸습니다. 아이가 흐느끼며 '못된 고모 캐시'라고 중얼거리자, 캐서린은 아이에게 분풀이를 시작했습니다. 아이의 어깨를 움켜쥐더니, 얼굴이 공포로 시퍼렇게 질릴 정도로 흔들어 댄 것이지요. 에드거가 무심결에 캐서린의 양손을 붙잡아 아이에게서 떼어 놓으려던 찰나였습니다. 캐서린은 한쪽 손을 홱 뿌리쳤고, 린턴 씨는 그 손이 장난이라기엔 너무도 매서운 기세로 자신의 귀 쪽으로 날아드는 것을 느꼈습니다.

에드거는 질겁하여 뒤로 물러섰습니다. 저는 헤어턴을 안아 부엌으로 데리고 가면서도 큰방으로 통하는 문은 슬그머니 열어 두었지요. 두 사람이 이 소동을 어떻게 수습할지 지켜보고 싶었거든요.

모욕당한 손님, 에드거는 제 모자를 놓아둔 데로 돌아갔습니다. 얼굴은 창백하게 질려 있었고, 입술은 파르르 떨리고 있었지요.

"그래, 잘한다!" 저는 혼잣말을 했습니다. "어서 가 버려. 그리고 앞으로는 조심하라고! 잠깐이나마 캐서린의 본색을 보여 준 건 당신에게 아주 큰 호의를 베푼 셈이니까."

"어딜 가는 거야?" 캐서린이 문 앞으로 다급하게 다가서며 물었습니다.

에드거는 몸을 비켜 지나가려 했습니다.

"가지 마!" 캐서린이 힘주어 소리쳤습니다.

"가야겠어. 아니, 갈 거야." 에드거가 나직이 조용한 목소리로 대답했습니다.

"안 돼." 캐서린은 문고리를 꽉 움켜쥐며 버텼습니다. "아직은 안 돼, 에드거 린턴. 어서 앉아 봐. 그렇게 화를 내면서 나를 두고 가면 안 되지. 그럼 난 밤새도록 괴로워할 텐데…. 난 너 때문에 마음 졸이기는 싫단 말이야!"

"너라면 이렇게 얻어맞고도 여기에 있을 수 있겠어?" 린턴이 물었어요.

캐서린은 아무 말도 하지 못했습니다.

"나는 이제 네가 무서워졌어. 그리고 창피해졌어." 에드거가 말을 이었어요. "다시는 여기 오지 않을 거야!"

캐서린의 눈이 눈물로 반짝였고, 눈꺼풀이 파르르 떨렸습니다.

"그리고 너는 뻔히 거짓말까지 했어!" 에드거가 따졌어요.

"안 했어!" 캐서린이 겨우 말문을 열고 외쳤습니다. "고의로 한 일은 하나도 없어. 좋아, 갈 거면 마음대로 해. 갈 테면 가라고! 나는 이제부터 울 거야. 울다가 병이 날 때까지 울어 버릴 거야!"

캐서린은 의자 곁에 무릎을 꿇고 앉아, 정말 서럽게 울기 시작했습니다.

에드거는 단호하게 마당까지 걸어 나왔으나, 그 자리에서 더 이상 나아가지 못했습니다. 저는 에드거가 용기를 낼 수 있도록 마음을 다잡아 주기로 했지요.

"도련님, 아가씨는 못 말리는 고집불통이에요." 제가 외쳤습니다. "버릇없는 철부지 아이처럼 못됐다고요. 지금이라도 댁으로 돌아가시는 게 좋을 거예요. 안 그러면 아가씨가 우리를 마음 아프게 하려고 진짜로 병이 날지도 모르니까요."

그 물러터진 녀석이 창문 너머를 곁눈질하며 들여다보더군요. 마치 고양이가 반쯤 죽인 쥐나 반쯤 먹은 새를 두고 차마 떠나지 못하듯, 도무지 발길이 떨어지지 않는 모양이었어요.

'에휴,' 저는 속으로 생각했지요. '저 친구도 이제 끝났군. 제 발로 불구덩이 속으로 뛰어들다니!'

역시나 생각대로였습니다. 에드거는 갑자기 돌아서더니 서둘러 다시 안으로 들어와 문을 닫았습니다. 잠시 후, 저는 언쇼 씨가 고주망태가 되어 돌아와 집안을 쑥대밭으로 만들지도 모른다고 알려 주러 갔는데,(술에 취하면 늘 그랬으니까요.) 그곳에서 놀라운 광경을 목격하고 말았습니다. 두 사람은 그 다툼을 계기로 오히려 더 친밀해져 있었어요. 풋내기들의 수줍은 껍데기가 깨진 덕분에 우정이라는 허울이 절로 벗겨지면서, 서로의 사랑을 숨김없이 확인한 모양이었습니다.

힌들리 씨가 돌아온다는 말에 린턴은 허겁지겁 말에 뛰어올랐고, 캐서린은 자기 방으로 달아났습니다. 저는 얼른 꼬마 헤어턴을 숨기고는 주인의 엽총에서 탄환을 빼냈습니다. 힌들리 씨는 흥분과 광란에 휩싸이면 그 엽총을 가지고 고약한 장난을 치는 버릇이 있었거든요. 그럴 때면 누군가 그를 자극하기는커녕, 그저 눈에 띄기만 해도 목숨이 위태로울 지경이었습니다. 그래서 만약 주인이 끝내 방아쇠를 당기더라도 화는 면할 수 있도록 미리 손을 써 둔 것이었지요.

9장

힌들리는 집 안에 들어서자마자, 듣기만 해도 몸서리가 쳐지는 욕을 고래고래 퍼부어 댔습니다. 저는 그의 아들을 부엌 찬장 안에 숨기려다 그만 딱 걸리고 말았어요. 헤어턴은 아버지가 사나운 짐승처럼 달려들어 애정을 과하게 쏟아 내든, 미친 사람처럼 격노하든 똑같이 겁을 집어먹고 벌벌 떨었습니다. 귀여워할 때조차 어찌나 꽉 껴안고 입을 맞추는지 숨이 막힐 지경이었고, 화가 폭발하면 불 속에 던져지거나 벽에 내동댕이쳐질 판이었으니까요. 가엾은 아이는 제가 어디에 숨겨 주든 그저 쥐 죽은 듯 숨죽이고 있었습니다.

"거기 있었군, 드디어 찾아냈다!" 힌들리가 개 목덜미를 잡아채듯 제 뒷덜미를 거칠게 잡아당기며 소리쳤습니다. "네놈들이 짜고 내 자식을 해치려 든 게 분명해! 어쩐지 애가 안 보인다 했더니 이제야 알겠군! 넬리, 사탄의 힘을 빌려서라도 네 목구멍에 이 식칼을 쑤셔 넣고야 말겠다! 웃지 마! 방금 케네스 의사를 블랙호스 늪에 거꾸로 처박아 두고 오는 길이니까. 한 놈을 죽이나 두 놈을 죽이나 매한가지 아니겠어. 들끓는 이 속을 잠재우려면 너희 중 몇 놈은 기어이 죽어 줘야겠어!"

"하지만 힌들리 씨, 저는 그 식칼은 사양하겠어요." 제가 대꾸했습니다. "훈제 청어를 썰던 칼이라…. 정 그러시겠다면 차라리 총으로 쏴 주시는 게 깔끔하고 고맙겠네요."

"지옥 불에 떨어지고 싶다는 거냐!" 힌들리가 으르렁대듯 말했습니다. "좋아, 원한다면 지옥을 맛보게 해 주지. 이 나라 법 어디에도 가장이 제 집안을 똑바로 세우겠다는 걸 막을 조항은 없으니까! 그런데 내 집 꼴은 지금 구역질이 날 정도로 엉망이란 말이다! 자, 어서 입 벌려."

힌들리는 식칼을 손에 쥐고 칼끝을 제 이 사이로 밀어 넣었어요. 하지만 저는 힌들리의 괴팍한 난동에는 별로 겁을 먹지 않는 편이었지요. 저는 침을 뱉으며 단호히 말했습니다. "지독하게 비린내가 나네요. 무슨 수를 쓰신다 해도 이런 칼을 입에 대고 싶지는 않아요."

"아하!" 힌들리가 저를 놓으며 말했습니다. "저 흉측한 꼬마 놈은 헤어턴이 아니었군! 미안하게 됐네, 넬리. 만약 그게 헤어턴이었다면, 아버지를 보고도 달려오기는커녕 도깨비를 본 듯 울어 댄 벌로 산 채로 가죽을 홀랑 벗겨도 모자랐겠지만! 이 못돼 먹은 새끼야, 이리 와! 인정 많고 잘 속는 아비를 골탕 먹이면 어떤 꼴을 당하는지 본때를 보여 주마. 그런데 말이야, 저 녀석 귀 끝을 좀 다듬어 주면 훨씬 멀끔해지지 않겠어? 개도 귀를 싹 잘라 줘야 더 사나워지는 법이거든. 난 뭐든 사나운 게 좋단 말이야. 가위 좀 가져와 봐. 아주 사납고 단정하게 잘라 버릴 테니! 그나저나 귀때기를 애지중지하는 건 빌어 먹을 허세일 뿐이지. 어차피 귀가 있든 없든 우리 인간이란 존재는 우둔하기 짝이 없는데 말이야. 조용히 해, 이 녀석아! 그쳐, 그쳐! 어라? 이게 내 귀한 새끼였구나! 뚝 그치라니까! 그래, 그래야 내 새끼지. 이리 와서 아버지한테 입 맞춰라, 헤어턴. 뭐야? 안 해? 이 망할 놈, 입 맞춰! 헤어턴, 입 맞추라고! 빌어먹을, 내가 이런 괴물을 키우고 있는 거야! 내가 눈 뜨고 살아 있는 한 저놈의 모가지를 확 비틀어 버리고 말겠다!"

가엾은 헤어턴은 아버지의 품에서 있는 힘껏 비명을 지르며 발버둥을 쳤습니다. 애 아버지가 아이를 위층으로 데리고 올라가서 난간 위로 번쩍 들어 올리자, 자지러지는 울음소리가 두 배로 커졌습니다. 저는 이러다 아이가 놀라 숨이 넘어가겠다고 소리치며, 아이를 구하려고 계단을 뛰어 올라갔습니다.

하지만 제가 가까이 다가갔을 때 힌들리는 난간 너머로 몸을 쑥 내민 채 아래에서 들려오는 소리에 귀를 기울이고 있었습니다. 마치 자기가 무엇을 들고 있는지도 까맣게 잊어버린 사람처럼 말입니다.

"저게 누구냐?" 힌들리는 계단 아래에서 들려오는 소리에 반응하며 물었습니다.

저는 그게 히스클리프의 발소리임을 알아채고, 더 가까이 오지 말라는 신호를 보내려고 몸을 내밀었습니다. 바로 그 순간이었지요. 제가 헤어턴에게서 눈을 뗀 순간, 아이가 몸을 홱 비트는 바람에 그만 힌들리 씨의 느슨한 손아귀에서 빠져나와 허공으로 떨어지고 말았습니다.

아찔한 공포가 스쳐 지나가기 전, 우리는 아이가 무사하다는 걸 알게 되었습니다. 그 절체절명의 순간, 마침 난간 바로 밑을 지나던 히스클리프가 본능적으로 손을 뻗어 아이를 받아 낸 것이지요. 그는 아이를 바닥에 내려 세운 뒤, 이 끔찍한 짓을 저지른 주범이 누구인지 확인하려는 듯 위를 올려다보았습니다.

행운의 복권을 단돈 5실링에 팔아 치웠는데, 이튿날 그 복권이 5천 파운드에 당첨되었다는 사실을 알게 된 구두쇠라 한들, 난간 위의 힌들리를 올려다보는 히스클리프만큼 허망한 표정을 지을 수는 없었을 겁니다. 그 표정에는 자신이 자신의 복수를 제 손으로 좌절시켰다는 형언할 수 없는 참담함이 고스란히 서려 있었습니다. 만약 사방에 어둠이 깔려 있었다면, 히스클리프는 그 실수를 만회하겠답시고 기어이 헤어턴의 머리를 계단 모서리에 내리쳐 박살을 내 놓았을지도 모릅니다. 하지만 다행히도 우리는 아이가 무사히 구조되는 과정을 똑똑히 지켜볼 수 있었습니다. 저는 곧장 아래층으로 내려가 아이를 꼭 끌어안았습니다.

술기운이 가신 힌들리는 제 잘못이 부끄러웠는지, 한풀 꺾인 모습으로 꾸물거리며 내려오더군요.

"엘런, 다 네 잘못이야." 힌들리가 말했습니다. "애를 안 보이는 데 치워 놨어야지, 애를 나한테서 빼앗았어야지! 어디 다친 데는 없지?"

"다친 데가 없냐고요?" 제가 화가 나서 소리쳤습니다. "목숨만 건졌지, 정신이 성할 리가 있겠어요! 세상에, 자기 핏줄을 이렇게 함부로 대하다니! 애 엄마가 무덤에서 벌떡 일어나 이 꼴을 보지 않는 게 신기할 지경이네요. 이건 정말 사람으로서 할 짓이 아니에요. 짐승도 제 새끼한테 이러진 않아요!"

제 품에 안긴 걸 확인하고서야 헤어턴은 곧 울음을 그치고 안정을 되찾았습니다. 하지만 힌들리 씨가 아이를 만지려고 손가락 하나만 갖다 대도, 아이는 아까보다 더 큰 비명을 지르며 경기라도 일으킬 듯 몸부림을 쳤습니다.

"애 좀 그만 괴롭히세요!" 제가 말을 이었습니다. "아이가 싫어하잖아요. 다들 힌들리 씨를 싫어해요, 그게 현실이라고요! 참으로 화목한 집안이네요. 힌들리 씨 꼴도 참 볼만하고요!"

"넬리, 아직 이게 끝이 아닐걸. 더 기막힌 꼴을 보게 될 테니까." 힌들리는 평소의 잔혹한 태도로 돌아와 비뚤어진 웃음을 지으며 말했습니다. "일단은 그 애 데리고 내 눈앞에서 꺼져. 그리고 히스클리프, 너도 내 근처에서 얼씬거리지 마라. 오늘 밤은 널 죽일 생각은 없으니까. 뭐, 내키면 집에다 불을 질러 버릴지도 모르지만 말이야. 그건 내 마음이지."

이렇게 말하며, 힌들리는 찬장에서 1파인트*짜리 브랜디 병을 꺼내 큰 잔에 콸콸 따르더군요.

"그만하세요!" 제가 사정했습니다. "힌들리 씨, 제 말을 절대 흘려듣지 마세요. 본인은 아무래도 상관없다지만, 이 가여운 아이를 봐서라도 제발 마음을 다잡으셔야죠!"

"누가 맡아 기르든 나보다야 낫지 않겠어." 힌들리가 냉담하게 내뱉었습니다.

"그럼, 힌들리 씨 자신의 영혼이라도 불쌍히 여기세요!" 저는 그의 손에서 술잔을 낚아채려고 안간힘을 쓰며 외쳤습니다.

"불쌍히 여기긴, 왜? 오히려 내 영혼을 만든 놈을 벌할 수만 있다면, 난 기꺼이 지옥 불에 떨어져 줄 테다. 그게 내 즐거움이야!" 신을 농락하는 그 미친 인간이 그렇게 소리치더니, 곧바로 술잔을 번쩍 들며 이렇게 덧붙였습니다. "내 영혼의 화끈한 파멸을 위해, 건배!"

힌들리는 독주를 단숨에 들이켜고는 어서 나가라고 사납게 재촉했습니다. 나가라는 말 끝에는 지독한 악담이 줄줄이 이어졌는데, 너

* 1파인트는 1갤런의 8분의 1로 영국에서는 0.57리터, 미국에서는 0.47리터에 해당한다.

무 끔찍한 욕설이라 차마 입에 담기도, 떠올리기도 싫네요.

"저렇게 퍼마셔도 죽을 복은 없나 봐." 문이 닫히자마자 히스클리프가 곧바로 악담을 흉내 내듯 중얼거렸습니다. "죽을 작정으로 들이켜도, 저놈 체질이 워낙 질겨서 말이지. 케네스 씨는 자기 암말을 걸어도 좋다더군. 기머턴 근방에서는 누구보다 오래 버텨서, 백발이 성성할 때까지 죄를 짓다 무덤에 들어갈 거래. 특별히 운 좋은 사고라도 일어나지 않는 이상은 말이야."

저는 부엌으로 들어와 제 가여운 어린 양을 재우려고 무릎 위에 앉혔습니다. 히스클리프는 마구간으로 갔겠거니 생각했지요. 하지만 나중에 알고 보니, 그는 방 저쪽 등받이가 높은 의자 뒤편까지만 갔을 뿐이었어요. 그러고는 벽난로의 불길이 닿지 않는 벽 쪽 긴 의자에 몸을 던지듯 주저앉아, 죽은 듯 조용히 자리를 지키고 있었던 것입니다.

저는 헤어턴을 무릎에 누이고 살살 흔들어 주며, 이렇게 시작되는 노래를 흥얼거렸습니다.

깊은 밤, 아이가 울고
무덤 아래 어머니가 들으시네

그때, 캐시 아가씨가 집 안에서 소동이 벌어지는 동안에는 조용히 듣고 있다가, 문틈으로 고개를 내밀며 속삭였습니다.

"혼자 있어, 넬리?"

"네, 그래요." 제가 대답했습니다.

캐서린이 들어와 벽난로 쪽으로 다가왔습니다. 저는 그녀가 무슨 말을 하려는지 궁금해 올려다보았습니다. 얼굴에 불안과 근심이 가득했어요. 입술을 반쯤 벌리기에 말을 하려나 싶었는데, 정작 입 밖으로 나온 것은 말이 아니라 깊은 한숨뿐이었습니다.

저는 노래를 다시 흥얼거렸어요. 캐서린이 제게 한 짓을 잊지 않고 있었으니까요.

"히스클리프는 어디 갔어?" 캐서린이 제 노래를 끊고 물었습니다.

"마구간에서 일하고 있겠죠." 제가 그렇게 대답했습니다.

히스클리프는 제 말에 반박하지 않았습니다. 아마 졸음이 쏟아졌던 모양이었습니다.

잠시 다시 정적이 흘렀습니다. 그사이, 캐서린의 뺨을 타고 흘러내린 눈물 몇 방울이 바닥에 떨어지는 게 보였습니다.

'자기가 못되게 군 게 이제야 미안해진 걸까?' 저는 속으로 자문해 보았습니다.

그런 거라면, 참 새삼스러운 일이겠지만, 어쨌든 그냥 내버려두었어요. 제가 먼저 나서서 아가씨의 마음을 달래 줄 생각은 눈곱만큼도 없었으니까요.

사실, 캐서린은 자기 일이 아닌 다음에야 그 무엇에도 신경을 쓰는 법이 없었으니까요.

"아아, 세상에!" 마침내 캐서린이 외쳤어요. "나는 정말 불행해!"

"안됐네요." 제가 말했습니다. "정말이지 조금도 만족할 줄 모르는 사람이군요. 주변에는 챙겨 주는 사람들뿐이고, 신경 쓸 일도 거의 없는데, 그런데도 마음이 편치 않다니요."

"넬리, 비밀 지켜 줄 수 있어?" 캐서린이 제 옆에 무릎을 꿇고 앉으며, 애교 섞인 눈빛으로 제 얼굴을 올려다보았습니다. 그 표정은 누구든 화낼 만한 상황에서도 화를 누그러뜨리게 하는 힘이 있었지요.

"지킬 가치가 있는 비밀인가요?" 제가 덜 삐진 목소리로 물었어요.

"당연하지. 그것 때문에 걱정돼서, 털어놓지 않고는 못 견디겠어! 내가 어떻게 하는 게 좋을지 알고 싶어. 오늘, 에드거 린턴이 나한테 청혼했거든, 나도 답을 줬고. 승낙했는지 거절했는지는 나중에 말해 줄 테니까, 넬리, 먼저 네 생각을 말해 봐. 내가 승낙했어야 해, 거절했어야 해?"

"정말, 그걸 나한테 묻는 거예요?" 제가 대답했습니다. "오늘 오후에 아가씨가 그 사람 앞에서 벌인 추태를 떠올리면, 차라리 거절하는 편이 상책이었을 거예요. 그런 꼴을 당하고도 청혼하다니, 진짜 답이 없는 바보이거나 앞뒤 못 가리고 덤벼드는 숙맥임이 틀림없으니까요."

"그런 식으로 말하면, 나도 더는 말 안 할 거야." 캐서린이 심술 난 듯 바닥에서 일어나며 말했습니다. "나는 승낙했어, 넬리. 어서 말해 줘, 내가 잘못한 거야?"

"승낙했다고요? 그럼 이러니저러니 해 봐야 무슨 소용이죠? 이미 약속했으니, 되돌릴 수도 없잖아요."

"그래도 내가 잘한 건지 잘못한 건지 말해 달라고, 얼른!" 캐서린은 짜증스러운 목소리로 외쳤어요. 양손을 비비고 얼굴을 찡그리면서요.

"그 질문에 제대로 답하려면 먼저 여러 가지를 생각해 봐야 해요." 제가 설교하듯 점잖게 말했습니다. "우선 무엇보다도, 에드거 씨를 사랑하세요?"

"당연한 걸 왜 물어? 물론 사랑하지." 캐서린이 대답했습니다.

그때부터 저는 그녀에게 교리문답처럼 차근차근 질문을 이어 갔습니다. 제 나이 스물두 살 정도라면 충분히 해 볼 만한 일이었지요.

"왜 그 남자를 사랑합니까, 캐시 양?"

"그런 걸 왜 물어봐? 사랑하면 그만이지."

"그 대답으로는 부족합니다. 왜 사랑하는지 이유를 말해야 합니다."

"음, 잘생겼고, 같이 있으면 즐거우니까."

"틀렸습니다!" 제가 평가했습니다.

"젊고 쾌활하니까."

"아직도 부족합니다."

"나를 사랑하니까."

"그 점은 그래도 낫네요."

"그리고 그이는 부자가 될 거니까. 나는 이 근방에서 가장 지체 높은 여자가 되고 싶거든. 그런 남편을 두면 자랑스러울 테니까."

"최악이군요. 그럼 이제, 캐시 양이 그 남자를 어떻게 사랑하는지도 말해 보세요."

"그냥 다들 사랑하듯 그렇게 사랑하는 거지. 넬리, 바보 같다."

"바보 같다니요, 어서 대답하세요."

"나는 그가 밟는 땅도, 그 머리 위의 하늘도, 그의 손길이 닿는 모든 것과 그가 하는 말 하나하나까지 사랑해. 그의 모든 표정과 행동까지, 전부 다 사랑해. 자, 이제 됐지?"

"왜 그렇죠?"

"됐어, 너 장난이었구나! 정말 못됐어! 나한테는 장난이 아니란 말이야!" 어린 아가씨는 인상을 찡그리며 얼굴을 벽난로 쪽으로 돌렸습니다.

"전혀 장난이 아닙니다, 캐서린 양." 제가 대답했습니다. "아가씨가 그분을 사랑하는 건 그저 그가 잘생기고, 젊고, 쾌활하며, 부유한데다 아가씨를 사랑하기 때문이에요. 하지만 마지막 이유는 사실 없어도 그만이죠. 그분이 아가씨를 사랑하지 않았더라도 아가씨는 그를 사랑했을 테니까요. 반대로 앞의 네 가지 조건이 없었다면, 그분이 아무리 아가씨를 사랑한들 눈길 한 번 주지 않았을걸요."

"맞아, 사랑하지 않았을 거야. 그저 동정하고 말았겠지. 아니, 싫어했을 거야. 그 사람이 보기 흉한 촌뜨기였다면."

"하지만 세상에는 잘생기고 돈 많은 젊은 남자들이 얼마든지 있어요. 에드거 씨보다 더 잘생기고, 더 부자인 사람도 있겠죠. 왜 그런 사람들은 사랑하지 않는 건가요?"

"있다고 한들, 내 주변에는 없잖아. 나는 에드거 같은 남자를 본 적이 없어."

"앞으로는 만나게 될지도 모르죠. 그리고 에드거 씨가 영원히 잘생기고, 젊을 리도 없고, 지금 부자라고 해서 계속 부자라는 법도 없어요."

"하지만 지금은 그렇잖아. 난 지금이 중요해. 넬리, 제발 좀 말이 되는 소리를 해 줄래?"

"좋아요, 그럼 결론이 났네요. 그냥 지금 좋으니, 린턴 씨와 결혼하면 되겠네요."

"그런 걸 허락받으려는 게 아니야. 난 에드거와 결혼할 거야. 그런데, 넌 아직 내가 잘한 건지 잘못한 건지 말 안 했어."

"정말 잘했네요. 당장 눈앞에 있는 것만 보고 결혼하는 게 옳다고 치면 말이에요. 자, 그럼 뭐가 그렇게 괴로운지 말해 보세요. 캐시 양 오빠는 좋아할 테고, 에드거 씨 부모님도 굳이 반대하지 않으실 것 같고, 캐시 양은 난장판 같은 집을 떠나 부유하고 품위 있는 집으로 들어가 살게 될 거고, 캐시 양은 에드거 씨를 사랑하고, 에드거 씨도 캐시 양을 사랑하니까 모든 게 다 순조로워 보이는데, 도대체 어디가 문제란 말이에요?”

“여기, 그리고 여기!” 캐서린이 한 손으로는 이마를, 다른 한 손으로는 가슴을 치며 말했어요. “영혼이 어디에 있든 상관없어. 이 머리에서, 이 가슴에서 내가 잘못했다고, 틀렸다고 소리치고 있다니까!”

“거참, 이상한 말이네요! 나는 못 알아듣겠어요.”

“그게 내 비밀이야. 하지만 비웃지 않겠다고 약속하면 말해 줄게. 분명하게 설명할 순 없어도, 내 마음이 어떤지, 그 느낌만큼은 전해 줄 수 있을 거야.”

캐서린은 다시 제 옆에 앉았습니다. 표정이 점점 더 슬픈 듯 심각해졌고, 깍지 낀 두 손은 바들바들 떨리고 있었어요.

“넬리, 혹시 괴상한 꿈 꾼 적 있어?” 캐서린이 잠시 생각에 잠겨 있다가 불쑥 말을 꺼냈습니다.

“네, 이따금 꾸지요.” 제가 대답했어요.

“나도 그래. 그런 꿈 중에는 평생 내 마음속에 남아 생각까지 바꿔 놓은 것들이 있어. 마치 물에 스며든 포도주처럼 내 안에 깊숙이 스며들어 마음의 빛깔을 바꿔 놓지. 그리고 지금 들려줄 꿈도 그런 꿈이야. 말해 줄게. 하지만 단 한 부분이라도 웃으면 안 돼.”

“아, 싫어요, 캐서린 양!” 제가 외쳤습니다. “우린 이미 아주 음울한데, 굳이 유령이나 환상을 불러내어 더 음산하게 만들 필요는 없잖아요. 자, 자, 즐겁게… 평소처럼 밝게 지내요! 헤어턴 좀 봐요! 꿈속에서는 아무 시름없이 평온한가 봐요. 자면서 웃는 모습이 얼마나 사랑스러운지!”

“아무렴, 이 애 아빠가 혼자 앉아서 욕질하는 꼴은 또 얼마나 귀엽고! 넬리, 기억나지? 얘 아빠가 얘만 했을 때 어떤 모습이었는지. 토실토실하고 순진했겠지. 어쨌든, 내 얘기 좀 들어 줘. 길진 않아. 오늘 밤은 웃을 기운도 없거든."

"싫어요, 하지 마세요!" 제가 급히 외쳤습니다. 그때 저는 꿈을 불길한 예감으로 받아들이는 편이었어요. 지금도 여전히 그렇고요. 게다가 캐서린의 얼굴이 평소와 달리 어두워 보여서 이야기를 듣다가 괜히 끔찍한 재앙을 예감할까 봐 두려웠답니다.

캐서린은 화를 냈지만, 이야기를 꺼내지는 않았습니다. 잠시 다른 화제로 눈길을 돌리는 듯하더니, 얼마 지나지 않아 다시 말문을 열었어요.

"넬리, 나는 천국에 있다면 정말 불행할 거야." 캐서린이 말했어요.

"그곳에 어울리는 사람이 아니니까요. 되지못한 사람들은 천국에서 모두 불행할 거예요." 제가 대답했습니다.

캐서린은 한동안 생각에 잠기더니, 다시 말했어요. "그게 아니야. 나, 전에 꿈에서 천국에 산 적이 있어."

"꿈 얘기는 안 듣는다니까요! 전 이제 자러 갈래요." 제가 즉시 말을 잘랐습니다.

제가 의자에서 일어나려고 꿈틀대자 캐서린이 깔깔 웃으면서 저를 눌러 앉혔습니다.

"아, 그게 아니야. 별건 아니야." 캐서린이 거의 비명을 지르듯 외쳤습니다. "그냥, 천국은 내 집이 아니라는 생각이 들었다는 말을 하려던 거야. 거기서 지상으로 돌려보내 달라고 가슴이 미어지도록 울었어. 그랬더니 천사들이 노발대발해서는, 워더링 하이츠 꼭대기, 그 히스 황야 한가운데로 나를 내던져 버렸어. 나는 너무 기뻐서 엉엉 울면서 깨어났지. 다른 꿈 이야기는 할 필요도 없어. 이 이야기만으로도 내 비밀을 다 알았을 테니까. 내가 천국에 어울리지 않는 사람인 것처럼, 에드거 린턴과도 결혼하면 안 되는 사람이야. 그리고 저 안에 있는 저 사악한 인간이 히스클리프를 저토록 천대하지만 않았어도, 나는 결혼 따위는 생각지도 않았을 거야. 하지만 지금 히스클리프와 결혼한다면 나까지 천해지는 거야. 그러니까, 히스클리프는 내가 자기를 얼마나 사랑하는지 알아서는 안 돼. 그리고 넬리, 내가 히스클리프를 사랑하는 건 잘생겨서가 아니야. 히스클리프는, 나보다 더 나 자신 같은 사람이야. 우리 영혼이 무엇으로 이루어졌든, 히스클리프의 영혼과 내 영혼은 하나야. 린턴의 영혼은 달빛과 번개가 다르고, 서리와 불이 다르듯 완전히 다른 거야.”

이 말이 끝나기에 앞서, 저는 히스클리프가 있다는 것을 알아차렸습니다. 무언가 살짝 움직이는 게 보여서 고개를 돌렸더니, 히스클리프가 긴 의자에서 일어나 슬그머니 밖으로 나가더군요. 캐서린이 히스클리프와 결혼하면 자기도 천해질 거라고 말하는 순간까지만 듣고, 그다음은 듣지 않고 나가 버린 것이었어요.

제 옆에 앉아 있던 캐서린은, 긴 의자의 등받이에 히스클리프가 가려져 있었다는 것도, 또 그가 떠났다는 것도 전혀 눈치채지 못했어요. 하지만 저는 깜짝 놀라 캐서린에게 손사래를 치며 “쉿!” 하고 소리를 냈습니다.

“왜?” 캐서린이 불안하게 주위를 두리번거리며 물었습니다.

“조지프가 왔어요.” 저는 때마침 길에서 그의 수레바퀴가 굴러오는 소리를 듣고 이렇게 대답했습니다. “그리고 히스클리프도 같이 들어올 거예요. 어쩌면 벌써 문 앞에 와 있을지도 몰라요.”

“괜찮아, 문간에서는 내 말을 엿듣지 못할 테니까!” 캐서린이 말했어요. “그럼, 저녁상 차리는 동안 헤어턴은 내가 볼게. 다 차리면 불러, 나랑 같이 먹게. 내 불편한 양심을 속여서라도 히스클리프가 아무것도 모를 거라고 믿고 싶어. 그 애는 모를 거야, 그렇지? 사랑한다는 게 뭔지도 모를 거야!”

“아가씨가 아는 걸 히스클리프라고 왜 모르겠어요?” 제가 받아쳤습니다. “그리고 만약 히스클리프가 선택한 사람이 아가씨라면, 히스클리프는 이 세상에서 가장 불행한 존재가 될 거예요! 아가씨가 린턴 부인이 되는 순간, 히스클리프는 친구도 잃고, 사랑도 잃고, 모든 걸 잃게 될 테니까요! 아가씨는 히스클리프와 헤어지고 어떻게 견딜지, 또 히스클리프가 이 세상에서 완전히 버림받은 존재가 되는 걸 어떻게 견딜지 생각해 보셨나요? 그러니까 캐시 아가씨가….”

“히스클리프가 버림받는다고? 우리가 헤어진다고?” 캐서린은 분개한 목소리로 소리쳤습니다. “누가 우리를 갈라놓는다는 거야? 그런 인간은 밀로Milo*처럼 될 거야! 내가 살아 있는 한은 안 돼, 절대 그런 일은 없어, 엘런. 린턴 가문 사람들이 통째로 사라진다고 해도, 나는 히스클리프를 버리지 않아. 아아, 전혀 그럴 생각이 없어, 그럴 마음이 없다고! 그런 대가를 치러야만 한다면, 나는 린턴 부인이 되지 않겠어! 히스클리프는 지금까지 내게 늘 소중했듯, 앞으로도 내겐 소중한 사람이야. 에드거는 히스클리프를 싫어하는 마음부터 없애고, 못마땅해도 받아들여야 해. 내 진심을 알게 되면, 에드거는 반드시 그렇게 할 거야. 넬리, 나도 알아. 너는 내가 이기적이라고 생각하겠지. 하지만 히스클리프와 내가 결혼하면, 우리 둘 다 거지 신세가 될 거라는 생각은 한 번도 안 해 봤어? 내가 린턴과 결혼하면, 히스클리프가 제대로 자리 잡도록 도와주고, 오빠 손아귀에서 벗어나 살게 해 줄 수도 있어.”

* 고대 그리스의 힘센 장사로, 자신의 힘만 믿고 나무를 맨손으로 쪼개다 갈라진 나무 틈에 손이 끼여 들짐승에게 잡아먹히는 참혹한 최후를 맞았다고 전해진다.

"남편 돈으로 말이죠, 캐서린 양?" 제가 물었습니다. "에드거 씨는 아가씨 생각만큼 호락호락하지 않을걸요. 비록 제가 판단을 내릴 위치는 아니지만, 지금까지 아가씨가 내세운 이유 중 가장 형편없는 이유 같군요."

"아니야, 그렇지 않아." 캐서린이 즉시 반박했습니다. "이게 가장 확실한 이유야! 지금까지 말한 건 다 그냥 내 변덕을 달래려는 거였고, 에드거를 기쁘게 해 주려는 마음도 있었지. 하지만 이건… 에드거에 대한 내 감정은 물론이고, 나라는 존재 자체를 그 안에 통째로 품고 있는 오직 한 사람을 위한 거야. 말로는 다 설명할 수 없어. 하지만 넬리, 너와 세상 사람들 모두 우리 자신 너머에 존재하는, 아니 마땅히 존재해야만 하는 또 다른 '나'라는 게 있다는 생각 정도는 품고 있잖아. 만약 내가 이 몸 하나에만 갇힌 존재라면 내가 태어난 게 대체 무슨 소용이겠어? 내가 이 세상에서 겪은 가장 큰 고통은 히스클리프가 겪은 고통이었어. 나는 그걸 처음부터 지켜보았고 그대로 느꼈어. 내 삶을 지탱해 온 단 하나의 생각은 언제나 그 애였어. 만일 모든 것이 사라지고 히스클리프만 남는다면 나는 여전히 존재하겠지만, 모든 것이 그대로인데 그 애만 사라진다면 온 우주가 거대한 타인처럼 낯설어질 거야. 나는 그 우주의 일부라고도 느낄 수 없겠지. 내가 린턴을 사랑하는 마음은 숲의 나뭇잎 같아. 겨울이 나무를 바꾸듯, 세월이 바꿔 놓을 사랑이라는 걸 잘 알고 있어. 하지만 히스클리프에 대한 내 사랑은 땅속에 박힌 변치 않는 바윗돌 같아. 눈에 띄는 기쁨은 없지만, 없어서는 안 되는 거야. 넬리, 내가 곧 히스클리프야! 그 애는 언제나―항상―내 마음속에 있어. 기쁨을 주려고 있는 게 아니야. 내가 늘 나 자신에게 기쁨을 주는 게 아닌 것처럼, 히스클리프는 그저 나 자신으로 있는 거야. 그러니 우리가 헤어진다는 말은 하지

마. 그건 애초에 불가능해. 그리고…"

캐서린은 말하다 말고 제 옷자락에 얼굴을 파묻었습니다. 하지만 저는 옷을 억지로 잡아떼어 냈습니다. 그런 어리석은 소리를 더는 참아 줄 인내심이 제게는 남아 있지 않았거든요!

"아가씨의 말도 안 되는 소리를 아무리 이해해 보려 해도," 제가 말했습니다. "결혼에 따르는 의무가 뭔지 모르거나, 아니면 사악하고 부도덕한 여자라는 생각밖에 안 드네요. 이제는 비밀을 털어놓겠다며 저를 괴롭히지 말아 주세요. 비밀을 지키겠다고 약속할 수도 없으니까요."

"이 비밀은 지켜 줄 거지?" 캐서린이 간절히 물었습니다.

"아니요, 약속 못 해요." 제가 거듭 말했어요.

캐서린이 우기려던 참에 조지프가 들어와서 우리의 대화는 끊겼습니다. 캐서린은 자리를 옮겨 한쪽 구석에 앉아 헤어턴을 돌보았고, 저는 저녁 준비를 시작했습니다.

음식이 다 준비된 뒤, 조지프와 저는 누가 힌들리 씨에게 음식을 가져다줄지를 두고 다투었습니다. 결국 음식이 거의 식을 때까지 결정을 내리지 못했죠. 마침내 우리는, 힌들리 씨가 음식을 내오라고 할 때 가져다주는 걸로 합의를 봤습니다. 힌들리 씨가 얼마간 혼자 있었을 때는 힌들리 씨 가까이에 가기가 무서웠거든요.

"왜 여태 밭에서 돌아온 놈이 없는 기여? 뭐 하는 긴가? 천하의 굼뱅이 같으니!" 그 영감이 히스클리프를 찾으며 소리쳤습니다.

"내가 불러올게요." 제가 대꾸했습니다. "마구간에 있겠지요."

제가 가서 불러 봤지만, 아무 대답도 들리지 않았습니다. 돌아와서는 캐서린에게, 아무래도 히스클리프가 아가씨의 말을 거의 다 들은 것 같다고 속삭여 주었습니다. 또, 아가씨의 오빠가 히스클리프를 천하게 만들었다고 불평하던 바로 그 대목에서 부엌을 나가는 모습을 봤다고도 말해 주었지요.

캐서린은 깜짝 놀라며 자리에서 벌떡 일어나 헤어턴을 긴 의자에 던져 놓고, 친구를 찾으러 달려 나갔습니다. 자신이 왜 그렇게 허둥대는지, 히스클리프가 자기 말을 듣고 어떤 심정이었을지는 생각할 겨를조차 없었던 거지요.

캐서린이 한참이나 나타나지 않자, 조지프는 더는 못 기다리겠다고 했습니다. 그러면서 아이들이 자신의 길어지는 식전 기도가 듣기 싫어서 일부러 늦게 돌아오는 거라고 제멋대로 넘겨짚더군요. "예의라고는 눈곱만큼도 없는 것들이 무슨 짓이든 못 하려고." 하며 단정해 버렸습니다. 그날 밤, 평소 15분 정도 하는 식전 기도에 그 아이들을 위한 특별 기도를 한 번 더 올린 것도 모자라 무슨 기도를 또 하나 더 붙이려는 찰나, 아가씨가 급히 뛰어 들어오더니 "히스클리프가 어디에 있든 당장 찾아서 데리고 들어와! 당장!"이라고 소리쳤습니다.

"그 애한테 할 말이 있어. 자기 전에 꼭 해야 해." 캐서린이 말했어요. "대문은 열려 있는데, 불러도 듣지 못할 만큼 멀리 간 모양이야. 내가 양 우리 지붕 위에 올라가 있는 힘껏 소리를 질러 봤지만, 대답이 없어."

조지프는 처음엔 싫다고 했지만, 캐서린이 부득부득 우기자 결국엔 어쩔 수 없었지요. 모자를 눌러쓰고는 투덜거리며 밖으로 걸어 나갔습니다.

그 사이 캐서린은 방 안을 왔다 갔다 하며 소리쳤어요. "어디 있는 거지, 대체 어디에 있는 거야! 넬리, 아까 내가 뭐라고 했더라? 기억이 안 나. 오늘 낮에 내가 심통을 부려서 화가 났을까? 어떡하지? 내가 아까 그 애를 속상하게 할 말을 했어? 응? 제발, 정말 왔으면 좋겠어!

꼭 와야 하는데!"

"무슨 큰일이 났다고 이 난리예요!" 저도 불안하긴 했지만 큰소리를 쳤습니다.

"겨우 이런 일로 호들갑은! 히스클리프가 달밤에 황야를 어슬렁거리고 있든, 우리랑 말하기 싫어 건초 다락에 숨어 있든, 이렇게 야단을 부릴 일이에요! 분명 거기에 있을 거예요. 내가 찾아서 데리고 올 테니, 두고 보세요!"

제가 다시 히스클리프를 찾으러 나섰지만 허사였습니다. 조지프의 수색도 별 소득 없이 끝났지요.

"그 녀석, 큰일 날 짓만 골라서 한다!" 조지프가 들어오며 중얼거렸습니다. "그 녀석이 대문을 활짝 열어젖힌 게야. 그랬으니 아가씨가 타고 댕기는 조랑말이 밭 두 마지기를 몽창 짓밟아 놓고는 그대로 목초지까지 달아나 버렸지. 아이쿠야! 내일 나리가 또 얼마나 난리를 치시려나. 그래도 잘도 참으신다, 저런 어수룩하고 정신머리 없는 녀석들 달래 가며, 정말 잘도 참으신다! 하지만 언제까지 그럴 수는 없는 기라. 두고 봐라, 나리 성질 건드리면 어찌 되는지 두고 봐라!"

"히스클리프는 찾았어, 이 바보 영감태기야?" 캐서린이 끼어들며 소리쳤습니다. "내가 시킨 대로 찾아봤어?"

"찾을라면 말 새끼부터 찾는 게 나을 기라." 조지프가 투덜대듯 말했습니다. "그게 더 앞뒤 맞는 소리다 아이가. 근데 이런 시꺼먼 밤중에 말 새끼고 사람 새끼고 내 어찌 찾겠나! 굴뚝 속만치 캄캄한데! 게다가 히스클리프 그 자슥, 내가 휘파람 좀 불었다고 당장 튀어나올 놈이가! 아가씨가 나서믄 그나마 귀라도 좀 여는 시늉은 하겠지!"

여름이라곤 믿기 어려울 만큼 어두운 저녁이었습니다. 구름은 이미 천둥을 몰고 올 기세였지요. 저는 다들 안으로 들어가서 기다리는 편이 낫겠다고 말했습니다. 곧 비가 내릴 터이니, 그러면 히스클리프도 더는 애쓰지 않고 제 발로 돌아올 거라고 했지요. 하지만 캐서린은 좀처럼 가라앉히지 못했습니다. 대문에서 현관까지를 들락날락하며, 한순간도 가만히 있지를 못하고 안절부절못했어요. 급기야는 길가 쪽 담장 한편에 자리를 잡더니, 제가 무슨 말을 하든, 천둥이 우르릉거리고 굵은 빗방울이 떨어지든 말든 아랑곳하지 않고 그 자리에 서서 간간이 그 애 이름을 부르고는 귀 기울이기를 여러 번, 그러다 끝내 울음을 터뜨렸습니다. 캐서린의 울부짖음은, 헤어턴은 물론이고 세상 어떤 아이도 감히 겨뤄 보지 못할 만큼 사납고도 격정적이었지요.

자정이 가까워질 때까지, 우리는 눈을 붙이지도 못하고 꼬박 앉아서 버텼습니다. 바로 그때, 사나운 폭풍이 울부짖으며 워더링 하이츠를 덮쳤습니다. 천둥소리보다 더 무시무시한 돌풍이 몰아치더니, 건물 모퉁이에 서 있던 커다란 나뭇가지 하나가 비명 같은 소리를 내며 와작 부러져 지붕을 덮쳤습니다. 그 충격에 동쪽 굴뚝 일부가 박살 났고, 깨진 돌덩이와 검댕이 부엌 벽난로 속으로 한꺼번에 와르르 쏟아져 내렸습니다.

우리는 번개가 우리한테 떨어진 줄 알았어요. 조지프는 거의 엎어지듯 무릎을 꿇고 주님을 찾으면서 악인은 벌하시더라도 족장인 노아와 롯을 기억하시어 옛날처럼 의로운 자는 살려 달라고 빌었지요.

별안간 이것이 우리에게 내리는 하늘의 심판일지도 모른다는 생각이 뇌리를 스쳤습니다. 그래서 언쇼 씨가 아직 살아 있는지 살피려고 방문 손잡이를 흔들어 보았습니다. 제 생각에 '요나'*라면 바로 언쇼 씨

* 성경 속 예언자로, 풍랑의 원인이 된 죄인으로 지목되어 바다에 던져진 인물이다. 흔히 집안에 재앙을 몰고 온 존재를 빗댈 때 쓰인다.

였으니까요. 그런데 언쇼 씨가 귀에 거슬릴 만큼 분명한 목소리로 대꾸하자, 조지프는 성질이 부글부글 끓어올랐는지 자기 같은 성인과 주인 같은 죄인을 엄연히 구분해 달라고 아까보다 더 크게 소리를 질러 댔습니다. 하지만 우르릉거리는 소리는 20분 만에 잦아들었고, 우리는 모두 무사했습니다. 다만 캐서린은 끝까지 고집을 꺾지 않고, 모자도 숄도 없이 비를 맞으며 서 있다가 머리카락과 옷이 흠뻑 젖었지요.

안으로 들어온 그녀는 젖은 몸 그대로 긴 의자에 쓰러지듯 드러누웠습니다. 그러고는 등받이 쪽으로 얼굴을 돌린 채 두 손으로 얼굴을 감싸 쥐었습니다.

"아니, 아가씨!" 저는 캐서린의 어깨를 살짝 건드리며 말했습니다. "설마 죽으려고 작정한 건 아니죠? 지금 몇 시인 줄 알아요? 벌써 12시 반이에요. 일어나요! 어서요, 올라가서 자요! 그 바보 같은 애는 더 기다려 봤자 소용없어요. 지금쯤이면 기머턴 어디쯤에서 묵고 있을 테니 걱정 마세요. 우리가 이렇게 늦게까지 자기를 기다리고 있을 거라곤 꿈에도 생각 못 하겠죠. 아직 깨어 있을 사람은 힌들리 씨뿐이라 짐작하고, 괜히 돌아왔다가 주인님과 마주칠까 봐 오지 않는 걸 거예요."

"아니다, 아니다, 그놈은 기머턴에 간 게 아니여!" 조지프가 말했습니다. "지금쯤 늪 구덩이 밑바닥에 처박혀 있을 기다. 이런 천벌을 그냥 내리셨겠나. 아가씨도 조심하쇼. 다음은 아가씨 차례일지도 모르는 기라! 주님께 감사드려라! 선택받은 자들과, 주님이 쓰레기 속에서 가려내신 이들에게는, 모든 일이 합심하여 복을 이루는 기라! 성경에 다 쓰여 있다, 알제?"

그러면서 조지프는 몇 구절을 더 주워섬기면서 몇 장 몇 절의 내용인지 알려 주더군요.

저는 고집 센 아가씨에게 일어나서 젖은 옷이라도 갈아입으라고 애써 설득해 보았지만 소용없는 일이었습니다. 결국 설교를 늘어놓는 조지프와 몸을 오들오들 떨고 있는 캐서린을 남겨 둔 채, 저는 어린 헤어턴을 데리고 자러 올라갔습니다. 아이는 마치 집안에 아무 일도 없었다는 듯 깊은 잠에 빠져 있더군요. 한동안 조지프가 성경을 낭독하는 소리가 낮게 깔려 올라오더니, 이윽고 사다리를 오르는 그의 느릿한 발소리를 마지막으로 저 역시 그대로 곯아떨어지고 말았습니다.

다음 날, 평소보다 조금 늦게 내려와 보니, 덧창 틈 사이로 스며드는 햇살에 캐서린 양이 여전히 난롯가에 앉아 있는 모습이 보이더군요. 큰방 문도 반쯤 열려 있었고, 닫지 않은 창문으로는 햇빛이 들어오고 있었어요. 힌들리가 부엌으로 나와 벽난로 앞에 서 있었는데, 피곤하고 멍한 기색이 역력했지요.

"어디 아프냐, 캐시?" 제가 부엌에 들어서자 힌들리가 말했습니다. "애가 물에 빠진 강아지 꼴을 하고 있네. 왜 이렇게 축 처져서, 낯빛은 창백한 거냐?"

"비를 맞았어." 캐서린이 마지못해 대답했습니다. "추워서 그래, 그뿐이야."

"어휴, 말도 마세요!" 저는 주인이 그럭저럭 정신이 맑은 걸 보고 소리쳤습니다. "어제저녁에 비를 쫄딱 맞고는 밤새도록 저기 앉아 있었나 보네요. 아무리 어르고 달래도 꼼짝을 안 하더라고요."

언쇼 씨가 놀란 눈으로 우리를 빤히 쳐다보았습니다. "밤새도록?" 그가 되물었습니다. "도대체 뭣 때문에 깨어 있었던 거야? 천둥이 무서워서 그러진 않았겠지? 벌써 한참 전 일이었는데…."

우리는 히스클리프가 없어졌다는 사실을 최대한 숨기고 싶어 했습니다. 그래서 저는 그저, 캐서린이 무슨 생각으로 밤을 새운 건지 모르겠다고 대답했고, 캐서린은 아무 말도 하지 않았지요.

그날 아침 공기는 상쾌하고 시원했습니다. 제가 격자창을 활짝 열자 정원의 달콤한 꽃내음과 풀 향기가 방 안을 가득 채웠습니다. 그런데 캐서린이 저를 부르더니 심술맞게 말했습니다.

"엘런, 창문 닫아! 얼어 죽겠어!" 그러면서 이가 딱딱 부딪칠 만큼 덜덜 떨면서 거의 다 꺼져 가는 불가에 몸을 바싹 붙였어요.

"애가 아픈가 보네." 힌들리가 캐서린의 손목을 잡으며 말했습니다. "병이 나서 밤새워 뒤척인 거구면, 젠장! 또 집안에 병자가 생겨서 뒤숭숭한 꼴은 보기 싫은데…. 도대체 무슨 생각으로 비를 맞은 거냐?"

"평소처럼 사내놈 꽁무니나 쫓아다닌 게지요!" 우리가 우물쭈물하는 틈을 타 조지프가 사나운 혀를 날름거렸습니다. "나리, 저라면요, 귀한 것 천한 것 가릴 것 없이―싹 다―문짝을 코앞에서 쾅, 하고 닫아 버렸을 기라! 나리가 집을 비우는 날이면, 그 린턴 놈이 고양이처럼 기어들지 않은 날이 없었소. 또 저 넬리 양은 어찌나 야물딱진지, 부엌에 죽치고 앉아 망을 보다가, 나리가 한쪽 문으로 들어오면 그놈은 다른 쪽으로 냅다 내빼게 해 준다 아이가. 그뿐이가? 우리 지체 높으신 아가씨는 또 저쪽 편에 붙어 몰래 노닥거리고! 자정 넘은 야심한 시각에 저 못된 히스클리프 집시 놈하고 들판에 숨어 싸돌아다니니 참말로 고운 꼴이지! 내 눈이 먼 줄 아나 본데, 천만에! 린턴 그놈 드나드는 것도 환히 다 봤고, 너도 봤다. (저한테 하는 말이었지요.) 이 아무짝에도 쓸모없는, 못돼 먹은 계집애 같으니! 나리 말굽 소리만 들리면 벌떡 일어나 집 안으로 냅다 뛰어 들어갔잖아!"

"닥쳐, 남의 말이나 훔쳐 듣는 주제에!" 캐서린이 버럭 쏘아붙였습니다. "감히 내 앞에서 그런 무례를 떨어? 오빠, 에드거 린턴은 어제 우연히 온 거야. 그리고 내가 돌려보냈어! 그때 오빠 상태가 린턴을 만날 상황이 아닌 것 같아서."

"캐시, 네 말이 뻔한 거짓말인 건 나도 안다." 힌들리가 내뱉듯 말했습니다. "넌 참 한심할 정도로 멍청해! 어쨌든 린턴 얘긴 됐고… 대답해. 어젯밤 히스클리프랑 있었어? 바른대로 말해, 그놈을 당장 패 죽이진 않을 테니까. 물론 예나 지금이나 보기만 해도 죽여 버리고 싶긴 하지만…. 며칠 전에 내가 그놈한테 신세를 좀 졌다. 빚은 빚이니, 지금 당장 모가지를 꺾어 놓기는 양심상 어렵겠다. 그래도 혹시 모르니까, 오늘 아침에 바로 그놈을 집에서 내쫓아야겠어 그놈이 나가면 너희들 전부 정신 바짝 차려라. 이제 내 화는 죄다 너희들 몫이니까."

"어젯밤 히스클리프는 보지도 못했어." 캐서린이 이렇게 말하며 흐느끼기 시작했습니다. "근데 오빠가 히스클리프를 쫓아내면, 나도 같이 따라 나갈 거야. 하지만, 아마 그럴 기회는 없을걸. 벌써 나가 버린 것 같거든." 그녀는 여기까지 말하고는 걷잡을 수 없는 슬픔에 휩싸여 울음을 터뜨리고 말았습니다. 그 뒤로도 무슨 말인가를 더 했지만, 알아들을 수 없었습니다.

힌들리는 캐서린에게 한바탕 조롱과 욕설을 쏟아부으며, 당장 방으로 꺼지지 않으면 진짜 울 이유를 만들어 주겠다고 위협했습니다. 저는 캐서린이 그 명령에 따르도록 했어요. 우리가 방에 들어갔을 때 캐서린이 벌인 난동은 결코 잊을 수 없는 광경이었습니다. 저는 겁에 질렸습니다. 캐서린이 이러다가 미쳐 버리는 게 아닌가 싶어, 조지프에게 의사 선생님을 불러오라고 간청했지요.

그때부터 캐서린은 정신착란과 같은 섬망 상태에 빠지기 시작했습니다. 케네스 씨는 캐서린 아가씨를 보자마자 위독하다고 진단했습니다. 열병이었습니다. 그는 캐서린의 몸에서 사혈하여 나쁜 피를 조금 빼낸 뒤, 저에게는 아가씨에게 소화가 쉬운 유장*과 미음만 먹이고 계단이나 창밖으로 뛰어내리지 않도록 주의하라는 당부를 남긴 채 바로 돌아갔습니다. 교구 내 집들과 집들 사이가 보통 2~3마일 거리였기 때문에, 갈 길이 바빴거든요.

제가 살가운 간호사 노릇을 했다고는 도저히 말 못 하겠고, 조지프나 주인님도 저보다 나을 건 없었습니다. 게다가 캐서린 아가씨는 환자가 이럴 수 있을까 싶을 만큼 고집스럽고 성가셨지요. 그래도 끝내는 무사히 고비를 넘겼습니다.

그동안 린턴 가문의 안주인께서 여러 차례 찾아오셔서 상황을 챙기고 집안을 정돈해 주셨습니다. 우리 모두를 호되게 꾸짖고 이것저것 지시를 내리기도 하셨지요. 그러다 캐서린 아가씨의 병세가 회복기에 접어들자, 스러시크로스 그레인지로 데려가야 한다고 고집을 부리셨습니다. 저희로서는 덕분에 한숨 돌릴 수 있었으니 참으로 감사할 따름이었지요. 하지만 그 가여운 부인께서는 자신이 베푼 친절을 결국 후회하게 되었답니다. 남편분과 함께 열병이 옮아, 며칠 간격을 두고 세상을 떠나고 말았으니까요.

우리 아가씨는 예전보다 더 버릇없고, 더 욱하고, 더 오만해진 모습으로 돌아왔습니다. 히스클리프는 천둥 번개가 내리치던 그날 저녁 이후로 소식이 완전히 끊겼지요. 그러던 어느 날, 캐서린이 제 속을 하도 뒤집어 놓는 바람에, 저도 모르게 히스클리프가 사라진 건

* 우유를 응고시켜 치즈를 만들 때 생기는 맑은 액체인 유청을 말한다. 소화가 잘 되고 영양가가 높아, 과거 서양에서는 환자나 회복기 환자에게 미음과 함께 제공하던 영양 보충식이었다.

전부 아가씨 탓이라고 말해 버리고 말았습니다. 사실 그 말이 틀린 것도 아니었고, 아가씨 역시 그 사실을 잘 알고 있었어요.

그 일을 계기로 몇 달 동안 아가씨는 저를 하녀 대하듯 하며, 부릴 일이 있을 때가 아니면 한마디도 건네지 않았습니다. 조지프도 예외는 아니었지요. 하고 싶은 말을 죄다 내뱉고, 아가씨를 어린애 다루듯 꾸짖어 대곤 했으니까요. 하지만 아가씨는 이제 자신을 어엿한 어른이자 이 집의 안주인으로 여기며, 얼마 전 병치레로 고생했으니 각별한 대접을 받아야 한다고 믿고 있었습니다. 게다가 의사 선생님도 캐서린은 누가 자기 뜻을 꺾으려 들면 분을 참지 못하니까 되도록 져주라고 당부하셨고요. 그래서 캐서린은 누구라도 감히 자신에게 맞서거나 말대꾸라도 하는 것을, 눈앞에서 벌어지는 살인 행위나 다름없다고 여기곤 했답니다.

캐서린은 언쇼 씨를 비롯해 집안 사람들에게도 거리를 두며, 냉랭한 태도로 대하기 시작했어요. 힌들리는 케네스 씨가 주의시킨 것도 있고, 아가씨가 격분하면 심각한 발작을 일으킬 위험이 있었던 터라 최대한 아가씨가 요구하는 것은 들어주었으며, 웬만하면 여동생의 불같은 성질을 자극하지 않으려 조심했습니다. 아가씨의 변덕을 지나치게 받아 주었다고도 할 수 있겠는데, 그건 애정 때문이 아니라 자존심 때문이었습니다. 언쇼 씨는 아가씨가 린턴 가문과 혼인하여 가문의 영광을 가져다주길 간절히 바랐어요. 그저 자기를 가만히 내버려두기만 하면, 캐서린이 우리를 노예처럼 부려 먹든 말든 눈 하나 깜짝하지 않았죠.

에드거 린턴은, 그전에도, 또 그 이후에도 수많은 남자들이 그랬듯, 캐서린에게 푹 빠져 있었고, 캐서린을 기머턴 교회로 데려간 날, 자신이 세상에서 가장 행복한 남자라고 굳게 믿었답니다. 그의 아버지가 돌아가신 지 3년 만의 일이었지요.

저는 솔직히 내키지 않았지만, 워더링 하이츠를 떠나 이곳으로 거처를 옮기게 되었습니다. 그때 저는 거의 다섯 살이 된 헤어턴에게 막 글자를 가르치기 시작한 참이었지요. 우리는 슬픈 이별을 고했지만, 캐서린의 눈물은 우리의 눈물보다 훨씬 더 강력했습니다. 제가 가지 않겠다고 버티자, 캐서린은 간청으로는 제 마음을 움직이지 못한다는 걸 깨닫고, 자기 남편과 오빠에게 간절하게 눈물로 하소연했습니다. 남편은 저에게 급료를 후하게 쳐준다고 하고, 오빠는 이제 이 집안에 안주인은 없으니 여자는 필요 없다며 짐을 싸라고 명령했습니다. 헤어턴은 나중에 교구 목사가 맡아 돌보면 된다고 하더군요. 그러니 제게 남은 선택지는 단 하나뿐이었습니다. 시키는 대로 따르는 수밖에요. 저는 주인에게, 집안에서 사람 구실 하는 이들만 골라서 내보내고도 이 집이 제대로 굴러갈 거라 생각하느냐며, 그러다가는 파멸만 더 빨리 찾아올 것이라고 일침을 놓았습니다. 헤어턴에게는 마지막으로 입을 맞추고 작별을 고했지요. 그날 이후로 그 아이는 제게 완전히 남이 되어 버렸습니다. 생각해 보면 참 묘한 일입니다. 아마 헤어턴은 이제 엘런 딘이라는 사람도, 한때 우리가 서로의 전부였다는 사실도 까맣게 잊고 말겠지요.

이 대목에서 무심코 벽난로 위의 시계로 눈길을 돌린 가정부는 시곗바늘이 벌써 1시 반을 지나고 있는 걸 보고는 깜짝 놀랐다. 그녀는 더 붙잡아도 소용없다며 들은 척도 하지 않았다. 실은, 나 역시 이야기의 나머지는 내일로 미루고 싶었던 참이기도 했다. 가정부가 쉬러 간 뒤에도 나는 한두 시간쯤 더 사색에 잠겼다. 머리와 팔다리가 무지근하게 쑤시긴 하지만 용기를 내서 그만 자러 가야겠다.

10장

은둔 생활의 시작이 이렇게나 화려할 줄이야! 사흘도 아니고, 무려 4주 동안 고행과 뒤척임과 병치레의 연속이라니. 아, 이 바람은 살을 에는 듯 매섭고, 북쪽 하늘은 음산하기 짝이 없다. 길은 끊겼고, 시골 의사들은 꾸물거리기만 한다. 사람 구경하기는 또 얼마나 힘든지, 그야말로 하늘의 별 따기다! 무엇보다 끔찍한 건 케네스 씨의 최후통첩이다. 봄이 올 때까지 외출은 꿈도 꾸지 말라니, 정말이지 청천벽력이 따로 없다!

황송하게도, 히스클리프 씨가 방금 나를 찾아왔다. 이레 전에는 뇌조 한 쌍을 보내 왔다. 이번 계절 마지막 사냥의 성과물이었을 것이다. 악당 같으니! 내가 이렇게 몸져누운 데는 녀석도 한몫했다. 솔직히 그 사실을 제대로 가르쳐 줄까도 싶었다. 하지만, 어찌 그의 기분을 상하게 할 수 있겠는가? 자비롭게도 족히 한 시간은 내 침대 곁에 앉아, 알약과 물약, 병독 빼는 고약과 고혈 빼는 거머리 이야기가 아닌 다른 화제로 나를 즐겁게 해 준 사람인데!

잠시나마 몸과 마음에 안식이 찾아왔다. 책을 읽을 기력은 없지만, 흥미로운 이야기를 즐길 만큼은 회복된 기분이다. 딘 부인을 불러 이야기를 마저 들려달라고 할까? 주요 사건들은 얼추 기억이 난다. 어디까지였더라? 그래, 남자 주인공은 집을 뛰쳐나가 3년째 소식이 없고, 여자 주인공은 이미 결혼했지. 좋아, 종을 쳐야겠군. 내가 이렇게 말동무를 할 정도로 나아진 걸 보면, 딘 부인도 분명 기뻐할 것이다.

딘 부인이 들어왔다.

"약 드시려면 아직 20분이나 남았는데요, 록우드 씨."

"아니, 약은 됐어요!" 내가 대답했다. "내가 왜 불렀느냐 하면…."

"의사 선생님이 가루약은 그만 드셔야 한다고 했어요."

"그만 먹고 말고요! 말 좀 끊지 말아요. 와서 여기 좀 앉아요. 그 쓴 약병들은 거기 그냥 놔두고, 주머니에서 뜨개질감을 꺼내요. 옳지, 그거면 되겠군요. 그럼 이제 히스클리프 씨의 이야기나 계속 들려주세요. 지난번에 이야기가 끊긴 데서부터 지금의 상황까지 말예요. 유럽에 가서 신사 노릇을 할 만큼 제대로 배워 돌아온 걸까? 아니면 대학에서 허드렛일이나 학교 일을 도우며 장학금을 받아 겨우 공부했을까? 그도 아니면 미국으로 도망쳐, 자기를 길러 준 나라에 치명타를 날리는 공적을 세웠을까? 아니면 영국의 길거리에서 도적질로 한 몫 챙겼을까?"

"그 모든 일을 조금씩은 해 봤을지도 모르죠. 하지만 제가 장담할 수는 없네요. 말씀드렸다시피, 저는 히스클리프 씨가 돈을 어떻게 벌었는지도 모르고, 어떻게 그 무지렁이 신세에서 벗어나 사람대접을 받게 되었는지, 도통 알 수가 없답니다. 하지만, 괜찮으시다면, 제가 하던 방식대로 이야기를 이어 가겠습니다. 피곤하지 않고, 심심치 않게 시간을 보낼 수 있다면요. 오늘 아침에는 몸이 좀 나아지셨나요?”

“많이 좋아졌습니다.”

“다행이네요.”

저는 캐서린 양과 함께 스러시크로스 그레인지로 거처를 옮겼습니다. 캐서린 양이 기대 이상으로 훨씬 더 바르게 처신해서 저는 적잖이 놀라며 기분 좋은 실망감을 느꼈답니다. 아가씨는 린턴 씨를 거의 지나치다 싶을 만큼 좋아하는 듯 보였고, 심지어 시누이에게도 아주 살가웠지요. 린턴 남매는 확실히 캐서린의 안위를 세심히 챙겼습니다. 가시나무가 덩굴을 향해 굽히는 것이 아니라, 덩굴이 가시를 품어 안은 것과 같았지요. 서로 양보한 것은 전혀 없었습니다. 한쪽은 우뚝 서 있었고, 한쪽은 자연스레 굴복했지요. 맞서는 사람도, 무심한 사람도 만나지 않는다면 누가 심술을 부리거나 심기가 거칠어질 수 있겠습니까?

저는 에드거 씨가 캐서린의 기분을 상하게 할까 봐 노심초사하고 있다는 걸 잘 알고 있었습니다. 그는 겉으로 내색하지는 않았지만, 제가 조금이라도 날카롭게 말대꾸하거나 다른 하인이 아가씨의 고압적인 명령에 얼굴을 찌푸리기라도 하면 여지없이 불쾌한 기색을 내비쳤지요. 정작 자기 일이거나 본인이 화가 났을 때는 그토록 관대하던 분이 말입니다. 에드거 씨는 저의 고분고분하지 못한 태도를 여러 번 질책하기도 했습니다. 그에게는 칼에 찔리는 고통보다 아내가 짜증을 내는 모습을 보는 게 더 견디기 힘든 고통이었으니까요.

친절하신 나리를 마음 상하지 않게 하려고 저도 조금씩 예민한 성질을 누그러뜨리는 법을 익혔습니다. 그 덕분에 반년 동안은 화약이 불길과 만나지 않아, 모래처럼 고요히 놓여 있었습니다. 캐서린은 이따금 우울과 침묵의 시기를 보냈습니다. 그때마다 남편은 그에 공감하는 침묵으로 그녀를 존중해 주었지요. 아내가 중병을 앓고 나서 체질이 달라졌다고 생각했습니다. 그전에는 한 번도 우울한 기분에 빠진 적이 없었거든요.

아내의 얼굴에 다시 햇살이 비치면, 남편도 그 빛에 화답하듯 환한 미소를 지었습니다. 감히 말씀드리자면, 두 사람은 날이 갈수록 깊어지는 행복 속에 잠겨 있었답니다.

하지만 결국 그 행복은 끝이 났습니다. 뭐, 길게 보면 인간은 누구나 자신을 위해 살 수밖에 없는 법이니까요. 온화하고 관대한 사람이라 한들, 그저 위압적인 사람보다 제 잇속을 챙기는 명분이 좀 더 그럴싸할 뿐이지요. 결국 여러 상황이 닥치면서, 두 사람 모두 서로가 서로에게 최우선의 관심사가 아님을 깨닫게 되자 행복도 막을 내린 것입니다.

9월의 어느 포근한 저녁, 저는 정원에서 손수 딴 사과를 한 바구니 가득 담아 집으로 돌아오는 길이었어요. 어느덧 해가 저물어 어둑해지더니, 안뜰의 높은 담장 너머로 달빛이 내려앉았습니다. 달빛이 건물의 돌출된 모서리들을 비출 때마다, 구석진 곳에는 정체 모를 그림자들이 은밀하게 숨어들었지요. 저는 부엌문 옆 계단에 바구니를 내려놓고 잠시 숨을 돌리며, 부드럽고 달콤한 밤공기를 깊게 들이마셨습니다. 눈은 달을 향한 채 현관을 등지고 서 있었는데, 바로 그때 뒤쪽에서 어떤 목소리가 들려왔습니다.

"넬리, 넬리 맞지?"

굵직한 음성에, 낯선 톤이 섞여 있었지만, 제 이름을 부르는 말투에는 어딘지 모르게 귀에 익은 느낌이 있었습니다. 저는 천천히 몸을 돌려 누가 부르는지 살펴보았어요. 무서웠지요. 문은 모두 닫혀 있었고, 계단 쪽으로 걸어오는 동안 아무도 못 봤거든요.

현관 쪽에서 뭔가 움직이는 게 보였습니다. 가까이 가 보니 검은 얼굴에 검은 머리, 검은 옷차림을 한 키가 큰 남자가 서 있었습니다. 얼굴과 머리카락도 온통 거무스름했어요. 문을 열고 들어가려는 듯, 현관 옆에 기대어 손을 문고리에 올려놓고 있더군요.

'도대체 누구지?' 저는 속으로 생각했어요. '언쇼 씨일까? 아, 아니야! 목소리가 전혀 달라.'

"여기서 한 시간을 기다렸어." 저는 계속 쳐다보았고, 그 사이 남자가 말문을 열었습니다. "그 한 시간 동안 사방이 쥐 죽은 듯 조용해서 들어갈 엄두를 못 냈어. 나, 모르겠어? 잘 봐, 네가 모르는 사람이 아니야!"

달빛 한 가닥이 그의 얼굴을 비추었습니다. 누렇고 창백한 뺨은 검은 수염이 반쯤 덮고 있었고, 처진 눈썹 아래 움푹 들어간 눈에는 묘하게 서늘한 빛이 어려 있었습니다. 저는 그 눈을 기억하고 있었어요.

"세상에!" 저는 그가 이승의 사람인지 의심스러워 소스라치게 놀라며 두 손을 치켜들었습니다. "뭐라고? 돌아온 거야? 정말 너니? 정말로 히스클리프, 너란 말이니?"

"그래, 히스클리프야." 그가 제 얼굴에서 눈을 떼고 창문 쪽으로 시선을 옮기며 대답했습니다. 창문마다 달빛이 반사되어, 마치 여러 개의 작은 달이 떠 있는 듯 반짝였지만, 집 안에서는 불빛 하나 새어 나오지 않았습니다. "다들 집에 있는 거야? 캐시는 어디 있지? 넬리, 반가운 표정이 아니네! 그렇게까지 불안해할 필요 없어. 캐시 여기 있어? 말해 줘! 그 애, 그러니까 네 안주인한테 할 말이 있어서 그래. 어서 가서 기머턴에서 누가 찾아왔다고 전해 줘."

"캐시 양이 어떻게 받아들일까?" 저는 소리쳤습니다. "어떻게 나올

까? 나도 놀라 정신을 못 차리겠는데, 캐시 양은 정신이 아예 나가 버릴지도 몰라! 그런데 너, 히스클리프 맞아? 정말 많이 달라졌구나! 아니, 이게 무슨 일인지! 군대라도 다녀온 거야?”

“어서 가서 내 소식을 전해 줘!” 그가 초조함을 참지 못하고 말을 잘랐습니다. “그러지 않으면 난 그때까지 계속 지옥을 헤매게 될 거야.”

히스클리프가 문 걸쇠를 들어 올리자, 나는 밀리듯 집 안으로 들어갔습니다.

하지만 린턴 씨 부부가 있는 응접실 앞에 서자, 더는 발길이 떨어지지 않더군요. 결국 저는 촛불을 켜도 되는지 물어본다는 핑계로, 문을 살짝 열었지요.

부부는 창가에 나란히 앉아 있었습니다. 격자창이 벽 쪽으로 활짝 열어 젖혀진 창밖으로는 정원의 나무들이, 그 너머로는 야생의 녹음이 우거진 넓은 들판이, 그리고 그 뒤로는 기머턴의 골짜기가 내다보였지요. 길게 피어오른 안개가 거의 산등성이까지 굽이굽이 이어져 있었습니다. 록우드 씨도 보셨겠지만, 교회를 조금만 지나면 늪지에서 흘러나온 물길이 개울과 합쳐져서 골짜기의 굽이를 따라 흐르거든요. 이 은빛 안개 위로 워더링 하이츠가 우뚝 솟아 있었지만, 우리의 옛집은 보이지 않았습니다. 그 집은 언덕 반대편으로 살짝 내려앉아 있거든요.

응접실 안에서 마주 앉은 부부와 그들이 내다보는 창밖 풍경까지, 모든 것이 놀라울 정도로 평화로워 보였습니다. 저는 차마 입이 떨어지지 않아 촛불에 대한 건 묻는 둥 마는 둥 하고는 그대로 방을 나가려 했습니다. 하지만 문턱을 넘으려는 순간, 이런 바보 같은 짓이 어디 있나 싶어 다시 들어가 중얼거리듯 용건을 꺼냈습니다.

"기머턴에서 누가 안주인을 찾아왔다고 합니다."

"무슨 일로?" 린턴 부인이 물었습니다.

"물어보지는 않았어요." 제가 대답했습니다.

"그럼, 커튼 좀 쳐 줘, 넬리." 캐서린이 말했어요. "차도 좀 내와. 곧 돌아올 거야."

캐서린은 응접실에서 나왔습니다. 에드거 씨가 무심코 누구냐고 묻더군요.

"마님이 예상 못 한 사람이에요." 제가 대답했습니다. "히스클리프 라고… 기억하시죠, 나리? 예전에 언쇼 씨 댁에 살던."

"뭐! 그 집시… 그 일꾼 아이?" 나리가 외쳤어요, "왜 캐서린에게 사실대로 말 안 한 거야?"

"쉿! 나리, 그 사람을 그런 식으로 부르시면 안 됩니다." 제가 나지막이 말했습니다. "마님이 들으시면 정말 상처받을 거예요. 히스클리프가 떠났을 때 마님이 얼마나 괴로워하셨는지 잊으셨어요? 이제 그가 돌아왔으니, 마님은 아마 신이 나서 어쩔 줄 모르실 거예요!"

린턴 나리는 응접실 맞은편 창가로 걸어가더니, 안뜰이 내려다보이는 창문을 열고 몸을 밖으로 쑥 내밀었어요. 두 사람이 바로 창 밑에 서 있었던 모양인지, 나리는 곧장 소리를 높여 외치더군요.

"여보, 거기 그렇게 서 있지 말아요! 특별한 손님이면 얼른 안으로 모시고 들어오란 말이오!'

잠시 후, 문 걸쇠가 딸깍 소리를 내자마자 캐서린이 숨을 가쁘게 몰아쉬며 정신없이 계단을 뛰어 올라오셨어요. 어찌나 흥분했는지 기쁜 내색을 드러낼 겨를조차 없어 보였답니다. 사실, 그때 캐서린의 얼굴만 봐서는 기쁜 소식이 아니라 어디 무시무시한 변고라도 닥친 줄 알았을 정도였다니까요.

“아, 에드거, 에드거!” 캐서린이 숨을 헐떡이며 그의 목을 얼싸안았습니다. “아, 에드거, 여보! 히스클리프가 돌아왔어요. 정말 돌아왔어요!” 그러고는 더욱 세게 끌어안았습니다.

“자, 자,” 남편이 약간 심사가 뒤틀린 듯 외쳤습니다. “그렇다고 내 목을 조를 것까진 없잖소! 그 사람이 그 정도로 반가운 사람이라는 생각은 전혀 못 했군요. 그렇게까지 흥분할 필요는 없잖아요!”

“당신이 그 사람을 좋아하지 않았다는 건 알아요.” 캐서린이 가슴 벅찬 기쁨을 조금 억누르며 대답했습니다. “그렇지만, 나를 봐서 이제부터는 사이좋게 지내 줘요. 올라오라고 할까요?”

“여기로?” 남편이 물었습니다. “이 응접실로?”

“그럼 어디로 가요?” 캐서린이 되물었습니다.

린턴 나리는 약간 짜증 난 표정으로, 히스클리프에게는 부엌이 더 적당하지 않겠느냐고 말했습니다.

린턴 부인은 묘한 표정으로 남편을 바라보았습니다. 까탈스럽게 구는 남편의 모습에 화가 나기도 하고 우스꽝스럽기도 한 모양이었습니다.

“안 돼요.” 캐서린이 잠시 후 말을 덧붙였습니다. “내가 부엌에서 손님을 맞을 수는 없잖아요. 엘런, 여기 응접실에 테이블 두 개를 준비해. 한쪽 테이블에는 지체 높으신 주인님과 이사벨라 아가씨가 앉고, 다른 쪽에는 아랫것인 히스클리프와 내가 앉을 거야. 여보, 이제 괜찮지요? 아니면 다른 방에 불을 지필까요? 분부만 내려 주세요. 나는 일단 내려가서 손님을 맞이할게요. 너무 기뻐서 현실 같지가 않아!”

안주인이 다시 쏜살같이 달려 나가려는 찰나, 에드거 씨가 자기 아내를 붙들었습니다. “그 사람은 자네가 올라오라고 해.” 그가 저에게 말한 뒤, 아내에게 덧붙였습니다. “그리고, 캐서린, 기뻐하는 건 좋지만, 너무 들떠서 우스워 보이게 하진 말아요. 당신이 달아난 하인을 오빠처럼 반기는 모습을 온 집안 식구가 다 볼 필요는 없잖소."

제가 아래층으로 내려가 보니, 히스클리프가 현관 아래에서 기다리고 있더군요. 분명 집 안으로 들어오라는 초대를 당연하게 기대하고 있는 기색이었지요. 그는 말없이 저를 따라왔고, 저는 그를 주인 내외 앞에 데려왔습니다. 부부의 상기된 얼굴만 봐도, 방금 오고 간 대화가 얼마나 격렬했는지 단번에 알 수 있었지요.

하지만 마님은 친구가 문턱에 모습을 드러내자마자, 또 다른 흥분으로 얼굴이 발그레 달아올랐어요. 그러더니 획 달려가 양손으로 히스클리프의 손을 꽉 움켜쥐고는, 그를 나리 앞으로 이끌고 가셨지요. 거기서 그치지 않고, 몹시 내켜 하지 않는 나리의 손까지 억지로 붙잡아 히스클리프의 손에 꼭 쥐여 주는 게 아니겠어요?

벽난로 불빛과 촛불 아래 완전히 드러난 히스클리프의 모습은 저를 그 어느 때보다 놀라게 했습니다. 그는 훤칠하고 탄탄하며 균형 잡힌 체격을 갖춘 남자가 되어 돌아왔더군요. 린턴 나리가 오히려 호리호리하고 앳돼 보일 정도였지요. 곧게 뻗은 자세를 보고 있자니, 혹시 군대에 몸담았던 건 아닐까 하는 생각마저 들었습니다. 이목구비는 나리보다 훨씬 성숙한 인상을 주었고, 예전의 천한 모습은 흔적도 없이 사라진 채 지적인 분위기마저 풍겼어요. 히스클리프의 내려앉은 눈썹과 검은 불길 같은 눈빛에는 아직 길들지 않은 사나움이 어른거렸지만, 그 기세는 깊숙이 감춰져 있었습니다. 오히려 그 태도에서 어떤 위엄이 느껴질 정도였지요. 거칠었던 흔적은 씻어 냈으나, 지나치게 굳은 표정 탓에 우아하다고 하기엔 무리가 있었습니다.

린턴 나리 또한 저 못지않게 놀란 듯했습니다. 잠시, 방금 '일꾼 아이'라 부르던 그 사람에게 어떻게 말을 걸어야 할지 난감해하는 표정이었지요.

히스클리프가 먼저 나리의 작고 가냘픈 손을 내려놓고, 나리가 말을 꺼낼 때까지 침착하게 바라보며 서 있었습니다.

"앉으시오." 나리가 마침내 입을 열었습니다. "안사람이 옛 시절을 떠올리며 내가 그쪽을 잘 맞아 주길 바라는군요. 안주인이 기뻐하는 일이라면 나도 언제든 환영이오."

"저도 그렇습니다." 히스클리프가 대답했습니다. "특히 제가 보탬이 될 수 있는 일이라면 더더욱이요. 그럼, 기꺼이 한두 시간 머물다 가겠습니다."

히스클리프는 캐서린 맞은편에 자리를 잡고 앉았습니다. 캐서린은 마치 눈을 돌리면 그가 신기루처럼 사라져 버릴까 두려운 사람처럼, 단 한 순간도 히스클리프에게서 시선을 떼지 않았어요. 반면 히스클리프는 캐서린과 정면으로 눈을 마주치는 법이 드물었지요. 그저 이따금 힐끗 쳐다보는 정도로 만족하는 듯 보였어요. 하지만 그의 시선은 캐서린의 눈빛에서 배어 나오는 그 노골적인 기쁨을 마치 빨아들이기라도 하는 것 같았습니다. 캐서린을 볼 때마다 히스클리프의 눈동자는 점점 더 자신만만하게 빛났거든요.

서로 행복감에 젖어 있는 두 사람 사이에는 어색함이 끼어들 틈조차 없어 보였어요. 하지만 린턴 나리는 전혀 그렇지 못하셨지요. 나리의 얼굴은 순전한 불쾌감과 짜증으로 점점 창백하게 질려 갔답니다. 급기야 자기 부인이 자리에서 일어나 양탄자를 가로질러 가더니, 히스클리프의 두 손을 다시 부여잡고는 정신 나간 사람처럼 웃음을 터뜨렸을 때 나리의 짜증은 정말이지 절정에 달한 듯 보였습니다.

"내일이면 이 모든 게 꿈만 같을 거야!" 캐서린이 외쳤습니다. "다시 너의 얼굴을 보고, 너의 손을 잡고, 너와 말을 나눴다는 걸 믿을 수 없을 거야. 하지만 히스클리프, 정말 못됐어! 이렇게 널 반겨서는 안 되는데…. 3년 동안이나 사라져서는 소식도 없이… 내 생각은 안 했겠지!"

"네가 나를 생각한 것보단… 내가 더 많이 생각했을 거야." 히스클리프가 중얼거리듯 나직이 속삭였습니다. "캐시, 네가 결혼했다는 소식은 얼마 전에야 들었어. 그래서 아까, 저 아래 마당에서 기다리는 동안 이런 계획을 세우고 있었지. 우선 네 얼굴을 잠깐이라도 한번 보는 거야. 네가 놀란 얼굴을 하든, 억지로 반가운 척을 하든 상관없었어. 그다음엔 힌들리를 찾아가 빚을 갚아 주고…. 법이 내 목을 조르기 전에 스스로 생을 마감할 생각이었지. 그런데 네가 날 이렇게 반갑게 맞아 주니 그 모든 생각이 순식간에 사라져 버렸어. 하지만 다음에 나를 다른 얼굴로 대하면 재미없어질 거야! 아니, 이번만큼은 너라도 나를 막지 못해. 정말… 나한테 미안했지? 그래, 그럴만도 하지. 너의 목소리를 마지막으로 들었던 그날 밤 이후로 난 정말 지옥 같은 시간을 견뎌 왔으니까. 그러니까 나를 용서해 줘, 캐시. 난, 오로지 너 하나만을 위해 살아남았으니까."

"캐서린, 우리 모두 식은 차를 마시게 하고 싶은 게 아니라면, 제발 제자리로 돌아와요." 린턴 나리가 평소 말투로 적당한 예의를 지키려 애쓰면서 끼어들었습니다. "히스클리프 씨가 오늘 밤 묵을 곳이 어디든, 갈 길이 멀 테고… 게다가 나도 목이 마르네요."

캐서린은 찻주전자가 놓인 안주인 자리로 돌아왔습니다. 이사벨라 양도 종소리를 듣고 응접실로 들어왔습니다. 저는 두 사람이 의자를 탁자 앞에 내놓는 것을 도와준 뒤 물러났습니다.

다과 시간은 10분을 채 넘기지 못했습니다. 캐서린의 잔은 한 번도 채워지지 않았는데, 애초에 먹거나 마실 기분이 아니었던 것이죠. 에드거 씨는 차를 받침 접시에 조금 흘렸지만 거의 한 모금도 삼키지 못했습니다.

그날 저녁 손님은 한 시간 남짓 머문 뒤 자리에서 일어났습니다. 그가 떠날 때, 저는 "기머턴으로 가는 거야?" 하고 물었어요.

"아니, 워더링 하이츠로 갈 거야." 히스클리프가 대답했습니다. "오늘 아침에 내가 방문했는데, 언쇼 씨가 초대하더군."

언쇼 씨가 히스클리프를 초대했다고! 게다가 히스클리프가 언쇼 씨 댁에 제 발로 찾아갔다고! 그가 떠난 뒤, 저는 그가 남긴 말을 몇 번이고 곱씹었습니다. 이 사람이 위선자인 건가? 겉으로는 예의 바른 척하면서, 이 고장에 돌아와 못된 장난을 꾸미려는 건 아닐까? 저는 혼자 곰곰이 생각에 잠겼습니다. 마음 한구석에서, 그가 차라리 돌아오지 않았더라면 모두에게 훨씬 더 나았으리라는 불길한 예감이 스치듯 지나갔거든요.

한밤중에 제가 깜빡 잠이 들었을 때였어요. 린턴 마님이 살그머니 제 방으로 들어오더니, 침대 옆에 걸터앉아 제 머리카락을 잡아당기며 저를 깨우는 거예요.

"잠이 안 와, 넬리." 린턴 부인이 미안하다는 듯 말했습니다. "지금 나는 내 행복을 함께해 줄 살아 있는 존재가 필요해! 에드거는 골이 났어, 그이가 관심 없는 일에 내가 기뻐하니까. 얘기하기 싫다면서, 겨우 내뱉는 말도 심술맞고 어리석은 소리뿐이야. 자기는 아프고 졸리다면서, 내가 말하고 싶어 하는 건 이기적이고 잔인한 짓이라고 하더라. 늘 기분이 나쁘면 용케도 병이 생기는 사람이야! 내가 히스클리프 칭찬을 몇 마디 했더니, 두통 때문인지, 아니면 질투 때문인지 모르겠지만 울먹이기 시작하더군. 그래서 방을 나와 버렸어."

"대체 나리 앞에서 히스클리프 칭찬을 해서 뭐 하게요?" 제가 대답했습니다. "둘은 어려서부터 서로 싫어했잖아요. 히스클리프도 나리를 칭찬하는 말을 들으면 질색할걸요. 그게 인지상정이죠. 둘이 붙어 싸우는 꼴을 보고 싶지 않으면, 나리한테는 히스클리프 얘긴 꺼내지도 마세요."

"하지만 그건 너무 큰 약점을 드러내는 거 아닌가?" 그녀가 말을 이어 갔어요. "나는 질투 같은 건 전혀 안 해. 이사벨라의 금빛 머리카락이 반짝거리고, 피부는 뽀얗고, 자태가 곱다고 해서, 또 집안 사람들의 사랑을 독차지해도 내 마음이 상한 적은 단 한 번도 없어. 넬리, 너도 가끔 우리 사이에 다툼이 있으면 곧바로 이사벨라 편을 들잖아. 그래도 나는 바보 같은 엄마처럼 순순히 굴복하고 말지. 이사벨라를 귀염둥이라고 부르며 기분 좋게 해 주잖아. 우리가 다정하게 지내면 남편도 좋아하고, 남편이 좋아하면 나도 좋으니까. 그런데 남매가 너무 닮았어. 둘 다 응석받이로 자라서 세상이 자기들을 위해 돌아가는 줄로만 안다니까. 물론 내가 둘의 비위를 맞춰 주긴 하지만, 그래도 가끔 제대로 혼이 나야 정신 차릴 것 같아."

"잘못 알고 있는 거예요, 린턴 부인." 제가 그렇게 말했답니다. "지금은 두 분이 부인의 기분을 맞춰 주고 있는 것뿐이지요. 그렇지 않았으면 집안이 어떻게 뒤집혔을지 제가 왜 모르겠어요? 두 분이 늘 부인의 뜻을 먼저 헤아려 드리니까, 부인도 저 사람들이 가끔 부리는 변덕 정도는 너그러이 넘길 수 있는 거예요. 하지만 언젠가는 마님과 두 분 모두에게 똑같이 중요한 문제로 정면으로 부딪칠 날이 오겠지요. 그때가 되면 마님께서 평소 나약하고 응석받이라 여기시던 그분들도, 마님 못지않게 완강하게 나올 수 있답니다."

"그럼 한쪽이 죽어야 싸움이 끝나겠네, 넬리?" 캐서린이 웃으며 받아쳤습니다. "말도 안 돼! 린턴이 나를 얼마나 사랑하는데… 내가 그이를 죽일 만큼 괴롭혀도, 그 사람은 나한테 갚아 줄 생각도 안 할 거야."

그토록 사랑해 주시니 더욱더 남편을 귀하게 여겨야 한다고 제가 말씀드렸습니다.

"귀하게 여기지." 캐서린이 대답했습니다. "하지만 사소한 일로 칭얼거릴 필요는 없잖아. 그건 너무 유치해. 내가 이제 히스클리프는 누구에게나 존경받을 만하다, 이 나라 최고의 신사라도 그와 친구가 되는 걸 영광으로 알아야 한다고 말했기로서니, 왜 눈물을 짜며 약한 소리를 한대? 나를 생각해서라도 맞장구를 쳐 주며 같이 기뻐해 줘야 하는 거 아냐? 그이는 히스클리프에게 익숙해져야 해. 사실, 그 애한테 호감이 갈 만하잖아. 히스클리프가 그이에게 반감을 품을 이유는 차고 넘치는데도, 아까 그 정도면 정말 훌륭하게 행동한 셈이니까!"

"히스클리프가 워더링 하이츠로 가는 건 어떻게 생각해요?" 제가 물었습니다. "겉보기엔 모든 면에서 완전히 개과천선한 모양이에요. 아주 모범적인 기독교인처럼 행동하고, 주변의 적들에게도 화해의 손길을 내밀고 있잖아요!"

"그 애한테 설명 들었어." 린턴 부인이 대답했습니다. "나도 너처럼 궁금했거든. 히스클리프는 네가 아직 거기 사는 줄 알고, 내 소식을 물어보려고 찾아갔던 모양이야. 조지프가 그 얘기를 힌들리 오빠에게 전했고, 오빠가 밖으로 나와 그 애에게 그동안 뭘 하고 지냈는지, 어떻게 살았는지 이모저모 캐물었다더라고. 그러고 나더니 잠깐 안으로 들어오라고 했대. 마침 몇 사람이 앉아서 카드놀이를 하고 있었는데, 히스클리프가 그 판에 끼었다는 거야. 오빠가 그 애한테 돈을 좀 잃었는데, 히스클리프가 수중에 돈이 많은 걸 보고 저녁에 다시 와 달라고 부탁해서 흔쾌히 그러겠다고 한 거지. 힌들리 오빠는 원래 사람을 가려 사귀질 못하잖아. 자기가 그렇게 괴롭힌 사람을 왜 믿으면 안 되는지 따져보는 것조차 귀찮았던 거지. 하지만 히스클리프가 옛날부터 자신을 박해한 사람과 다시 엮이려는 건, 무엇보다 그레인지까지 걸어갈 만한 거리에 거처를 두고 싶었기 때문이래. 우리가 함께 살던 집에 대한 애착도 있었고, 기머턴보다는 거기 있어야 나를 볼 기회가 많을 테니까. 방세도 후하게 쳐준다니 탐욕스러운 오빠는 당장 방을 내줄 거야. 오빠는 돈이라면 사족을 못 쓰잖아. 비록 한 손으로 쥔 걸 다른 손으로 다 내팽개쳐 버리긴 해도 말이야."

"혈기 왕성한 젊은 남자가 살기에 퍽이나 좋은 집이겠어요!" 제가 말했습니다. "그 결과가 어떨지는 걱정되지 않으세요, 린턴 부인?"

"내 친구는 조금도 걱정 안 해." 린턴 부인이 대답했습니다. "침착하고 영리한 아이라 위험에 휘말릴 리 없거든. 힌들리 오빠는 좀 걱정되지만, 정신이야 이미 타락할 대로 타락해서 더 나빠질 것도 없고, 적어도 오빠가 몸을 상하거나 해코지당하는 일만큼은 내가 막아 줄 거야. 오늘 저녁에 있었던 일 덕분에, 이제야 신과 인간들에게 마음을 열었어! 전에는 하느님의 섭리 앞에 화가 나서 반항심까지 품고 있었거든. 아아, 넬리, 그동안 나는 정말 고통스러웠어! 저 인간이 그걸 안다면, 그 쓰라린 고통에 끝이 보이려는 순간에 아무것도 아닌 일로 투정이나 부리면서 내 마음을 흐려 놓는 짓은 안 하겠지! 내가 혼자 참아 낸 건 그이를 위해서였어. 내가 겪은 고통을 조금만 더 내비쳤어도, 그이 역시 나 못지않게 애가 타서 내 괴로움을 덜어 주려 애썼을 거야. 하지만 이제 다 지나간 일이지. 그이의 어리석음을 굳이 앙갚음할 생각은 없어. 이제부턴 어떤 시련이 닥쳐도 다 견뎌 낼 수 있을 것 같거든! 세상에서 가장 보잘것없는 존재가 내 뺨을 때린대도, 난 기꺼이 다른 쪽 뺨까지 내밀고는 미안하다며 용서까지 구할 수 있어. 정 못 믿겠다면… 지금 당장 에드거에게 가서 화해하고 올게. 잘 자, 넬리. 나, 오늘만큼은 정말 천사 같지 않니?"

부인은 이렇게 자기만족에 빠진 확신을 품고 돌아갔습니다. 그리고 다음 날, 그 굳은 결심이 거둔 성과는 금세 드러났습니다. 린턴 씨는 이제 까다로운 성질을 거의 내보이지 않았고,(하지만 캐서린의 넘치는 활기에 여전히 기운이 눌린 듯했지요.) 오후에 캐서린이 이사벨라를 데리고 워더링 하이츠에 가는 일에도 이의를 제기하지 않았습니다. 캐서린은 이에 대한 보답으로 며칠 동안 여름날의 감미로운 행복과 애정으로 집안을 가득 채워 천국으로 만들어 주었고, 그 덕에 주인 하녀 할 것 없이 끝없이 내리쬐는 햇살을 만끽할 수 있었습니다.

히스클리프는 — 앞으로는 히스클리프 '씨'라고 불러야겠지요 — 처음 얼마간은 눈치를 살펴 가며 조심스럽게 저택을 드나들더군요. 집주인이 자신의 이런 '침범'을 어디까지 참아 내는지 가늠해 보는 듯했지요. 캐서린 또한 그를 맞이할 때 지나치게 기뻐하는 기색을 드러내지 않는 편이 현명하다고 생각한 모양이고요. 그렇게 히스클리프 씨는 조금씩, 마치 처음부터 그럴 권리라도 있었던 것처럼 그집의 손님으로 자리를 잡아 갔습니다. 그는 어릴 적과 다름없는 과묵함과 응축된 성품을 그대로 지니고 있었어요. 덕분에 이따금 불쑥 치밀어 오르는 감정의 폭발도 용케 억눌러 버리곤 했지요. 그 덕에 나리의 불안감도 한동안 잦아드는 듯했습니다. 하지만 상황이 묘하게 돌아가면서, 나리의 근심은 곧 또 다른 방향으로 옮겨 가고 말았답니다.

나리의 새로운 걱정거리는 전혀 예상치 못한 불상사에서 비롯되었습니다. 바로 이사벨라 린턴 아가씨가 이 반갑지 않은 손님에게 돌연 걷잡을 수 없이 빠져들기 시작한 것입니다. 그 무렵 이사벨라는 열여덟 살 난 사랑스러운 아가씨였습니다. 겉보기엔 한없이 앳된 아이 같아도, 실은 눈치가 빠르고 성격도 예민해서 조금만 자극해도 금세 불이 붙는 구석이 있었지요. 아가씨를 끔찍이 아끼던 오라버니는 이 어이없는 취향 앞에 그만 질려 버리고 말았습니다. 근본 없는 자와 연을 맺어 가문의 품격을 떨어뜨리는 것이나, 남자 상속인이 없으면 재산이 그자에게 넘어갈지 모른다는 우려도 컸지만, 무엇보다 나리는 히스클리프의 본성을 결코 가볍게 보지 않았거두요. 겉가죽이 아무리 번드르르해졌어도 알맹이는 예전 그대로라는 걸 꿰뚫고 계셨던 겁니다. 바로 그 사악한 심성이 역겨우면서도 두려웠던 것이지요. 나리는 아가씨를 그런 인간의 손에 맡긴다는 생각만으로도 몸서리치며 괴로워했습니다.

더군다나 아가씨가 먼저 연정을 품기 시작했고, 상대가 그 마음에 일말의 동요도 보이지 않는데도 혼자서만 애를 태우고 있다는 사실까지 알았더라면, 나리의 공포는 훨씬 더 컸을 겁니다. 하지만 나리는 동생의 연정을 처음 알았을 때, 이 모든 게 히스클리프의 교활한 계략이라고만 생각했답니다.

한동안 저희는 이사벨라 아가씨가 대체 무엇 때문인지는 몰라도 몹시 속을 끓이고 있다는 것을 눈치채고 있었습니다. 안 그래도 인내심이 부족한 캐서린은 거의 폭발 직전이었지요. 우리는 이사벨라 양의 건강이 좋지 않은 탓이라며 어느 정도는 이해하려 애썼습니다. 사실, 누가 봐도 아가씨는 나날이 야위고 초췌해져 갔습니다. 그러던 어느 날이었지요. 이사벨라 아가씨는 유난히 심술을 부리며 아침 식사까지 마다하더니, 하인들이 자기 말을 무시한다느니, 마님이 집안에서 자신을 '투명 인간' 취급한다느니, 오라버니인 나리마저 자기를 소홀히한다며 온갖 불평을 쏟아 냈습니다. 열린 문틈으로 바람이 들어와 감기에 걸렸다고 하소연하다가, 급기야는 저희가 자신을 화나게 하려고 일부러 응접실 벽난로를 꺼트렸다는 말도 안 되는 억지까지 부리더군요. 정말이지 셀 수 없을 만큼 사소하고 고약한 불만들을 끝도 없이 늘어놓았답니다. 린턴 부인은 단호한 어조로 아가씨에게 방에 가서 누우라고 했고, 호되게 꾸짖은 뒤 의사를 불러야겠다고 협박을 하더군요.

케네스라는 이름이 튀어나오기 무섭게, 아가씨는 자기가 더할 나위 없이 멀쩡하다고 말하고는, 자신이 불행한 건 오직 린턴 부인이 자기를 가혹하게 대했기 때문이라고 외쳤습니다.

"내가 가혹하게 대했다고? 못된 것 같으니!" 안주인은 그 터무니없는 주장에 놀라 소리쳤습니다. "너 지금 제정신이니? 말해 봐. 내가 언제 너를 가혹하게 대했다는 거니?"

"어제요." 이사벨라가 흐느끼며 말했습니다. "그리고 지금도요!"

"어제라니!" 안주인이 물었습니다. "어제 언제?"

"그날 황야를 산책할 때요. 언니는 히스클리프 씨랑 천천히 걷고 있을 테니, 나더러 알아서 돌아다니라고 했잖아요!"

"그게 가혹하게 대한 거니?" 캐서린이 깔깔 웃으며 말했습니다. "너랑 같이 있는 게 귀찮다는 뜻이 아니었어. 우리는 네가 옆에 있든 말든 상관없었으니까. 그저 히스클리프가 하는 이야기들이 너한테는 재미없겠다 싶어서 그랬을 뿐이야."

"아냐, 그런 게 아니야…." 이사벨라 양이 흐느끼며 말했습니다.

"내가 같이 있고 싶어 하는 걸 알면서, 일부러 나를 쫓아낸 거잖아요!"

“이 애가 제정신인가?” 린턴 부인이 저를 바라보며 물었습니다. “이 사벨라, 우리가 나눈 대화를 단 한 마디도 빼놓지 않고 들려줄 테니, 혹시라도 네 구미를 당길 만한 대목이 있는지 어디 한번 찾아보렴.”

“대화는 상관없어.” 이사벨라 양이 대답했습니다. “나는 그저… 같이 있고 싶었을 뿐이에요.”

“누구랑?” 캐서린은 말끝을 흐리는 이사벨라를 보고 다그쳤습니다.

“그 사람 옆에 있고 싶었어! 그리고 나도 언제까지고 밀려나지만은 않을 거야!” 이사벨라 양이 분을 참지 못하고 쏘아붙였습니다. “캐시 언니는 정말 ‘여물통 속 개’*처럼 심술쟁이야. 자기 말고 누구도 사랑받는 꼴을 못 보는 거잖아!”

“이, 이 맹랑한 것 좀 봐라!” 린턴 부인이 놀라 소리쳤습니다. “이런 바보 같은 소리를 믿어야 하나! 설마 내가 잘못 이해한 거겠지? 히스클리프에게 사랑받고 싶다고? 네가 그 사람을 좋게 본다니, 말도 안 돼!”

“아니, 잘못 들은 게 아니야.” 사랑에 홀딱 빠진 처자가 말했습니다. “언니가 에드거 오빠를 사랑하는 것보다 내가 훨씬 더 그 사람을 사랑하고, 그 사람도 나를 사랑해 줄 수 있어, 언니만 빠져 준다면!”

“설사 왕국을 통째로 준대도, 나라면 그런 선택은 안 해!” 캐서린이 단호하게 말했습니다. 그 어조가 얼마나 확고한지 도저히 빈말로 느껴지지 않더군요. “넬리, 나 좀 도와줘. 이 애가 정신 차리게 히스클리프가 어떤 인간인지 똑똑히 말해 줘. 길들지 않은 야생마 그 자체

*《이솝 우화》에서 유래한 표현으로, 자기는 필요 없으면서도 남이 가지거나 이용하는 것을 심술궂게 방해하는 사람을 뜻한다.

라고 말이야. 세련된 맛도, 교양도 없는 그저 가시덤불과 바윗덩이로 뒤덮인 메마른 황야 같은 남자라고. 이사벨라, 내가 너더러 그 사람을 마음에 품으라고 하는 건, 저 가냘픈 카나리아를 한겨울 벌판에 내던지는 거나 다름없어! 네가 그 사람의 본성을 개탄스러울 정도로 모르니까 그런 허황된 꿈을 꾸는 거지. 제발, 그 매몰찬 겉모습 아래 무슨 깊은 선량함이나 애정이 숨겨져 있을 거라고 착각하지 마! 그 사람은 다듬어지지 않은 다이아몬드도 아니고, 투박한 겉껍데기 속에 귀한 진주를 품은 조개도 아니야. 사납고 무자비하고, 거의 늑대나 다름없는 인간이란 말이야. 나는 그 사람에게 '저 사람들 좀 봐줘. 원수를 해치는 건 비열하고 잔인한 짓이야.' 같은 말은 하지 않아. '그만둬. 그 사람들이 잘못되는 건 내가 싫으니까.'라고 할 뿐이지. 이사벨라, 그 사람은 네가 짐스럽다고 느껴지는 날에는 참새알을 으깨듯 너를 짓밟아 버릴 거야! 그 인간이 린턴가의 피가 흐르는 사람을 사랑하는 건, 애당초 불가능한 일이야. 그렇지만 네 재산과 유산을 노리고 결혼하는 건 얼마든지 할 수 있지. 그의 내면에는 탐욕이 점점 뿌리내려, 좀처럼 벗어나기 힘든 죄악으로 자라나고 있어. 내가 보는 그대로야. 내가 그의 가장 오랜 친구라서 하는 말이야. 그가 어떤 속내로 움직이는지 아는 건 나뿐이니까. 만약 그가 진지하게 너를 신붓감으로 탐냈다면, 나는 말리지도 않았을 거야."

이사벨라 양이 분노 어린 눈초리로 캐서린을 노려보더군요.

"뻔뻔하기도 해라, 뻔뻔해!" 그녀가 화를 내며 말했습니다. "친구라면서 원수 스무 명보다 더한 짓을 하다니!"

"아, 정말! 내 말을 안 믿겠다는 거야?" 그녀가 악에 받쳐 내뱉었습니다. "내가 고작 그런 사악한 이기심 때문에 이런 말을 하는 줄 알아?"

"아니면 뭐겠어!" 이사벨라가 되받아치며 떨리는 목소리로 말했습니다. "언니 같은 사람은 정말 소름 끼쳐!"

"좋아!" 캐서린이 소리쳤습니다. "그럼, 네가 직접 확인해 봐. 이제 난 할 만큼 했어. 너처럼 건방지고 예의 없는 애랑 더 이상 씨름하고 싶은 마음은 없어."

"언니의 그 지독한 이기심 때문에 내가 무슨 고생이람!" 린턴 부인이 방을 나서자, 이사벨라 양이 흐느끼며 말했습니다. "모두가 나를 방해하고 있어. 나의 유일한 위안이었는데, 캐시 언니가 다 짓밟아 버렸어. 하지만 거짓말일 거야, 그렇지? 히스클리프 씨가 그런 악마 같은 사람일 리 없어. 그는 고결하고 진실한 영혼을 가진 분이야. 그렇지 않고서야 어떻게 그 오랜 세월 언니를 잊지 못하고 일편단심일 수 있겠어?"

"그 사람 생각일랑 머릿속에서 깨끗이 지워 버려요, 아가씨." 제가 말했습니다. "그는 불길한 징조를 몰고 다니는 새와 같아요. 아가씨와 결코 어울릴 짝이 아니라고요. 린턴 부인이 모질게 말씀하시긴 했지만, 틀린 구석이라곤 하나도 없답니다. 린턴 부인은 그 누구보다 히스클리프 씨의 속내를 훤히 꿰뚫어 보는 사람이잖아요. 그런 분이 그를 실제보다 더 나쁘게 말씀하실 리가 있겠어요? 정직한 사람이라면 자기 과거를 숨기지 않는 법이에요. 그런데 히스클리프 씨는 그동안 어디서 뭘 하며 살았답니까? 대체 그 많은 재산은 또 어떻게 모은 거고요? 왜 그토록 증오하는 언쇼 씨 댁에서 지내고 있는 걸까요? 모든 것이 의문투성이예요. 사람들 말로는 히스클리프 씨가 온 뒤로, 언쇼 씨가 완전히 망가지고 있다더군요. 두 사람은 매일같이 밤을 새우고, 힌들리 씨는 자기 땅을 담보로 돈을 빌려서는 노름과 술에만 빠져 지낸다지 뭡니까. 바로 일주일 전에 기머턴에서 조지프를 만났을 때 직접 들은 이야기예요. '넬리, 이건 말이여,' 조지프가 이렇게 말했어요. '이건 뭐, 조만간 누구 하나 죽어 나가도 이상하지 않을 판이여. 한 놈은, 미친 소처럼 날뛰면서 칼을 휘둘러 지 몸뚱이를 쑤시려고 하질 않나, 또 한 놈은 말린다고 나섰다가 손가락이 달아날 뻔하질 않나. 그 난리를 친 사람이 누구겄어? 바로 우리 나리여. 그 양반은 뭐, 재판장이 줄줄이 앉아 있어도 무서울 게 하나도 읎단다. 바울도, 베드로도, 요한도, 마태도, 누구도 겁 안 난다고 하니깐! 오히려 그 뻔뻔한 낯짝을 들이밀지 못해 환장한 인간이여! 그리고 그 멀끔한 젊은 것, 히스클리프 있잖나. 니도 알다시피, 그놈이 여간내기가 아니다. 마귀가 농을 쳐도 지는 키득키득 이빨 내놓고 웃을 놈이다 이 말이여. 그레인지에 가서 지가 이 집에서 얼마나 잘 살고 있는지 떠벌리지 않든? 자, 한번 들어 봐라. 해 질 무렵이면 벌떡 일어난다. 그러고 나서는 주사위 던지고, 브랜디 처마시고, 덧창 닫고, 촛불 켜 놓고 다음 날 해가 중천에 뜰 때까지 죽어라 노는 기라. 그러면 그 미련한 놈은 지 방에 처 자러 가면서 온갖 상소리를 퍼부어 대니, 제대로 된 인간이면 귓구멍을 틀어막아야지, 아니면 귀가 다 썩어 뿔지. 그런데 그 독한 놈은 지가 얼마나 땄는지 계산하고, 처먹고, 처자고, 그레인지로 건너가서는 그 집 마누라랑 떠들어 대는 거라고. 보나 마나, 캐서린 마님한테 느그 아버지 금덩이가 내 호주머니로 굴러 들어오고 있다, 느그 아버지 아들놈은 넓은 길*로 뛰어가니, 나는 앞질러 가서 문이나 활짝 열어 줄란다 하면서 헤벌쩍 웃을 기라.' 린턴 양, 아시겠지요? 조지프는 고약한 영감태기이긴 하지만, 거짓말쟁이는 아니에요. 그리

---

*《성경》 마태복음 7장에 등장하는 비유로, 멸망으로 인도하는 '넓고 편한 길'을 뜻한다. 조지프는 힌들리 언쇼가 타락하여 지옥으로 향하고 있음을 비꼬는 표현으로 사용했다.

고 만약 조지프가 한 말이 사실이라면, 린턴 양도 혹여 그런 남편을 원하지는 않겠죠?"

"엘런, 너까지 다른 사람들이랑 한패였구나!" 이사벨라 양이 대답했어요. "그런 중상모략은 더는 듣지 않겠어. 나더러 세상에 행복이란 건 존재하지도 않는다는 그 끔찍한 말을 믿으라는 거니? 심보도 참 고약하네!"

이사벨라 양의 연정이 그저 아가씨 혼자만의 감정으로 남았다면, 그 환상에서 깨어났을지, 아니면 끝까지 품고 살았을지는 저도 알 수 없습니다. 어쨌든 아가씨에게는 자기 마음을 곱씹어 볼 겨를조차 거의 주어지지 않았으니까요. 바로 다음 날, 인근 마을에서 재판이 열려 주인님이 자리를 비울 수밖에 없었는데, 이를 알아챈 히스클리프 씨가 평소보다 조금 일찍 찾아왔습니다.

캐서린과 이사벨라는 서재에 나란히 앉아 있었지만, 각자 마음속에 앙금을 품은 채 침묵을 지키고 있었습니다. 이사벨라는 최근 자신의 경솔한 행동과 순간적인 감정 폭발로 은밀한 속마음이 다 들통나 버린 걸 걱정하며 초조해했습니다. 반면, 캐서린은 이사벨라의 말을 하나하나 곱씹을수록 점점 괘씸한 생각이 드는 모양이었습니다. 만약 이사벨라가 한 번만 더 버릇없이 군다면 이번에는 절대 그냥 웃어넘기지 않고 본때를 보여 줄 작정이었지요.

캐서린은 히스클리프가 창밖을 지나는 모습을 보더니 슬며시 웃었어요. 저는 난로를 쓸면서, 캐서린의 입가에 짓궂은 미소가 피어오르는 것을 보았습니다. 이사벨라는 생각에 잠겨 있었던 건지, 아니면 책에 정신이 팔려 있었던 건지 문이 열릴 때까지 꼼짝하지 않고 앉아 있었지요. 도망칠 기회가 있었다면, 기꺼이 그랬겠지만, 이미 때를 놓쳐 시도조차 할 수 없는 상황이었지요.

"들어와, 마침 잘 왔어!" 안주인이 의자 하나를 벽난로 쪽으로 끌어당기며 활기차게 외쳤습니다. "여기 우리 두 사람 사이가 얼어붙어서 냉기를 녹여 줄 제삼자가 필요하던 참인데, 너야말로 우리 둘에게 적당한 사람이야. 히스클리프, 드디어 내가 자랑스럽게도 나보다 더 너를 애지중지하는 사람을 소개할 수 있게 되었단다. 너도 우쭐해질 거야. 아니, 넬리는 아니니까 그쪽은 쳐다보지 마. 우리 딱한 시누이가 말이야, 그저 너의 눈부신 자태와 고운 마음씨만 떠올려도 속이 타들어 간다지 뭐야. 네가 마음만 먹으면 에드거의 매부가 될 수도 있다니까! 이사벨라, 안 돼, 안 돼! 어딜 도망가려고 그래." 캐서린은 벌떡 일어서는 아가씨를 장난스럽게 붙잡고는 말을 이어 갔습니다. "히스클리프, 우리가 너 때문에 고양이처럼 앙앙거리며 다퉜다니까. 그런데 이사벨라가 헌신이니 존경이니, 뭐 이런 말을 줄줄 늘어놓는 바람에 내가 완전히 졌지 뭐야? 게다가, 자기가 내 경쟁자라고 큰소리치는 우리 시누이 말이, 내가 조금만 비켜 주면 네 심장에다 화살을 쏘아 영원히 사로잡겠다지 뭐니! 그러고는 나를 네 기억 속에서 영겁의 망각 속으로 사라지게 해 주겠다나!"

"언니!" 이사벨라 양은 어떻게든 품위를 지키려는 듯 자세를 가다듬으며, 붙잡힌 팔을 뿌리치려는 몸부림조차 억누른 채 말했습니다. "아무리 농담이라도 사실을 왜곡해서 저를 욕되게 하진 말아 주세요! 히스클리프 씨, 제발 친구분께 저를 놓아달라고 말 좀 해 주세요. 히스클리프 씨와 제가 그리 친밀한 사이가 아니라는 걸 잊은 모양이에요. 친구분에게는 그저 즐거운 장난인지 모르겠지만, 제게는 형언할 수 없을 만큼 고통스러운 일입니다."

손님은 아무 말 없이 자리에 앉아 있더군요. 이사벨라가 자신에 대해 어떤 감정을 품었든 전혀 개의치 않는다는 태도였죠. 이사벨라는 몸을 돌려, 자신을 괴롭히는 새언니에게 놓아달라고 간절히 속삭였습니다.

"절대로 안 되지!" 린턴 부인이 소리치듯 말했습니다. "이번만큼은 '여물통 속의 개 같은 심술쟁이' 취급은 절대 안 당할 거야. 못 가! 자, 히스클리프, 내가 이렇게 좋은 소식을 알려 줬는데 어쩜 그리 무덤덤해? 이사벨라 말로는, 내가 에드거한테서 받는 사랑 따위는 자기가 너에게 품은 사랑에 비하면 아무것도 아니라더구나. 대충 그런 말이었던 거 같은데…. 맞지, 엘런? 게다가 엊그제 산책한 뒤로는 밥도 안 먹고 있대. 내가 자기 앞길을 가로막고 너랑 자기를 떼어 놓은 게 억울하고 분해서 죽을 지경이라나 봐."

"이사벨라 양을 괜히 억울하게 만드시는군." 히스클리프가 천천히 의자를 돌려 두 사람을 마주 보았습니다. "적어도 이 순간만큼은, 나랑 있고 싶은 눈치는 전혀 아닌 것 같은데!"

히스클리프는 그 화제의 주인공을 뚫어지게 응시했습니다. 눈살을 찌푸린 채, 마치 혐오스러운 이상한 벌레, 이를테면 인도산 지네 같은 벌레를 들여다보듯이 말이죠. 호기심 때문에 눈을 떼지는 못하면서도 본능적인 거부감에 진저리를 치는 그런 시선이었지요.

가여운 이사벨라는 그 시선을 도무지 견디지 못하더군요. 얼굴빛이 금세 하얘졌다가 달아오르기를 반복하더니, 눈가에는 어느새 눈물이 그렁그렁 맺혔습니다. 그러는 와중에도 가느다란 손가락에 힘을 주어 캐서린의 단단한 손아귀에서 벗어나려고 필사적으로 버둥거렸지요. 손가락 하나를 겨우 떼어 내면 다른 손가락이 곧바로 조여드는 통에 도무지 빠져나올 수가 없었습니다. 마침내 이사벨라는 손톱이라도 내세워야겠다고 마음먹은 모양이었습니다. 그 날카로운 손톱이 순식간에 캐서린의 손등에 붉은 초승달 자국을 깊게 새겨 놓았으니까요.

"어쩜, 이게 호랑이지, 사람이야!" 린턴 부인이 이사벨라를 놓아 주며, 욱신거리는 손을 털면서 말했어요. "어휴, 어서 가 버려! 제발 그 여우 같은 얼굴은 좀 숨기고! 이 사람 앞에서 사나운 발톱을 드러내다니 생각이란 게 있기는 해? 히스클리프가 이걸 보고 어떻게 판단할지 상상은 해 봤니? 이것 좀 봐, 히스클리프! 이 정도면 사람 잡겠다. 눈이라도 찍겠는데!"

"나한테 저런 손톱을 세웠다간, 죄다 뽑아 버렸을 텐데…." 이사벨라가 방을 나가자마자 히스클리프가 냉담하게 내뱉었습니다. "그런데 캐시, 대체 무슨 생각으로 저 여자를 놀린 거야? 방금 네가 한 말, 진심으로 한 소리는 아니지?"

"진심이야." 린턴 부인이 대꾸했어요. "저 애가 몇 주 전부터 너 때문에 애를 태우며 안달복달을 하더니, 오늘 아침에는 아주 입에 침이 마르도록 너를 칭찬하지 뭐니. 그 뜨거운 열을 좀 식혀 주려고 네 결점을 낱낱이 들춰냈더니, 글쎄 정신이 나갔는지 나한테 욕을 퍼붓더구나. 하지만 더는 신경 쓸 거 없어. 나는 그저 그 애의 그 건방진 태도를 좀 꺾어 주고 싶었을 뿐이니까. 히스클리프, 그렇다고 오해는 마. 내가 저 가여운 애를 네가 통째로 잡아먹게 내버려둘 만큼 무심한 사람은 아니거든."

"그러기에는 저 아가씨가 너무 별로라서 말이야." 히스클리프가 냉소적으로 말했습니다. "괴롭히면서 재미나 볼 생각이면 모를까. 내가 저 징그럽게 가식적인 밀랍 인형 같은 얼굴과 단둘이 산다면, 아마 별의별 희한한 소문들이 돌겠지. 그중 가장 흔한 얘기는, 저 희멀건 얼굴이 하루가 멀다 하고 무지개색으로 물들고, 그 파란 눈이 시커멓게 변해 버렸다는 소문일 거야. 저 여자 눈은 속이 뒤집힐 만큼 린턴 놈의 눈을 빼다 박았단 말이지."

"속이 상쾌해질 만큼이지." 린턴 부인이 말했어요. "비둘기 같은 눈이잖아, 천사의 눈이잖아!"

"오빠가 죽으면 저 여자가 상속자인가?" 히스클리프가 잠자코 있다가 물었어요.

"그건 좀 유감스러운 일이지." 린턴 부인이 대답했어요. "하느님, 남자 조카 몇 명쯤 내려 주셔서 고모의 상속권이 단숨에 사라지게 하소서! 히스클리프, 그런 생각일랑 머리에서 지워 버려. 넌 이웃의 재산을 너무 탐하는 경향이 있더라. 명심해, 이번 이웃의 재산은 '내 것'이라는 걸."

"설령 그 재산이 '내 것'이라 해도, 그건 변함없이 네 거야." 히스클리프가 말했습니다. "하지만 이사벨라 린턴이 아무리 바보라 해도 미치지 않고서야! 이 일은 그냥 잊어버리는 게 좋겠어."

두 사람은 그 얘기를 더는 입에 올리지 않았습니다. 린턴 부인은 아마 마음속에서도 깨끗이 잊었을 거예요. 하지만 히스클리프는 그날 저녁 내내 그 일을 곱씹고 있었던 게 틀림없어요. 린턴 부인이 방을 비울 때마다 홀로 미소를 지으며—아니, 히죽거리면서—불길한 상념에 깊이 잠기곤 했거든요.

저는 히스클리프의 거동을 주시하기로 마음먹었습니다. 제 마음은 항상 캐서린보다 린턴 나리 쪽으로 기울었는데, 그럴 만한 이유가 있었지요. 나리는 인정 많고, 신중하며, 올곧았으니까요. 반면 캐서린은 나리와 정반대라고는 할 수 없어도 자기 자신에게 지나치게 너그러워 보였거든요. 그래서 캐서린이 세운 원칙은 신뢰하기 힘들었고, 그 감정에는 더더욱 공감할 수 없었죠. 저는 무슨 일이든 일어나서, 워더링 하이츠와 그레인지가 히스클리프 씨의 압박에서 벗어나 예전의 평온을 되찾기만을 바랐습니다. 그의 방문은 저에게 끊임없는 악몽이었고, 나리 또한 같은 심정이었을 겁니다. 하이츠에 그가 도사리고 있다는 사실만으로도 숨이 막힐 듯 답답한 기분이었으니까요. 마치 하느님께 버림받은 길 잃은 양이 사악한 땅에서 홀로 방황하고 있는데, 마귀 같은 짐승이 그 양과 우리 사이를 배회하며 덮칠 기회만 엿보는 것 같았어요.

11장

그런 불길한 생각들이 꼬리에 꼬리를 물 때면 돌연 형언할 수 없는 두려움이 엄습했습니다. 그럴 때면 저도 모르게 벌떡 일어나 보닛을 챙겨 쓰고는, 워더링 하이츠의 형편을 살피러 집을 나서곤 했지요. 저는 사람들이 그의 행실을 두고 얼마나 손가락질하는지 힌들리에게 경고라도 해 주는 것이 마땅하다고 생각했습니다. 그것이 예전 주인에 대한 도리라고 제 양심을 다독이면서 말이죠. 하지만 그가 일삼은 개망나니짓을 떠올리면 금세 힘이 빠졌습니다. 일러 준들 아무 소용 없으리라는 체념과 함께, 그 음울한 집 안으로 발을 들일 용기가 사라져 주춤거리곤 했지요. 제 진심이 오해 없이 받아들여질 것 같지도 않았고요.

한번은 기머턴으로 가는 길에 일부러 길을 돌아, 그 집의 오래된 대문 앞을 지나친 적이 있었어요. 제가 지금 이야기하는 시기와 거의 일치하겠네요. 어느 맑고 쌀쌀한 오후였죠. 땅은 풀 한 포기 없이 황막했고, 길은 딱딱하게 굳어 메말라 있었습니다.

저는 큰길을 따라 걷다가, 왼쪽 황야로 빠지는 갈림길에 세워진 돌기둥에 이르렀어요. 북쪽으로는 'W. H.'*, 동쪽으로는 'G.'**, 남서쪽으로는 'T. G.'***가 새겨진 울퉁불퉁한 돌기둥이었지요. 그레인지와 하이츠, 기머턴으로 향하는 길을 안내하는 표지석이었답니다.

태양이 회색 돌기둥 위로 노랗게 빛나는 모습을 보니, 문득 여름날이 떠올랐어요. 그러자 갑자기, 이유는 알 수 없지만, 어린 시절의 생생한 감각들이 한꺼번에 마음속으로 쏟아져 들어왔습니다. 그곳은 스무 해 전, 힌들리와 제가 자주 놀던 곳이었지요.

저는 비바람에 깎인 바윗덩어리를 한참이나 바라보았습니다. 몸을 숙여 돌기둥 아랫부분을 살피니 그 근처에 구멍이 하나 나 있었는데, 그 안에는 여전히 달팽이 껍데기며 조약돌이 가득 들어 있더군요. 우리는 그 속에다 부서지기 쉽고 가녀린 것들이라면 무엇이든 가리지 않고 모아 두곤 했지요. 옛날 소꿉동무인 힌들리가 시든 잔디 위에 앉아 있는 모습이 눈앞에 선연히 그려졌습니다. 그 아이는 검고 네모난 머리를 숙인 채, 조막손으로 조약돌을 골라내며 부지런히 흙을 파내고 있었지요.

"가엾은 힌들리!" 저도 모르게 탄식이 터져 나왔습니다.

그 순간, 저는 온몸에 소름이 돋았어요. 아주 짧은 찰나였지만, 제 눈이 헛것을 본 게 아닐까 싶을 정도로, 그 아이가 고개를 들고 제 얼굴을 똑바로 마주 보는 것 같았거든요! 그 환영은 눈 깜짝할 사이에

---

* 'W. H.'는 워더링 하이츠(Wuthering Heights).
** 'G.'는 기머턴(Gimmerton).
*** 'T. G.'는 스러시크로스 그레인지(Thrushcross Grange).

사라졌지만, 저는 당장 하이츠로 달려가야 한다는 억누를 수 없는 충동에 사로잡혔습니다. 혹시 힌들리가 이미 죽은 건 아닐까? 아니, 죽어 가고 있는 건 아닐까? 이런 미신 같은 생각이 자꾸만 제 불안한 충동을 부추겼습니다.

그 집에 가까워질수록 제 가슴은 더 요동쳤고, 마침내 집이 눈에 들어왔을 때는 온몸이 부들부들 떨렸습니다. 그 허깨비가 저보다 앞서 달려가 문틈 사이로 저를 내다보고 서 있었으니까요. 처음에는 빗장 사이로 불그레한 얼굴을 대고 선 아이가, 갈색 눈을 반짝이는 작고 기묘한 요정인 줄로만 알았습니다. 하지만 찬찬히 살펴보니, 그 아이는 헤어턴, 나의 아기 헤어턴이었어요! 열 달 전에 헤어졌을 때와 크게 다르지 않은 모습이었지요.

"오, 하느님, 감사합니다!" 저는 바보 같은 두려움을 금방 잊어버리고 소리쳤습니다.

"헤어턴, 나야! 넬리 유모야! 넬리 유모가 왔단다!"

그 아이는 뒤로 저만치 물러서더니, 커다란 부싯돌 하나를 집어 들었습니다.

"헤어턴, 나는 네 아버지를 만나러 왔단다." 저는 조심스레 말을 이어 갔습니다. 아이의 행동을 보니, 설령 넬리를 기억하고 있다 해도, '넬리'라는 이름과 제가 같은 사람이라는 걸 알아보지 못하는 것 같았거든요.

아이는 돌을 던지려는 듯 손을 높이 치켜들었습니다. 제가 달래 보려고 입을 떼려는 순간, 아이의 손을 떠난 돌멩이가 제 보닛을 강하게 때렸지요. 그때부터 아이의 서툰 입술 사이로 한바탕 욕설이 쏟아져 나오기 시작했습니다. 그 의미를 알고 내뱉는 건지 아닌지는 알 수 없었지만, 아이는 마치 수없이 연습이라도 한 듯 힘주어 저주를 퍼부었습니다. 그 어린 아기 같은 얼굴을 흉측하게 일그러뜨린 채, 사악한 기운이 가득 서린 표정을 지으면서 말입니다.

분명히 말하지만, 그 모습에 저는 화가 나기보다는 미어질 듯 아팠답니다. 울컥 차오르는 슬픔을 억누르며, 저는 주머니에서 오렌지 하나를 꺼내 아이에게 내밀어 보았지요. 헤어턴은 잠시 머뭇거리는 듯하더니 제 손에서 오렌지를 냉큼 낚아채더군요. 제가 공연히 약만 올리고 다시 빼앗아 갈 거라고 생각한 모양이에요.

저는 오렌지를 하나 더 꺼내 아이의 손이 닿지 않게 슬쩍 들어 보이며 물었습니다. "얘야, 그 멋진 말들은 누가 가르쳐 주었니?" 제가 물었어요. "부목사님이 그러시던?"

"부목사도, 너도 뒈져 버려! 그거 내놔." 헤어턴이 툭 내뱉었습니다.

"그런 말은 어디서 배웠는지 말해 주면 이걸 줄게." 제가 말했어요. "누가 가르쳐 줬니?"

"악마 아빠." 아이가 대답했습니다.

"그래, 그럼 아버지한테서는 뭘 배우니?" 제가 다시 묻자, 아이는 오렌지를 낚아채려고 달려들었고, 저는 더 높이 들어 올렸지요. "아버지는 네게 뭘 가르쳐 주시더냐?" 제가 거듭 물었습니다.

"아무것도." 헤어턴이 대답했습니다. "아빠… 비키래. 내가 아빠 욕하니까… 나만 보면 나가래."

"그럼 아빠한테 욕을 하라고는 누가 가르쳐 주었니? 악마야?" 제가 말했습니다.

"으으응, 아아니…." 아이가 말꼬리를 길게 늘이며 대답했지요.

"그럼 누가 가르쳐 준 거야?"

"히스클리프."

저는 히스클리프가 좋냐고 물어봤습니다.

"으으응." 헤어턴이 대답했습니다.

히스클리프가 왜 좋냐고 다시 물었고, 웅얼거리는 아이의 말에서 제가 알아들은 건 대강 이런 내용이었습니다. "몰라. 아빠 나한테 막 하면 아저씨 아빠한테 막 해. 아빠 나 욕하면 아저씨 아빠 욕해. 아저씨는… 내 맘대로 해도 된대."

"그러면 부목사님은? 너한테 읽고 쓰는 법을 가르쳐 주시진 않니?" 제가 다시 물었습니다.

"응. 부목사님이 문지방만 넘으면… 이빨을 다 부숴서… 목구멍에 처박아 넣겠대…. 아저씨가 그렇게 말했어."

저는 오렌지를 아이 손에 쥐여 주며, 얼른 아버지한테 가서 넬리 딘이라는 여자가 찾아와 기다린다고 전하라 일렀습니다.

헤어턴은 오솔길을 따라 집 안으로 뛰어 들어갔어요. 하지만 문지방돌 위에 나타난 사람은 힌들리가 아니라 히스클리프였습니다. 저는 그 즉시 몸을 돌려 숨이 턱 밑까지 차오르도록 전력을 다해 달아났습니다. 이정표에 닿을 때까지 단 한 번도 뒤돌아보지 않았어요. 마치 제 손으로 악귀라도 불러낸 듯한 오싹한 두려움에 사로잡혀서 말입니다.

지금까지 말씀드린 이야기는 이사벨라 양 사건과 직접적인 관련은 없을지 모릅니다. 하지만, 이런 일을 겪으며 저는 경계의 고삐를 늦추지 않겠노라 굳게 다짐했습니다. 그레인지에 이런 악한 기운이 스며들지 않도록 온 힘을 다해 막기로 마음먹었지요. 설령 그것이 린턴 부인의 즐거움을 방해하여 집안에 한바탕 소동이 일어나더라도 말입니다.

다음에 히스클리프가 찾아왔을 때, 이사벨라 양은 마침 마당에서 비둘기에게 모이를 주고 있었습니다. 사흘 동안 캐서린에게 단 한마디도 건네지 않았지만, 예전처럼 안절부절못하고 투덜대는 일도 없었기에 우리로서는 참 다행이라 여겼지요.

그때까지 히스클리프는 린턴 양에게 불필요한 친절은 단 한 번도 베푸는 법이 없었지요. 그런데 그날은, 히스클리프가 그녀를 보자마자 집 전면을 쓱 훑어보더라고요. 저는 부엌 창가에 서 있다가 얼른 몸을 숨겼습니다. 히스클리프는 린턴 양에게 다가가 무언가 말을 건넸고, 린턴 양은 거북한 듯 서둘러 자리를 피하려고 했습니다. 하지만 히스클리프가 린턴 양의 팔을 붙잡아 세우더군요. 그녀가 고개를 돌려 버리자, 히스클리프는 대답하기 곤란한 질문을 집요하게 던지는 듯 보였습니다. 그러다가 다시 한번 집 쪽을 재빨리 살펴보고는 아무도 보는 사람이 없다고 생각했는지, 그 파렴치한 작자가 아가씨를 끌어안는 게 아니겠어요!

"유다 같은 놈! 이 배신자야!" 제가 버럭 소리를 질렀습니다. "위선자에다, 교활한 사기꾼 같은 놈!"

"누구 얘기야, 넬리?" 캐서린의 목소리가 바로 옆에서 들려왔습니다. 창밖의 두 사람을 살피느라 정신이 팔린 나머지, 캐서린이 들어온 줄도 모르고 있었지요.

"마님의 그 못난 친구 녀석 말이에요!" 제가 열을 올리면서 대꾸했습니다. "저기 저 음험하고 간교한 인간 좀 보세요. 아, 우리를 봤네요. 이제 들어오려나 봅니다! 자기 입으로 이사벨라 양을 혐오한다고 떠들어 놓고는, 이제 와서 연애를 걸었으니 무슨 염치로 그럴듯한 변명을 늘어놓을지 정말 궁금하군요."

린턴 부인은 이사벨라가 히스클리프의 품에서 애써 몸을 빼내어 정원으로 달려가는 모습을 지켜보았습니다. 잠시 후에 히스클리프가 문을 열고 들어오더군요.

저는 당장이라도 한마디 쏘아붙이고 싶었지만, 캐서린이 입을 한 번만 더 놀리면 부엌에서 내쫓겠다며 제 입을 막았습니다.

"누가 들으면, 네가 안주인인 줄 알겠어." 캐서린이 소리쳤습니다. "네가 주제를 모르고 있구나! 히스클리프, 너는 어쩌자고 이런 소란을 일으키는 거야? 이사벨라는 건드리지 말라고 내가 분명히 말했지! 제발 그만둬. 이 집에 오기 싫어서 일부러 그러는 거야? 린턴이 너 못 들어오게 빗장이라도 걸어 버리면 좋겠어?"

"그러기만 해 봐라." 그 음흉한 작자가 대꾸했습니다. 그 순간, 저는 진심으로 그를 증오했습니다. "그냥 앞으로도 얌전히 참고 있는 게 좋을 거다. 요즘 매일 같이 '그놈, 지금이라도 보내 버릴까?' 하는 생각이 치밀어 올라서 하루하루 미칠 지경이거든."

"쉿!" 하고 캐서린이 안쪽 문을 닫으며 말했습니다. "그만해. 나 좀 괴롭히지 마. 왜 내 부탁을 무시하니? 이사벨라가 일부러 너한테 접근했어?"

"그게 너랑 무슨 상관인데?" 히스클리프가 으르렁거렸습니다. "이사벨라가 원하면 나는 키스할 권리가 있고, 너는 반대할 권리가 없어. 나는 네 남편이 아니거든. 그러니 네가 질투할 필요도 없어!"

"나는 널 질투하는 게 아니야," 안주인이 대답했어요. "네가 잘못될까 봐 너를 지키려는 것뿐이야. 얼굴 좀 펴. 나한테 인상 쓰지 마! 네가 이사벨라를 좋아한다면, 그 애랑 결혼하면 돼. 하지만 넌 그 애를 좋아하니? 솔직히 말해 봐, 히스클리프! 거 봐, 대답도 못 하잖아. 넌 그 애를 사랑하지 않아."

"린턴 나리가, 자기 여동생이 저런 남자랑 결혼하는 걸 허락이나 하겠어요?" 제가 말했습니다.

"허락하게 만들어야지." 안주인이 단호하게 대답했습니다.

“굳이 그럴 필요 없어.” 히스클리프가 말했습니다. “그 친구의 허락 따윈 없어도 그만이야. 그리고 너 말이야, 캐서린! 이참에 분명히 해 둘 게 있어. 잘 들어. 네가 지금 나한테 무슨 짓을 하고 있는지, 그게 얼마나 지독한 건지, 나 다 알아. 지독하고, 잔인하고, 정말 못 할 짓이야. 알아들어? 내가 모를 줄 알았다면, 그건 네 어리석은 착각이야. 그깟 달콤한 말 몇 마디에 내 마음이 풀릴 줄 알았다면, 그건 더 한심한 착각이고. 내가 아무 보복도 안 하고 넘어갈 거라고 믿었다면… 머지않아 뼈저리게 깨닫게 될 거야. 하지만 네 시누이의 비밀을 알려 준 건 고마웠어. 아주 요긴하게 써먹어 주지. 넌 옆에서 구경이나 해.”

“이건 또 무슨 소리야?” 린턴 부인이 놀라 외쳤습니다. “내가 너한테 못 할 짓을 했다고? 그래서 복수한다고? 어떻게 복수할 건데, 이 배은망덕한 인간아? 내가 언제 너한테 지독하게 대했는데?”

“너한테 복수할 생각은 없어.” 히스클리프가 조금은 가라앉은 목소리로 대답했습니다. “그건 내 계획이 아니야. 폭군은 노예를 짓밟아도 그 노예가 폭군을 물어뜯진 않아. 대신 더 힘없는 자들을 짓뭉개 버리지. 너만 즐겁다면 나를 죽도록 고문해도 상관없어. 다만 나도 그만큼의 재미는 좀 보게 해 줘야지. 그래도 모욕은 삼가해 줘. 내 성을 허물어 버리고는, 그 자리에 오두막 하나 지어 주면서 은혜라도 베푼 듯 생색내지 말란 말이야. 그리고 내가 정말 이사벨라와 결혼하기를 바란다고? 그게 진심이라면, 난 차라리 내 목을 그어 버리겠어.”

“옳아, 내가 질투를 안 해서 그게 문제였구나?” 캐서린이 버럭 쏘아붙였습니다. “좋아, 그럼 다시는 너한테 신붓감을 소개해 주겠다는 소리 따윈 안 할게. 그건 사탄에게 길 잃은 영혼을 갖다 바치는 짓이나 다를 바 없으니까. 너는 사탄이나 마찬가지야. 남을 괴롭혀야만 겨우 숨을 쉬는 인간이지. 지금 네 꼴이 그걸 똑똑히 증명하고 있고! 네가 돌아온 뒤로 심술을 부리던 에드거도 이제야 겨우 마음이 좀 누그러졌고, 나도 겨우 안정을 찾으려는 참인데…. 너는 우리가 편안해지는 꼴을 못 보는구나. 아주 작정하고 집안에 풍파를 몰고 온 사람처럼 말이야. 히스클리프, 싸우고 싶으면 에드거랑 붙어. 그의 여동생도 기만해 봐. 그거야말로 네가 나한테 복수하는 가장 확실하고 효과적인 방법일 테니."

대화는 끊어졌습니다. 캐서린은 상기된 얼굴로 울적하게 난롯가에 앉았습니다. 그녀를 받들던 그 영혼은 이제 다스릴 수 없을 만큼 거칠어져 있었습니다. 이제 그녀는 그 영혼을 잠재울 수도, 통제할 수도 없었지요. 히스클리프는 나로 앞에 팔짱을 끼고 서서 사악한 생각에 골몰하고 있었지요. 저는 두 사람을 남겨 두고 나리에게로 갔습니다. 나리는 아래층에 내려간 캐서린이 한참이 지나도록 돌아오지 않자 궁금해하고 있었습니다.

"엘런," 제가 들어가자 나리가 말했습니다. "안주인은 어디 있어?"

"부엌에요." 제가 대답했습니다. "히스클리프 씨의 무례한 행동 때문에 안주인께서 화가 많이 나셨어요. 사실, 그자가 계속 드나드는 걸 이제는 다시 생각해 보셔야 할 때인 것 같습니다. 사람이 너무 무르면 도리어 화를 입는 법인데, 결국 일이 이 지경까지 오고 말았네요." 저는 우선 안뜰에서 벌어진 일부터 시작해, 그 뒤에 이어진 말다툼을 격식에 어긋나지 않는 범위 내에서 최대한 사실대로 전했습니다. 안주인에게 딱히 해가 될 만한 내용은 없었지요. 물론, 나중에 그녀가 그 불청객을 두둔하며 사건에 끼어들지만 않는다면 말입니다.

에드거 린턴 씨는 제 이야기를 끝까지 듣는 것조차 몹시 괴로워하는 기색이었습니다.

그의 첫 마디를 들어 보니, 아내의 잘못을 전부 덮어 주지는 않겠다는 생각이 느껴졌습니다.

"이건 도저히 참을 수가 없군!" 나리가 외쳤습니다. "그런 자를 친구로 삼는 것도, 그런 자를 나더러 참아 내라고 강요하는 것도 더는 견딜 수 없는 치욕이야! 엘런, 당장 현관으로 가서 장정 둘을 데려와. 캐서린이 더는 저 천박한 인간과 다투지 않게 하겠어. 이만하면 캐서린의 비위는 맞춰 줄 만큼 맞춰 준 거야."

나리는 아래층으로 내려와 하인들에게 복도에서 대기하라고 지시한 뒤, 부엌으로 향했습니다. 저도 나리의 뒤를 바짝 따라갔지요. 부엌 안의 두 사람은 다시 언쟁을 벌이고 있었습니다. 정확히 말하자면, 린턴 부인이 한층 더 사납게 쏘아붙이는 기세를 보아 도리어 독기가 바짝 오른 모습이었고, 히스클리프는 창가로 자리를 옮겨 고개를 숙이고 있었는데, 부인의 매서운 일갈에 기가 꺾인 게 분명해 보였습니다.

히스클리프가 먼저 주인을 발견하고는 급히 캐서린에게 손짓했고, 그 이유를 알아차린 린턴 부인도 갑자기 입을 다물었습니다.

"어떻게 이런 일이!" 린턴 나리가 캐서린에게 말했습니다. "저런 천박한 자에게 모욕적인 언사를 듣고도 가만히 있다니, 당신은 예의가 뭔지도 몰라요? 저 작자의 말본새가 원래 저급하니 당신에게는 대수롭지 않게 들리는 모양이군요. 당신이 그 천박함에 물들었다고 해서, 나까지 그럴 줄 알았나요?"

"문 뒤에 숨어서 엿듣고 있었어요, 에드거?" 린턴 부인은 남편의 비위를 거스르려는 의도가 명백히 드러나는 계산된 말투로 물었습니다. 남편의 분노 따위는 안중에도 없다는 듯, 아주 깔보는 어조였어요. 조금 전 남편의 훈계에 눈을 치켜뜨고 있던 히스클리프는 이번에는 안주인의 말에 피식 웃음을 흘렸습니다. 나리의 성미를 돋우려는 의도가 분명했지요.

그 의도는 성공했습니다. 그러나 나리는 격한 감정을 내보여 히스클리프를 즐겁게 해 줄 생각이 없었지요.

"지금껏 내가 당신을 참아 준 건, 히스클리프 씨," 나리가 낮게 말을 이었습니다. "당신의 타락한 성품을 몰라서가 아니었소. 다만 그 책임이 온전히 당신에게만 있는 게 아니라고 생각했기 때문이오. 게다가 아내가 당신과의 친분을 소중히 여기기에, 어리석게도 내가 눈을 감아 주었던 거요. 하지만 당신의 존재는 가장 고결한 이의 정신까지도 좀먹는 독이오. 더 큰 파국을 맞기 전에, 앞으로는 이 집 출입을 금하겠소. 지금 당장 나가요. 3분만 지체해도 강제로 끌어낼 것이오."

히스클리프는 조롱 섞인 눈으로 상대방의 키와 어깨너비를 가늠하듯 훑어보더니, 비웃음을 흘렸습니다. "캐시, 네 그 순한 양 같은 남편이 황소처럼 으르렁대는구나!" 그가 말했습니다. "조금만 더 까불면 내 주먹에 대가리가 깨지겠군. 이런, 린턴 씨, 한주먹거리도 안 되는 양반이라니! 참으로 유감일세."

나리는 복도 쪽을 힐끗 보더니, 저에게 사람들을 불러오라는 신호를 보냈습니다. 제 손을 더럽혀 가며 직접 맞설 생각은 털끝만큼도 없었던 것이지요.

저는 그 지시에 따르려 했습니다. 그런데 이를 눈치챈 린턴 부인이 곧장 뒤따라와 제 팔을 낚아채더군요. 그러더니, 문을 쾅 닫아걸고는 아예 걸쇠를 잠가 버렸습니다.

"참으로 정당한 수법이군요!" 캐시는 남편의 노기 띤 표정을 노려보며 맞받아쳤습니다. "저 사람을 칠 용기가 없으면 사과를 하든가, 아니면 순순히 얻어맞든가 하세요! 그래야 용기 있는 척하는 그 가소로운 허세 좀 버리겠지! 절대 안 돼요, 열쇠는 못 줘요! 당신 손에 넘겨주느니 차라리 내가 삼켜 버리고 말지! 정말이지, 내가 두 사람한 테 얼마나 잘해 줬는데, 보답이 겨우 이거야? 한 사람의 나약함은 있 는 대로 봐주고, 다른 한 사람의 성질머리는 끊임없이 받아 줬더니, 그 대가가 고작 이토록 앞뒤 못 가리는 배은망덕이라니. 정말 우스울 만큼 어리석어! 에드거, 나는 당신과 당신 가문을 변호하고 있었어 요! 그런데도 나를 의심해? 히스클리프가 차라리 당신을 두들겨 패 서 정신 좀 차리게 해 줬으면 좋겠군! 감히 그따위 생각을 한 죄로 말 이야!"

주인님에게 그런 처참한 굴욕을 안겨 주는 데는 굳이 주먹질까지 필요치 않았습니다. 나리가 캐서린의 손에서 열쇠를 빼앗으려 하자, 캐서린이 벽난로의 가장 뜨거운 불길 속에다 열쇠를 던져 버렸고, 그 순간 에드거 씨의 몸이 부르르 떨리는가 싶더니 안색이 순식간에 잿 빛으로 변해 버리더라고요. 그토록 치밀어 오르는 격정을 도저히 감 당할 수 없었던 게지요. 비통함과 굴욕감이 한꺼번에 덮쳐 와 완전히 무너지고 말았던 것입니다. 결국 나리는 의자 등받이에 몸을 기대고 는, 얼굴을 두 손으로 가려 버렸습니다.

"어머나, 세상에! 이러다 영웅 훈장이라도 받겠어요!" 린턴 부인이 외쳤습니다. "우리가 졌어요! 완전히 패배했다고요! 히스클리프가 당 신한테 손가락 하나라도 댈 것 같아요? 그건 왕이 고작 쥐새끼 몇 마 리 잡자고 군대를 끌고 나가는 꼴이나 다름없다고요. 기운 좀 내요, 다 칠 일 없으니까! 당신은 어린 양이 아니라, 겨우 젖먹이 토끼였군요."

"저 젖내 나는 겁쟁이가 네 맘에 꼭 들어야 할 텐데, 캐시." 히스클 리프가 비릿한 웃음을 흘리며 말했습니다. "너의 취향에 경의를 표하 마. 저렇게 겁에 질려 벌벌 떠는 자식이 나보다 더 좋았다는 말이지? 참 대단한 안목이야. 주먹이 아깝지. 차라리 발길질이나 한 번 해 주는 게 훨씬 통쾌하겠어. 뭐야, 지금 우는 건가? 아니면 겁먹고 기절하려는 거야?”

그자가 다가가 에드거 씨가 기대고 있던 의자를 툭 밀었습니다. 하지만 그러지 말았어야 했어요. 나리가 순식간에 몸을 곧추세우더니, 그자의 목을 정통으로 세게 후려쳤거든요. 마른 남자였다면 그대로 나가떨어졌을 겁니다.

히스클리프는 불시에 당한 일격에 숨도 제대로 못 쉬고 캑캑거렸습니다. 그 틈을 타 린턴 씨는 뒷문으로 빠져나가 마당을 지나서 현관 쪽으로 갔지요.

“거봐, 이제 여긴 발도 못 붙이게 됐잖아!” 캐서린이 소리쳤습니다. “어서 나가! 에드거가 권총 두 자루에 하인 서너 명을 데리고 금방 돌아올 거야. 조금 전 우리가 나눈 말을 들었다면, 너를 절대로 용서하지도 않을 테고! 히스클리프, 어쩜 나한테 이런 짓을! 어쨌든, 가! 얼른! 네가 붙잡히는 걸 보느니 차라리 에드거가 궁지에 몰려 쩔쩔매는 꼴을 보는 게 나으니까!”

“내 목구멍이 아직도 이렇게 타는 듯이 쓰라린데, 그냥 가라고?” 히스클리프가 고함쳤어요. “웃기고 있네! 절대 못 가. 이 집 문턱을 넘기 전에 저 자식의 갈비뼈를 썩은 개암처럼 산산이 으깨 버릴 거야! 지금 때려눕히지 않으면, 언젠가는 반드시 죽여 버리고 말겠어. 그러니 저놈의 목숨이 아깝거든, 날 막지 마!”

“나리는 안 오세요.” 제가 약간의 거짓을 보태 끼어들었습니다. “마부와 정원사 두 명이 오고 있네요. 설마 저들이 당신을 길바닥으로 끌어내 내동댕이칠 때까지 기다릴 생각은 아니겠죠? 다들 몽둥이를 들었어요. 지금쯤 나리는 아마 명령이 제대로 이행되는지 응접실 창문으로 지켜보고 계실걸요.”

정원사 둘과 마부 하나가 오고 있는 건 사실이었지만, 린턴 나리도 그들과 함께였습니다. 벌써 안뜰로 들어서고 있었지요. 히스클리프는 생각을 고쳐먹었습니다. 아랫것들 셋과 맞서 싸우는 그 꼴사나운 짓거리만큼은 피하기로 마음먹은 게지요. 그는 부지깽이를 움켜쥐고는 안쪽 문의 잠금장치를 단번에 부숴 버렸고, 사람들이 들이닥치기 직전 부엌을 빠져나갔습니다.

몹시 흥분한 린턴 부인은 저에게 위층으로 같이 올라가자고 했습니다. 그녀는 제가 이번 소동에 얼마나 깊숙이 발을 들이고 있는지 전혀 모르고 있었고, 저는 혹시라도 그 사실을 알게 될까 봐 내심 가슴을 졸였습니다.

"미쳐 버릴 것 같아, 넬리!" 캐서린은 소파에 몸을 내던지며 부르짖었습니다. "쇠망치 천 개가 머리를 내리치는 것 같단 말이야! 이사벨라한테는 당분간 내 눈에 띄지 말라고 전해 줘. 이 소동은 전부 그 애 때문이니까. 지금 같아선 이사벨라든 누구든 나를 더 건드리면, 내가 무슨 짓을 저지를지 몰라. 그리고, 넬리, 오늘 밤에 에드거를 보거든 내가 정말 크게 앓아누울지도 모른다고 전해 줘. 정말 그렇게 됐으면 좋겠어. 그이가 나를 얼마나 기절초풍하게 만들고 괴롭혔는지 넌 모를 거야! 나도 그이를 좀 괴롭히고 싶어. 게다가 에드거가 또 내려와서 잔소리든 불평이든 줄줄이 늘어놓을 텐데, 그럼 나도 가만히 안 있겠지…. 그러다 일이 어디까지 커질지는 하느님만 아실 일이야! 그러니까 내 말대로 해 줄 거지, 착한 넬리? 이번 일에 내 잘못은 눈곱만큼도 없다는 거 너도 알잖아. 도대체 무슨 정신으로 남의 말을 엿들었단 말이니, 그이는! 네가 나간 뒤 히스클리프는 정말 도가 지나친 소리를 해 대긴 했어! 하지만 이사벨라 얘기로 금방 관심을 돌릴 수 있었고, 나머지 말들은 정말 아무 의미도 없는 것들이었단 말이야. 그런데 이제 전부 엉망이 되어 버렸잖아. 남이 제 흉이라도 보나 싶어 귀를 바짝 세우고, 그걸 기어이 들어야 직성이 풀리는 한심한 인간들이 있다니까. 그런 집착은 꼭 악령처럼 들러붙어서 사람을 들볶는단 말이지! 에드거가 딱 그 꼴이야. 그이가 우리 말을 엿듣지만 않았어도, 아무 탈 없었을 텐데…. 정말이야, 나는 에드거를 위해 목이 쉬도록 히스클리프를 야단치고 있었어. 그런데 에드거는 내 속도 모르고 불쑥 들이닥쳐서는 그 불쾌한 말투로 나를 비난하며 몰아붙였단 말이지. 이제 둘이 서로 무슨 짓을 하든 신경 쓰고 싶지 않아. 게다가 이 소동이 어떻게 끝나든, 우리 셋이 뿔뿔이 흩어져서 얼마나 오랫동안 떨어져 지내게 될지 누가 알겠어! 그래, 내가 히스클리프를 친구로 곁에 둘 수도 없고, 에드거가 저렇게 속 좁게 질투나 해 댄다면, 나는 그냥 상심해서 쓰러져 버리고 말 거야. 그럼 두 사람의 가슴도 찢어지겠지. 궁지에 몰렸을 때는, 앓아눕는 게 이 난리를 끝내는 가장 빠른 방법이니까! 하지만 그건 진짜 가망이 없을 때나 쓰는 마지막 수단이니 아껴 둬야겠어. 에드거를 그런 식으로 기습하고 싶진 않거든. 그동안 나를 자극하지 않으려고 꽤 조심해 왔잖아. 그러니까 넬리, 네가 가서 그이한테 전해 줘. 그 조심스러운 태도를 버리는 게 얼마나 위험한 일인지 꼭 알려 주라고. 내 불 같은 성미에 한번 불이 붙으면 거의 미쳐 날뛸지도 모른다는 것도 상기시켜 주고 말이야. 그리고 제발 그 무관심한 얼굴은 좀 치워. 나를 걱정해 주는 표정이라도 좀 지어 보란 말이야!"

제가 이런 지시 사항들을 무심한 태도로 듣고 있었으니 분명히 린턴 부인에게는 적잖이 짜증이 치밀었을 겁니다. 본인은 나름대로 진심으로 부탁한 것이었으니까요. 하지만 제 생각은 달랐습니다. 자신의 감정적 발작을 미리 계산해서 이용할 줄 아는 사람이라면, 그 힘을 발휘해 스스로를 통제할 수 있으리라 믿었거든요. 게다가 그녀가 말한 대로 나리를 겁주고 싶지도 않았고, 마님의 이기심을 채워 주자고 나리의 괴로움을 보태 드리고 싶은 마음은 더더욱 없었습니다.

그래서 저는 응접실 쪽으로 걸어오는 나리와 마주치고도 아무 말도 하지 않았습니다. 하지만 부부싸움이 계속될지 확인하고 싶은 마음에 실례를 무릅쓰고 슬쩍 발길을 돌렸지요.

나리가 먼저 입을 열었습니다.

"거기 그대로 있어요, 캐서린." 나리의 목소리에는 분노가 아니라, 깊은 슬픔과 절망이 배어 있었습니다. "나는 금방 갈 거예요. 싸우려고 온 것도, 화해하자고 온 것도 아니에요. 다만 오늘 저녁 그 일을 겪고도 여전히 그자와 계속…."

"아아, 제발 좀!" 안주인이 발을 동동 구르면서 말을 가로막았습니다. "제발, 이제 그런 얘기 더는 듣고 싶지 않다니까! 당신은 차가운 피라 아무리 해도 끓어오르지 않겠지. 피가 아니라 얼음물이 흐르니까. 하지만 난 지금 피가 펄펄 끓어! 그 냉정함을 보기만 해도 내 피가 요동친단 말이야!"

"내가 나가길 바라거든 내 질문에 대답해 줘요." 에드거 씨가 굽히지 않고 말했습니다. "반드시 대답해 줘야 해요. 당신이 격하게 굴어도 이제는 겁나지 않아요. 당신이 마음만 먹으면 그 누구보다 태연할 수 있다는 걸 알았으니까. 이제 묻겠소. 당신은 앞으로 히스클리프를 포기할 건가요, 아니면 나를 포기할 건가요? 당신이 나의 친구이면서 그자의 친구가 될 수는 없어요. 나는 당신이 어느 쪽을 택할지 반드시 알아야겠어요."

"나는 혼자 있을 거야!" 캐서린이 격렬하게 외쳤습니다. "그렇게 해 달라고! 당신, 제발! 내가 겨우 버티고 있는 거 안 보여? 에드거, 지금 당장 나가!"

린턴 부인은 종이 부서질 정도로 미친 듯이 흔들어 댔습니다. 저는 느릿느릿 걸음을 옮겼습니다. 이런 말도 안 되는 발악을 견뎌 내려면, 성인군자라 해도 인내심이 바닥 날 지경이었지요! 린턴 부인은 소파에 드러누워 팔걸이에 머리를 짓찧으며 이를 바득바득 갈고 있었는데, 저러다 이가 산산조각이 날 것만 같더군요.

린턴 나리는 순식간에 죄책감과 두려움에 사로잡혀 아내를 쳐다볼 뿐이었습니다. 그는 저에게 물을 가져오라고 일렀습니다. 린턴 부인은 숨조차 제대로 쉴 수 없어서 말도 한마디 내뱉지 못하는 상태였으니까요.

저는 잔에 물을 가득 채워 왔지만, 린턴 부인이 마시려 하질 않자 얼굴에 끼얹어 버렸습니다. 잠시 후, 린턴 부인은 사지가 뻣뻣해지더니, 눈이 뒤집혔고, 얼굴은 검푸른 납빛으로 변해 갔어요. 그 모습이 마치 시체 같더군요.

린턴 나리는 겁에 질린 얼굴이었지요.

"전혀 걱정하실 것 없어요." 제가 속삭였습니다. 마음속으로는 두려웠지만, 린턴 나리가 굴복하지 않길 바랐거든요.

"입술에 피가 났어!" 나리가 몸을 떨며 말했습니다.

"괜찮아요!" 제가 모질게 대답했어요. 그리고 나리가 오기 전에 캐서린이 이미 발작을 일으키기로 마음먹었다는 사실을 고해 바쳤지요.

그녀는 갑자기 몸을 일으켰습니다. 머리카락은 어깨 위로 휘날리고, 눈은 번뜩였으며, 목과 팔 근육은 기괴하게 불거졌습니다. 저는 '최소한 뼈마디 몇 개는 부러지겠구나.' 하고 마음을 다잡았습니다. 하지만 린턴 부인은 잠시 주위를 노려보더니 곧바로 방을 뛰쳐나갔습니다.

에드거 씨가 저더러 따라가 보라고 지시했고, 저는 그 명에 따라 부인의 방 앞까지 쫓아갔습니다. 하지만 그녀는 제가 못 들어오게 방문을 잠가 버리더군요.

다음 날 아침, 캐서린은 아침 식사 자리에 내려올 기미조차 보이지 않았습니다. 저는 식사를 방으로 가져다주어야 할지 물어보러 올라갔습니다.

“싫어!” 캐서린이 단호하게 대답했습니다.

점심 식사 때도, 다과 때도 똑같은 질문과 대답이 반복되었고, 그리고 그다음 날도 상황은 바뀌지 않았습니다.

한편, 린턴 나리는 서재에 틀어박혀 아내가 어떻게 지내고 있는지 물어보지 않았습니다. 대신 이사벨라 양을 불러, 한 시간 정도 면담을 했지요. 그 자리에서 나리는 히스클리프의 추파에 대해 이사벨라가 마땅히 느껴야 할 혐오와 분노를 품고 있는지 확인하려 했습니다. 하지만 그녀가 애매하게 얼버무리는 통에 아무런 성과도 얻지 못했고, 결국 못마땅한 기분으로 면담을 끝낼 수밖에 없었습니다. 다만, 한 가지 엄중한 경고는 덧붙였습니다. 만약 이사벨라가 그 무가치한 구혼자의 용기를 북돋우는 정신 나간 짓을 한다면, 그 순간부터 남매의 인연은 끊어지리라는 것이었습니다.

12장

이사벨라 양은 자주 말없이 눈물을 글썽이며 집 밖을 서성였고, 그 오라버니는 책장 한 번 넘기지 않은 채 서재에 틀어박혀 있었습니다. 나리는 캐서린이 자기 언행을 뉘우치고 제 발로 찾아와 용서를 구하고 화해를 청해 오길 바라는, 그 막연한 기대에 지쳐 가고 있는 듯했습니다. 한편, 캐서린은 완강하게 곡기를 끊고 있었습니다. 아마도 나리가 끼니마다 자기가 없으니 목이 메어 물 한 모금 제대로 못 넘기면서도, 체면 때문에 한달음에 달려와 자기 앞에 무릎을 꿇지 못한다고 여겼던 모양입니다. 그런 와중에도 저는 묵묵히 집안일을 챙겼습니다. 당시 그레인지에 제정신인 사람은 딱 한 명, 바로 저 넬리뿐이라고 생각하면서 말이지요.

저는 린턴 마님을 달래려 들지도 않았고, 그녀를 타이르는 일에 아까운 시간을 허비하지도 않았습니다.

아내의 목소리는 들을 수 없으니 이름만이라도 들을 수 있기를

갈망하는 나리의 그 애타는 한숨 소리에도, 굳이 마음을 쓰지 않았
지요.

저는 세 사람이 알아서 풀겠거니 하고 내버려두기로 단단히 마음
먹었습니다. 그 진전이 지루할 만큼 더디기는 했지만, 마침내 흐릿하
게나마 새벽빛 같은 기미가 드러나는 것을 보고 기쁘게 여겼습니다.
적어도 처음에는, 정말 그렇게 믿었지요.

사흘째 되던 날, 린턴 마님은 마침내 방문을 열었습니다. 물 주전
자며 작은 유리병에 담아 둔 물까지 몽땅 비웠다며 다시 채워 오라고
하셨지요. 그러고는 이제 정말 죽을 것 같으니 귀리죽이라도 한 그릇
내오라고 하더군요. 저는 그 말을 나리 귀에 들어가라고 일부러 내뱉
은 소리라고 여겼습니다. 저는 부인의 말을 하나도 믿지 않았기에 굳
이 나리께 알리지 않고, 그저 차와 구운 빵을 가져다드렸습니다.

린턴 부인은 가져온 음식을 허겁지겁 먹고 마시더니 다시 베개 위
로 털썩 몸을 내맡기고는 두 손을 꽉 쥔 채 신음했습니다.

"아아, 난 곧 죽을 거야. 아무도 나 같은 건 안중에도 없으니까! 아,
괜히 먹었어….”

그러고는 한참이 지난 뒤에 혼잣말로 중얼거리는 소리가 들리더군
요. "아니야, 죽지 않겠어…. 내가 죽으면 그이는 기뻐하겠지. 날 조금
도 사랑하지 않으니까…. 내가 없어져도 눈 하나 깜짝 안 할 거야!”

"뭐 시킬 거 있으세요, 마님?" 저는 부인의 송장처럼 창백한 얼굴
과 과장된 몸짓에도 겉으로는 애써 침착함을 유지하며 조심스레 물
었습니다.

그러자 마님은 수척한 얼굴에 엉겨 붙은 머리칼을 한 손으로 쓸어
올리며 외쳤습니다. "그 무심한 인간은 지금 뭐 하고 있는 거야? 혼수
상태에라도 빠졌어? 아니면 죽기라도 한 거야?"

"둘 다 아니에요, 마님." 제가 대답했습니다. "혹시 나리를 말씀하시는 거라면, 제 생각엔 아주 괜찮으십니다. 다만 공부가 나리를 너무 붙잡아두는 게 문제지요. 다른 벗이 없다 보니 요즘은 늘 책 속에만 파묻혀 지내시거든요."

린턴 부인의 상태를 제대로 알았더라면, 저는 그런 식으로 말씀드리지 않았을 겁니다. 하지만 저는 끝내 부인이 아픈 척 연기를 하고 있는 게 아닐까 하는 생각을 떨쳐 낼 수가 없었답니다.

"책에 파묻혀 있다고?" 캐서린 부인의 눈이 휘둥그레졌습니다. "나는 지금 죽어 가고 있는데! 당장에라도 무덤에 들어갈 판인데! 맙소사, 내가 어떤 지경인지 알고나 있는 거야?" 부인은 맞은편 벽에 걸린 거울을 뚫어지게 노려보며 말을 이었습니다. "저게 정말 캐서린 린턴이야? 그이는 내가 그저 토라져서 장난치는 거라고 생각하겠지. 이게 정말 장난이 아니라 심각한 상황이라고 그이한테 좀 알려 줄 수는 없겠니? 넬리, 아직 늦지 않았다면, 그이가 나를 어떻게 생각하는지 알아내는 대로, 나는 둘 중 하나를 택할 거야. 당장 굶어 죽어 버리든지—물론 그 사람 마음이 눈곱만큼도 아프지 않다면 복수도 되지 않겠지만—아니면 기운을 차리고 이 고장을 영영 떠나 버리든지. 넬리, 방금 그이에 대해 한 말, 정말 사실이야? 거짓말하면 안 돼. 내가 죽든 말든 그 사람은 정말 아무렇지도 않은 거니?"

"그럴 리가요, 마님." 제가 대답했습니다. "나리는 마님께서 정신이 혼미해지셨다고는 털끝만큼도 생각지 않으세요. 그러니 마님이 곡기를 끊고 스스로 목숨을 놓으실까 봐 염려하는 일도 없으시고요."

"정말 그래? 그럼 내가 그렇게 굶어 죽을 수도 있다고 전해 줘!" 린턴 부인이 즉각 쏘아붙였습니다. "그이가 믿을 수 있도록 말해! 네가 보기에 내가 지금 당장이라도 굶어 죽게 생겼다고!"

"안 됩니다, 마님. 벌써 잊으신 모양인데, 오늘 저녁에는 식사도 제법 맛있게 하셨잖아요." 저는 조심스레 말씀드렸습니다. "내일이면 분명 그 효과를 느끼실 거예요."

"그이가 정말 나를 따라 죽어 버릴 거라는 확신만 있다면," 린턴 부인이 제 말을 가로막으며 외쳤습니다. "난 지금 당장이라도 죽어 버릴 거야! 지난 사흘 밤은 정말 끔찍했어. 한숨도 못 잤다고. 아아, 정말 지독하게 괴로웠어! 악령에 씐 것처럼 시달렸다고! 그런데, 넬리, 너는 나를 좋아하는 것 같지 않구나. 참 이상하지? 나는 사람들이 서로 미워하고 경멸할지언정, 나만큼은 사랑하지 않고는 못 배길 줄 알았거든. 그런데 이 집 사람들은, 불과 몇 시간 만에 전부 다 내 적이 되어 버렸어. 정말이야, 확실해. 여기 있는 인간들 모두가 그래. 이 차갑디차가운 얼굴들 틈에서 죽어 간다고 생각해 봐, 얼마나 끔찍한지! 이사벨라는 내가 죽어 가는 꼴을 보는 게 무서워서 제 방에 숨어 여긴 들어오지도 못할 거야. 그리고 에드거는? 짐짓 근엄한 얼굴을 하고 내 숨통이 끊어지기만을 기다렸다가, 이 모든 일이 끝나고 나면 집안에 다시 평화가 찾아왔다고 하느님께 감사 기도나 올릴걸! 그러고는 또 그 고약한 책더미 속에 파묻히겠지! 내가 이렇게 죽어 가고 있는데 책이라니! 세상에, 그 인간한테 감정이라는 게 있긴 한 거야?"

린턴 부인은 제가 머릿속에 심어 준 '달관한 듯 체념한' 나리의 모습을 견디지 못했습니다. 몸을 이리저리 뒤척이며, 열기에 휩싸여 혼란과 불안이 걷잡을 수 없이 커지더니, 급기야 미친 듯이 베개를 물어뜯었어요. 그러고는 불덩이 같은 몸을 일으켜 세우며 저에게 창문을 열라고 소리치더군요. 하지만 한겨울이었고, 북동풍이 세차게 몰아치고 있었기에, 저는 그 요구를 거절했습니다.

그런데 부인의 얼굴에 스쳐 지나가는 표정과 감정의 변화에 저는 가슴이 덜컥 내려앉았습니다. 그제야 그녀가 예전에 앓았던 병과, 의사가 절대로 그녀의 성미를 거슬러서는 안 된다고 엄중히 경고했던 일이 떠올랐습니다.

불과 1분 전까지만 해도 사납게 날뛰던 린턴 부인은 어느새 한쪽 팔을 짚고 비스듬히 누워 있었습니다. 제가 창문을 열지 않은 것은 안중에도 없다는 듯, 조금 전 자신이 짓이겨 놓은 베갯속에서 깃털을 뽑아 하나씩 늘어놓으며 아이처럼 장난을 치기 시작했습니다. 심지어 깃털을 종류에 따라 가지런히 펼쳐 놓기까지 했지요. 정신은 이미 전혀 다른 곳으로 흘러가 버린 듯했습니다.

"이건 칠면조 깃털이네." 캐서린이 혼잣말하듯 속삭였습니다. "이건 들오리 깃털, 이건 비둘기 깃털*. 아하, 베개 속에 비둘기 깃털이 들어 있었네. 어쩐지 죽질 않더라니! 자기 전에 바닥에 몽땅 쏟아 버려야지. 그리고 이건 들꿩 깃털이고, 그리고 이건 물떼새야. 깃털이 천 개 있어도 나는 단번에 알아볼 수 있어. 참 어여쁜 새지…. 황야 한복판에서 우리 머리 위를 빙그르르 돌았어. 아마 둥지로 돌아가고 싶어서 그랬을 거야. 구름이 언덕에 내려앉으니 곧 비가 올 줄 알고…. 이 깃털은 황야의 히스 덤불 사이에서 주워 온 거야. 저 새는 사냥한 게 아니야. 겨울에 둥지를 보니까 조그만 뼈들이 잔뜩 있었어. 히스클리프가 그 위에 덫을 놓는 바람에 어미 새들이 감히 다가오지 못했던 거야. 그래서 내가 히스클리프한테 다시는 물떼새를 쏘지 않겠다는 약속을 받아 냈고…. 그 애는 정말 그 약속을 지켰어. 어머, 여기 더

* 서구 민담에는 비둘기(혹은 야생 조류)의 깃털이 든 베개를 베고 있으면 죽음이 늦춰지거나 영혼이 몸을 떠나지 못해 고통이 길어진다는 미신이 있다. 캐서린은 자신의 죽음을 가로막는 장애물로 이 깃털을 지목하며 괴로워한다.

있네! 넬리, 히스클리프가 내 물떼새들을 쏴 버린 건 아니겠지? 이 중에 붉은 깃털이 있나? 한번 보자."

"그만 좀 하세요, 애들 장난도 아니고!" 저는 린턴 부인이 한 움큼씩 베갯속을 파헤치고 있기에, 베개를 낚아채 구멍 난 부분을 밑으로 홱 돌려놓으며 말했습니다. "누워서 눈 좀 붙이세요. 지금 정신이 오락가락하잖아요. 이런, 이게 다 뭐람. 깃털이 눈처럼 사방으로 날아다니잖아요." 저는 방 안을 이리저리 바삐 움직이며 깃털을 주워 담았습니다.

캐서린은 몽환적인 목소리로 다시 말을 이었습니다. "넬리, 지금 내 눈엔 네가 늙은 여자처럼 보여. 머리는 희끗희끗하고 어깨도 구부정하고. 이 침대는 페니스턴 절벽 아래 요정들의 동굴이고, 넌 우리 암소들을 해치려는 요정의 화살촉을 모으고 있어. 하지만 내가 옆에 있을 땐, 그저 양털을 줍는 척할 뿐이지. 50년 뒤면 넌 꼭 그렇게 될 거야. 지금은 그런 모습이 아니라는 걸 나도 알아. 내 정신이 오락가락하는 게 아니야. 넌 착각하고 있는 거야. 정말 오락가락했다면, 너를 저 꼬부랑 할망구로 보았을 테고, 나도 진짜 페니스턴 절벽 아래에 있다고 믿었겠지. 지금은 밤이라는 것도, 탁자 위에 초가 두 개 켜져 있는 것도 알고 있어. 그 불빛에 저 검은 옷장이 마치 흑옥처럼 반짝이는 것도 알고 있고."

"검은 옷장? 그게 어디 있는데요?" 제가 물었습니다. "잠꼬대하고 있군요!"

"원래 있던 대로 벽 쪽에 있잖아." 린턴 부인이 대답했습니다. "이상하네, 저기에 얼굴이 보여!"

"이 방에는 옷장이 없어요. 원래도 없었고요." 저는 자리에 다시 앉으면서 침대 커튼을 들어 올려, 린턴 부인을 지켜보았습니다.

"저 얼굴 안 보여?" 린턴 부인이 거울을 뚫어지게 바라보며 물었습니다.

그것이 거울 속에 비친 자기 얼굴이라고 아무리 설명해도, 린턴 부인은 받아들이지 못했습니다. 결국 저는 일어나 거울을 숄로 덮어 버렸습니다.

"아직도 저기 뒤에 있어!" 린턴 부인이 불안하게 말을 이었습니다. "움직였어. 누구지? 네가 나간 뒤에 밖으로 나오면 어쩌지! 아아, 넬리, 방 안에 귀신이 있는 것 같아! 혼자 있기 싫어!"

저는 린턴 부인의 손을 잡고 진정하라고 말했습니다. 온몸을 부들부들 떨면서도 기를 쓰고 거울을 뚫어지게 쳐다보고 있었으니까요.

"여긴 아무도 없어요!" 제가 단호하게 말했습니다. "그건 부인 자신이잖아요, 아까부터 알고 있었잖아요!"

"나, 나였다고?" 린턴 부인이 숨을 헐떡이며 말했습니다. "지금 시계가 12시를 치고 있어! 진짜였구나, 끔찍해!"

린턴 부인이 손에 잡힌 천을 움켜쥐더니 얼굴 위로 끌어올렸습니다. 저는 부인의 남편을 불러와야겠다는 생각에 문 쪽으로 살금살금 다가가려 했지만, 날카로운 비명 소리에 소스라쳐 발걸음을 돌렸습니다. 거울을 가리고 있던 숄이 바닥에 떨어져 있었습니다.

"어머, 대체 왜 그래요?" 제가 외쳤습니다. "겁쟁이처럼 왜 그러는 거죠? 정신 차려요! 저건 유리, 바로 거울이잖아요. 거울 속에 보이는 건 부인이고, 그 옆에 제가 있잖아요."

린턴 부인은 어리둥절한 표정으로 몸을 부들부들 떨면서 저를 꼭 붙들었습니다. 곧이어 공포의 그림자가 서서히 걷히더니 창백했던 얼굴이 부끄러움으로 붉어졌어요.

"아아, 세상에…. 우리 집인 줄 알았어." 린턴 부인이 길게 숨을 내쉬었습니다. "워더링 하이츠에 있는 내 침대에 누워 있다고 착각했어. 몸이 너무 약해져서 정신이 흐려졌나 봐. 나도 모르게 소리를 질렀네. 아무 말도 하지 말고 그냥 옆에 있어 줘. 잠들기가 두려워. 꿈이 너무 끔찍해서 진저리가 나."

"한잠 자고 나면 몸도 마음도 훨씬 나아질 거예요." 제가 말했습니다. "이렇게 고생했으니 이제 다시는 굶는 일 없게 하세요."

린턴 부인은 눈물범벅이 된 얼굴로 가만히 누워 있었습니다. 기진 맥진해서인지 기운도, 고집도 다 꺾여 있었지요. 한때 불같이 날뛰던 우리 캐서린이, 그 순간만큼은 영락없는 울보 어린애 같았습니다.

"내가 여기 틀어박힌 지 얼마나 됐지?" 캐서린이 갑자기 정신을 가다듬으며 물었습니다.

"그때가 월요일 저녁이었고, 지금은 목요일 밤… 아니, 벌써 금요일 새벽이네요." 제가 대답했습니다.

"뭐? 일주일도 안 지났다고? 고작 며칠이라고?" 린턴 부인이 놀라 외쳤습니다.

"찬물에 속만 태우며 버틴 걸 생각하면, 그 며칠도 꽤 긴 거죠." 제가 말했습니다.

"끝을 알 수 없을 만큼 지루하게 흘러간 시간이었어." 캐서린이 어딘가 확신이 없는 목소리로 중얼거렸습니다. "그렇게 짧았을 리가 없어. 두 사람이 다투고 나서 내가 응접실에 갔었던 건 기억나. 에드거는 잔인하다 싶을 만큼 내 신경을 긁어 댔고, 나는 더는 견디지 못하고 이 방으로 뛰어 들어왔지. 문을 걸어 잠그는 순간, 눈앞이 순식간에 암흑처럼 캄캄해지더니 그대로 바닥에 고꾸라졌어. 그이가 계속 날 그렇게 몰아붙이면, 정말 발작을 일으키든 미쳐 버릴 것 같다고 에드거에게 설명할 수도 없었어. 혀도, 생각도 내 의지대로 움직여 주질 않았거든. 그이는 내 고통을 눈치조차 못 챘겠지. 정신이 아득해질 지경이었어. 에드거와 에드거의 목소리가 닿지 않는 곳으로 도망쳐야 한다는 생각만이 간신히 나를 붙들고 있었지. 겨우 정신을 차리고 제대로 보고 들을 수 있게 되었을 때는 벌써 새벽빛이 들고 있었어. 넬리, 그때 스쳤던 생각이 지금까지도 머릿속을 떠나질 않아. 자꾸 되살아나서 정말 내가 미쳐 가는 게 아닌가 싶을 정도야. 바닥에 쓰러져 머리를 저 테이블 다리에 대고 누워 있을 때였어. 잿빛의 네모난 창문틀이 흐릿하게 시야에 들어왔지. 그 순간, 나는 내가 옛집의 참나무 장 침대 안에 누워 있다고 생각했어. 잠에서 막 깨어났는데, 가슴 한복판에 형언할 수 없는 커다란 슬픔이 밀려왔지만, 왜 그런지는 도무지 기억나지 않았어. 이유를 찾으려고 필사적으로 머릿속을 뒤졌지만, 이상하게도 지난 7년의 기억이 통째로 잘려 나간 듯 텅 비어 있었어! 나는 다시 어린애였어. 아버지가 돌아가신 직후였지. 마음을 짓누르는 깊은 슬픔은 힌들리 오빠가 나와 히스클리프를 갈라놓은 탓이었어. 처음으로 혼자 침대에 누워 밤새 울며 뒤척이다가 음울한 선잠에서 깨어났지. 몸을 일으켜 판자 미닫이를 열려고 손을 뻗었는데, 내 손이 닿은 건 미닫이가 아니라 테이블의 윗면이었어. 힘없이 미끄러진 손이 카펫 위를 스치는 순간, 잃어버린 기억들이 해일처럼 밀려왔지. 히스클리프와 떨어져 지내야 했던 슬픔은 순식간에 더 깊은 절망감 속으로 침잠해 버렸지. 왜 그렇게 미칠 듯이 괴롭고 비참했는지 모르겠어. 아마 일시적인 정신착란이었겠지. 딱히 불행할 이유가 있었던 것도 아니니까. 하지만 상상해 봐. 열두 살의 내가 워더링 하이츠에서 생살이 뜯겨 나가듯 강제로 떨어져 나와야 했다면 어땠을지. 그곳에서의 모든 추억과 그때 내 삶의 전부였던 히스클리프한테서까지 떨어뜨려 놓은 채로, 하루아침에 린턴 부인이 되어 스러시크로스 그레인지의 안주인이자 낯선 남자의 아내가 되어 버렸다면, 그때부터 내가 알던 세계에서 영영 쫓겨난 망명자 신세가 되었다면, 그렇다면 그 심정이 어땠을지 상상해 보란 말이야. 그럼, 내가 얼마나 깊은 구렁텅이에 빠져 있는지 너도 조금은 짐작할 수 있겠지! 넬리, 그렇게 계속 고개만 저어도 소용없어. 너도 나를 이 지경으로 만드는 데 한몫했잖아! 에드거한테 말했어야지, 정말이지 말했어야 했어. 나를 좀 내버려두라고, 말리기라도 했어야지! 아아, 몸이 너무 뜨거워! 밖으로 나가고 싶어! 다시 어린애가 되고 싶어. 다시 예전처럼, 마음 내키는 대로, 무모하고, 자유로웠던 아이로 돌아가고 싶어. 상처를 받아도 웃어넘기던, 분노에 미쳐 버리지 않았던 그때로! 왜 내가 이렇게 변해 버린 걸까? 왜 고작 몇 마디 말에 피가 거꾸로 솟구치는 거냐고? 저 언덕 위, 히스가 무성한 황야에만 나가면, 예전의 나로 돌아갈 수 있을 것 같아. 창문 다시 활짝 열어 줘! 닫히지 않게 꽉 붙들어! 빨리, 왜 멍하니 서 있어?”

“감기에 걸려 죽게 놔둘 수는 없으니까요.” 제가 대답했습니다.

“내가 살 기회를 안 주겠다는 거네.” 린턴 부인이 심술궂게 쏘아붙였습니다. “하지만 나라고 아직 힘이 하나도 없는 건 아니야. 내가 직접 열고 말 거야.”

그녀는 말릴 틈도 없이 침대에서 미끄러지듯 내려와 비틀거리며 창가로 향했습니다. 그러고는 단숨에 창문을 열어젖히더니, 어깨를 에는 듯한 한겨울의 칼바람에도 아랑곳하지 않고 몸을 내밀었습니다.

저는 애원하다가, 끝내 억지로라도 돌려세우려 했지만, 곧 깨달았습니다. 제정신이 아닌 사람의 괴력을 제 힘으로는 도저히 당해 낼 재간이 없다는 것을요. (그 뒤로 이어진 그녀의 행동과 중얼거림을 보며, 저는 그녀가 분명히 정신착란 상태에 빠졌음을 확신했습니다.)

달빛조차 없어, 세상은 온통 안개 같은 어둠에 덮여 있었어요. 가까운 곳이든 먼 곳이든 불빛 하나 새어 나오는 집이 없었습니다. 마을의 불은 진작에 꺼진 지 오래였습니다. 워더링 하이츠의 불빛이 여기서 보일 리 만무했지만, 린턴 부인은 그 불빛이 선명하게 보인다며 우기고 있었습니다.

"봐!" 그녀가 잔뜩 들뜬 목소리로 외쳤습니다. "저기, 내 방 창가에 촛불이 켜져 있고, 그 앞에서 나무들이 흔들리고 있잖아. 그리고 저쪽에 보이는 건 조지프의 다락방 불빛이고⋯. 조지프는 늘 밤늦게까지 깨어 있잖아? 내가 돌아오면 대문을 걸어 잠그려고 기다리는 거야. 하지만 아직은 한참은 더 기다려야 할걸. 그 길은 아주 험하거든. 마음이 슬픈 사람에게는 더더욱 힘든 길이고. 게다가 그 길로 집에 가려면 기머턴 교회를 지나야 하잖아! 우린 교회 묘지를 지날 때마다 유령의 공포를 함께 이겨 냈고, 묘지 한가운데에 서서 유령을 불러 보라고 서로 부추기기도 했지. 하지만, 히스클리프, 지금 내가 다시 하라고 하면, 넌 할 수 있겠니? 네가 그렇게만 해 준다면 나는 너를 꼭 붙잡고 놓아주지 않을 거야. 나 혼자 그곳에 누워 있지는 않을 거야. 사람들이 나를 깊은 땅속에 파묻고, 그 위에 교회를 통째로 세워 올린다 해도, 너 없이는 편히 잠들지 못해, 절대로!"

잠시 침묵하던 린턴 부인이 기괴한 미소를 지으며 말을 이어 갔습니다. "히스클리프가 생각해 보겠대. 차라리 나더러 자기한테 오라던데! 그럼 길을 찾아, 교회 묘지를 지나가는 길 말고. 넌 느려! 투덜대지 마. 넌 늘 내 뒤를 따라다녔잖아!"

린턴 부인이 제정신이 아님을 깨달은 저는 입씨름을 해 봐야 부질없다는 것을 알았습니다. 어떻게 하면 그녀를 붙잡은 채 몸을 감쌀

만한 것을 찾을 수 있을지 궁리하고 있었죠. 열린 창가에 그녀를 혼자 내버려둘 수는 없었으니까요. 바로 그때, 문손잡이가 덜컹거리는 소리에 저는 대경실색했습니다. 린턴 나리가 들어오더군요. 서재에서 나와 복도를 지나던 나리가 우리의 목소리를 듣고, 이 늦은 밤에 대체 무슨 일인가 싶어 호기심 반 두려움 반으로 들여다본 것이었어요.

"나리!" 제가 먼저 소리쳤습니다. 눈앞의 광경과 방 안의 싸늘한 공기에 놀란 나리의 입에서 고함이 터져 나오려던 참이었거든요. "마님이 병이 나서 제가 감당이 안 됩니다. 도저히 제 힘으로는 어찌할 도리가 없어요. 제발 오셔서 마님에게 침대로 가시라고 말씀해 주세요. 노여움은 잠시 잊으시고요, 마님이 얼마나 고집을 부리시는지…."

"캐서린이 아프다고?" 나리가 우리 앞으로 다급히 걸어오며 말했습니다. "창문 닫아, 엘런! 캐서린! 어쩐…." 린턴 나리는 말문이 막혔습니다. 아내의 초췌한 몰골에 큰 충격을 받아 할 말을 잃은 채 경악한 얼굴로 그녀와 저를 번갈아 바라볼 뿐이었지요.

"마님이 여기서 혼자 속을 끓이셨나 봐요." 제가 말을 이었습니다. "거의 아무것도 입에 대지 않으시고, 한마디도 하시지 않았습니다. 오늘 저녁까지 누구도 방에 들이려 하지 않으셨고, 저희도 마님 상태를 알지 못해 나리께 말씀드릴 수 없었답니다. 하지만 별일 아니에요."

저도 제가 늘어놓는 설명이 어색하다고 생각할 즈음, 나리도 얼굴을 찌푸렸습니다. "별일 아니라고, 엘런 딘?" 나리가 엄하게 말씀하셨습니다. "이 지경이 되도록 내가 모르게 둔 까닭을 제대로 설명해 봐!" 그리고 나리는 아내를 품에 안고서 괴로운 표정으로 바라보았습니다. 처음에는 린턴 부인이 나리를 알아보지 못하는 듯했습니다. 정신이 온통 딴 데 팔려 자기 남편이 눈앞에 있다는 것조차 의식하지 못했던 거예요. 하지만 그 정신착란도 오래가지는 않았습니다. 창밖의 어둠을 응시하던 눈이 점차 남편에게로 향하더니, 마침내 자신을 품에 안고 있는 사람이 누구인지 똑똑히 알아차리게 되었습니다.

"아! 왔군요, 에드거 린턴!" 린턴 부인이 성난 빛으로 쏘아붙였어요. "당신은 원치 않을 때는 달라붙어 있고, 정작 필요할 때는 그림자도 없는 사람이지! 이제 보나 마나 이 집안에 통곡 소리가 넘쳐나겠지. 두고 봐요. 하지만 아무리 울고불고해도, 내가 저 밖에 있는 내 좁은 집으로 가는 길을 막을 수는 없어. 봄이 가기 전에 내가 반드시 가게 될 나만의 안식처! 바로 저기야. 린턴가 사람들이 묻힌 교회 지붕 아래가 아니라, 들바람 부는 탁 트인 자리, 묘비 하나 덩그러니 서 있는 그곳. 당신은 마음대로 해요, 그들 곁으로 가든, 내게 오든!"

"캐서린, 이게 대체 어떻게 된 일이에요?" 나리가 입을 열었습니다. "난 이제 당신에게 아무것도 아닌가요? 당신이 사랑하는 사람이 그 천하의 비열한 히스…."

"쉿!" 린턴 부인이 나리의 말을 가로막았어요. "쉿, 지금 당장! 그 이름을 입에 담기만 해도 나는 이 창문으로 바로 뛰어내릴 거야! 지금 당신 손에 붙잡힌 내 육신은 마음대로 해. 하지만 내가 다시 당신 손에 닿을 즈음엔 내 영혼은 이미 저 언덕 위에 가 있을 거야. 나는 당신이 필요하지 않아, 에드거. 이제는 정말 아무것도 원하지 않아. 서재로 돌아가. 책이라도 붙들어. 당신에게 위안거리가 하나라도 남아 있다니 차라리 다행이야. 당신 것이었던 나는 이제 사라졌으니까."

"마님이 정신이 오락가락하세요, 나리." 제가 얼른 끼어들었습니다. "오늘 저녁 내내 엉뚱한 말씀만 하셨거든요. 하지만 조용히 안정을 취하게 하고 제대로 살피면 곧 회복되실 겁니다. 앞으로는 마님의 마음을 어지럽히지 않도록 조심하는 게 좋겠어요."

"이제 자네의 충고 따위는 듣고 싶지 않네." 나리가 대답했습니다.

"자네는 안주인의 성미를 잘 알면서도, 나를 부추겨 마님을 괴롭혔어. 게다가 지난 사흘 동안 안주인의 상태가 어떤지 귀띔 한 번 해 주지 않았지. 이런 인정머리 없는 사람 같으니! 몇 달을 앓아눕는다고 해도 사람이 이렇게 변할 수는 없네!"

저는 억울한 마음에 변명을 늘어놓기 시작했습니다. 누군가의 심술궂은 고집 때문에 제가 탓을 들어야 한다니, 참으로 기가 막힐 노릇이었거든요.

"마님 성격이 고집불통에 고압적이라는 것은 저도 알고 있었어요. 하지만 나리가 마님의 사나운 성미를 일부러 부추기려 한 줄은 몰랐습니다! 마님의 비위를 맞추기 위해 히스클리프를 못 본 척 눈감아 줘야 한다는 것도 몰랐고요! 저는 주인님께 사실대로 보고함으로써 충직한 고용인으로서의 도리를 다했을 뿐인데, 돌아오는 건 결국 하인이나 받는 처량한 대접뿐이군요! 좋습니다, 이번 일이 좋은 교훈이 되겠네요. 앞으로는 저도 조심하겠습니다. 다음번에 무슨 일이 생기면, 그때는 주인님께서 직접 정보를 수집하시든 마음대로 하십시오!"

"한 번만 더 나한테 고자질이란 걸 했다간 자넨 이 집에서 나가야 할 거야, 엘런 딘!"

나리가 엄하게 말했습니다.

"그렇다면 나리는 차라리 아무것도 듣고 싶지 않다는 말씀이로군요?" 제가 곧바로 받아쳤습니다. "히스클리프가 아가씨에게 치근덕거리든, 나리가 안 계실 때마다 들락거리며 마님 앞에서 나리를 헐뜯어 그 마음을 나리에게서 멀어지게 하든 전부 모른 척해도 괜찮다는 말씀이시죠?"

캐서린은 정신이 어지러웠지만, 우리의 대화를 곱씹어 자기에게 맞게 써먹을 만큼은 의식이 또렷했습니다.

"아! 넬리가 배신자였구나!" 캐서린이 격렬하게 소리쳤습니다. "넬리가 나의 숨은 적이었어. 이 마녀 같은 것! 우리를 해치려고 요정의 화살촉을 찾고 있구나! 이거 놔! 가만 안 둬! 울면서 잘못했다고 빌게 해 줄 거야!"

미치광이의 분노가 그녀의 눈썹 아래에서 활활 타올랐고, 캐서린은 나리의 품에서 벗어나려고 필사적으로 몸부림쳤습니다. 저는 이 광란을 끝까지 지켜보고 싶지 않았습니다. 그래서 누가 시키지도 않았는데도, 의사를 불러와야겠다는 생각에 방을 빠져나왔습니다.

정원을 지나 큰길로 나서려는데, 말굴레를 거는 고리가 박힌 벽 근처에서 희안 무언가가 불규칙하게 움직이는 게 보였습니다. 분명 바람에 흔들리는 것은 아니었습니다. 물론 발걸음을 재촉해야 하는 긴박한 상황이었지만, 혹여 나중에라도 이 잔상이 내 상상 속에서 유령처럼 각인될까 봐 잠시 걸음을 멈추고 살펴보았습니다.

그 순간 제가 느낀 놀라움과 당혹감은 이루 말할 수 없었습니다. 눈이 아닌 손으로 확인한 결과, 이사벨라 양의 스프링어 스패니얼종 애완견인 패니가 손수건에 매달려 거의 숨이 넘어가기 직전이더군요.

저는 황급히 개를 풀어 정원에 내려놓았어요. 분명 자기 주인이 잠자러 올라갈 때 따라 올라가는 것을 봤던 터라 어떻게 여기까지 나와 있는 것인지, 또 누가 이런 장난을 친 것인지 몹시 궁금했습니다.

벽고리에 칭칭 감긴 매듭을 풀고 있는 동안, 멀리서 질주하는 말발굽 소리가 쉼 없이 들려오는 듯했어요. 그러나 머릿속이 온통 복잡한 생각들로 가득 차 있어서 그 소리에는 거의 신경을 쓰지 못했지요. 새벽 2시에 이 근방에서 들려오는 소리치고는 이상하긴 했지만요.

제가 길을 걷던 중 다행히 마을로 환자를 보러 나오던 케네스 씨와 마주쳤습니다. 캐서린 린턴의 병세를 설명하자, 그는 지체 없이 저를 따라나섰습니다.

케네스 씨는 솔직하고 거친 사람이었어요. 그는 조금도 망설이지 않고, 캐서린이 지난번처럼 그의 지시에 고분고분 따르지 않는다면, 이번 발작을 무사히 넘기기 어려울 거라고 말했습니다.

"엘런 딘," 케네스 씨가 말했습니다. "이번 발작에는 분명 다른 원인이 있어 보이는데, 대체 그레인지에서 무슨 일이 있었던 건가? 이 근방에 이상한 소문이 돌더군. 캐서린처럼 건강하고 쾌활한 아가씨가 사소한 일로 쓰러질 리 없네. 이런 부류는 한번 앓아누우면 일이 더 커지기 마련이야. 열병이라도 걸려 버리면 이겨 내기가 아주 고역인데, 이번에는 어떻게 시작된 거야?"

"나리가 직접 말씀해 주실 거예요." 제가 대답했습니다. "하지만 언쇼 집안 사람들이 얼마나 격한지 아시잖아요. 그중에서도 린턴 부인이 유독 심하고요. 이것 하나는 말씀드릴 수 있겠네요. 시작은 말다툼이었어요. 린턴 부인이 격분해서 길길이 날뛰다 발작을 일으킨 거죠. 적어도 본인 말로는 그렇습니다. 화가 머리끝까지 치밀어 방으로 뛰어 들어가 문을 걸어 잠가 버렸거든요. 그 후로는 거의 아무것도 입에 대지 않았고, 지금은 한순간 횡설수설하다가도 다음 순간엔 비몽사몽인 듯 멍해져 있는 상태예요. 주위 사람들은 알아보지만, 속은 온갖 기괴한 생각과 망상으로 가득 차 있고요."

"린턴 나리가 상심이 크겠군?" 케네스 씨가 내 속을 떠보듯 물었습니다.

"상심뿐이겠어요? 부인께 무슨 일이라도 생기면 가슴이 미어지실 거예요!" 제가 단호하게 대답했습니다. "그러니 괜한 소리로 더 겁주지 마세요."

"거참, 내가 조심하라고 그리 일렀건만." 케네스 씨가 툭 내뱉었습니다. "내 경고를 무시해서 생긴 일이니 어쩌겠나, 그 뒤탈도 본인이 떠안는 수밖에! 그런데 린턴 씨가 요즘 히스클리프 씨하고 가깝게 지낸다던데?"

"히스클리프가 그레인지에 자주 드나들긴 하죠." 제가 대답했습니다. "하지만 나리가 그자를 좋아해서가 아니라, 순전히 안주인이 어릴 적부터 알고 지낸 사이라 어쩔 수 없이 들인 것뿐이에요. 그런데 이제는 그것도 끝이네요. 히스클리프가 주제넘게 이사벨라 양을 넘보다가 나리께 완전히 미움을 샀거든요. 다시 발을 들일 일은 아마 없을 거예요."

"이사벨라 양은 히스클리프를 쌀쌀맞게 대하나?" 의사가 곧장 다음 질문을 던졌습니다.

"저는 이사벨라 양과 속을 터놓는 사이가 아니라서요." 저는 이 말을 끝으로 더는 말을 잇지 않았습니다.

"그렇겠지, 워낙 엉큼한 아가씨니까." 케네스 씨가 고개를 저으며 말했습니다. "자기 속내를 아무에게도 내보이지 않으니 말이지. 하지만 참 어수룩한 구석도 있어. 믿을 만한 소식통한테 들은 얘긴데, 간밤에—정말 아름다운 밤이었지—이사벨라 양과 히스클리프가 그레인지 뒤편 숲에서 두 시간 넘게 산책을 했다더군. 히스클리프가 이사벨라 양에게 다시 집에 돌아가지 말고 당장 자기하고 같이 말을 타고 떠나자고 졸랐다지 뭔가. 소식통 말로는, 이사벨라 양이 다음 만남 때 그렇게 하겠다고 맹세하고서야 간신히 그자를 달래 돌려보낼 수 있었다더군. 정확한 때가 언제인지는 듣지 못했네만, 자네가 린턴 씨에게 두 눈 부릅뜨고 지켜보라고 일러 주는 게 좋겠어!"

이 소식을 듣자 제 마음은 새로운 걱정거리로 가득 찼습니다. 저는 케네스 씨를 앞질러 거의 달음박질치듯 집으로 돌아왔어요. 그 작은 개는 정원에서 아직도 깽깽거리고 있더군요. 대문을 열고 잠시 멈춰 서서 안으로 들여보내려 했지만, 개는 집 안으로 들어가려 하지 않고 풀밭 여기저기를 킁킁대며 돌아다녔습니다. 제가 얼른 붙잡아 안으로 데리고 들어가지 않았더라면 큰길 쪽으로 달아날 뻔했어요.

위층으로 올라가 이사벨라 양의 방에 들어서는 순간, 제 의혹은 사실로 드러났습니다. 방은 비어 있었어요. 제가 단 몇 시간만이라도 일찍 도착해서 린턴 부인의 위중한 병세를 전했더라면 이사벨라 양의 그 무모한 결행을 막을 수 있었을 텐데…. 하지만 일이 벌어진 이상 제가 할 수 있는 게 뭐가 있겠습니까? 당장이라도 뒤쫓는다면—아주 희박하긴 해도—겨우 따라잡을 가능성이 전혀 없는 건 아니었지요. 하지만 저는 그들을 뒤쫓을 수도 없었고, 온 집안을 깨워 소란을 일으킬 엄두도 나지 않았지요. 더욱이 눈앞의 불행한 변고에 여념이 없었던지라 두 번째 재난에까지 마음을 내줄 여력이 없었으니까요.

결국 제가 할 수 있는 일이라곤 입을 굳게 닫고 사태가 흘러가는 대로 내버려두는 것뿐이었습니다. 케네스 씨가 도착하자, 저는 미처 감정을 추스르지 못한 얼굴로 케네스 씨를 맞이하러 나섰습니다.

캐서린은 어지러운 잠에 빠져 있었어요. 남편이 아내의 광기를 용케 진정시킨 모양이더군요. 나리는 베개에 몸을 기댄 채, 아내의 얼굴에 스치는 섬세한 표정과 매 순간 바뀌는 고통스러운 감정을 하나도 놓치지 않고 살피고 있었습니다. 의사가 환자를 직접 살핀 뒤, 남편에게는 환자가 절대적으로 안정을 취할 수 있도록 주의를 기울인다면, 다행히 병세가 호전될 가망이 있다는 희망적인 말을 건넸습니다. 저에게는, 지금 가장 큰 위험은 죽음이 아니라 영구적인 정신 손상일 수 있다는 점을 귀띔해 주었지요.

그날 밤, 저는 단 한시도 눈을 붙이지 못했습니다. 나리 또한 마찬 가지였지요. 사실 우리 모두는 아예 자러 갈 생각조차 하지 않았습니다. 하인들은 평소보다 훨씬 일찍 일어났고, 발소리를 죽인 채 집 안을 살금살금 돌아다니며 서로 마주칠 때마다 소곤소곤 이야기를 나누었지요. 모두가 분주히 움직였지만, 오직 이사벨라 양만 보이지 않았습니다. 하인들 사이에서는 그녀가 얼마나 깊이 잠들었는지에 대해 수군거리기 시작했고, 나리는 여동생이 일어났는지를 물었습니다. 오빠는 누이동생이 어서 나오기를 초조하게 기다리는 듯했고, 올케를 걱정하지 않는 여동생의 태도에 내심 못마땅해하는 기색이었습니다.

저는 혹여 나리가 저에게 이사벨라 양을 불러오라 시킬까 봐 두려움에 떨었습니다. 하지만 천만다행으로, 이사벨라 양의 야반도주 소식을 제 입으로 처음 전해야 하는 불행만은 피할 수 있었습니다. 아침 일찍 기머턴에 심부름을 다녀온 생각 없는 하녀 애 하나가, 입을 딱 벌리고 헐떡거리며 위층 방으로 달려 올라와 이렇게 외쳤기 때문입니다.

"세상에, 세상에! 이게 또 무슨 일이람? 나리, 나리, 저희 아가씨가…"

"조용히 해!" 제가 재빨리 소리쳤습니다. 하녀 애의 호들갑이 화를 돋웠거든요.

"메리, 목소리 좀 낮춰. 무슨 일이야? 이사벨라가 어떻다는 거지?" 나리가 물었습니다.

"가, 가 버렸어요! 저기, 히스클리프랑 홀랑 달아났다고요!" 하녀 애가 헐떡였습니다.

"말도 안 돼!" 나리는 경악한 나머지 자리에서 벌떡 일어섰습니다.

"그럴 리가 없어. 무슨 생각으로 그런 말을 하는 건가? 엘런 딘, 당장 가서 이사벨라를 찾아봐! 믿을 수 없네, 절대로 그럴 리 없어!"

나리는 이렇게 말하며 하녀를 문 앞으로 데려가서는, 그런 망측한 말을 하게 된 이유를 재차 물었습니다.

"그게, 여기로 우유를 배달해 주는 애를 길에서 만났는데요." 하녀 애가 더듬거리며 말했습니다. "그런데 그 애가 '그레인지에 난리 났지?' 하고 묻더라고요. 저는 마님이 아프신 걸 말하는 줄 알고 그렇다고 대답했죠. 그랬더니 그 애가 말하길 '쫓아간 사람이 있었겠지?' 하대요. 저는 깜짝 놀랐죠. 제가 아무것도 모른다는 걸 눈치챘는지 그 애가 이어서 말하길, 한 신사와 숙녀분이 기머턴에서 2마일 떨어진 대장간으로 말굽에 편자를 박으러 왔었대요. 자정을 조금 넘긴 시간이었는데, 그들이 누군지 그 대장간 딸이 몰래 살펴보다가 단번에 알아봤다는군요. 남자가 편자값으로 제 아버지의 손에 1파운드짜리 금화를 쥐어 주는데, 히스클리프가 틀림없었대요. 누가 그 사람을 못 알아보겠어요. 숙녀분은 얼굴에 망토를 뒤집어쓰고 있었는데, 물을 달라고 하여 한 모금 마시려다 망토 자락이 흘러내리는 바람에 얼굴이 똑똑히 보였대요. 히스클리프가 고삐 두 개를 움켜쥐고는 둘이서 말을 타고 떠났는데, 읍내 반대 방향으로, 울퉁불퉁한 길을 따라 전력질주하더랍니다. 그 집 딸이 자기 아버지에게는 아무 말도 안 하고 입을 꾹 다물고 있다가 오늘 아침 기머턴에 가서 이 소문을 쫙 퍼뜨렸나 봐요."

저는 형식적으로나마 이사벨라 양의 방으로 달려가서 들여다보았습니다. 그러고는 돌아와서 하녀의 말이 사실임을 확인해 주었지요. 나리는 침대 머리맡에 앉아 계셨는데, 제가 다시 들어서자 저의 명한 표정에서 모든 것을 읽어 내신 듯했습니다. 그저 짧은 눈길만 던지셨을 뿐, 아무런 말도, 그 어떤 지시도 없이 시선을 떨어뜨리더군요.

"무슨 수를 써서라도 쫓아가 데려와야 하지 않을까요?" 제가 물었습니다. "저희는 어쩌면 좋죠?"

"자기 발로 나갔어." 나리가 대답했습니다. "떠나고 싶으면 떠날 권리가 있지. 더는 이사벨라 일로 나를 힘들게 하지 말게. 이제부터 그 애는 내게 이름뿐인 여동생이니까. 내가 그 애와 연을 끊은 게 아니라, 그 애가 나와 연을 끊은 거야."

이 일에 대해 나리가 한 말은 그게 전부였습니다. 저에게 그녀의 새집이 어디인지 알게 되는 즉시 집에 있는 그녀의 물건을 모두 보내라는 지시 외에는, 더 이상 아무 질문도 하지 않았고, 어떤 식으로든 이사벨라를 입에 올리지도 않았습니다.

13장

　두 달 동안 그 도망자들은 모습을 드러내지 않았습니다. 그리고 그 두 달 동안, 린턴 부인은 이른바 '뇌척수염'이라 불리는 병의 가장 험한 고비를 겪고도 끝내 버텨 냈습니다. 에드거 씨는 외동아이를 돌보는 어머니처럼, 아니 그보다도 더 지극정성으로 부인을 보살폈습니다. 밤낮으로 곁을 지키며, 예민해진 신경과 불안정한 정신이 쏟아 내는 온갖 짜증과 성가심도 말없이 받아 내셨지요. 케네스 씨는, 에드거 씨가 가까스로 건져 낸 이 목숨이 앞으로는 그 애씀을 갚기는커녕 끝없는 근심거리가 될 거라고—실은, 그렇게 건강과 기력을 죄다 쏟아 지켜 낸 것이 온전한 삶이라기보다는 예전의 빛을 잃고 겨우 버티는 몸에 지나지 않는다고—우려를 표하긴 했습니다. 그렇지만 캐서린 부인의 생명이 위태로운 고비를 넘겼다는 말을 들은 순간, 에드거 씨는 그 어떤 말로도 다 못 할 감사와 기쁨을 느꼈습니다. 나리는 매시간 아내의 머리맡을 지키며, 조금씩 되돌아오는 기운을 눈으로 좇아가며, 부인의 마음도 머잖아 제자리를 찾아 예전의 그 쾌활했던 캐서린으로 완전히 돌아오리라는—다소 지나친—희망을 품곤 하셨지요.

캐서린이 처음 방에서 나온 것은 이듬해 3월이 막 시작될 무렵이었습니다. 린턴 나리가 아침에 황금빛 크로커스*를 한 줌 꺾어 부인 베개 위에 놓아둔 날이었지요. 잠에서 깨어난 부인은 꽃을 발견하자 반가운 듯 꽃들을 꼭 모아 쥐었어요. 오래도록 기쁨이란 기쁨을 잊고 지내던 부인의 눈이 즐거움으로 반짝였죠.

"이걸 보니까 얼음을 녹이는 포근한 바람이 생각나요. 따뜻한 햇볕도요. 거의 다 녹아 버린 눈두 떠오르고…, 에드거, 남풍이 불지 않나요? 눈도 거의 다 녹았지요?"

"여기 아래쪽은 벌써 다 녹았어요, 여보." 남편이 대답했습니다. "황야에서 하얀 눈이 보이는 곳은 두 군데뿐이에요. 하늘은 푸르고, 종달새는 노래하고, 시내와 개울은 물이 가득 차올라 있어요. 캐서린, 작년 이맘때만 해도 나는 당신과 한 지붕 아래 사는 게 소망이었는데, 지금 내가 간절히 바라는 건, 당신이 저 언덕 위로 1~2마일이라도 오르는 거예요. 공기가 너무 상쾌해서, 분명 당신을 낫게 해 줄 것만 같아요."

"나는 저 언덕 위로 한 번밖에 못 올라갈 거예요!" 병상에 누운 캐서린이 말했어요. "그럼 당신은 나를 두고 떠나겠지. 나는 거기 영원히 남겨질 테고. 다음 해 봄에도 당신은 또 내가 이 집에 있었으면 하고 바라겠지만, 오늘 일을 기억하며 그때가 행복했었다고 생각하겠지."

린턴 씨는 세상에서 가장 다정한 손길로 캐서린을 어루만지며 애

---

* 붓꽃과의 여러해살이풀. 마늘 비슷한 비늘줄기가 있으며, 잎은 가늘고 길다.

정을 아낌없이 쏟았고, 세상에서 가장 다정한 말로 위로하려 애썼습니다. 하지만 캐서린은 꽃을 멍하니 바라볼 뿐이었어요. 눈물방울이 속눈썹에 맺혀 뺨으로 흘러내렸지요.

우리는 캐서린이 진짜로 회복되고 있다고 확신했습니다. 그래서 이렇게 깊은 우울감은 한곳에 오랫동안 갇혀 있었기 때문이라고 판단했지요. 장소를 바꾸면 그 마음도 조금은 누그러질 수 있으리라 생각했습니다.

린턴 나리는 저에게 오랫동안 비어 있던 응접실에 불을 지피고, 볕이 드는 창가에 안락의자를 갖다 놓으라고 하셨습니다. 그러고 나서 캐서린을 그곳으로 데리고 내려오셨지요. 캐서린은 아늑한 온기를 만끽하며 한참을 앉아 있었고, 우리가 예상했던 대로 주변의 친숙한 물건들 덕분에 조금씩 활기를 되찾았습니다. 익숙한 물건들이었지만, 린턴 부인이 몹시 싫어하던 병실의 음울한 분위기를 떠올리게 하지는 않았으니까요.

저녁 무렵, 린턴 부인은 많이 지쳐 보였습니다. 하지만 아무리 달래도 자기 방으로 돌아가려 하지 않았어요. 결국 다른 방이 준비될 때까지 응접실 소파를 잠자리로 마련할 수밖에 없었습니다.

캐서린이 계단을 오르내리며 지치지 않도록, 우리는 이 방을 꾸몄습니다. 지금 록우드 씨께서 누워 계신 방이지요. 응접실과 같은 층에 있어 편리했습니다. 얼마 지나지 않아, 캐서린은 남편의 팔에 기대어 이 방과 응접실을 오갈 정도로 힘을 되찾았습니다.

'으음, 어쩌면 캐서린이 이대로 기운을 차릴 수도 있겠는걸.' 저는 속으로 이렇게 생각하며 계속 간호를 이어 갔습니다. 캐서린의 회복을 바라는 데에는 또 다른 이유가 있었습니다. 캐서린의 생명줄에 의지해 자라나는 또 다른 생명이 생겨났거든요. 우리는 머지않아, 상속자가 탄생하여 린턴 씨에게 큰 기쁨을 안겨 주리라 기대했습니다. 그러면 린턴 씨의 땅이 생판 남의 손에 넘어갈지도 모른다는 걱정도 사라지게 될 테니까요.

덧붙여 이야기하자면, 이사벨라는 떠난 지 약 6주쯤 지났을 무렵, 오빠 앞으로 짧은 편지를 보내왔습니다. 히스클리프와 혼인했다는 소식을 전하는 내용이었지요. 얼핏 보면 담담하고 냉정해 보였으나, 그 맨 아래에는 연필로 알아보기 힘들게 끼워 넣은 사과와 부탁의 말이 점을 찍듯 띄엄띄엄 적혀 있었습니다. 자신의 행동이 혹시 오빠를 화나게 했다면 용서를 빌고, 좋게 기억해 달라고 부탁하며, 화해까지 구하는 내용이었지요. 그때는 어쩔 수 없었고, 이미 엎질러진 물이니 되돌릴 수 없다는 내용이었습니다.

제가 알기로 린턴 나리는 이 편지에 답장을 보내지 않았습니다. 그로부터 2주쯤 뒤, 저한테 장문의 편지가 왔어요. 이제 막 신혼여행에서 돌아온 신부가 쓴 편지라고 하기에는 다소 이상하더군요. 아직 간직하고 있으니 제가 한번 읽어 드리겠습니다. 살아 생전 소중히 여겼던 이의 흔적이라면, 죽은 뒤에도 소중히 간직할 수밖에 없는 것이지요.

엘런에게, (편지는 이렇게 시작됩니다.)

간밤에 워더링 하이츠에 도착해서야, 캐서린 언니가 그동안 심하게 앓았고, 지금도 많이 아프다는 소식을 처음 들었어. 언니에게 직접 편지를 쓸 처지는 못 되고, 오빠는 내 편지에 답장 한 통 없는 걸 보니, 단단히 화가 났거나 마음이 상해 버린 게 분명해. 그래도 누군가에게라도 쓰지 않으면 도저히 견딜 수가 없어서, 결국 내게 남은 사람은 엘런, 너뿐이더라.

에드거 오빠에게 전해 줘. 오빠의 얼굴을 한 번만이라도 더 볼 수 있다면 뭐든 다 하겠다고, 스러시크로스 그레인지를 떠난 지 스물네 시간 만에 마음은 다시 그곳으로 돌아갔고, 지금도 그곳에 있다고. 지금도 내 마음은 그곳에서 에드거 오빠와 캐서린 언니를 향한 따스한 감정으로 가득하다고 말이야! 하지만 내 몸은 마음을 따라 돌아갈 수 없어.(이 문장에 밑줄이 그어져 있더군요.) 그러니까 나를 기다릴 필요는 없어. 그리고 가지 못하는 이유는 마음대로 생각해도 좋아. 하지만 내 '의지가 약해서'라든가 '사랑이 부족해서'라고는 생각하지 말아 줘.

편지의 나머지 부분은 엘런, 너만 보라고 적은 거야. 너에게 묻고 싶은 게 두 가지가 있어.

첫 번째 질문. 너는 어떻게 이 집에서 지내면서도, 인간으로서 당연히 지녀야 할 그 보편적인 감정이나 공감 같은 걸 잃지 않고 버틸 수 있었니? 나는 이 집 사람들 그 누구와도 온기를 나눌 수가 없어.

그리고 두 번째 질문은, 정말 중요한데, 바로 이거야.

히스클리프 씨는 인간이야? 만약 인간이라면, 정신이 온전한 건가? 아니라면, 그는 악마인 거야? 왜 이런 걸 묻는지는 말하지 않을게. 다만 내가 도대체 무엇과 결혼한 건지, 너만이라도 설명해 줬으면 해. 그러니까 엘런, 직접 와서 말해 줘. 제발 빨리 와 줘. 편지는 쓰지 말고. 그리고 올 때, 에드거 오빠의 편지도 좀 받아 와 줘.

이제, 내가 새 보금자리인 워더링 하이츠에서 지금껏 어떤 대접을 받았는지 들려줄게. 살기 불편하다느니 하는 말은 사실 나 혼자 웃자고 하는 소리야. 그런 것들이 내 머릿속을 차지하는 일은 거의 없어. 불편함이 느껴지는 순간에만 문득 떠오를 뿐이지. 만약 그런 부족함이 내 불행의 전부라면, 나는 기뻐서 덩실덩실 춤을 출 거야. 나머지는 모두 현실감 없는 악몽일 뿐이니까.

우리가 황야에 접어들 무렵, 그레인지 너머로 해가 저물고 있는 것을 보고 대략 6시쯤이라고 짐작했어. 히스클리프는 반 시간이나 지체하며 저택 주변의 넓은 뜰과 정원들, 그리고 본채까지 구석구석을 살펴보더군. 그러다 보니 우리가 워더링 하이츠의 포장된 마당에 도착했을 때는 이미 짙은 어둠이 내린 뒤였어.

그때 넬리의 옛 동료 하인 조지프가 촛불 하나를 들고나와 우리를 맞이했지. 예의랍시고 흉내는 냈지만, 뭐 자기 체면이나 차리는 정도였어. 우선 촛불을 내 얼굴 높이로 쳐들며 심술궂게 흘겨보더니, 아랫입술을 쭉 내밀고는 휙 돌아서는 거야

그러고는 말 두 마리를 끌고 마구간으로 들어갔다가, 다시 나와선 바깥문을 잠그더군. 여기가 무슨 오래된 성이라도 되는 줄 아는 모양이지.

히스클리프는 뒤에 남아 조지프와 한참 이야기를 나누었고, 나는 혼자 부엌으로 들어갔어. 부엌이라기보다는, 우중충하고 지저분한 굴이라고 해야 맞겠지. 넬리가 여기서 일을 도맡아 하던 시절과는 너무 달라져서, 아마 넬리도 여기가 부엌인지 알아보지 못했을걸.

벽난로 앞에는 거칠어 보이는 인상의 아이가 서 있었어. 팔다리는 다부지고, 옷에는 때가 꼬질꼬질 묻어 있었지만, 눈매와 입매에서 캐서린 언니의 모습이 언뜻 스쳤지.

'이 아이가 에드거 오빠의 처조카로구나…. 그렇다면 나한테도 조카뻘인 셈이네. 먼저 손을 잡아 주고… 그래, 뽀뽀도 해 줘야겠다. 처음부터 살갑게 지내는 게 옳아.'

나는 아이에게 다가가, 그 토실토실한 주먹을 잡으려 손을 내밀며 말했어.

"안녕, 얘야?"

아이의 대답은 알아들을 수 없는 이상한 말투였어.

"헤어턴, 우리 친구 할까?" 나는 다시 말을 붙였지.

나의 인내심에 대한 보답은 욕설뿐이었고, 당장 '안 꺼지면' 스로틀러Throttler*한테 물릴 줄 알라는 위협이었어.

"야, 스로틀러, 임마!" 그 어린 녀석이 구석에서 자고 있는 잡종 불도그를 깨우며 속삭였지. "자, 이제 *끄져* 주겠어?" 그 어린것이 목소리에 힘까지 주더라고.

목숨이 아까우니 시키는 대로 하는 수밖에. 나는 문지방을 넘어 바깥으로 나와, 다른 사람들이 들어오기만을 기다렸지. 그런데 히스클리프 씨는 어딜 갔는지 보이지 않더라고. 나는 마구간까지 따라가 조지프에게 같이 안으로 들어가 달라고 했어. 그랬더니 한참 동안 나를 흘겨보면서 중얼거리더니, 콧잔등을 잔뜩 찡그리고는 혀를 차면서 이렇게 말하더군.

"하, 뭐라 씨부리노! 예수 믿는 사람 귀에 그딴 소리가 어찌 들어오것소? 중얼중얼, 점잖은 척만 해서는, 니가 하는 말을 내가 어찌 알아먹겠노!"

"나랑 같이 집 안으로 들어가 주면 좋겠다고 말하는 거야!" 나는 조지프가 귀가 먹었나 싶어 소리쳤지만, 사실 그의 무례함에 몹시 화가 났지.

"안 돼! 다른 할 일이 있다." 조지프는 이렇게 대답하더니 하던 일을 계속했어. 그러면서 일하는 틈틈이 그 홀쭉하고 긴 주걱턱을 이리

---

* '목을 졸라 숨을 막히게 하는 자'라는 뜻. 사냥감의 목을 물어뜯거나 숨통을 끊어 놓는 사나운 사냥개의 특성이 담긴 이름이다.

저리 움직이며, 내 옷차림과 얼굴을 훑어보더군. (옷차림은 지나치게 멋을 부렸지만, 얼굴은… 아마 조지프가 바라는 만큼 슬퍼 보였을 거야.) 그 눈빛은 더없이 경멸로 가득했지.

마당을 돌아 작은 쪽문을 지나니 또 다른 문이 나타났어. 나는 조금이라도 예의 바른 하인이 나오기를 기대하며, 용기를 짜내 문을 두드렸지.

잠시 숨죽이며 기다리자, 문이 열리더군. 목에 네커치프Neckerchief*하나 걸치지 않은 채, 전반적으로 지저분한 차림의 키 크고 거친 남자가 서 있었어. 얼굴은 어깨 위로 늘어진 덥수룩한 머리칼에 가려 형체를 알아보기 어려웠고, 눈은… 캐서린 언니를 닮았지만, 아름다움은 모두 사라져 유령 같은 모습이었어.

"무슨 용건이오?" 그 남자가 험악하게 물었어. "당신은 누구요?"

"제 처녀 때 이름은 이사벨라 린턴이에요." 내가 대답했어. "저를 본 적이 있으실 거예요. 최근에 히스클리프 씨와 결혼했고, 그가 저를 여기로 데려왔습니다. 아마 당신 허락도 받았겠지요."

"그럼, 그자가 돌아왔단 말인가?" 그 은둔자가 굶주린 늑대처럼 이글거리는 눈빛으로 노려보며 물었어.

"네, 저희는 방금 도착했어요." 내가 말했어. "그런데 그는 나를 부엌 문간에 내버려두고 사라져 버렸어요. 제가 문 안으로 들어가려는데, 당신 아드님이 불도그를 앞세워 저를 겁주더군요."

"그 악랄한 놈이 약속을 지켰다니 다행이군!"

장차 내 주인 노릇을 하게 될 그 남자는 으르렁거리며, 히스클리

---

* 목에 두르는 정사각형이나 삼각형 모양의 천. 당시 영국에서는 추위를 막는 실용적인 목적뿐만 아니라, 셔츠 깃 위에 매어 신사들의 격식을 차리는 용도로도 널리 쓰였다.

프를 찾는 듯 내 등 뒤의 어둠 속을 살폈어. 그러고는 혼잣말로 온갖 욕지거리를 늘어놓으며, 만약 그 '악귀' 같은 놈이 자기를 속이기라도 했다면 어떤 식으로 피의 보복을 했을지 줄줄 늘어놓더군.

나는 괜히 두 번째 문을 두드렸다는 생각이 들었고, 그 남자가 저주를 끝내기 전에 슬그머니 빠져나갈까 고민했지. 하지만 그 생각을 실행에 옮기기도 전에, 그 남자가 나더러 들어오라고 하더니 문을 닫고는 다시 빗장을 걸어 잠그지 뭐야.

집 안으로 들어서니 커다란 벽난로가 활활 타오르고 있었어. 하지만 이 커다란 방을 비추는 빛이라고는 그 난롯불이 전부였어. 바닥은 온통 잿빛으로 변해 있었고, 어릴 적 내 시선을 사로잡았던 그 반짝이는 백랍 접시들도 이제는 색 바래고 먼지가 내려앉아 바닥처럼 칙칙한 빛깔이 되어 있었지.

나는 하녀를 불러서 침실로 안내받아도 되겠느냐고 물어보았어. 하지만 언쇼 씨는 단 한마디도 대꾸하지 않았어. 양손을 주머니에 찔러 넣은 채 방 안을 이리저리 서성거렸는데, 내 존재 따위는 이미 까맣게 잊은 듯했지. 정신은 온통 딴 데 팔려 있는 데다, 전체적으로 인간 혐오의 기색이 너무나 강렬하고, 세상을 못마땅해하는 기색으로 가득해서 나는 더 이상 말을 붙일 엄두가 나지 않았어.

엘런, 그 황량한 벽난로 앞에서, 고독을 넘어선 적막 속에 앉아 있던 내가 얼마나 침울했을지 굳이 말하지 않아도 너는 알겠지. 불과 4마일 거리에 내가 이 세상에서 가장 사랑하는 사람들이 사는 나의 정다운 집이 있다는 걸 떠올렸어. 우리 사이에는 차라리 대서양이 가로놓여 있는 게 나았을지도 몰라. 그만큼 내게는 결코 건널 수 없는 아득한 심연이었으니까.

나는 스스로 자문해 보았어. '대체 어디에서 위안을 찾아야 하지?'

그런데 말이야, (에드거 오빠나 캐서린 언니한테는 절대로 말하지 말아 줘.) 그 모든 슬픔 가운데서도 가장 나를 짓눌렀던 건, 히스클리프에게 맞서 내 편이 되어 줄 수 있거나, 되어 주려고 나서는 사람이 단 한 명도 없다는 절망감이었어.

내가 거의 안도하는 마음으로 이 워더링 하이츠로 도망하듯 들어왔던 건, 적어도 히스클리프와 단둘이 지내지 않아도 된다는 생각 때문이었어. 하지만 그는 이 집 사람들이 어떤 부류인지 이미 잘 알고 있었지. 이들이 우리 일에 끼어들 일은 없다는 것을 애초부터 확신하고 있었던 거야.

나는 서글픈 상념에 잠겨 한참을 앉아 있었어. 시계가 8시를 치고 9시를 쳤지만, 언쇼 씨는 그저 고개를 푹 숙이고 왔다 갔다만 할 뿐, 이따금 신음이나 쓰라린 절규를 내뱉을 때를 제외하면 아무 말도 없이 조용했어. 나는 집 안에서 여자의 목소리가 들리는지 간간이 귀를 기울였지만, 나머지 시간은 걷잡을 수 없는 후회와 불길한 예감에 사로잡혀 있었지. 결국 참을 수 없는 한숨 소리와 함께 눈물이 쏟아져 내렸어.

언쇼 씨가 서성이다 말고 새삼 놀란 눈빛으로 나를 빤히 쳐다보기 전까지는, 내가 이토록 노골적으로 슬퍼하고 있는 줄도 몰랐을 정도야. 언쇼 씨의 시선을 붙든 틈을 타 내가 소리쳤어.

"먼 길을 오느라 지쳤어요. 이제 자고 싶어요! 하녀는 어디 있죠? 저에게 오질 않으니, 어딜 가야 찾을 수 있는지라도 제게 알려 주세요!"

"이 집에 하녀는 없소." 언쇼 씨가 대답했어. "자기 일은 자기 스스로 챙겨야지!"

"그럼, 저는 어디서 자야 하죠?" 내가 흐느끼듯 물었어. 이미 지치고 비참한 마음에 자존심 같은 건 생각할 겨를도 없었지.

"조지프가 히스클리프의 방으로 안내해 줄 거요." 언쇼 씨가 말했어. "저 문을 열어 보시오. 조지프가 있을 거요."

내가 그 말을 따르려는 순간, 언쇼 씨가 갑자기 나를 붙잡더니, 아주 이상한 말투로 덧붙였어.

"부디 문에 자물쇠를 걸고 빗장을 내리시오. 절대로 잊지 마시오!"

"저기요!" 내가 물었어. "그런데 왜 그래야 하죠, 언쇼 씨?" 히스클리프와 단둘이 있는 방에 스스로 문을 걸어 잠그고 들어가야 한다니, 도무지 마음이 편치 않았거든.

"이걸 보시오." 언쇼 씨는 조끼 안쪽에서 기이하게 생긴 권총 한 자루를 꺼내 보였어. 총신에는 스프링 장치가 달린 양날 칼까지 붙어 있더군.

"절망에 빠진 자에게는 큰 유혹이지 않겠소?" 그가 말을 이었어. "나는 매일 밤 이걸 챙겨 위층으로 올라가, 그놈의 방문을 확인하지 않고는 못 배긴다오. 만약 문이 열려 있기라도 하는 날엔, 그날로 끝장인 셈이지. 멈춰야 할 이유를 백 가지나 되새기고도, 돌아서면 어느새 그자의 방문 앞이오. 어떤 마귀가 내 귀에 대고 속삭이는 것 같소. 내 계획이고 뭐고 다 망쳐도 좋으니, 어서 그자를 죽여 버리라고 말이오. 그 마귀와 맞서 싸울 자신이 있다면, 사랑의 힘으로 어디 한번 버틸 수 있을 때까지 버텨 보시오. 하지만 때가 오면, 하늘의 천사가 모두 달려든다 해도, 그자를 살려 내진 못할 거요."

나는 그 무기를 유심히 살펴보았어. 순간, 섬뜩한 생각이 머릿속을 스쳤지. 나도 저런 무기만 손에 넣을 수 있다면 강해질 텐데! 나는 언쇼 씨의 손에서 그 무기를 빼내어 칼날 끝에 손가락을 대 보았어. 아주 잠깐 스친 내 표정에 언쇼 씨가 깜짝 놀란 듯한 표정이었어. 그 순간 내 얼굴에 떠오른 건 공포나 두려움이 아니라, 그것을 손에 넣고 싶다는 지독한 갈망이었으니까. 언쇼 씨는 그만 보라는 듯 재빨리 권총을 낚아채더니 칼날을 접어 조끼 깊숙이 감춰 버리더라.

"그자에게 말해도 상관없소." 언쇼 씨가 말했어. "그자에게 조심하라고 일러두고, 잘 지켜보시오. 그자하고 내가 어떤 사이인지 아는 모양이군. 그자가 위험에 처했다는 말에도 전혀 놀라지 않는 걸 보니."

"히스클리프가 당신한테 무슨 짓을 한 거죠?" 내가 물었어. "무슨 몹쓸 짓을 당했기에, 이렇게까지 끔찍하게 증오하는 거예요? 차라리 이 집을 나가라고 하는 편이 더 현명한 처사가 아닐까요?"

"안 돼!" 언쇼 씨가 벼락같이 고함을 질렀어. "그놈이 여길 나가겠다는 말을 입에 올리는 순간, 그 자리에서 끝장이야! 당신이 그자의 마음을 부추기기라도 하면, 당신은 그날로 살인자가 될 줄 아시오! 나더러 되찾을 기회도 없이 모든 걸 잃으란 말이오? 내 아들 헤어턴을 한낱 거지로 만들라고? 젠장, 이런 망할… 난 반드시 내 것을 되찾고 말 거요. 그놈의 돈을 전부 빼앗고 말 거라고. 그다음엔 놈의 피를 마실 거요! 그자의 영혼은 지옥 밑바닥으로 떨어지겠지! 그놈 같은 인간이 손님으로 찾아오면, 지옥 불조차 열 배는 더 새까맣게 타오를걸!"

언쇼 씨가 어떤 사람인지는 엘런에게 들어 알고 있었지만, 어젯밤 그의 모습은 정말 심상치 않았어. 미쳐 가고 있는 사람처럼 보였달까. 옆에 있기만 해도 소름이 끼쳤고, 차라리 교양 없이 퉁명스러운 하인의 심술이 더 낫겠다 싶었어. 언쇼 씨가 다시 침울하게 서성거리기 시작하기에, 나는 재빨리 빗장을 들어 올리고 부엌으로 도망쳤어.

조지프는 벽난로 쪽으로 몸을 웅크리고, 그 위에 걸린 큼지막한 냄비 속을 들여다보고 있었어. 바로 옆 긴 의자에는 귀리 가루가 담긴 투박한 나무 그릇이 놓여 있었지. 냄비 속이 끓기 시작하자, 조지프가 그 나무 그릇에 손을 폭 집어넣으려고 몸을 틀더군. 보아하니, 우리의 저녁거리인 듯싶었어. 마침 배가 고팠던 참이라, 이왕 먹을 거면 제대로 만들어야겠다는 생각이 번쩍 들었지. 그래서 내가 날카롭게 외쳤어. "귀리죽은 내가 끓일게!" 그러고는 냄비를 그의 손이 닿지 않는 데로 얼른 옮겨 놓고는, 모자와 승마 드레스를 벗어던지기 시작했어. 언쇼 씨가 자기 일은 자기가 직접 챙기라잖아. 그럼 나도 그렇게 해 주지, 뭐. 여기서 마님 행세는 안 해. 굶어 죽긴 싫으니까.

"아이고, 주님요⋯." 조지프가 투덜거리며 털썩 앉더니, 골지 양말을 신은 다리를 무릎부터 발목까지 쓸어내렸어. "상전이 또 생길 참인가 보네. 간신히 주인 둘 시중드는 거이 이제 겨우 손에 익을라 하는디, 이젠 머리 위에 마님까지 들여앉히겠다는 거면, 나도 이제 이 집을 나갈란다. 이 정든 집을 떠나겠다고 말할 날은 안 올 줄 알았는디, 이제 머잖았구먼."

조지프의 이런 푸념은 하나도 귀에 들어오지 않았어. 나는 얼른 일을 시작했어. 한때는 이런 일이 그저 신나는 장난처럼 여겨지던 때가 있었다는 걸 떠올리니 절로 한숨이 새어 나왔어. 하지만 나는 곧바로 그 기억을 거세게 밀어냈어. 지나간 행복을 떠올리는 건 더 고통스러운 일이었으니까. 과거의 망령이 더 또렷해질수록 주걱을 젖는 내 손은 더욱 빨라졌고, 귀리 가루를 집는 속도도 덩달아 빨라졌지.

조지프는 내가 요리하는 꼴을 보자 점점 더 화가 치미는 모양이었어.

"저거 봐라!" 조지프가 외쳤어. "헤어턴 도련님, 오늘 밤엔 귀리죽 먹기는 글렀소. 내 주먹만 한 덩어리밖에 먹을 기 없겠네. 저거 봐라, 저거 봐라! 나 같으면 그릇째 확 던져 불겄다니까! 저거 몇 덩이 풀어 놓고 다 됐다 허겄지, 허참. 저, 저 우당탕거리는 소리 좀 들어 보소.

냄비 바닥이 안 뚫리는 게 참 용허네, 용혀!"

귀리죽을 그릇에 담아 보니, 솔직히 내가 봐도 꽤 뭉쳤더라고. 죽은 그릇 네 개에 정성껏 나눠 담았고, 갓 짠 우유도 곁들여 놓았지. 그런데 헤어턴이 4.5리터짜리 주전자를 덥석 움켜잡는 게 아니겠어. 그러고는 주둥이를 대고 통째로 들이켜는데, 우유가 질질 흘러내리는 거야.

나는 머그잔에 따라 마셔야 한다고 타일렀지. 그렇게 통째로 입에 대고 마시면 내가 맛을 볼 수가 없다고 꼬집었어. 그랬더니 그 늙은 냉소가는 내가 유난을 떤다며 몹시 불쾌해하더라. 우유가 다 거기서 거기고, 몸에도 똑같이 좋다면서, 나보고 어쩌면 그렇게 잘난 척을 하느냐며 고개를 설레설레 젓더라고.

그러는 사이, 그 어린 녀석은 주전자째 들고 우유를 쭉쭉 빨아 마시면서, 반항적인 눈빛으로 나를 올려다보더라.

"나는 다른 데서 식사하겠어." 내가 말했지. "집에 응접실이라는 이름이 붙은 곳은 없어?"

"응접실?" 조지프가 조롱하며 내 말을 따라 했어. "응접실! 이 집에 응접실 같은 건 없구먼. 우리가 싫으면, 나리 방에 가서 먹고, 나리가 싫으면 우리랑 있는 기고."

"그럼 위층으로 갈래." 내가 대답했어. "방으로 안내해."

나는 내 대접을 쟁반 위에 올려놓고, 직접 나가 우유를 조금 더 가지고 왔어.

그 작자는 온갖 불평을 늘어놓으며 일어나더니 앞장서서 위층으로 올라갔지. 우리는 맨 위층까지 올라갔어. 조지프는 방들을 지나가다가 이따금 문을 열고는 안을 들여다보더군.

"여기 방 하나 있소." 조지프가 마침내 경첩이 빠질 듯 삐걱거리는 판자를 열어젖혔지. "귀리죽 몇 숟가락 뜨기엔 괜안소. 저기 구석에 곡식 포대는 더럽지 않소. 비싼 실크 드레스를 더럽힐까 걱정되면, 위에 손수건이라도 깔고 앉으쇼."

하인 놈이 말한 그 '방'은 일종의 잡동사니 창고였어. 맥아와 곡물 냄새가 코를 찔렀지. 벽마다 여러 자루의 곡식이 쌓여 있었고, 가운데는 휑하니 비어 있었어.

"아니, 이게 뭐야!" 내가 화가 난 얼굴로 조지프를 바라보며 소리쳤어. "이런 데서 어떻게 잠을 자라는 거야? 내 침실을 안내해 달라니까."

"침실!" 조지프가 가당치도 않다는 듯 조롱하는 말투로 내 말을 또 따라 했어. "이 집 침실을 싸그리 구경시켜 드릴까? 저쪽은 내 방이오."

그가 가리킨 두 번째 다락방은, 첫 번째 방보다 벽면이 훨씬 더 휑하고 삭막했어. 그나마 다른 점이라고는 방 한구석에 침대 하나가 덩그러니 놓여 있다는 것뿐이었지. 커튼조차 달려 있지 않은 그 널찍하고 낮은 침대 위에는 해진 남색 누비이불만이 초라하게 깔려 있을 뿐이었어.

"영감 침실은 봐서 뭐 하게?" 내가 쏘아붙였지. "히스클리프 씨 방이 맨 위층에 있는 건 아니겠지?"

"옴마! 히스클리프 씨 방으로 가겠다는 거였소?" 조지프가 마치 새로운 발견이라도 한 듯 소리쳤어. "진작 말을 허지? 그럼 이래 헛수고를 할 필요도 없이 딱 못 보여 준다고 말했을 긴데. 나리는 그 방을 노상 잠가 놓고, 자기 말고는 아무도 들이지 않으니께."

"참 좋은 집에 사는구나, 조지프." 나는 참다못해 한마디 내뱉었어. "사람들도 참으로 친절하고. 내 운명이 이런 인간들과 얽히던 날, 아마 세상의 모든 미친 기운이 내 머릿속으로 한꺼번에 들이닥쳤던 모양이야! 하지만 지금 그따위 후회가 무슨 소용이겠니. 다른 방이 분명히 더 있을 거 아니야. 제발 부탁이니, 어디든 좋으니까 당장 들어가서 쉴 수 있게 해 줘!"

조지프는 나의 간절한 애원에도 아무런 대꾸조차 하지 않았어. 그저 묵묵히 나무 계단을 내려가더니, 어느 방문 앞에서 멈춰 섰어. 조지프가 그 앞에서 딱 멈춰 서는 기색이나 다른 방보다 훨씬 고급스러운 가구로 미루어 보아, 이 방이 이 집에서 가장 좋은 방 같았어.

방 안에는 질 좋은 카펫이 깔려 있었지만, 먼지가 얼마나 두껍게 내려앉았는지 무늬가 거의 보이지 않을 정도였어. 벽난로 위에는 여기저기 찢기고 해진 색종이 장식들이 걸려 있었는데, 풍성한 진홍색 커튼이 드리워진 근사한 참나무 침대두 있었지 제법 값비싼 천으로 만든 신식 커튼이었지만, 한눈에 봐도 험하게 사용한 흔적이 역력했어. 장식용 커튼은 고리에서 빠져나와 줄줄이 흘러내리고 있었고, 그것을 지탱하는 철제봉마저 한쪽으로 휘어져 천자락이 바닥을 쓸고 있더군. 의자들도 망가져 있었는데, 그중 몇 개는 아예 부서졌더라. 벽면 곳곳에는 무언가에 찍힌 듯 여기저기 움푹 팬 자국들이 남아 있고.

내가 그 방에라도 들어가서 지내야겠다고 결심을 다지고 있는데, 그 바보 같은 안내자가 툭 던지듯 이렇게 말하는 거야.

"여긴 언쇼 나리 방이구먼."

그때쯤 내 저녁은 이미 식어 있었고, 입맛은 사라졌고, 인내심도 바닥난 상태였지. 나는 당장 편히 쉴 곳을 마련해 달라고 고집을 부렸어.

"대체 어디로?" 그 독실한 늙다리가 소리쳤어. "주여, 우리를 축복하옵시고 용서하소서! 대체 어디로 가겠다는 거여? 이 천하에 버릇없고 성가신 것! 헤어턴 방 빼고는 다 봤을 거 아녀? 이 집에 등 깔고 누울 방구석은 없다니까!"

나는 너무 화가 난 나머지, 들고 있던 쟁반을 바닥에 내팽개쳐 버렸어. 그러고는 계단 머리맡에 털썩 주저앉아 두 손으로 얼굴을 가린 채 울음을 터트리고 말았지.

"옴마, 옴마!" 조지프가 고함을 쳤어. "잘하는 짓이구먼, 잘하는 짓이여! 여기 또 캐시 아가씨 납셨네. 뭐, 나리가 저 깨진 그릇 밟고 넘어지기라도 하면 그때야말로 제대로 한 소리 들을 긴데, 두고 봐라! 이 쓰잘데기 없는 얼간이 같으니! 하느님이 내려 주신 귀한 거를 성질난다고 발밑에 내동이쳐? 크리스마스까지 굶어 봐야 정신을 차리지! 근데 네 객기 얼마 못 가. 히스클리프가 그런 꼴을 봐 줄라 그러겄냐? 저렇게 성질내는 꼴을 그 양반이 꼭 봐야 속이 시원하겠구먼. 딱 한 번만 걸려라. 그라믄 참말로 시원하겄다."

조지프는 잔소리를 늘어놓으며 아래층 자기 굴로 내려가 버렸어. 촛불까지 들고 가는 바람에 나는 어둠 속에 홀로 남겨졌지.

그 어이없는 짓을 저지르고 나니 짧은 성찰의 시간이 찾아왔어. 결국 치솟던 자존심도 분노도 꾹 눌러 삼킨 채, 내가 벌인 이 난장판은 내가 치워야 한다는 걸 인정할 수밖에 없었지.

그때 생각지도 못한 도움의 손길이 스로틀러라는 녀석의 모습으로 나타났단다. 이제 보니 우리 집에서 키우던 스컬커의 새끼더구나. 강아지 시절을 그레인지에서 보내다가 아버지가 힌들리에게 선물로 준 개였어. 녀석이 나를 알아본 건지, 인사하듯 코를 내 코에 가볍게 갖다 대더니 얼른 귀리죽을 핥아먹기 시작했어. 그동안 나는 계단을 한 칸 한 칸 더듬어 내려가며 깨진 그릇 조각들을 주워 담고 우유가 튀어 지저분해진 난간을 내 손수건으로 닦아 냈지.

우리 일이 거의 끝나갈 무렵, 복도에서 언쇼 씨의 발걸음 소리가 들려왔어. 스로틀러는 꼬리를 감추며 벽에 바짝 붙었고, 나는 가장 가까이에 있는 방으로 몰래 숨어들었지. 스로틀러는 언쇼 씨를 피하지 못했던 것 같아. 아래층에서 개가 황급히 달아나는 소리가 나더니 한참을 애처롭게 울부짖는 소리가 들렸거든. 나는 비교적 운이 좋았지. 언쇼 씨가 내가 있는 방을 그냥 지나쳐 자기 방으로 들어가 문을 닫았거든.

곧이어 조지프가 헤어턴을 재우러 올라왔어. 내가 피신한 곳은 헤어턴 방이었고, 그 노인네는 나를 보고 이렇게 말했지.

"봐라, 네 그 잘난 성질머리 챙겨 잘 자리는 하나 있지 않나. 거기가 지금 비었으니 혼자 꿰차든지 맘대로 혀. 곧 있으면 악마가 찾아와서 셋이 같이 놀자고 하겠구먼."

나는 이 기회를 놓치지 않았어. 벽난로 옆 의자에 몸을 던지듯 기대앉자마자 꾸벅꾸벅 졸기 시작했고, 이내 깊은 잠에 빠져들었지.

하지만 그 달콤한 휴식은 너무나도 짧았어. 히스클리프 씨가 돌아와 나를 거칠게 깨웠거든. 막 들어온 그는, 예의 그 참으로 '다정하기 짝이 없는' 말투로 내가 거기서 무엇을 하고 있느냐며 따져 물었지.

나는 내가 왜 이렇게 늦도록 잠자리에 들지 않았는지 설명했지. 우리 방 열쇠가 당신 주머니에 있어서라고.

그런데 그 '우리'라는 말이 치명적인 화를 불렀어. 그는 그 방은 절대로 내 방이 될 수 없으며, 앞으로도 그럴 일은 절대로 없을 거라고 못을 박더구나. 그러고는 그가 내뱉은 폭언이나 행동들…. 아니, 차마 옮겨 적는 건 관두겠어. 나의 미움을 사기 위해서라면, 정말 한시도 쉬지 않고 온갖 기발한 악행을 고안해 내는 인간이니까! 가끔은, 그 인간이 하는 짓이 너무도 황당하고 기가 막혀서 공포조차 잊힐 때가 있을 지경이야. 하지만 확실히 말하지만, 굶주린 호랑이나 독사라 해도 그가 내뿜는 그 소름 끼치는 살기만큼 나를 두렵게 하지는 못할

거야. 히스클리프는 캐서린 언니가 위독하다는 소식을 전하며, 그게
다 오빠 때문이라고 울부짖더군. 그러면서 오빠를 제 손아귀에 넣고
완전히 짓밟을 때까지는 대신 나를 갈기갈기 찢어발기는 고통 속에
몰아넣겠다고 선언했어.

　나는 그 인간이 정말 넌더리가 나. 나는 지금 너무 비참해. 내가 정
말 바보였어! 그레인지 사람들에게는 내가 한 말 한마디도 전하면 안
돼. 넬리, 여기서 너를 매일 기다릴게. 꼭 와 줘. 실망시키지 말아 줘!

– 이사벨라

14장

　저는 편지를 다 읽자마자 곧장 나리께 가서 이사벨라 양이 워더링 하이츠에 도착했고, 린턴 부인의 상태를 염려하며, 린턴 나리를 뵙고 싶다는 간절한 마음을 편지로 전해 왔다고 말씀드렸습니다. 그리고 가능한 한 빨리, 나리가 용서한다는 뜻을 전할 수 있는 작은 표식이라도 제게 맡겨 주셨으면 한다고 덧붙였죠.

　"용서라니!" 린턴 씨가 말했어요. "용서할 게 뭐가 있어, 엘런. 원한다면 오늘 오후에 워더링 하이츠에 들러서, 내가 화난 게 아니라 다만 동생을 잃게 되어 슬플 뿐이라고 전해 줘. 그 애가 행복할 것 같지 않으니 더더욱 그렇다고. 하지만 내가 직접 가서 그 애를 보는 일은 있을 수 없어. 우리는 이제 영원히 갈라섰으니까. 정말 나를 위해 무언가 하고 싶다면, 결혼했다는 그자를 설득해서 이 고장을 떠나 달라고 전해 주게."

　"그럼, 짧은 쪽지라도 써 주실 수는 없을까요, 나리?" 제가 애원하듯 여쭈었어요.

"아니," 린턴 씨가 대답했어요. "그럴 필요 없네. 우리 집안과 히스클리프 집안이 서로 연락할 일은 적으면 적을수록 좋아. 아니, 아예 없도록 할 거야!"

린턴 나리의 냉담한 태도에 저는 몹시 낙담하고 말았답니다. 그래서 그레인지를 나설 때부터 줄곧, 나리의 말씀을 어떻게 하면 조금이라도 더 따뜻한 말로 바꾸어 전할 수 있을지, 또 아시벨라 양을 위로할 단 몇 줄의 답장마저 거절하셨다는 이 비정한 사실을 어떻게 하면 부드럽게 말할 수 있을지 곰곰이 생각했습니다.

이사벨라 양은 아침부터 저를 기다리고 있었던 모양입니다. 워더링 하이츠로 향하는 정원 자갈길을 오르는데, 격자창 틈 너머로 바깥을 살피는 그 아이의 얼굴이 제 눈에 딱 보이더군요. 저는 가볍게 고개를 끄덕여 인사했습니다. 그러나 이사벨라 양은 누가 볼까 두려운 듯, 서둘러 몸을 뒤로 숨기더라고요.

저는 문을 두드리지 않고 곧장 안으로 들어갔습니다. 한때 그토록 화사하던 집이었건만, 그날은 어찌나 을씨년스럽고 음침하던지요! 솔직히 말씀드리자면, 제가 아가씨 처지였다면 적어도 난롯가라도 한번 쓸고, 탁자 위 먼지라도 걸레로 훔쳐 두었을 겁니다. 하지만 아가씨는 이미 집 안 전체를 잠식한 무기력한 기운에 완전히 휩싸여 있었습니다. 고왔던 얼굴은 핏기 하나 없이 창백해져 생기를 잃었고, 늘 곱게 말리던 머리칼도 엉망으로 흐트러져 몇 가닥은 어깨 위로 힘없이 처지고, 또 몇 가닥은 아무렇게나 틀어 올려져 있었지요. 아마 전날 저녁 이후로 옷차림에도 손을 대지 않은 모양이었습니다.

힌들리는 없었습니다. 히스클리프 씨는 탁자에 앉아 장부를 들추며 서류를 살펴보고 있었지만, 제가 나타나자 일어나서 제법 다정하게 안부를 묻고는 자리에 앉으라고 하더군요.

그곳에서 가장 멀끔해 보이는 사람은 히스클리프 씨뿐이었어요. 그 어느 때보다 잘 차려입은 모습이더군요. 상황이 두 사람의 처지를 완전히 뒤바꾸어 놓은 탓에, 사정을 모르는 이가 처음 보았다면 분명 히스클리프 씨를 뼛속부터 귀족으로 자라난 신사라고 여겼을 것이고, 아내는 단정치 못한 여자라고 생각했을 겁니다.

이사벨라 양이 저를 맞으러 문 앞쪽으로 성급히 다가왔고, 기대하던 편지를 받으려고 손을 내밀었습니다.

저는 고개를 저었습니다. 아가씨는 제 고갯짓을 알아채지 못했고, 제가 보닛을 놓으러 찬장 쪽으로 가자 거기까지 따라와서는 속삭이듯 제가 가져온 편지를 바로 달라고 졸랐습니다.

히스클리프 씨는 이사벨라 양의 속셈을 눈치채고는 이렇게 말했죠. "이사벨라한테 줄 게 있으면 바로 줘. 일부러 숨길 필요 없어. 우리 사이에 비밀은 없잖아."

"아무것도 없어요." 저는 차라리 처음부터 솔직하게 말하는 편이 낫겠다고 생각하여 이렇게 대답했습니다. "나리께서 당분간 편지든 방문이든 일절 기대하지 말라고 하시더군요. 아가씨, 하지만 나리께서는 아가씨의 안부를 궁금해하셨고, 부디 행복하게 지내길 바라신다고 하셨어요. 아가씨가 마음 아프게 해 드린 일도 모두 용서한다고 하셨고요. 다만 이제부터는 우리 집안과 이 집안 사이의 모든 연락을 끊는 게 좋겠다고 하셨어요. 서로 왕래해 봐야 좋을 일이 하나도 없다는 뜻이겠지요."

히스클리프 부인의 입술이 살짝 떨리더군요. 아가씨는 힘없이 몸을 돌려 처음 앉아 있던 창가 자리로 돌아갔습니다. 그녀의 남편이라는 작자는 제가 앉은 자리 바로 옆, 벽난로 앞에 버티고 서서는 오로지 캐서린에 관해서만 집요하게 질문하기 시작했습니다.

저는 캐서린의 병세에 대해 적절하다고 판단한 만큼만 골라서 이야기했습니다. 하지만 히스클리프는 몇 번이고 되묻고 확인하며 병의 원인과 관련된 거의 모든 사실을 캐내고 말았습니다.

저는 캐서린을 꾸짖으며, 결국 이 병은 스스로 불러온 화라고 말했고, 마지막에는 히스클리프도 린턴 씨처럼 앞으로는 좋든 나쁘든 남의 집안 일에 참견하지 말아 달라는 단호한 말로 대화를 끝맺었습니다.

"린턴 부인은 이제 겨우 고비를 넘기고 회복 중이에요." 제가 말했습니다. "결코 예전 모습으로는 돌아가지 못하겠지만, 목숨은 건졌지요. 진정으로 부인을 위하는 마음이 있다면, 다시는 부인과 마주치는 일이 없도록 하세요. 아니, 아예 이 고장을 떠나는 편이 나을 거예요. 생각해 보면 딱히 마음 상할 일도 아니에요. 지금의 캐서린 린턴은 당신이 알던 옛 친구 캐서린 언쇼와 완전히 다른 사람이 되었으니까요. 여기 계신 아가씨와 제가 다른 사람인 것처럼 말이에요! 겉모습도 몰라보게 변했지만, 성격은 그보다 훨씬 더 변해 버렸답니다. 그러니 이제 어쩔 수 없이 그녀의 곁을 지켜야 하는 사람이라면, 앞으로는 한때 그녀가 어떤 사람이었는지를 추억하는 마음과 인간적인 도리, 그리고 의무감에 기대어 애정을 지탱해 나갈 수 있을 뿐이에요."

"그럴 수도 있겠지." 히스클리프가 애써 태연하게 말했어요. "넬리의 주인 나리가 결국 인간적인 도리와 의무감에 기대어 살아갈 수밖에 없다는 뜻이라면, 그건 얼마든지 가능한 얘기지. 하지만 너는 내가 캐서린을 그런 '선의'와 '의무감' 따위에 맡겨 둘 거라고 생각하는 거야? 캐서린에 대한 내 감정을 그 사람의 감정과 같은 선상에 놓고 비교할 수 있기나 해? 넬리가 이 집을 떠나기 전에 약속 하나는 받아

내야겠어. 나와 캐서린을 만나게 해 줘. 승낙하든 거절하든, 난 캐서린을 볼 거야. 대답해 봐.”

“히스클리프 씨,” 제가 말했어요. “그건 가당치도 않은 소리예요. 절대 안 됩니다. 제가 눈을 뜨고 있는 한 그런 일은 꿈도 꾸지 마세요. 히스클리프 씨와 나리가 또 마주치기라도 한다면, 그건 린턴 부인을 완전히 죽이는 거나 다름없으니까요.”

“넬리, 네가 도와주기만 하면 그런 파국은 막을 수 있어.” 히스클리프가 말을 이어 갔습니다. “그런데 만에 하나 그런 사달이 난다면—그자가 캐서린의 삶에 고통을 더 얹는다면—그땐 나도 극단적인 방법을 쓸 수밖에 없어! 넬리, 난 네가 솔직했으면 좋겠어. 캐서린이 정말 에드거를 잃으면 무너질까? 내가 두려워하는 건 오직 그것뿐이야. 캐서린이 아파할까 봐서. 그 두려움 하나가 날 간신히 붙들고 있을 뿐이지. 내 감정이 그자와 다른 점이 바로 여기에 있어. 내가 만약 그자의 입장이고, 그자가 내 처지라면…. 설령 그자를 증오하는 마음이 내 인생을 하루하루 쓰라린 고통과 원한으로 갉아먹는다 해도, 난 절대로 녀석의 털끝 하나 건드리지 않았을 거야. 믿기 힘들어도 상관없어. 내 말은 사실이니까. 하지만 캐서린이 그자를 곁에 두고 싶어 하는 한, 나는 그자를 캐서린에게서 떼어 놓지 않을 거라고. 하지만 캐시의 마음이 그자에게서 완전히 식어 버리는 순간이 오면, 난 기꺼이 그자의 심장을 도려내 피를 마실 수도 있겠지. 하지만 그때까지는…. 만일 내 말을 믿지 못하겠다면, 그건 넬리, 네가 나라는 인간을 너무 모르는 거야. 그때까지는 차라리 내가 서서히 죽어 가는 한이 있더라도, 그자의 머리카락 한 오라기도 안 건드려.”

“아무리 그래도,” 제가 한마디 끼어들었어요. “히스클리프 씨는 지금 캐서린이 완쾌될 수 있는 모든 가능성을 무참히 짓밟고 있잖아요.

이제야 겨우 당신을 잊고 평온을 되찾아 가는데, 굳이 기억 속에 비집고 들어가 아가씨를 고통의 구렁텅이로 밀어 넣으려 하니 말이에요.”

“캐서린이 날 잊었다고?” 히스클리프가 사납게 받아쳤습니다. “이봐, 넬리! 너도 잘 알잖아. 캐서린이 린턴을 한 번 떠올릴 때, 나를 천 번 생각한다는 걸 나만큼 잘 알잖아! 내 인생에서 가장 비참했던 시절에는 나도 그런 생각을 했었어. 작년 여름에 이 근처로 돌아왔을 때도 한동안 그 생각이 나를 괴롭혔지. 하지만 캐서린 본인의 입으로 직접 말하지 않는 한, 그따위 끔찍한 생각은 두 번 다시 내 머릿속에 들이지 않겠어. 캐서린이 정말 나를 잊는다면, 린턴도, 힌들리도, 내가 꿈꿔 온 모든 것도, 그 순간 전부 무가치해지는 거야. 내 앞날은 딱 두 마디로 끝나. 죽음과 지옥. 캐서린을 잃고 살아간다는 건 내겐 곧 지옥이야.

잠깐이나마, 캐서린이 에드거 린턴의 사랑을 내 사랑보다 더 소중히 여긴다고 생각했다니 나도 참 머저리였어. 그자가 그 보잘것없는 영혼이 가진 온 힘을 쥐어 짜내 사랑한다 한들, 그자가 평생 여든 해 동안 쏟아부을 사랑을 나는 단 하루 만에도 다 쏟아부을 수 있어. 그리고 캐서린의 마음은 내 마음만큼 깊은데, 그자가 캐서린의 사랑을 독차지하겠다는 건 여물통에 바다를 담겠다는 것과 다를 바 없지. 애초에 불가능한 일이라고. 흥! 캐서린에게 에드거는 기껏해야 기르는 개나 말보다 아주 조금 더 귀한 존재일 뿐이야. 나만큼 사랑받을 만한 자질이 그자에게는 없는데, 캐서린이 무슨 수로 그자를 사랑할 수 있겠어?”

“캐서린 언니와 에드 오빠는 누구 못지않게 서로를 아끼고 사랑해!” 이사벨라가 갑자기 기운을 차리고 외쳤습니다. “누구라도 감히 그따위로 말할 자격은 없어. 오빠에 대해 함부로 말하면 내가 가만있지 않아!"

"당신 오빠는 당신한테도 꽤 각별하지 않았던가?" 히스클리프가 경멸조로 말했어요. "하지만 당신을 내치는 솜씨는 참 놀라울 정도야."

"오빠는 내가 얼마나 고통스러운지 몰라요." 이사벨라가 대꾸했어요. "그런 말은 하지 않았으니까."

"그럼 다른 이야기는 했다는 말인데⋯. 편지 썼지?"

"결혼 소식을 알리려고 몇 자 적었어요. 내 편지 봤잖아요."

"그 후로는 없나?"

"없어요."

"아가씨가 여기 오고 나서 얼굴이 말도 못 하게 상했네요." 제가 말했습니다. "분명 누군가의 사랑이 부족한 탓일 거예요. 누구인지 짐작은 가지만, 제 입으로 말하진 않겠어요."

"내 생각에 그 누군가란 아마 이사벨라 본인일 거야." 히스클리프가 말했어요. "저 여자는 이제 지저분하고 게으른 여자로 전락해 버렸어! 날 기쁘게 하려는 노력 따위는 일찌감치 때려치운 모양이야. 믿기 힘들겠지만, 결혼식 바로 다음 날 아침부터 집에 가고 싶다며 징징거렸다니까. 하지만 이제는 지나치게 까다롭게 굴지 않으니, 오히려 이 지저분한 집구석에 더 잘 어울리겠군. 다만, 밖으로 나가 내 체면을 깎아 먹지 않도록 내가 좀 엄히 단속해야겠어."

"그런데 말이죠, 히스클리프 씨." 제가 말했습니다. "부인은 극진한 보살핌과 시중을 받는 데 익숙한 분이에요. 모두들 부인을 외동딸처럼 아끼고 챙겼으니까요. 그러니 부인을 돌봐 줄 하녀도 필요하고 히스클리프 씨도 다정하게 대해 주셔야 합니다. 에드거 씨를 어떻게 생각하든, 부인의 강한 애정을 의심해서는 안 돼요. 그 깊은 사랑이 아니었다면, 부인께서 예전 집의 우아함과 안락함, 그리고 정든 사람들을 죄다 뒤로한 채 이 황량한 곳까지 당신을 기쁘게 따라오셨을까요?"

"저 여자가 살던 집을 떠난 건 착각에 빠졌던 탓이야." 히스클리프가 대답했습니다. "나를 무슨 로맨스의 남자 주인공쯤으로 멋대로 상상하고, 내가 기사도를 발휘해 끝없이 헌신해 주길 바란 거지. 그런 걸 보면, 나는 저 여자를 이성적인 인간으로 보기도 어려워. 나라는 사람에 대해 터무니없는 환상을 고집스럽게 품고, 애초부터 잘못된 인상을 토대로 제멋대로 행동해 왔으니까. 하지만 이제는 내가 어떤 인간인지 조금은 알기 시작한 모양이야. 처음 날 진저리나게 만들던 그 멍청한 미소며 우스꽝스러운 우거지상도 더는 보이지 않으니 말이야. 내가 저 여자의 어리석은 집착에 대해 그토록 진심 어린 충고를 해 주고, 자기를 향한 내 마음이 어떤지 솔직히 말해 줘도 전혀 알아듣지 못하던 그 벽창호 같은 둔감함마저, 조금은 줄어든 것 같고. 이제 내가 자기를 사랑하지 않는다는 걸 깨달았다니, 그야말로 기적 같은 통찰력이지. 한때는 무슨 짓을 해도 그 사실을 이해시키지 못할 줄 알았어! 한데 아직 제대로 깨달았다고도 할 수 없는 것이, 오늘 아침만 해도 무슨 끔찍한 소식이라도 전하는 것처럼, 내가 결국 자기가 나를 미워하게 만드는 데 성공했다느니 하면서 난리를 치더군. 이건 뭐, 헤라클레스의 과업도 아니고! 정말 그 과업이 이루어졌다면야 감사할 일이지만…. 그런데 이사벨라, 당신 말을 믿어도 되겠어? 정말 나를 미워해? 내가 당신을 한나절만 혼자 내버려두면, 다시 한숨이나 푹푹 내쉬다가 알랑거리면서 달라붙는 거 아냐? 아마 저 여자는 내가 넬리 앞에서만이라도 다정한 척해 주기를 바랄 거야. 진실이 까발려지면 제 알량한 자존심이 상할 테니까. 하지만 나야 짝사랑이었다는 사실이 천하에 알려지든 말든 상관없어. 저 여자한테 거짓말한 적이 없으니까. 내가 조금이라도 다정한 척하며 자기를 속였다고는 죽어도 말 못 할걸. 그레인지를 떠나던 날, 내가 저 여자의 작은 개를 달아매는 걸 똑똑히 봤으니까. 풀어 달라고 애걸복걸하기에, 내가 내뱉은 첫마디가 뭐였는지 알아? 너희 집구석 식구 중 딱 한 명만 빼고 전부 목을 매달아 버리고 싶은 심정이라고 했지. 아마 그 한 명이 자기인 줄 알았나 봐. 하지만 이 여자는 잔인함을 혐오하지 않아. 제 몸뚱이만 상하지 않는다면, 오히려 그런 폭력성을 본능적으로 좋아하는 모양이야! 그런데 정말 웃기는 게 뭔지 알아? 그 한심하고, 비굴하게 굴종적이고, 속 좁은 계집이 나 같은 인간이 자기 같은 걸 사랑할 거라고 꿈꿨다는 거야. 그게 얼마나 터무니없고, 우스꽝스러울 만큼 어리석은 일인지 알겠지? 넬리, 네 주인 나리에게 전해. 내 평생 저 여자처럼 딱한 인간은 처음 본다고. 심지어 린턴 가문의 이름에까지 먹칠을 하고 있다고 말이야. 가끔은, 저 여자가 어디까지 견녀 내는지, 얼마나 비굴하게 기어 들어오는지 시험해 보다가, 더는 새로운 괴롭힘이 떠오르지 않아 잠깐 봐준 적은 있지. 그러니까 넬리, 네 주인 나리에게 꼭 전해 줘. 오빠랍시고, 또 치안판사라고 괜히 참견할 것 없다고 말이야. 나는 법의 테두리에서 벗어나는 짓은 절대 하지 않거든. 지금까지 저 여자가 이혼을 들먹일 만한 빌미는 단 한 번도 준 적이 없단 말이지. 게다가, 설령 우리 사이를 갈라 놓겠다고 나서도, 저 여자는 고마워하지도 않을걸. 나가고 싶으면 얼마든지 나가라고 해. 이제는 괴롭히는 재미보다 옆에 붙어 있는 게 성가신 마음이 더 크니까."

"히스클리프 씨," 제가 참다못해 쏘아붙였어요. "이건 미친 소리예요. 부인도 당신이 제정신이 아니라고 생각하고 있을 거예요. 그러니까 지금까지 참아 준 거겠죠. 하지만 이제 본인 입으로 떠나도 좋다고 했으니, 바로 실행에 옮길 수 있겠네요. 이사벨라 아가씨, 설마 저런 사람 곁에 남아 있을 만큼 넋이 나간 건 아니겠죠?"

"조심해, 엘런!" 이사벨라가 대답했어요. 그 눈빛만 봐도 히스클리프가 아내에게 미움을 사려던 속셈이 완전히 먹혀들었다는 걸 알 수 있겠더군요. "저 사람이 하는 말은 한마디도 믿지 마. 거짓말을 입에 달고 사는 악마야! 아니, 괴물이지, 사람도 아니야! 전에 나가고 싶으면 나가라고 해서 정말 해 보려고도 했어. 그런데 다시는 감히 그렇게 못 하겠어! 그러니까, 엘런, 제발 에드거 오빠나 캐서린 언니에게는 방금 저 사람이 한 악랄한 말은 한마디도 전하지 않겠다고 약속해 줘. 저 인간이 뭐라고 떠들든, 그 속은 뻔해. 에드거 오빠를 자극해서 벼랑 끝으로 몰아붙이려는 거야. 나한테도 그랬어. 나랑 결혼한 이유도 에드거 오빠를 제멋대로 휘두르기 위해서라고! 하지만 절대 그렇게는 못 해. 그 전에 내가 먼저 죽어 버릴 테니까! 차라리, 차라리 저 사람이 악마 같은 신중함을 내던지고 나를 죽여 버렸으면 좋겠어! 지금 내가 상상할 수 있는 유일한 위안은, 죽는 것뿐이야. 아니면, 저 사람이 죽는 꼴을 보는 거지!"

"됐어, 오늘은 그쯤 해 둬!" 히스클리프가 말했어요. "넬리, 만약 네가 재판정에 불려 가거든 저 여자가 지금 한 말 꼭 기억해! 그리고 저 얼굴도 잘 봐 둬. 이제 제법 나와 잘 어울리는 사람이 되어 가고 있어. 아니, 이사벨라, 지금 당신 꼴을 봐선 자기 몸 하나 건사도 못 하겠군. 내가 당신의 법적 보호자니까, 정말 싫은 노릇이지만, 내가 책임지고 감시할 수밖에 없어. 위층으로 올라가. 엘런과 단둘이 할 이야기가 있으니까. 그쪽 말고, 위층으로 올라가라니까! 아니, 위층은 이쪽이라고 했잖아. 그런 것도 가르쳐 줘야 알아?"

히스클리프는 이사벨라를 붙잡아 방 밖으로 밀어내고는 이렇게 중얼거리며 돌아왔어요.

"나한테 동정심 따윈 없어! 그런 건 없어! 벌레들이 버둥거릴수록 창자가 터지도록 더 짓뭉개고 싶거든! 이가 날 때처럼, 아플수록 난 더 힘껏 이를 갈고, 물어뜯고 싶어져."

저는 얼른 보닛을 집어 들며 말했어요. "동정심이라는 말의 뜻은 알고나 하는 소리예요? 평생 그런 걸 느껴 보기는 했어요?"

"그거 내려놔!" 히스클리프가 제가 떠나려는 걸 눈치채고 말을 가로막았어요. "아직 가면 안 돼, 넬리. 이리 와 봐. 나는 캐서린을 만나러 갈 거야. 그러니까 네가 도와줘야겠어. 네가 내 말에 순순히 따르든, 미지못해서 하든 상관없어. 어쨌든 지금 당장 도와줘야 해. 누구든 해칠 생각은 없어. 소란을 일으킬 마음도 없고, 린턴 씨를 건드리거나 모욕하려는 것도 아니야. 나는 그저 캐서린이 어떻게 지내는지, 왜 이렇게 아프게 된 건지, 내가 도울 수 있는 게 있는지, 그걸 캐서린에게서 직접 듣고 싶을 뿐이야. 어젯밤엔 그레인지 정원에서만 꼬박 여섯 시간을 죽치고 있었어. 오늘 밤에도 갈 거야. 기회만 생기면, 밤낮 가리지 않고 매일 그 근처를 어슬렁거리면서 들어갈 틈을 엿볼 거야. 그러다 에드거 린턴과 마주치기라도 하면, 주저 없이 때려눕힐 거야. 내가 그 집에 머무는 동안 감히 꼼짝도 못 하게 아주 뻗어 버리게 만들어 줄 거라고. 하인들이 막아선다면, 이 총으로 위협해서 모조리 쫓아 버릴 거고. 하지만 애초에 내가 그 하인들이나 주인하고 마주치지 않는 편이 서로에게 훨씬 낫지 않겠어? 넬리, 너라면 아주 쉽게 막을 수 있잖아. 내가 미리 신호를 줄게. 캐서린이 혼자 있을 때 나를 아무도 모르게 들여보내 줘. 그리고 내가 나갈 때까지 망만 봐 주면 돼. 양심에 걸릴 것도 없어. 네가 오히려 사고를 미리 막아 주는 셈이니까."

저는 주인댁을 그런 식으로 배신하는 짓은 결단코 할 수 없다고

강하게 반대했어요. 게다가 히스클리프 씨가 자기만족을 채우겠다고 린턴 부인의 평안을 깨뜨리려는 건, 너무나도 잔인하고 이기적인 처사라고 일침을 놓았지요.

"요즘 마님은 아주 사소한 일에도 깜짝깜짝 놀라요." 제가 말했습니다. "신경이 곤두서 있어서, 이런 예상치 못한 충격은 견디지 못할 거라고. 그러니 제발 그만둬! 이대로 계속 밀어붙이면, 나도 어쩔 수 없이 주인 나리한테 말씀드릴 수밖에 없어. 그러면 나리도 집과 가족을 지키기 위해, 이런 무단 침입을 막으려고 할걸!"

"그럼 나도 넬리를 붙잡아 둘 수밖에 없어, 알겠어?" 히스클리프가 소리쳤어요. "내일까지는 워더링 하이츠를 못 나갈 줄 알아. 캐서린이 나를 보면 충격을 받아 못 견딜 거라는 건 터무니없는 소리야. 나도 캐서린을 놀라게 하고 싶진 않아. 넬리가 미리 말해 주면 되잖아. 내가 와도 되는지 캐서린에게 물어봐. 캐서린은 내 이름을 절대 입에 올리지 않고, 캐서린 앞에서 아무도 내 이름을 언급하지 않는다고 했지? 그 집에서 나에 대해 말하는 게 금지되어 있다면, 캐서린이 누구에게 내 이야기를 할 수 있겠어? 캐서린은 너희 모두를 남편이 붙여 놓은 첩자라고 생각해. 아아, 너희들 틈에서 지내는 게 그 애한테는 지옥이나 다름없겠다! 말 한마디 없는 걸 봐도, 그 애가 어떤 기분일지 충분히 알겠어. 종종 안절부절못하고 불안해 보인다고 했지? 그게 어딜 봐서 평온하다는 증거야? 정신이 불안정하다고? 그렇게 지독하게 고립되어 있는데, 대체 어떻게 멀쩡할 수 있겠어? 그리고 그 지루하고 시시한 녀석이 의무니, 도리니, 동정이니, 자비니 하는 마음으로 곁을 지킨다며? 그런 얄팍한 보살핌으로 캐서린이 다시 기운을 찾을 거라고 믿는 거야? 차라리 참나무를 화분에 처박아 놓고 무성해지길 바라는 편이 더 낫겠군. 자, 이제 분명히 하자. 여기 남아서 내가 린턴과 그 졸개들을 모조리 쓰러뜨려서라도 어떻게든 캐서린에게 가게 만들 셈이야? 아니면 지금까지처럼 내 편이 되어서 내가 부탁하는 대로 해 줄 거야? 결정해! 계속 그렇게 고집스럽고 고약하게 버틸 거면, 내가 여기서 시간을 더 낭비할 필요도 없잖아."

그래서, 록우드 씨, 저는 별별 이유를 다 대고, 딱 잘라 거절하길 열 번 스무 번도 더 했지만, 결국에는 히스클리프를 못 이기고 약속을 하고 말았답니다. 저는 히스클리프의 편지를 안주인에게 전해 주기로 했고, 안주인이 허락만 한다면, 히스클리프에게 린턴 나리가 언제 집을 비우는지 알려 주겠다고 약속했어요. 그러면 히스클리프가 그 틈을 타, 어떻게든 집 안으로 들어올 수 있을 테니까요. 저도, 다른 하인들도 그 시간엔 자리를 피해 있을 참이었고요.

잘한 일이었을까요, 잘못한 일이었을까요? 상황이 어쩔 수 없었다고는 해도, 아무래도 잘못한 일인 것만 같아요. 히스클리프의 요구를 들어주는 것이 더 큰 충돌을 막는 것이라고 스스로를 다독였지요. 게다가 어쩌면 히스클리프와의 만남이 캐서린의 마음에 변화를 일으켜, 병세가 호전되는 긍정적인 전환점의 계기가 될지도 모른다는 헛된 희망도 품어 보았습니다. 하지만 에드거 나리께서 제가 이런 소식을 옮긴다고 호되게 꾸짖었던 일이 떠올랐습니다. 마음이 불편해지는 것을 달래고자, 저는 몇 번이고 되뇌며 다짐했습니다. 이번 일을 감히 배신이라고 부를 수 있을지는 모르겠지만, 어쨌든 주인님의 신뢰를 저버리는 일은 이번이 마지막이라고 말입니다.

그럼에도 집으로 돌아가는 길은 히스클리프의 집으로 향할 때보다 훨씬 더 마음이 무겁고 서글펐습니다. 제 손으로 그 편지를 린턴 부인에게 건네기까지, 마음을 가다듬느라 여러 번 망설여야 했습니다.

그런데, 케네스 씨가 왔네요. 제가 내려가서 록우드 씨가 한결 나아지셨다고 전할게요. 제 이야기는 우리네 식으로 말하면 '지리하고 짠한' 편이지만, 아침나절 시간을 보내는 데는 그럭저럭 쓸 만할 겁니다.

지리하고 짠하고 음울하군! 친절한 여인이 의사를 맞으러 아래층으로 내려가는 뒷모습을 보며 나는 생각했다. 기분 전환용으로 들을 이야기는 아니었지만, 아무려면 어떤가! 나는 딘 부인이 내어 준 입에 쓴 약초 같은 이야기 속에서 몸에 이로운 약효만을 쪽 뽑아낼 것이다. 그리고 무엇보다, 캐서린 히스클리프의 반짝이는 눈에 어른거리는 기묘한 매혹은 조심해야겠다. 만약 그 젊은 여자에게 덜컥 마음을 빼앗겼다가, 그 딸이 어머니의 판박이로 밝혀지면, 나도 감당하기 힘든 곤혹스러운 처지에 빠지게 될 것 아닌가!

2권

1장

또 한 주가 지나갔다. 그만큼 내 기력도 회복되어 활력을 되찾을 날도 머지않았고, 봄도 조금씩 손짓하며 다가오고 있었다. 그동안 나는 이웃집의 내력을 여러 차례에 걸쳐 모두 전해 들을 수 있었다. 가정부가 더 중요한 일에서 짬이 날 때마다 시간을 내 준 덕분이다. 이제부터 그녀의 이야기를 가능한 한 원형 그대로 옮기되, 약간만 간추려 전하고자 한다. 가정부는 전반적으로 꽤 훌륭한 이야기꾼이라, 내가 굳이 문체를 매만질 필요는 없을 것 같다.

저녁 무렵, 그러니까 제가 워더링 하이츠를 다녀온 바로 그날 저녁이었습니다. 굳이 제 눈으로 확인하지 않아도 히스클리프 씨가 이 근처 어딘가에 있다는 걸 본능적으로 알 수 있었습니다. 그래서 저는 밖으로 나가는 일을 피했답니다. 아직 그의 편지가 제 주머니에 있었거든요. 그 일로 그자에게 더는 협박을 당하거나 들볶이고 싶지 않았어요.

저는 나리가 외출하기 전까지는 편지를 전하지 않기로 마음을 굳게 먹었습니다. 이 편지가 캐서린에게 어떤 파문을 일으킬지 도저히 짐작할 수 없었으니까요. 그 결과, 편지는 사흘이 지나도록 캐서린의 손에 전달되지 못했습니다. 나흘째 되는 날, 일요일을 맞아 집안 사람들이 모두 교회에 가고 정적만이 감돌 때, 저는 비로소 그 편지를 들고 캐서린의 방으로 갔습니다.

남자 하인 한 명이 저와 함께 집을 지키고 있었어요. 보통 예배 시간에는 문을 잠그곤 했는데, 그날은 날씨가 워낙 포근하고 화창해서 문을 활짝 열어 두었지요. 사실 누가 찾아올지 알고 있었기에, 저는 약속을 지키려 동료 하인에게 안주인께서 오렌지를 몹시 드시고 싶어 하니, 얼른 읍내로 뛰어가 값은 내일 치르겠다고 하고 몇 개 사 오라고 일렀습니다. 하인은 떠났고, 저는 위층으로 올라갔습니다.

린턴 부인은 여느 때와 마찬가지로, 헐렁한 흰옷에 가벼운 숄을 어깨에 걸치고 창가의 움푹 들어간 자리에 앉아 있었습니다. 병세가 깊어질 무렵 잘려 나갔던 풍성하고 긴 머리칼은 이제 본래의 결대로 관자놀이와 목덜미를 따라 자연스럽게 흘러내리고 있었습니다. 제가 히스클리프에게 말했듯, 부인의 모습은 분명 예전과 달라져 있었습니다. 하지만 부인이 고요히 앉아 있을 때면, 그 변화 속에서조차 이 세상 것이 아닌 듯한 아름다움이 깃들어 있었지요.

번득이던 눈빛은 몽환적이고도 우수 어린 부드러움으로 바뀌어, 더는 주변 사물을 담아내는 것 같지 않았어요. 항상 저 너머를, 그 너머보다 한참 먼 곳을 바라보고 있었습니다. 이 세상 너머라고 해도 어색하지 않을 정도였어요. 수척함이 가시고 살이 조금 오르긴 했지만, 창백한 얼굴과 어지러운 정신에서 비롯된 형용할 수 없는 표정은, 그

연유를 떠올릴 때마다 가슴이 저릴 만큼 아파 왔지만, 오히려 캐서린을 더욱 애잔하고 아름다워 보이게 했습니다. 그리고 그 모습은—저뿐만 아니라 그녀를 본 사람이라면 누구라도—겉으로 보이는 회복의 징후들을 무색하게 할 만큼, 부인에게는 이미 스러져 가는 기운이 짙게 감돌고 있어 이승에서의 여명이 얼마 남지 않았음을 느끼게 했습니다.

책 한 권이 부인이 앉은 자리 앞 창턱에 펼쳐져 있었습니다. 어렴풋이 스치는 바람만이 이따금 책장을 살랑이며 넘길 뿐이었죠. 아마 나리가 그 자리에 놓아둔 책이었을 거예요. 린턴 부인은 독서든 뭐든 하며 마음을 달래 보려 한 적이 전혀 없었거든요. 반면, 나리는 한때 아내가 낙으로 삼았던 일들에 다시 흥미를 붙이게 하려고 몇 시간씩 정성을 다하곤 했지요.

부인도 남편의 그런 의도를 모르지 않았기에, 기분이 좋은 날에는 나리의 수고를 군말 없이 받아들이곤 했습니다. 다만 이따금 새어 나오는 지친 한숨으로, 그의 수고가 헛됨을 살짝 드러내다가, 결국 가장 슬픈 미소와 입맞춤으로 남편을 제지하곤 했지요. 하지만 기분이 좋지 않은 날에는, 성을 내며 몸을 돌리거나 얼굴을 두 손으로 가려 버리고, 심지어 화를 내며 남편을 밀쳐 내기도 했습니다. 그럴 때면 나리는 더는 간섭하지 않으셨지요. 아무 소용이 없음을 뼈저리게 알고 있었으니까요.

기머턴 교회의 종소리가 여전히 울려 퍼지고 있었습니다. 골짜기에 차오른 시냇물이 흘러가는 부드러운 물소리가 은은하게 들려왔지요. 여름이 오기 전, 귓가를 달래 주는 개울의 노랫소리였습니다. 그레인지에서는 나뭇잎이 무성해지면 그 바스락거리는 소리에 묻혀 들리지 않았지만, 워더링 하이츠에서는 큰 눈이 녹거나 비가 한동안 쏟아진 뒤 찾아온 조용한 날이면 늘 그런 소리가 들려오곤 했습니다. 린턴 부인은 그 소리를 들으며 워더링 하이츠를 떠올리고 있었을 겁니다. 물론 그녀가 무언가를 생각하거나 귀를 기울일 수 있는 정신이 남아 있다면 말이죠. 전에도 말했듯, 부인의 시선은 흐릿하게 먼 곳을 향해 있었고, 눈과 귀로는 현실의 사물을 제대로 인식하지 못하고 있었으니까요.

제가 캐서린 부인에게 다가가 살며시 말을 건넸습니다.

"린턴 부인 앞으로 편지가 왔네요." 제가 부인의 무릎 위에 놓인 가냘픈 손에 조심스레 편지를 쥐여 주며 말했습니다. "답장을 달라는 편지라서요. 바로 읽으셔야 합니다. 제가 봉투를 뜯어 드릴까요?"

"그래." 린턴 부인이 눈길조차 돌리지 않고 대답했어요.

제가 봉투를 뜯어 편지를 펼쳐 보니, 아주 짤막한 내용이었습니다. "자, 이제 읽어 보세요." 하고 제가 말했습니다.

그러자 부인은 제 손에서 손을 거두고는, 힘없이 아래로 떨구었습니다. 편지도 함께 떨어졌지요.

저는 그 손을 다시 무릎 위에 모아 놓고, 부디 한 번만 아래를 바라봐 주기를 간절히 기다렸습니다. 그러나 부인의 시선이 좀처럼 편지로 향하지 않았기에, 마침내 제가 다시 말했습니다.

"제가 읽어 드릴까요, 부인? 히스클리프 씨가 보낸 편지입니다."

그제야 부인은 무엇인가를 필사적으로 떠올리려는 듯 불안한 기색을 보이더니, 이내 흩어진 정신을 가다듬으려 안간힘을 쓰는 모양새였어요. 그러고는 편지를 들어 올려 읽는가 싶더니, 마지막 서명에 이르러서야 한숨을 내쉬더군요. 하지만 부인은 여전히 편지의 요지를 파악하지 못한 듯 보였어요. 제가 대답을 들려달라고 재촉하자, 부인은 그저 그 이름을 가리키며, 슬픔에 젖어 있으면서도 무언가를 애타게 묻는 듯한 간절한 눈빛으로 저를 바라볼 뿐이었으니까요.

"있잖아요, 부인을 만나고 싶어 해요." 제가 부인의 표정을 읽어 내고는 대신 말해 드렸습니다. "지금쯤 정원에 와 있을 거예요. 제가 어떤 대답을 가져갈지 초조하게 기다리고 있어요."

제가 이렇게 말하고 있는 사이, 양지바른 풀밭에 누워 있던 커다란 개 한 마리가 막 짖으려는 듯 귀를 쫑긋 세우더니, 이내 귀를 뒤로 착 젖히고는 꼬리를 흔들었어요. 다가오는 이가 낯선 사람은 아니었던 모양이지요.

린턴 부인은 몸을 앞으로 숙이고 숨죽인 채 귀를 기울였어요. 잠시 뒤, 누군가가 거침없이 현관을 가로지르는 묵직한 발소리가 들려왔습니다. 문이 활짝 열려 있었으니, 히스클리프로서는 그 유혹을 뿌리치기 힘들었을 겁니다. 아마 제가 약속을 저버릴까 봐, 결국 자기 배짱을 한번 믿어 보기로 작정한 것 같았습니다.

캐서린은 긴장한 눈으로 방문 쪽을 지켜보고 있었어요. 히스클리프가 곧장 방을 찾아오지 못하자 부인이 저더러 그를 들여보내라고 손짓했으나, 제가 문고리에 손을 대기도 전에 히스클리프는 이미 이 방을 알아차렸고, 겨우 한두 걸음 만에 부인 곁으로 다가와 그녀를 품에 꼭 끌어안았습니다.

히스클리프는 한동안, 아마 5분 남짓은 말을 꺼내지도 못한 채 부인을 꼭 안고 있었어요. 아마 자신의 온 생애를 다 합친 것보다 더 많은 입맞춤을 그 짧은 순간에 부인에게 퍼부었을 거예요. 하지만 먼저 입맞춤을 시작한 사람은 캐서린이었습니다. 저는 히스클리프가 참담한 고통 속에서 부인의 얼굴을 똑바로 바라보는 것조차 힘겨워하는 모습을 분명히 보았습니다! 저와 마찬가지로, 히스클리프 역시 부인을 보는 순간 직감했던 거예요. 이제 회복의 가망은 없으며, 부인이 필경 죽음의 문턱으로 향하고 있다는 것을요.

"아아, 캐시! 너는 내 전부인데, 나더러 어떻게 견디라고?" 히스클리프가 처음 내뱉은 말이었어요. 절망을 숨길 생각조차 없는 처절하게 찢긴 목소리였지요.

그때부터, 히스클리프는 캐서린을 지극히 간절한 눈빛으로 응시했어요. 저는 그 강렬한 시선 끝에 눈물이 차오를 줄 알았지요. 하지만 그의 눈에서는 고통만이 뜨겁게 타오를 뿐, 눈물 한 방울 맺히지 않았습니다.

"이번엔 또 뭐야?" 캐서린이 등을 젖히며, 순식간에 눈썹을 찌푸리더니 히스클리프를 쏘아보았어요. 부인의 기분은 그야말로 풍향계처럼 시시각각 바뀌곤 했지요. "히스클리프, 너랑 에드거가 내 가슴을 찢어 놓았잖아! 그래 놓고 지금 와서 둘 다 울상을 지으면서 한탄하러 왔다고? 마치 불쌍한 건 너희들인 것처럼! 나는 네가 불쌍하지 않아, 조금도. 네가 나를 죽였으니까! 그러고도 넌 멀쩡하게… 아니, 오히려 더 기세등등하게 살아왔잖아. 정말 대단도 해라! 내가 죽고 나면 얼마나 더 오래 살 작정이니?"

히스클리프는 캐서린을 끌어안으려고 꿇고 있던 한쪽 무릎을 펴고 일어나려 했어요. 하지만 캐서린이 그의 머리칼을 거칠게 움켜쥐더니 바닥에 다시 주저앉혔지요.

"너를 붙들고 싶어." 캐서린이 비통하게 말을 이었어요. "우리 둘의 숨이 다할 때까지, 이렇게 너를 붙잡아 두고 싶어. 네가 어떤 고통을 겪든 상관없어. 네 고통 따위, 난 아무렇지도 않으니까. 왜 너는 고통받으면 안 되니? 나는 이렇게 아픈데! 너는 날 잊고 말겠지? 내가 땅에 묻혀도, 너는 행복하게 살아갈 거니? 스무 해쯤 지나면 너는 이렇게 말하겠지. '저기가 캐서린 언쇼의 무덤이다. 내가 오래전에 사랑했던 여자지. 나는 그녀를 잃고 비참했지만, 이젠 다 지나간 일이다. 그 후로도 나는 다른 수많은 사람을 사랑했고, 지금은 내 아이들이 그녀보다 더 소중하다. 그리고 내가 눈을 감을 날이 와도, 나는 그녀에게 가는 것이 기쁘지 않을 것이다. 이 아이들을 두고 떠나야 하는 마음이 더 아플 테니까.' 정말이지 이렇게 말할 거니, 히스클리프?"

"나 좀 그만 괴롭혀! 나도 너만큼 미쳐 버릴 것 같단 말이야!" 히스클리프가 머리를 휙 비틀어 캐서린의 손아귀에서 겨우 빠져나오며 이를 악물고 부르짖었어요.

침착하게 한 발 떨어져 지켜보는 이에게, 두 사람의 모습은 참으로 낯설고도 섬뜩했답니다. 캐서린이 이 세상의 육신을 벗어던질 때 그 지독한 성미까지 함께 벗어 버리지 않는다면, 천국조차 마음 붙일 곳이 되지 못하리라는 생각이 들 정도였어요. 창백한 뺨과 핏기 없는 입술, 섬광처럼 번쩍이는 눈빛에는 광기 어린 분노와 복수심이 서려 있었고, 그녀의 움켜쥔 손안에는 방금까지 틀어쥐고 있던 히스클리프의 머리칼이 한 움큼 남아 있었지요.

"너 정말 악마한테 홀린 거냐?" 히스클리프가 이를 악물고 거칠게 말을 이었어요. "죽어 가면서… 그게 나한테 할 소리야? 네가 방금 내게 한 그 모진 말들이 내 기억에 낙인처럼 찍혀서, 네가 떠난 뒤에도 나를 영원히 갉아먹을 거란 생각은 안 하는 거냐고? 내가 널 죽였다니, 그게 새빨간 거짓이라는 건 네가 누구보다 잘 알잖아. 그리고 캐서린, 널 잊는다는 건 내가 내 존재를 잊는 것만큼이나 불가능한 일이야! 그런데도 너의 그 지독한 이기심은 아직도 모자란 거니? 네가 고이 잠들어 평안을 얻는 동안, 나는 지옥의 고통 속에서 몸부림쳐야 할 텐데…. 그것마저 네 성에 차지 않는 거니?"

"나는, 고이 잠들 수 없어." 캐서린이 억눌린 신음을 토해 냈습니다. 극도로 흥분한 탓에 널뛰듯 요동치는 심장 박동이 눈에 보이고 귀에 들릴 만큼 격렬해지자, 제 몸의 기력이 다했음을 깨달은 모양이었어요.

캐서린은 발작이 잦아들 때까지 더 말을 잇지 못했습니다. 그러다가 숨을 가다듬고서, 이번에는 한결 부드러운 어조로 말을 이었습니다.

"히스클리프, 네가 나보다 더 고통받길 바라서 그런 모진 소리를 한 건 아니야. 그저, 우리 둘이 영원히 떨어지지 않기를 바랐을 뿐이야. 내 말이 훗날 너를 괴롭히거든, 나 또한 땅속에서 똑같은 고통을 느끼고 있다고 생각해 주렴. 그리고 나를 위해서라도, 용서해 줘. 자, 이리 와서, 다시 무릎 꿇어. 넌 평생 나한테 상처를 준 적이 단 한 번도 없었어. 아니, 오히려 네가 지금 품고 있는 그 분노가, 나중에 내 가혹한 말보다 더 아픈 기억이 될지도 몰라. 그러니까 이리 와 봐. 응, 얼른!"

히스클리프는 캐서린이 앉은 의자 뒤로 다가가 허리를 굽혔지만, 고개를 깊이 숙이지 않아 캐서린에게는 감정에 북받쳐 납빛으로 변한 그의 얼굴이 보이지 않았습니다. 캐서린은 그의 얼굴을 보려고 몸을 돌렸지만, 히스클리프는 허락하지 않았어요. 급히 벽난로 쪽으로 걸어가더니, 우리에게 등을 돌린 채 말없이 서 있었습니다.

린턴 부인은 불안한 기색으로 그의 움직임을 눈으로 따라갔습니다. 그의 작은 몸짓 하나하나가 부인에게 새로운 감정의 파도를 일으키는 듯 보였어요. 부인은 그렇게 한참을 말없이 지켜보다가 다시 입을 열었습니다. 이번에는 저를 향해, 분노와 실망이 담긴 어조로 속삭였지요.

"세상에, 넬리, 저 애는 내가 무덤에 들어가는 꼴을 보려고 저러는 건지 마음을 누그러뜨릴 생각이 없어. 내가 받는 사랑이 이 정도뿐이라니! 뭐, 괜찮아. 저 애는 진짜 나의 히스클리프가 아니니까. 나는 나의 히스클리프만 사랑할 거고, 그 애만 데려갈 거야. 그 애는 내 영혼 속에 있으니까." 캐서린은 잠시 생각에 잠긴 듯 중얼거렸어요. "그리고 있잖아, 나를 가장 괴롭게 하는 건, 이 쇠약해진 몸이라는 감옥이야. 이 안에 갇혀 있는 것도 이제 지쳤어. 저 눈부신 세상으로 나가, 그 안에서 마음껏 살아 보고 싶어. 눈물 때문에 흐릿하게 바라보거나, 이 아픈 마음의 벽 너머로 그리워하기만 하는 게 아니라…. 정말로 그곳과 하나가 되어, 그 안에서 숨 쉬며 살고 싶다고. 넬리, 넌 나보다 더 나은 처지라고 생각하겠지, 몸도 건강하고 힘도 넘치니까. 지금은 나를 가엾게 여기겠지만, 곧 상황이 뒤바뀔 거야. 이제 내가 널 가엾게 여기게 될 테니까. 나는 너희가 닿지 못할 저 너머, 저 높은 곳에 있게 될 거야. 그런데 저 애는 왜 내 곁에 오지 않는 걸까!" 캐서린은 혼잣말처럼 중얼거렸어요. "내 곁에 오고 싶어 하는 줄 알았는데…. 이봐, 히스클리프, 이제 나한테 골내면 안 돼. 제발 나한테로 와, 히스클리프."

　캐서린은 간절히 애원하면서 자리에서 일어나 의자 팔걸이를 붙잡고 겨우 서 있었어요. 그 간절한 애원에 히스클리프도 돌아섰지요. 정말이지 절망한 얼굴이었어요. 젖어 있는 그의 커다란 눈이 마침내 캐서린을 향해 맹렬하게 번뜩였고, 가슴은 경련이라도 일으키는 듯 마구 들썩였지요. 잠시 떨어져 있던 두 사람이 언제 서로에게 다가섰는지 제대로 볼 겨를조차 없었어요. 그저 캐서린이 뛰어들자, 히스클리프가 단번에 그녀를 받아 안은 것이었지요. 그 포옹은 마치 캐서린의 숨이 끊어질 때까지 끝나지 않을 듯 이어졌고, 제 눈에는 그녀가 거의 의식을 잃은 것처럼 보였어요. 히스클리프는 가장 가까이에 있는 의자에 몸을 던지듯 주저앉았고, 제가 다급히 다가가 그녀가 기절한 긴 아닌지 확인하려 들자, 그는 저를 향해 이빨을 드러내며 으르렁 거렸어요. 누구의 접근도 허락하지 않겠다는 듯, 마치 거품을 잔뜩 물고 있는 미친개처럼 빈틈없는 경계심과 집착으로 캐서린을 꼭 끌어안았어요. 그 순간만큼은 제 눈앞에 있는 존재가 도저히 인간이라고 느껴지지 않았어요. 말을 걸어 봐야 통할 것 같지 않아서, 저는 한 발 떨어져 엄청난 당혹감에 휩싸인 채 지켜볼 수밖에 없었습니다.

이윽고 캐서린이 몸을 움직였고, 저는 그제야 숨을 돌렸습니다. 캐서린은 한 손으로 히스클리프의 목을 끌어안고 자기 뺨을 히스클리프의 뺨에 바짝 갖다 댔습니다. 히스클리프는 그에 응하듯, 거의 광란에 가까운 애무를 퍼부으며 격정적으로 외쳤어요.

"이제야 알겠어. 네가 얼마나 잔인했는지, 얼마나 잔인한 거짓말쟁이였는지…. 왜 나를 멸시했어? 왜 네 가슴이 원하는 걸 배신했어, 캐시? 난 이제 너에게 위로 한마디 건넬 수 없어. 이건 네가 만든 비극이야. 너를 죽인 건, 결국 너 자신이라고. 그래, 마음껏 내게 입 맞추고 울어. 나의 입맞춤과 눈물을 있는 대로 다 짜내 봐. 그건 너를 시들게 하고, 결국 너를 파멸로 밀어 넣을 거야. 너는 나를 사랑했잖아. 그런데 무슨 권리로 나를 버렸어? 어떤 권리로? 대답해 봐. 린턴에게 잠깐 흔들렸던 그 얄팍한 감정 때문에? 그 어떤 비참함도, 모멸도, 죽음도, 신이나 악마가 무슨 짓을 해도, 우리 둘을 갈라놓을 수는 없었을 텐데…. 그런데 네가, 네 손으로 우리를 갈라놓은 거야. 내가 네 가슴을 찢었다고? 아니, 네가 네 가슴을 찢어 놓은 거야. 그리고 그 순간, 내 가슴도 함께 찢어졌지. 내 목숨이 붙어 있는 게, 나에겐 더 가혹한 형벌일 뿐이야. 내가 살고 싶겠니? 내가 어떻게 살겠어? 아, 캐시…. 네 영혼이 무덤에 있는데, 내 영혼이 어떻게 살아 있을 수 있겠어?"

"날 내버려둬…. 제발, 날 그냥 내버려두라고!" 캐서린이 흐느끼며 말했어요. "내가 잘못했다 한들…. 그 죗값을 치르며 지금 죽어 가고 있어! 그걸로 됐잖아! 너도 나를 떠났어…. 그렇지만 나는 너를 원망하지 않아! 나는 너를 용서할 거야! 그러니까 너도, 나를 용서해 줘…."

"용서? 그게, 얼마나 어려운지 알아?" 히스클리프가 대답했어요. "너의 그 흐려진 눈을 바라보면서, 이토록 마르고 여윈 너의 손을 느끼면서, 어떻게 용서해? 다시, 나에게 입 맞춰. 너의 눈을 보지 않게. 네가 나에게 한 짓은 용서할게. 나는 나를 죽인 너를 사랑하니까. 하지만 너를 죽인 사람을… 용서하라고? 그걸 내가 어떻게 해?"

두 사람은 말이 없었어요. 서로의 얼굴을 맞대고, 서로의 눈물에 젖어 서로의 얼굴을 씻어 내리고 있었습니다. 적어도 제 짐작에는, 두 사람 다 울고 있었던 것 같아요. 이런 순간이라면 히스클리프조차 눈물을 흘리지 않을 수 없었겠지요.

그사이 제 마음은 점점 불안해졌습니다. 오후는 어느새 훌쩍 지나가 버렸고, 제가 심부름을 보냈던 하인도 이미 돌아왔거든요. 서쪽으로 기운 해가 골짜기 너머를 비추자, 그 쏟아지는 햇살에 기머턴 교회 현관으로 사람들이 몰려나오는 모습이 보였거든요.

"예배가 끝났어요." 제가 다급히 알려 주었습니다. "30분 안에 린턴 나리가 올 거예요."

히스클리프는 저주를 내뱉듯 신음하며 캐서린을 더 세차게 끌어안았고, 캐서린은 미동도 없었습니다.

오래지 않아 부엌문 쪽으로 걸어가는 한 무리의 하인들이 보였어요. 그 뒤로 린턴 나리도 모습을 드러냈지요. 그는 손수 대문을 열고는 마치 여름날 같은 감미로운 오후를 만끽하듯 느릿한 걸음으로 올라오고 있었습니다.

"이제 왔어요!" 제가 외쳤습니다. "제발, 얼른 내려가요! 앞쪽 계단으로 가면 아무도 마주치지 않을 거예요. 빨리! 그리고 나리가 집 안으로 들어올 때까지 정원 나무들 사이에 숨어 있어요."

"가야 해, 캐시." 히스클리프가 캐서린의 팔에서 빠져나오려 애쓰며 말했습니다. "하지만 내가 살아 있는 한, 오늘 밤 네가 잠들기 전에 꼭 다시 돌아올게. 네 창문에서 다섯 걸음도 떨어져 있지 않을게."

"가면 안 돼!" 캐서린이 남아 있는 모든 기운을 쥐어짜듯 그를 꽉 끌어안았습니다. "안 돼, 못 보내."

"딱 한 시간만…." 히스클리프가 간절하게 애원했어요.

"1분도 안 돼." 캐시가 단호하게 대답했습니다.

"가야 해. 린턴이 곧 올라올 거야." 불안해진 침입자가 다시 애원했습니다.

히스클리프가 마음만 먹으면 몸을 일으켜 캐서린의 손을 떼어 낼 수도 있었겠지만, 캐시는 거친 숨을 몰아쉬며 죽기 살기로 매달렸습니다. 얼굴에는 광기 어린 결연함마저 서려 있었지요.

"안 돼!" 그녀가 비명을 질렀습니다. "안 돼! 제발, 가지 마. 이번이 정말 마지막이란 말이야! 에드거도 우릴 해치지는 못할 거야. 히스클리프, 나 죽어! 죽는다고!"

"빌어먹을 멍청이가, 오고 있잖아." 히스클리프가 다시 주저앉으며 소리쳤습니다. "쉿, 내 사랑! 쉿, 쉿, 캐서린. 안 갈게. 에드거 놈이 방아쇠를 당긴다 해도, 나는 숨이 붙어 있는 마지막 순간까지 너를 축복하며 쓰러질 거야."

두 사람은 다시 격렬하게 서로를 끌어안았습니다. 그때 계단 위에서 나리가 올라오는 소리가 들렸습니다. 제 이마에서는 식은땀이 흘렀고, 저는 공포에 사로잡혔습니다.

"캐서린의 횡설수설을 들으려는 거야?" 제가 격앙된 목소리로 말했어요. "캐서린은 지금 자신이 무슨 말을 하는지도 모른다고. 정신조차 혼미한 사람을 이렇게 망가뜨릴 셈이야? 일어나! 당장이라도 벗어날 수 있잖아요. 이건 당신이 저지른 짓 중에서 가장 악독해. 이제 우린 끝장이야. 주인님도, 안주인도, 하인도 전부!"

저는 양손을 꽉 쥐고 절규했어요. 그 소리에 린턴 나리도 발걸음을 재촉했습니다. 어찌나 격앙되었던지, 캐서린의 팔이 힘없이 축 늘어지고 머리가 앞으로 꺾이는 걸 보면서 한편으로는 안도했습니다.

'실신한 걸까, 아니면 숨이 끊어진 걸까.' 저는 속으로 그런 생각을 했습니다. '어쨌든 잘된 일이야. 주변 사람들에게 짐이 되고 고통만 안기는 것보다는 죽는 편이 훨씬 나을지로 몰라.'

바로 그때 에드거 씨가 경악과 분노에 질린 얼굴로 그 불청객에게 달려들었어요. 에드거 씨가 어떻게 할 작정이었는지는 알 수 없지만, 히스클리프가 힘없이 축 늘어진 캐서린의 몸을 그의 품에 떠안기듯 내맡기자, 에드거 씨는 더 이상 아무 행동도 할 수 없었지요.

"자, 봐!" 히스클리프가 말했어요. "당신이 악마가 아니라면, 캐서린부터 먼저 살려. 그다음에 나한테 할 말이 있으면 해!"

히스클리프는 응접실로 걸어 들어가 자리에 앉았어요. 에드거 씨가 저를 불렀고, 우리는 여러 방법을 총동원해 겨우 캐서린의 의식을 되살릴 수 있었습니다. 하지만 캐서린은 여전히 혼란스러워했고, 한숨을 내쉬고 신음하며 누구도 알아보지 못했어요. 에드거 씨는 아내를 걱정하느라 그 혐오스러운 친구는 까맣게 잊고 있었지만, 저는 달랐습니다. 기회를 엿보다가 히스클리프에게 다가가 떠나 달라고 간청했지요. 캐서린이 고비를 넘겼음을 단호히 확인시켜 주며, 밤사이의 소식은 내일 아침에 반드시 알려 주겠다고 약속했습니다.

"밖으로 나가는 건 거부하지 않겠어." 히스클리프가 대답했어요.
"하지만 정원에 있을 거야. 그리고 넬리, 내일 약속 꼭 지켜. 저 낙엽송
아래 있을게. 명심해! 안 그러면, 린턴이 있든 없든, 또 찾아올 테니까."

히스클리프는 반쯤 열린 문틈으로 재빨리 방 안을 훑어보고는, 제
가 한 말이 사실임을 확인한 뒤, 집 안에 불길한 그림자를 남긴 채 집
밖으로 나갔습니다.

2장

그날 밤 자정 무렵 태어난 아이가 바로 록우드 씨가 워더링 하이츠에서 본 캐서린이에요. 겨우 일곱 달 만에 태어난 아주 작고 연약한 아기였어요. 그리고 두 시간 뒤 산모는 숨을 거두었습니다. 끝내 의식을 회복하지 못해 히스클리프를 찾지도, 에드거 씨를 알아보지도 못했지요.

린턴 나리를 떠올리면 너무 가슴 아픈 일이라 다시 입에 올리는 것조차 고통스럽습니다. 그분의 슬픔이 얼마나 깊고 처절했는지는 이후의 모습에서 잘 드러났답니다.

제 눈에 비친 나리의 가장 큰 비극은 집안에 대를 이을 상속자 없이 홀로 남겨졌다는 사실이었습니다. 저는 엄마 잃은 그 가냘픈 핏덩이를 보며 한숨을 지었고, 마음속으로는 돌아가신 나리의 선친이—자식 사랑하는 아버지의 정이었겠지만—토지를 손녀가 아닌 자신의 딸에게 물려주기로 한 것을 원망했습니다.

참으로 딱하게도, 축복 속에서 태어나지 못한 아이였습니다. 가여운 것! 태어나서 처음 몇 시간 동안은 울든 말든, 누구 하나 거들떠보지 않았지요. 우리가 나중에 조금 더 잘해 주기는 했지만, 아기의 삶은 누구의 손길도 닿지 않은 채 시작되었고, 그 끝도 크게 다르지 않을 것만 같았습니다.

이튿날 아침은 맑고 화창했습니다. 조용한 방 안, 블라인드 틈새로 스며든 아침 햇살이 침대와 그 위에 고요히 누운 사람에게 은은하고도 다정한 빛을 흩뿌렸습니다.

에드거 린턴 나리는 머리를 베개에 기댄 채 눈을 감고 있었습니다. 젊고 고운 이목구비는 곁에 누운 부인처럼 숨죽인 듯 고요하고 거의 움직임이 없었지만, 나리의 고요함이 깊은 비통함 속에 잠긴 침묵이었다면, 캐서린의 고요함은 완전한 평화 그 자체였습니다. 부드럽게 펴진 이마와 감긴 눈, 그리고 미소를 머금은 입술은 천국의 그 어떤 천사보다도 더 아름다워 보였습니다. 저도 그 무한한 평온 속에 함께 잦아드는 기분이었지요. 평온한 안식을 찾은 캐서린의 모습을 바라보던 순간, 제 마음은 그 어느 때보다 경건하고 고요했습니다. 저는 무의식적으로 그녀가 몇 시간 전에 했던 말을 되뇌었습니다. "우리는 닿지 못할 저 너머, 저 높은 곳으로 갔구나! 아직 지상에 있든, 이제 천국에 있든, 캐서린의 영혼은 이미 하느님의 품 안에서 평안을 누리고 있어!"

저만 그런 건지는 모르겠습니다만, 저는 고인의 침상을 지킬 때면 늘 마음이 이상하리만치 편안해진답니다. 곁에 미친 듯이 슬퍼하는 조문객이 없다면요. 그곳에서는 지상도 지옥도 깨뜨릴 수 없는 고결한 평온이 감돌거든요. 죽은 이들이 발을 들인 저 끝없는 내세, 그늘 한 점 없는 영원한 세계에 대한 확신이 제 안에 깃드는 것 같습니다.

그곳에서는 생명은 영원하고, 사랑은 한없이 깊어지며, 기쁨만이 가득할 테니까요. 저는 그때, 린턴 씨가 캐서린의 복된 해방을 그토록 슬퍼하는 모습을 보면서, 그의 헌신적인 사랑에도 얼마나 자기중심적인 면이 스며 있는지 새삼 깨달았습니다.

물론 평생 제멋대로이고 참을성 없이 살아온 캐서린의 삶을 돌이켜 보면, 마침내 평안의 안식처를 누릴 자격이 있는지 의문이 들 수도 있습니다. 냉정하게 되돌아보면 그렇게 의심할 수도 있겠지요. 하지만 그때만큼은 아니었습니다. 시신의 평안한 표정이, 마치 한때 그 육신에 깃든 영혼마저도 그 평온을 약속받은 듯 느껴졌거든요.

"록우드 씨, 그런 사람들도 저세상에서 과연 행복할 수 있을까요? 저는 정말 궁금해요."

나는 대답하지 않고 고개를 저었다. 딘 부인의 질문이 다소 이단적이라고 느껴졌기 때문이다. 딘 부인이 계속 말을 이었다. "캐서린 린턴의 삶을 되짚어 보면, 안타깝게도 저세상에서 그녀가 행복하리라고 무조건 단정할 수만은 없을 것 같아요. 하지만 이제는 그분의 뜻에 맡겨 두기로 하죠."

린턴 나리는 깊은 잠에 빠져든 듯 보였습니다. 저는 해 뜰 무렵 살금살금 방에서 빠져나와 상쾌한 아침 공기를 쐬러 밖으로 나갔습니다. 하인들은 밤새 고인의 곁을 지킨 제가 졸음을 쫓으러 나간 줄 알았겠지만, 사실 제가 서둘러 나선 이유는 히스클리프 씨 때문이었습니다. 그가 밤새 낙엽송 밑에 있었다면, 그레인지에서 일어난 소동은 전혀 듣지 못했을 거예요. 기껏해야 기머턴으로 달려간 심부름꾼의 말발굽 소리나 들었을까요. 그가 좀 더 가까이 와 있었다면, 바삐 오가는 등불 빛이나 바깥문이 여닫히는 기척을 보고, 집안에 큰일이 생겼음을 눈치챘을 겁니다.

저는 그를 만나고 싶으면서도 두려웠습니다. 이 끔찍한 소식을 하루빨리 전해서 끝내고 싶은 마음이야 굴뚝같았지만, 정작 어떻게 말을 꺼내야 할지 감이 잡히지 않았지요.

그는 거기에 있었어요. 저택 부지 안쪽으로 몇 걸음쯤 더 들어간 자리였지요. 모자는 벗어 손에 들고, 고목이 된 물푸레나무에 몸을 기대고 서 있었습니다. 새순이 돋은 가지 끝에서 흘러내린 이슬에 머리칼은 흠뻑 젖어 있었어요. 그 자세로 꽤 오래 서 있었던 모양입니다. 검은지빠귀 한 쌍이 그에게서 불과 한두 걸음 떨어진 자리에서 둥지를 트느라 바삐 오가면서도, 그를 그저 나무토막 정도로밖에 여기지 않을 만큼 그의 존재를 전혀 의식하지 않는 걸 보니 알겠더군요. 제가 다가가자 그 새들은 훌쩍 날아가 버렸고, 그제야 그가 눈을 들어 말했습니다.

"죽었군! 그 소릴 듣자고 넬리를 기다린 게 아니야. 손수건은 치워. 내 앞에서 훌쩍거리지 마. 너희 모두 지옥에나 떨어져라! 그 애는 너희들 눈물 따위는 원하지 않아!"

저는 캐서린만을 위해서가 아니라 히스클리프 씨를 위해서도 눈물을 흘리고 있었습니다. 사람은 때때로 자기 자신에게도, 타인에게도 아무런 감정을 품지 못하는 이들을 오히려 더 불쌍하게 여길 때가 있으니까요. 처음 히스클리프의 얼굴을 마주한 순간, 저는 그가 이미 이 비극을 알고 있음을 곧바로 알아차렸습니다. 그런데도 그의 입술이 미세하게 움직이고 시선이 땅에 꽂혀 있는 모습을 보고는, 저도 모르게 순간적으로 그가 마음을 가라앉히며 기도라도 올리는 게 아닐까 하는 어리석은 생각을 하고 말았답니다.

"그래, 죽었어." 저는 흐느낌을 삼키고 뺨을 훔치며 말했습니다. "아마 천국에 갔겠지. 우리도 깨달음을 얻어 잘못된 길을 버리고 선한 길을 따른다면, 언젠가 우리 모두 다시 만날 수 있을 거야."

"그 애가 깨달음을 얻었다고?" 히스클리프가 비아냥거리는 표정으로 물었습니다. "그 애가 성자처럼 죽었다고? 자, 정말 어떻게 죽었는지 사실대로 말해 봐. 그러니까, 어떻게…."

히스클리프는 그 이름을 내뱉으려 했지만 끝내 소리를 내지 못했습니다. 입술을 꽉 다문 채 치밀어 오르는 고통과 조용한 싸움을 벌이면서도, 저의 동정을 밀어내듯 사나운 눈빛으로 저를 노려보았지요.

"그 애가 어떻게 죽은 거야?" 히스클리프는 마침내 다시 입을 열었습니다. 아무렇지 않은 척했지만, 곁에 기대설 나무라도 없었다면 그 자리에서 무너져 내릴 것만 같았어요. 그렇게 이를 악물고 버티고 있었건만, 자기도 모르게 떨리는 손끝까지 감출 수는 없었지요.

'가엾은 놈!' 저는 속으로 중얼거렸습니다. '너도 다른 사람들과 다를 바 없이 심장도 있고 감정도 있는 인간이었구나. 그걸 왜 그렇게 감추려 드는 거니? 그런 오만으로 하느님 눈까지 속일 수 있다고 생각하니? 계속 그렇게 감정을 숨겨 봤자, 그 오만함이 오히려 하느님을 진노케 해서 결국 네 속을 끝까지 쥐어짜 굴욕의 울음을 터뜨리게 하실 거야.'

"어린 양처럼 아주 조용히 갔어." 저는 이렇게 대답했습니다. "한숨을 내쉬고, 잠에서 깨어나려다 다시 잠드는 아이처럼 살짝 몸을 펴더니…. 그러고 나서 몇 분 뒤, 심장이 아주 약하게 한 번 뛰고는 그대로 멎었어."

"그럼, 그 애가 내 얘기는 안 했어?" 히스클리프가 조심스레 물었습니다. 제 대답에 혹여 듣기 힘든 내용이 들어 있을까 두려워, 망설이는 기색이 역력했지요.

"의식은 끝내 돌아오지 않았어. 네가 떠난 뒤로는 누구도 알아보지 못했어." 제가 말했습니다. "지금 캐시는 얼굴에 아주 고운 미소를 띠고 누워 있어. 마지막 순간에는 어린 시절의 즐거운 기억을 헤매는 듯 보였어. 캐시의 삶은 포근하고 잔잔한 꿈결 속에서 끝났어. 부디 저세상에서도 그 온화하고 평안한 마음 그대로 눈을 뜨기를!"

"고통 속에서 눈을 뜨기를!" 히스클리프가 주체할 수 없는 격정이 순간 폭발한 듯 신음을 토해 내고, 발을 쿵쿵 구르며 외쳤습니다. "거짓말이야, 끝까지 거짓말일 뿐이야! 어디 있다고? 거기는 아니야. 천국은 아니야. 사라진 것도 아니야. 그럼 어디에 있는 거지? 아아! 너는 내 고통 따위는 안중에도 없다고 했지! 좋아, 내가 기도하마. 내 혀가 굳어 붙을 때까지 끝도 없이 되뇔 거야. 캐서린 언쇼, 내가 살아 있는 한 너도 편히 쉬지 못하기를! 너는 내가 너를 죽였다고 했지. 그럼 유령이 되어 나를 따라다녀! 나는 살해당한 자는 반드시 자신을 살해한 자를 뒤쫓는다고 믿어. 유령이 이 지상을 떠돌고 있다는 것도 알고! 언제나 나와 함께 있어 줘. 유령이라도 좋아. 나를 미치게 만들어 봐! 다만 이 끝도 없는 심연에 나 혼자 내버려두지만 마. 내가 너를 찾을 수가 없잖아! 아아, 세상에! 이건 말로는 다할 수 없는 고통이야! 네가 내 생명이고 영혼인데…. 그 생명 없이 내가 어떻게 숨을 쉬고, 그 영혼 없이 내가 어떻게 살아 있겠어!"

히스클리프는 울퉁불퉁한 나무줄기에 제 머리를 세게 들이받더니, 눈을 치켜뜬 채 울부짖었습니다. 사람이 아니라, 칼과 창에 찔려 죽음으로 내몰린 야수 같았어요.

나무껍질 여기저기에는 튀어 오른 핏자국이 선명했고, 그의 손과 이마도 피로 얼룩져 있었습니다. 아마 제가 목격한 그 광경은 밤새 여러 번 되풀이된 광기의 한순간이었을 거예요. 그 모습은 제 연민을 자아내기보다 오히려 오싹한 공포를 불러일으켰습니다. 그래도 그를 그대로 내버려두고 돌아서기는 꺼림칙했지요. 하지만 히스클리프는 정신을 어느 정도 가다듬자, 제가 자기를 지켜보고 있다는 사실을 알아차리고는, 제게 당장 꺼지라고 고함을 질렀습니다. 저는 그 말에 따를 수밖에 없었습니다. 그때 그를 달래거나 위로하는 일은 이미 제 능력을 벗어난 일이었으니까요.

린턴 부인의 장례식은 세상을 떠나고 맞이하는 첫 번째 금요일로 정해졌습니다. 그때까지 관은 덮개 없이, 꽃과 향기로운 잎이 흩뿌려진 채 커다란 응접실 한가운데에 놓여 있었습니다. 린턴 나리는 낮이나 밤이나 눈 한 번 못 붙이고 잠 못 이루는 수호자처럼 자리를 지켰습니다. 그리고 저 말고는 아무도 모르는 사실이었지만, 히스클리프도 밖에서 린턴 나리와 마찬가지로 매일 밤을 꼬박 지새웠지요.

저는 그와 아무런 연락을 주고받지 않았지만, 언제든 들어올 기회를 엿보고 있다는 것을 알 수 있었습니다. 그래서 화요일에 해가 지고 어둠이 내려앉을 무렵, 나리가 극심한 피로를 이기지 못하고 단 몇 시간이라도 쉬러 간 사이에, 저는 창문 하나를 열어 두었습니다. 히스클리프의 집요함에 마음이 움직여, 그가 숭배하던 이의 차갑게 식은 모습에 마지막 작별을 고할 작은 기회를 주고 싶었던 것입니다.

히스클리프는 그 기회를 놓치지 않았습니다. 조심스럽고도 신속했지요. 아주 작은 기척도 내지 않고 재빠르게 다녀갔답니다.

사실, 그가 다녀간 걸 영원히 몰랐더라면 좋았을 텐데, 시신의 얼굴을 가린 천이 헝클어져 있고, 은색 실로 동여맨 금발 머리카락 한 움큼이 바닥에 떨어져 있는 것을 보고서는 알아차리고 말았습니다.

자세히 살펴보니, 캐서린이 목에 걸고 있던 로켓locket*에서 빠져나온 것이 분명했지요. 히스클리프가 그 장식을 열어 안에 들어 있던 것을 내버리고 대신 자신의 검은 머리카락으로 채워 넣었더군요. 저는 바닥에 떨어진 금발을 주워 올려, 검은 머리카락과 함께 꼬아 로켓 안에 다시 넣어 주었답니다.

힌들리 언쇼 씨도 당연히 여동생의 하관식에 초대받았지만, 사유를 알리지도 않은 채 끝내 모습을 나타내지 않았습니다. 그래서 남편을 제외하면 조문객들은 모두 소작농과 하인들이었습니다. 이사벨라는 초대조차 받지 못했고요.

캐서린이 묻힌 자리는 마을 사람들도 깜짝 놀랄 만한 곳이었어요. 린턴 가문의 묘석이 있는 교회 안도 아니고, 바깥에 있는 언쇼 가문의 무덤 옆도 아니었거든요. 무덤을 판 곳은 교회 공동묘지 외딴 구석, 푸른 잔디가 깔린 비탈이었습니다. 담장이 워낙 낮아서 황야의 히스 꽃줄기와 월귤나무 가지가 담을 타고 무덤 안쪽까지 넘어와 있었지요. 게다가 검은 토탄 흙더미가 낮은 담장을 거의 집어삼킬 듯 뒤덮고 있었답니다. 캐서린의 남편도 지금은 같은 자리에 누워 계십니다. 두 사람의 무덤 머리맡에는 수수한 묘비가 하나씩 세워져 있고, 발치에는 그저 평범한 회색 돌덩이들이 놓여 있어, 그곳이 누군가의 묘지임을 짐작하게 할 뿐이랍니다.

* 사진, 초상화, 혹은 사랑하는 사람의 머리카락 등을 넣어 목걸이 펜던트처럼 걸고 다니는 작은 보관함. 주로 금속으로 만들어졌으며 뚜껑을 여닫을 수 있는 형태가 일반적이다.

3장

한 달간 계속된 화창한 날씨도 그날 금요일이 마지막이었습니다. 저녁이 되자 날씨가 갑자기 변하기 시작했어요. 남풍이던 바람이 북동풍으로 바뀌면서 먼저 비를 몰고 왔고, 곧이어 진눈깨비와 눈발까지 흩날렸습니다.

그 이튿날 아침에는, 지난 3주간 여름 날씨가 계속되었다는 사실이 전혀 믿어지지 않을 정도였지요. 앵초와 크로커스가 한겨울처럼 쌓인 눈더미에 파묻혔고, 종달새 우는 소리도 들려오지 않았으며, 이른 시기에 돋아난 나무의 어린잎들은 찬바람을 맞아 이지러지고 까맣게 변하고 말았답니다. 그렇게 쓸쓸하고, 춥고, 음울한 하루가 서서히 우리를 덮쳐 왔습니다!

나리는 방에 틀어박혀 있었고, 저는 적적한 응접실을 아기방으로 꾸민 뒤, 그곳을 차지하고 앉아 칭얼대는 인형 같은 아이를 무릎 위에 뉘고 어르면서, 커튼도 없는 창문에 눈송이가 쉴 새 없이 날려와 차곡차곡 쌓이는 모습을 바라보고 있었지요.

그때 문이 벌컥 열리더니, 누군가 숨을 헐떡이며 들어와서는 대뜸 웃음을 터뜨리는 게 아니겠어요!

그 순간만큼은 놀라움보다 화가 먼저 치밀었습니다. 저는 철없는 하녀 중 한 명이겠거니 하고 버럭 소리를 질렀습니다.

"그만둬! 여기가 어디라고 까불어? 나리가 들으면 어쩌려고 그래?"

"미안!" 익숙한 목소리가 대답했습니다. "하지만 에드거 오빠는 자고 있고, 나는 도저히 웃음을 참을 수가 없는걸." 그녀는 숨을 몰아쉬며 한 손으로는 옆구리를 움켜쥔 채 난로 쪽으로 다가왔습니다.

"워더링 하이츠에서 여기까지 단숨에 달려왔어!" 잠시 숨을 고른 뒤, 그녀가 말을 이었습니다. "중간중간 거의 날다시피 했지 뭐야. 몇 번이나 넘어졌는지 세지도 못하겠어. 아, 온몸이 다 쑤셔! 놀라지 마. 숨 좀 돌리면 다 설명할 테니까. 그전에, 부탁 하나만 하자. 밖에 나가서 마부더러 나를 기머턴까지 데려다달라고 하고, 하인한테는 내 옷장에서 옷 두어 벌만 꺼내 오라고 전해 줘."

침입자는 다름 아닌 히스클리프 부인이었습니다. 하지만 그녀는 조금도 웃고 있을 몰골이 아니었지요. 눈과 빗물에 젖어 어깨까지 흘러내린 머리카락에서는 물이 뚝뚝 떨어졌고, 옷차림은 그 나이 또래한테는 어울릴지 몰라도, 지금 그녀의 신분이나 처지에는 전혀 맞지 않았어요. 소매가 짧고 목이 깊게 파인 얇은 실크 드레스가 전부였는데, 머리와 목에는 아무것도 걸치고 있지 않았지요. 흠뻑 젖은 드레스는 몸에 딱 달라붙어 있었고, 발에는 실내화처럼 얄팍한 슬리퍼만 신겨져 있었습니다. 게다가 한쪽 귀밑에는 깊게 베인 상처가 있었는데, 추운 날씨에 얼어붙은 덕분인지 그나마 피가 흘러내리지는 않는 것 같았습니다. 창백한 얼굴은 긁힌 자국과 멍으로 엉망이었고,

기진맥진해서 금방이라도 쓰러질 것처럼 보였습니다. 그러니 제가 그녀를 자세히 살펴보고 난 뒤에도, 처음에 느꼈던 그 경악스러움이 조금도 가라앉지 않은 것은 지극히 당연한 일이었지요.

"세상에!" 제가 외쳤습니다. "그 옷을 전부 벗고 마른 옷으로 갈아입기 전까지 저는 꼼짝도 하지 않을 거고, 어떤 말도 듣지 않을 거예요. 그리고 오늘 밤에 기머턴으로는 못 가니까 마차를 부를 필요도 없고요."

"나는 갈 거야." 그녀가 맞받아쳤습니다. "걸어가든 말을 타든. 그렇지만, 제대로 된 옷으로 갈아입는 건 싫진 않네. 그런데… 아아, 이것 좀 봐! 이제 피가 목으로 흘러내리잖아! 불을 쬐니까 상처가 더 따끔거리고 쑤셔."

이사벨라 양은 자신이 시킨 일을 제가 모두 마치기 전에는, 절대로 자기 몸에 손도 대지 못하게 하겠다며 완강히 버텼습니다. 그래서 제가 마부에게 마차를 준비하라고 이르고, 하녀에게 필요한 옷가지를 챙기게 한 뒤에야 겨우 상처를 감싸고 옷을 갈아입도록 도와줄 수 있었지요.

제가 할 일을 마치고 나자, 이사벨라 양은 벽난로 앞 안락의자에 앉아 찻잔을 들었습니다. "자, 엘런. 내 앞에 와서 앉아." 그녀가 말을 꺼냈습니다. "그리고 캐서린 언니의 그 불쌍한 아기는 저리 뉘어 놓고. 보기 싫어! 그렇다고 내가 캐서린 언니를 아끼지 않는다고 생각하진 말아 줘. 들어오자마자 바보같이 굴긴 했지만, 나도 울었어, 아주 많이. 누구보다 울 이유가 많은 건 나잖아. 엘런도 기억하겠지만, 우리는 화해도 못 하고 헤어졌잖아. 나 자신이 용서가 안 돼. 그렇다고 해도, 그 자를 동정하고 싶은 마음은 조금도 없어. 그 짐승 같은 인간! 아, 저 부지깽이 좀 줘 봐! 그 사람한테서 내게 남은 건 이제 이것뿐이야." 이사벨라 양은 세 번째 손가락에 끼고 있던 금반지를 빼내더니 바닥에 획 내던지더군요. "박살을 내 버릴 거야!" 그녀는 심통을 부리는 어린애처럼 금반지를 내리치며 말을 이었습니다. "그리고 태워 버릴 거야!" 그러더니 망가진 반지를 집어 들어 불 속으로 던져 버렸어요. "됐어! 나를 다시 데려갈 생각이 있다면 새로 하나 사 오라지. 그 인간이라면 오로지 오빠를 괴롭히겠다는 일념 하나로, 나를 잡으러 여기까지 쫓아오고도 남을 위인이야. 그런 생각이 그 사악한 머릿속에 스치기라도 할까 봐, 나는 여기 한순간도 더 못 있겠어! 게다가, 에드거 오빠도 날 달가워하지 않잖아, 그렇지? 그러니 다시는 여기 와서 오빠한테 도와 달라고 하지 않을 거야. 오빠에게 더는 짐이 되고 싶지도 않고. 지금은 정말 어쩔 수가 없어서 잠깐 들른 거야. 에드거 오빠가 응접실에 없다는 걸 미리 알지 못했다면, 그냥 부엌에 들러 얼굴이나 씻고, 몸 좀 녹인 다음, 네가 가져다준 짐만 챙겨서 바로 떠났을 거야. 그 저주받을 놈…. 아니, 사람의 탈을 쓴 그 악귀의 손이 닿지 않는 곳이라면 어디든 말이야. 아아, 그자가 얼마나 미쳐 날뛰고 있는지 너는 몰라! 만약 잡혔으면 어쩔 뻔했어! 힌들리 씨가 그 인간을 힘으로 당해 낼 수만 있었다면! 힌들리 씨에게 그럴 힘이 있었다면 그 인간이 거의 박살 나는 꼴을 볼 때까지는 뛰쳐나오지 않았을 거야!"

"그렇게 급하게 말하지 마세요!" 저는 이사벨라 양의 말을 끊고 나무랐습니다. "그러다가 얼굴에 동여맨 손수건이 풀려서 상처가 다시 터지겠어요. 일단 차부터 마시고 숨 좀 고르세요. 그리고 웃는 것도 그만두고요. 이 집에서는, 그리고 아가씨 상황에서는 웃을 일이 전혀 아니에요!"

"반박 불가네." 그녀가 대답했습니다. "저 애 소리 좀 들어 봐! 계속 울고 있잖아. 한 시간만, 아니 잠깐만이라도 내 귀에 안 들리게 다른 데로 옮겨 줘. 나도 더 오래 있지는 않을게.”

저는 종을 흔들어 아기를 하녀의 손에 맡기고는 대체 어떻게 이런 몰골로 워더링 하이츠에서 뛰쳐나온 것인지, 그리고 우리랑 함께 지내지도 않겠다면서 어디로 갈 작정인지 물었습니다.

“나도 이 집에서 살고 싶었어. 그러려고 했고. 에드거 오빠도 챙기고 아기도 돌보고 싶었지. 여기가 내 진짜 집이니까. 그런데 그 인간이 나를 두고 볼 리가 있겠어? 내가 기운을 차리고, 마음이 다시 밝아지고, 이 집이 조용히 안정을 찾는 꼴을 그 인간이 견뎌 낼 수 있겠냐고? 어떻게든 우리의 평안을 흔들어 놓겠다고 이를 갈겠지. 그래도 히니 는 통쾌해. 이제는 그 인간이 나를 얼마나 증오하는지 뼈저리게 알았거든. 내가 눈앞에 나타나기만 해도 얼굴 근육이 저절로 일그러질 정도니까. 내가 자기를 미워할 만한 짓을 수도 없이 저질렀다는 걸 본인도 너무 잘 아는 데다, 애초에 나를 혐오했으니까. 어떻게든 내가 종적을 감춘다면, 그자가 나를 찾아 영국 전역을 헤집고 다닐 일은 절대 없으리라는 확신이 들 만큼 나를 싫어해. 그러니까 나는 멀리 떠나야 해. 처음에는 그자의 손에 죽어 버리고 싶다는 생각까지 했었는데, 이제는 오히려 그자가 스스로 목숨을 끊어 버렸으면 좋겠어! 그 인간이 내 사랑을 완전히 짓밟아 준 덕분에, 이제는 홀가분해졌거든. 그래도 그때 내가 얼마나 사랑했는지는 기억이 나. 어렴풋이나마 지금도 여전히 사랑할 수도 있으리라는 생각이…. 아니, 아니야! 그런 가정은 집어치우자. 설령 그자가 나를 극진히 아껴 주었다고 해도, 그 안에 숨어 있는 악마 같은 본성은 결국 반드시 드러났을 거야. 그자를 이 정도로 잘 알고 있으면서 그토록 사랑했다니, 캐서린 언니의 취향도 참 기이하게 뒤틀린 거지. 저 괴물 같은 인간! 이 세상에서도, 내 기억 속에서도 흔적도 없이 사라져 줄 수만 있다면!”

"그만, 그만! 그 사람도 인간인데…." 제가 말했습니다. "조금만 너그럽게 마음을 풀어 보세요. 세상에는 더 못난 남자들도 많아요."

"그자는 인간이 아니야." 이사벨라 양이 단칼에 잘라 말했습니다. "그리고 내가 그자에게 너그러움을 베풀 마음도 없어. 내 마음을 내어 줬더니, 그자는 그걸 받아 짓이겨 죽여선 내게 던져 버렸어. 엘런, 사람은 마음으로 느끼는 거야. 그런데 그가 내 마음을 산산이 부숴 버렸으니, 내가 그자에게 무슨 동정을 느끼겠어? 설령 죽을 때까지 캐서린 언니를 위해 피눈물을 흘린다 해도, 내가 그자를 불쌍히 여길 일은 없어, 절대 없어." 그 순간 이사벨라 양이 눈물을 쏟기 시작했습니다. 그러나 금세 눈가의 물기를 닦아 내고 다시 말했죠.

"아까 왜 내가 결국 도망쳤느냐고 물었지? 그 이유는, 내가 마침내 그자의 원한조차 감당하지 못할 분노를 불러일으키는 데 성공했기 때문이야. 그 정도면 설명이 되겠지? 불에 달군 족집게로 신경을 하나하나 끊으려면 머리통을 내리치는 것보다는 훨씬 침착해야 하잖아. 그런데 그자가 흥분하니까 평소의 그 무시무시한 신중함도 잊고, 거의 살기등등한 폭력을 행사하더군. 나는 그자를 격분시키고 있다는 사실에 묘한 쾌감을 느꼈고, 그 덕에 내 생존 본능이 깨어났어. 그래서 도망칠 수 있었지. 다시 그자의 손에 붙잡히면… 복수한다고 달려들든 말든 상관 안 해.

어제 말이야, 언쇼 씨도 장례식에 갈 생각이었어. 그래서인지 술도 그럭저럭 절제하더라고. 물론 '절제'라 해도 6시에 인사불성이 되어 자다가 12시에 술이 덜 깬 상태로 비틀거리며 일어나는 일만 없었다는 정도지. 그런데 막상 아침에 일어나 보니, 거의 자살 충동이 일 정도로 우울해져서 장례식이든 무도회든 어디에도 나설 상태가 아니었던 거야. 결국 벽난로 앞에 주저앉아 큰 잔으로 진인지 브랜디인지를 연달아 들이켜더라고.

히스클리프는—이름만 말해도 몸서리쳐져—지난 일요일부터 오늘까지 그 집에서 낯선 사람처럼 지냈어. 천사들한테 얻어먹었는지, 저 아래 세상의 동족들한테 얻어먹었는지는 알 수 없지만, 거의 일주일 동안 우리와 한 끼도 같이 먹은 적이 없어. 새벽이 되어서야 겨우 돌아와서는 자기 방으로 올라가 문을 걸어 잠그더군. 누구는 자기 옆에 있고 싶은 줄 아나! 방에 틀어박혀서는 감리교 신자처럼 계속 기도만 하는데, 간절히 부르짖는 신은 무감각한 먼지와 재일 뿐이고, 하느님께 기도할 때조차, 진짜 하느님 아버지를 찾는 건지, 그자와 같은 어둠의 아버지를 찾는 건지 혼동되더군! 목이 쉬고 목구멍이 막혀 소리가 안 나올 때까지 계속되었는데, 이 지독한 기도가 끝나고 나면 다시 밖으로 나갔어. 항상 목적지는 그레인지였지! 왜 에드거 오빠는 경찰을 불러 그자를 감옥에 안 처넣었는지 몰라. 캐서린 언니 때문에 마음이 아팠지만, 개인적으로는 이 굴욕적인 억압에서 잠시나마 벗어날 수 있는 그 시간이 마치 휴가라도 얻은 것 같았지.

나는 조지프가 끝도 없이 늘어놓는 잔소리를 듣고도 울지 않을 만큼 기운을 회복했어. 예전 겁먹은 도둑처럼 집 안을 살금살금 돌아다니지도 않게 되었고. 엘런, 넌 조지프 따위가 무슨 대수라고 눈물을 흘리냐고 하겠지만, 정말이지 조지프랑 헤어턴은 같이 있기만 해도 고역이야. 차라리 힌들리 옆에 앉아서 그가 중얼거리는 끔찍한 욕설을 듣는 게, 그 ‘작은 나리’와 그 애의 충복인 역겨운 늙다리와 함께 있는 것보단 낫다니까!

히스클리프가 큰방에 들어오면, 나는 어쩔 수 없이 부엌으로 달아나 그 사람들과 함께 있든지, 눅눅한 빈방에 들어가 굶든지 해야 했어. 하지만 이번 주처럼 히스클리프가 집에 없으면, 벽난로 한쪽 구석에 의자와 테이블을 끌어다 놓고 자리를 잡아 버려. 나는 언쇼 씨가 무슨 일을 하든 신경 안 쓰고, 언쇼 씨도 내 일에 간섭하지 않아. 요즘 힌들리는 예전만큼 날뛰진 않아. 아무도 건드리지 않으면 말이야. 전보다 시무룩하고 풀이 죽었다고나 할까. 그래서인지 화도 줄었고. 조지프는 언쇼 씨가 새사람이 되었다고 호언장담까지 하더라. 주님께서 그자의 마음을 매만져 '불구덩이 속에서' 간신히 건져 냈다나 뭐라나. 나로서는 뭐가 바람직한 변화인지는 모르겠지만… 뭐, 어차피 내가 상관할 바는 아니니까.

어제저녁, 나는 내 구석 자리에 틀어박혀 거의 자정 무렵까지 오래된 책들을 읽었어. 그러다 위층으로 올라가려니까 등골이 서늘해지더라고. 밖에서는 거센 눈보라가 휘몰아쳤고, 자꾸 교회 묘지와 새로 덮인 무덤이 떠올랐거든. 책장에서 눈을 떼기가 무서울 정도였지. 조금만 눈을 돌리면 그 우울한 광경이 순식간에 머릿속을 뒤덮었으니까.

힌들리는 내 맞은편에 한 손으로 머리를 받치고 앉아 있었어. 아마 나와 같은 생각을 하고 있었던 모양이야. 이성을 잃기 직전의 아슬아슬한 지점에서 술잔을 내려놓고는 두세 시간 동안 미동도 없이, 말 한마디 하지 않고 앉아 있었지. 집 안에서 나는 소리라고는 이따금 흐느끼듯 창문을 흔드는 바람 소리, 벽난로 속 석탄이 타들어 가며 작게 탁탁 튀는 소리, 그리고 내가 중간중간 길어진 촛불 심지를 잘라 낼 때 나는 가위 소리뿐이었지. 헤어턴과 조지프는 아마 침대에서 곯아떨어졌을 테고…. 나는 정말 너무, 너무 슬펐어. 책을 읽으면서도 나도 모르게 깊은 한숨이 절로 나왔지. 세상의 모든 기쁨이 통째로 사라져 버려, 다시는 돌아오지 않을 것만 같았거든.

그토록 침울했던 적막이 얼마나 흘렀을까! 갑자기 부엌 문고리가 덜컥거리는 소리가 들렸어. 히스클리프가 여느 때보다 훨씬 일찍 돌아온 거야. 아마 그 난데없는 폭풍 때문이겠지.

부엌문은 잠겨 있었어. 그자가 다른 쪽 문으로 돌아가 집 안으로 들어오려는 발걸음 소리가 들렸지. 가슴속에서 치밀어 오르는 감정을 도저히 억누를 길이 없어 벌떡 일어났을 때였어. 문 쪽만 뚫어지게 바라보고 있던 힌들리가 고개를 돌려 나를 쳐다보더군.

'놈을 5분만 밖에 세워 둘 건데,' 그가 이렇게 소리치더라고. '상관없겠지?'

'물론이죠. 밤새 못 들어오게 해도 상관없어요.' 내가 그렇게 대꾸했어. '어서, 자물쇠를 꽂고 빗장이나 질러요.'

언쇼는 히스클리프가 현관문에 닿기 전에 그 일을 해치우고는, 내 테이블 맞은편에 의자를 끌어다 놓았어. 그러고는 탁자 쪽으로 몸을 바짝 들이밀고는 자기 눈 속에 이글거리는 그 증오에 내가 동조하는 기색이 있는지, 내 눈을 유심히 들여다보더군. 그때 언쇼의 눈빛은 정말이지 사람 하나쯤은 죽일 기세였어. 그러니 내 눈 속에서 그 미친 증오를 찾을 수는 없었을 거야. 하지만 그가 용기를 얻은 듯 말을 이어 가는 걸 보면, 내 눈빛에서도 적잖은 증오를 읽어 냈던 모양이야.

'당신이나 나나 저 바깥에 있는 인간한테 갚아 줘야 할 큰 빚이 있지!' 언쇼 씨가 그러더라. '우리 둘 다 겁쟁이가 아니라면 힘을 합쳐서, 지금 당장 그 빚을 갚을 수 있을 텐데…. 당신도 오빠처럼 마음이 약한가? 끝까지 당하고만 있을 작정이오? 한 번쯤 갚아 줄 생각은 없소?'

'이제는 참는 것도 지쳤어요,' 내가 대답했어. '제가 다칠 일만 없다면, 보복이든 뭐든 마다할 이유가 없죠. 하지만 배반과 폭력은 양날의 창이에요. 결국 휘두르는 쪽이 더 크게 다치는 법이라고요.'

'배반과 폭력에는 똑같이 배반과 폭력으로 갚아 줘야 하는 법이지!' 힌들리가 소리를 버럭 질렀어. '히스클리프 부인, 당신더러 뭘 하라는 게 아니오. 그냥 거기 가만히 앉아 입만 다물고 있으란 말요. 알 겠소? 자, 대답해 봐! 할 수 있겠어? 저 악마 자식 숨통이 끊어지는 꼴을 보면, 당신 속도 나만큼이나 시원해질걸. 당신이 먼저 치지 않으면, 저놈은 결국 당신 목숨을 앗아 갈 거요! 나까지 완전히 파멸시키고 말겠지. 젠장, 악마 같은 자식! 벌써 제 집인 양 문을 처 대고 있군! 잠자코 있겠다고 약속해. 그러면 저 시계가 1시를 치기 전에—아직 3분 남았어—당신은 자유를 얻는 거야!'

그는 내가 전에 편지에서 말했던 그 기괴한 무기를 품속에서 꺼내더니 촛불을 꺼뜨리려 하더군. 나는 잼싸게 촛대를 낚아채고 그의 팔을 움켜잡았지.

'그럴 순 없어요!' 내가 소리쳤어. '저 사람에게 손대면 안 돼요. 그냥 문을 잠가 두고 조용히 있자고요!'

'안 돼! 난 이미 결심했어. 기필코 끝장을 내고야 말겠단 말이다!' 그 절박한 인간이 울부짖듯 말했어. '당신이 뭐라든 난 당신에게 자비를 베푸는 거고, 내 아들 헤어턴에게 제 몫을 되찾아 주려는 거야! 나를 말릴 생각 마시오. 캐서린은 떠났어. 지금 당장 여기서 내 목을 그어 버린대도, 나를 위해 슬퍼해 줄 사람도 부끄러워할 사람도 이젠 세상에 없단 말이야. 이젠 끝낼 때가 됐소!'

차라리 굶주린 곰이나 미친 사람과 실랑이를 벌이는 게 덜 벅찼을 거야. 도저히 상대를 감당할 수 없게 되자, 내게 남은 방법이라곤 창문으로 달려가 힌들리 씨가 노리고 있는 그자에게 닥칠 운명을 경고하는 것뿐이었지.

'오늘 밤은 다른 데 가서 몸부터 피하는 게 좋겠어요!' 나는 살짝 의기양양한 목소리로 소리쳤어. '기어이 들어오겠다고 하면 언쇼 씨가 당신을 쏴 버리겠대요!'

‘당장 문이나 열어, 이….’ 히스클리프가 굳이 반복하고 싶지 않은 고상한 표현을 써서 나를 부르더군.

‘나는 더 이상 이 일에 끼어들지 않을 거예요.’ 내가 다시 맞받았어. ‘들어와서 총에 맞아 죽든 마음대로 하세요. 내 할 도리는 다 했으니까.’

창문을 닫고 난 뒤, 나는 태연하게 다시 벽난로 옆 내 자리로 돌아왔어. 저 인간에게 닥친 위험을 걱정하는 척할 만큼의 위선은 애초에 나한테 없었거든.

언쇼가 발끈해서 나한테 악다구니를 쓰더라. 내가 아직도 그 악한을 사랑힌디‘느니, 비열한 심보를 드러냈다느니, 갖은 욕설을 퍼부었지 하지만 나는 속으로 이렇게 생각했어. (양심에도 전혀 찔리지 않더군.) 히스클리프가 힌들리를 고통에서 벗어나게 해 준다면 힌들리에게는 오히려 축복일 거고, 힌들리가 히스클리프를 마땅히 가야 할 지옥으로 보내 버린다면, 그건 내게 더없는 축복일 거라고. 내가 이런 생각을 곱씹으며 앉아 있는데, 내 뒤쪽 창문이 그자의 주먹에 쾅 하고 바닥으로 떨어지더니, 시커먼 얼굴이 죽일 듯한 기세로 들여다보더라고. 하지만 창살 사이가 좁아 어깨는 빠져나오지 못했어. 나는 혼자 안심하며 슬쩍 웃었지. 그자의 머리카락과 옷은 눈으로 하얗게 덮여 있었고, 추위와 분노로 드러난 날카로운 이빨이 어둠 속에서 번뜩였어.

‘이사벨라, 문 열어. 안 열면 뼈저리게 후회하게 될 줄 알아!’ 조지프의 말을 빌리자면, 그자는 ‘으득으득했어’.

‘살인을 저지를 수는 없어요.’ 내가 대답했지. ‘언쇼 씨가 칼이랑 장전된 총을 들고 문을 지키고 있단 말이에요.’

‘그러면 부엌문으로 들여보내.’ 그자가 또 으득으득했어.

‘언쇼 씨가 나보다 먼저 거기 가 있을걸요.’ 내가 말했지. ‘그나저나 겨우 눈 좀 맞았다고 그걸 못 참고 집 안으로 기어들려는 거예요? 당신의 그 잘난 사랑이 고작 그 정도였나요? 여름 달빛 아래서는 밤이슬을 맞으며 잘도 버티더니…. 덕분에 우리도 편히 잘 수 있었건만. 이제 겨울바람 좀 불어닥친다 싶으니까 바로 숨을 데를 찾아 기어들겠다고요? 히스클리프, 내가 당신이라면 차라리 캐서린 언니의 무덤 위에 엎드려 충직한 개처럼 죽어 버렸을 거예요. 세상이 이제 당신한테 살맛이 나긴 해요? 당신 입으로 말했잖아요, 캐서린 언니가 당신 삶의 모든 기쁨이라고. 그런 사람 없이 어떻게 살아남을 생각을 하는지, 난 정말 이해가 안 가네.'

'그놈 거기 있군, 그렇지?' 힌들리가 그 뚫린 틈으로 성큼 달려가며 고함을 쳤어. '팔만 조금 뻗으면 바로 맞힐 수 있겠어!'

엘런, 너라면 분명 나를 아주 못됐다고 생각하겠지? 하지만 너는 내 속사정을 다 알지 못하니 섣불리 판단하진 마. 그자를 돕거나, 그자의 목숨을 앗아 가는 데 일조할 마음은 추호도 없었어. 그렇다고 죽어 버렸으면 좋겠다는 생각을 안 해 본 건 아니지만…. 어쨌든 내가 그자한테 약 올리는 말을 쏟아 낸 직후에 벌어진 일들을 지금 다시 떠올리니, 등골이 오싹해질 정도야. 히스클리프가 번개처럼 힌들리에게 달려들어, 그의 손아귀에서 총을 비틀어 빼앗아 가는 걸 본 순간, 실망과 공포가 한꺼번에 몰려왔지.

권총이 불을 뿜었고, 칼이 튕기며 언쇼의 손목을 파고들었어. 히스클리프가 칼을 힘껏 잡아 빼니까, 그 칼날이 주인인 언쇼의 손목을 스치면서 살이 죽 찢어진 거야. 그자는 피가 뚝뚝 떨어지는 칼을 그대로 주머니에 쑤셔 넣었어. 그러고는 돌을 집어 가운데 창틀을 쳐내고, 몸을 날려 안으로 뛰어들었지.

상대는 극심한 통증과 동맥인지 굵은 정맥인지에서 쏟아지는 피

때문에 기절한 상태였어. 그런데도 그 악당은 쓰러진 힌들리를 걷어 차고 짓밟으며, 머리채를 잡아 몇 번이고 바닥에 내리쳤어. 그러면서 내가 조지프를 부르러 가지 못하게, 다른 손으로는 내 손을 붙잡았지.

히스클리프는 힌들리를 완전히 보내 버리고 싶은 마음을 억누르며 초인적인 자제력을 발휘했고, 결국 숨이 가빠 오자 하던 행동을 멈추고 죽은 듯 축 늘어진 힌들리의 몸을 긴 의자 위에 끌어다 놓았지.

히스클리프는 언쇼의 상의 소매를 찢어 거칠게 상처를 동여매면서도, 아까 발로 걷어찰 때처럼 격렬하게 침을 뱉고 욕을 퍼부었지.

나는 그자의 손에서 풀려나자마자, 한시바삐 늙은 하인을 찾으러 달려갔어.

조지프는 내가 다급하게 전하는 이야기를 조금씩 알아차리더니, 숨을 헐떡이며 한 번에 두 계단씩 뛰어 내려갔지.

'이 일을 어쩐다? 이 일을 어쩐다?'

'어쩌긴 뭘 어째!' 히스클리프가 천둥 같은 목소리로 소리쳤어. '네 주인 놈은 미쳤어! 한 달만 더 버티면, 내가 정신병원에 처넣어 버릴 거다. 그런데 이 이빨 빠진 사냥개 같은 놈아, 도대체 왜 날 밖에 세워 둔 거냐? 거기서 중얼거리지 말고 얼른 이리 와! 나는 이놈 간호할 생각 따윈 추호도 없으니까. 이 얼룩이나 좀 지우고 촛불도 치워. 저 피에는 브랜디가 절반 이상일 테니!'

'그, 그라믄 나리를 죽인 기가?' 조지프가 무서워서 눈을 휘둥그레 뜨고 두 손을 치켜들면서 외쳤어. '살다 살다 이런 꼬라지는 처음이다! 오, 주여!'

히스클리프는 조지프를 피 웅덩이 한가운데로 밀쳐 바닥에 꿇어 앉히더니, 수건을 하나 내던졌어. 그런데 조지프는 피를 닦을 생각은 않고, 두 손을 모으고 기도문을 읊기 시작했지. 그 말투가 하도 괴상해서 나도 모르게 웃음이 터져 나왔어. 그때 나는 무슨 일에도 놀라지 않을 만큼 벼랑 끝에 몰려 있었거든. 마치 교수대 앞에 선 죄인처럼, 이제 죽으나 사나 상관없다는 심정이었달까.

'아, 너를 잊고 있었군.' 히스클리프가 나를 돌아봤어. '너도 같이 닦아. 얼른 무릎 꿇어. 이 독사 같은 것아, 네가 저놈이랑 짜고 나를 골탕 먹인 거지? 자, 딱 너 같은 것한테 맞는 일이다!'

그자는 이가 덜덜 떨리도록 내 몸을 흔들더니 나를 조지프 옆에 내동댕이쳤어. 조지프는 흔들림 없이 기도를 마치고 일어나서는 곧장 그레인지에 가 봐야겠다고 단언하더군. 린턴 씨는 치안판사니까, 설령 마나님을 오십 명이나 잃었다 한들 이 사건만큼은 반드시 조사해야 한다면서 말이야.

히스클리프는 조지프가 고집을 꺾지 않으려 하자, 내 입으로 사건이 벌어진 경위를 낱낱이 설명하게 하는 편이 낫겠다고 판단했어. 내가 그자의 질문에 대답하는 식으로 마지못해 상황을 설명하는 동안, 그자는 내 옆에 딱 버티고 서서 적의로 온몸을 들썩거리며 나를 내려다보고 있었지.

히스클리프가 먼저 달려든 게 아니라고 그 영감을 이해시키는 데는 상당한 노력이 필요했어. 내 입에서 겨우겨우 쥐어 짜낸 대답이었으니, 달갑지 않았겠지. 하지만 곧 언쇼 씨가 자기가 죽지 않았다는 사실을 조지프에게 확인시켜 주었고, 조지프가 황급히 독한 술을 조금 먹인 덕에, 늙은 하인의 주인은 곧 의식을 되찾고 몸을 움직일 수 있게 되었어.

히스클리프는 언쇼 씨가 의식불명 상태에서 자신이 무슨 일을 당했는지 전혀 모른다는 사실을 알아차리고는, 언쇼 씨가 인사불성으로 취해서 제정신이 아니었다고 몰아세웠지. 더는 언쇼 씨의 잔혹한 행동은 문제 삼지 않을 테니, 당장 가서 잠이나 자라고 충고했어. 다행히 그자는 이 현명한 충고를 남기고 곧바로 떠났고, 흔들리는 벽난로 앞에 몸을 쭉 뻗고 드러누웠어. 나는 이렇게 쉽게 위기를 벗어난 것을 신기하게 생각하며 내 방으로 돌아갔지.

오늘 아침, 11시 30분 전에 아래층으로 내려와 보니 언쇼 씨는 벽난로 앞에서 병들어 죽어 가는 사람처럼 앉아 있었고, 언쇼 씨의 악운처럼 따라다니는 히스클리프는 언쇼 씨 못지않게 해골처럼 홀쭉하고 소름 끼치는 모습으로 벽난로에 기대어 서 있었지. 둘 다 식사할 생각은 없어 보여서 나는 식탁 위에 차려진 음식이 다 식을 때까지 기다렸다가 혼자서 먹기 시작했어.

누구에게도 방해받지 않고 마음껏 먹을 수 있었어. 말이 없는 두 인간을 흘끗 바라볼 때마다 묘한 만족감과 우월감이 일었지. 그제야 내 마음속에는 한 점 부끄러움 없는 평온함과 위안이 깃들더구나.

식사를 마친 뒤, 나는 평소라면 엄두도 내지 못했을 행동을 감히 해 보기로 마음먹었어. 언쇼 씨가 앉은 의자를 돌아 그의 옆쪽 구석에 무릎을 꿇고 앉았지.

히스클리프는 내 쪽을 아예 쳐다보지도 않았어. 나는 그를 올려다보며, 마치 돌로 굳어 버린 듯한 그의 얼굴을 태연하게 훑어보았지. 한때는 정말 남성적이라고 생각했던 이마는 이제 악마처럼 보였고, 침울한 그림자가 드리워져 있었어. 바질리스크Basilisk* 같은 눈초리는 잠을 이루지 못한 탓인지 흐려져 있었는데, 속눈썹이 젖어 있는 걸

* 유럽 전설에 등장하는 '뱀의 왕'. 눈을 마주치는 것만으로도 사람을 돌로 만들거나 죽일 수 있는 치명적인 시선을 가진 괴물로 묘사된다. 주로 상대방을 얼어붙게 만드는 강렬하고 위협적인 눈빛을 비유할 때 쓰인다.

보니 아마 울고 있었나 봐. 굳게 닫힌 입술에는 예의 그 독기 어린 냉
소가 사라지고, 이름 모를 슬픔이 어려 있었어. 다른 사람이었다면,
나는 이런 슬픔 앞에서 얼굴을 가렸을 거야. 하지만 그자였기에, 나
는 묘한 흐뭇함을 느꼈지. 쓰러진 적을 모욕하는 것이 비열해 보일지
라도, 나는 이 기회를 틈타 그자의 가슴에 비수를 꽂는 일을 마다할
수 없었어. 악을 악으로 갚는 기쁨을 맛볼 수 있는 때는, 오직 그자가
약해져 있을 때뿐이니까.”

“저런, 저런!” 제가 끼어들었어요. “누가 들으면 평생 성경책 한 번
안 펴 본 줄 알겠어요. 하느님께서 원수들을 벌하시면 그걸로 만족하
셔야죠. 아가씨까지 나서서 괴로움을 더 보태겠다는 건 야비하고 뻔
뻔한 짓이에요!”

“보통의 경우라면 맞아, 엘런.” 이사벨라 양이 말을 이었어요. “하
지만 히스클리프가 당하는 그 어떤 고통도, 내가 직접 안겨 준 고통
이 아니라면 내가 만족하겠어? 차라리 그자의 고통이 조금 줄어들지
라도, 그 고통이 내가 준 것이고, 그자가 그 사실을 안다면 좋겠어. 아
아, 나는 그에게 갚을 게 너무 많아. 내가 그를 용서할 희망을 품으려
면 한 가지 조건이 필요해. 눈에는 눈, 이에는 이지. 그자가 내게 준 고
통을 고스란히 그자에게 되돌려주고, 그자를 내 처지까지 끌어내리
는 거야. 그자가 먼저 상처를 줬으니, 그자가 먼저 용서를 구하도록
만들어야 해. 그런 다음에야…. 글쎄, 그때라면… 엘런, 나도 조금은
너그러워질 수 있을지도 몰라. 그렇지만 그자에게 복수한다는 건 애
초에 불가능한 일이야. 그러니까 그자를 용서할 수 없는 거야. 힌들리
가 물을 좀 달라고 하기에 물 한 잔을 갖다주고 몸 상태가 어떤지 물
어봤어.

‘좀 더 아팠으면 좋았을 텐데….’ 언쇼 씨가 대답했어. ‘하지만 팔은

그렇다 치고, 온몸이 떼로 몰려온 악령들과 한바탕 붙은 것처럼 안 아픈 데가 없군!'

'그럴 만해요.' 내가 맞장구쳤지. '캐서린 언니는 생전에 당신 몸이 그나마 성한 건 다 자기 덕이라고 입버릇처럼 말하곤 했어요. 그러니까 캐서린 언니 말은, 사람들이 언니의 심기를 거스르기 싫어서 차마 당신에게 함부로 손대지 못했다는 뜻이었죠. 죽은 사람이 무덤에서 벌떡 일어나진 않으니 망정이지, 그랬다면 어젯밤 캐서린 언니는 정말 끔찍한 광경을 보고 말았을 거예요. 가슴과 어깨에 온통 멍이 들고 상처가 나지 않았나요?'

'글쎄.' 언쇼 씨가 대답했어. '그런데, 그게 무슨 뜻이지? 내가 쓰러졌을 때, 저자가 감히 나를 때리기라도 했다는 말인가?'

'당신을 발로 걷어차고 바닥에 내동댕이쳤어요.' 내가 나직이 속삭였어. '당신을 물어뜯고 싶어서 침을 질질 흘리더군요. 저자는 인간이 아니에요. 몹쓸 악귀에 가깝죠.'

언쇼 씨는 고개를 들어 나처럼 공동의 적을 올려다보았어. 하지만 그자는 자신의 고통에 매몰된 나머지, 주변 상황에는 전혀 무관심해 보였지. 그자가 우두커니 서 있는 시간이 길어질수록, 얼굴에 검은 속내가 점점 더 선명하게 드러났지.

'아아, 하느님, 제 마지막 숨이 붙어 있는 동안에라도 저놈의 목을 비틀 힘을 한 줌만 남겨 주신다면, 그 어떤 지옥이라도 달게 가겠소.' 언쇼 씨는 몸을 비틀며 일어나려 애쓰다가, 곧 자신이 지금은 그자와 겨룰 힘조차 없다는 사실을 깨닫고 절망에 잠겨 신음하며 다시 힘없이 주저앉았어.

'아니에요, 당신 집안에서 저자 손에 죽은 사람은 한 명이면 충분해요.' 내가 크게 말했어. '히스클리프 씨만 아니었으면 당신 여동생은 아직도 멀쩡히 살아 있었을 거예요. 그레인지에서는 모르는 사람이 없죠. 저자에게 사랑받느니 차라리 미움받는 게 나아요. 우리가 얼마나 행복했는지, 저자가 오기 전에 캐서린 언니가 얼마나 밝고 행복했는지를 생각하면… 정말, 그날을 저주하고 싶어진다니까요.'

히스클리프는 누가 어떤 심보로 그런 말을 내뱉었는지는 안중에도 없는 듯했어. 그저 그 말에 담긴 진실이 뼛속 깊이 사무친 것 같았지. 정신이 번쩍 든 듯, 빗물처럼 쏟아지던 눈물이 벽난로의 재 속으로 뚝뚝 떨어지고, 숨이 막히는 듯 거친 한숨을 몰아쉬더라.

나는 그자의 얼굴을 정면으로 응시하며 비웃어 주었지. 그 순간, 그의 눈이 번갯불처럼 번뜩였어. 안개 낀 듯 흐릿하던 지옥의 창문이 잠시 번쩍 열리는가 싶었지만, 그 너머에서 늘 나를 노려보던 악마가 물에 빠져 질식하기라도 한 듯 흐물거리고 있기에, 나는 겁을 집어먹기는커녕 한 번 더 비웃어 줬지.

'일어나. 당장 내 눈앞에서 꺼져.' 그자가 그렇게 말한 것 같아. 목소리는 잠겨 거의 알아듣기 힘들었지만, 아마 그런 뜻이었을 거야.

'미안하지만,' 내가 받아쳤어. '나도 캐서린 언니를 사랑했어요. 그리고 언니의 오빠는 돌봄이 필요해요. 언니를 생각하면, 그건 내가 맡아야 할 몫이죠. 이제 언니가 죽고 없으니…. 힌들리 씨에게서 자꾸 언니 모습이 비쳐요. 눈매가 똑같거든요. 당신이 후벼 파내듯 때려서 시퍼렇게 멍들고 벌겋게 충혈되지만 않았어도, 정말 캐서린 언니의 눈 그대로였을 거예요. 그리고 언니의…'

'일어나, 이 한심한 얼간이야! 내 발에 밟혀 죽고 싶지 않으면!' 히스클리프가 갑자기 몸을 홱 움직이는 바람에 나는 본능적으로 뒷걸음질을 쳤어.

'하지만,' 언제든 달아날 태세를 취하며 내가 계속 말했지. '불쌍한 캐서린 언니가 당신을 믿고, 그 가소롭고 천박하고 모욕적인 히스클리프 부인이라는 이름을 달았더라도, 결국 나처럼 되었을걸. 언니가 당신의 혐오스러운 짓을 묵묵히 참고 살았을까? 역겨워서 차마 입을 다물지 못했겠지.'

나와 히스클리프 사이가 소파 등받이와 언쇼 씨의 몸에 가로막혀 있었기 때문에, 그자는 나에게 달려들려 애쓰는 대신 식탁에서 식사용 나이프 하나를 낚아채 내 머리 쪽으로 내던졌어. 날아온 칼날이 내 귀 아래를 스치며 박히는 바람에 내가 늘어놓던 악담을 끊어 놓았지만, 나는 그걸 뽑아 던지고는 곧장 문 쪽으로 달려가며 다시 악담을 퍼부어 주었지. 내 말이 그자의 나이프보다 더 깊이 꽂히길 바라면서 말이야. 내가 그 인간을 마지막으로 본 건, 나를 잡으려고 미친 듯이 뛰어나오려는 찰나, 집주인이 그를 와락 붙잡아 제지하는 장면이었어. 둘은 그대로 뒤엉켜 벽난로 옆으로 나동그라졌지.

부엌을 가로질러 달아나면서 나는 조지프를 향해 얼른 주인에게 가 보라고 소리쳤어. 부엌문을 뛰쳐나오다 헤어턴을 들이받아 넘어뜨렸는데, 그 아이는 한배에서 난 새끼강아지들을 바구니째 의자 등받이에 걸고 있더라고. 나는 연옥에서 간신히 빠져나온 축복받은 영혼처럼 비탈길을 굴러가다시피 내려갔어. 껑충껑충 뛰고 여기저기를 뛰어넘으며 훨훨 날아가듯 내달렸지. 구불구불한 길을 아예 벗어나 황야를 곧장 가로질렀고, 몸을 굴려 둔덕을 넘고, 질퍽한 늪을 헤치며 정신없이 달렸지. 저 멀리 그레인지에서 새어 나오는 불빛을 등대 삼아 미친 듯이 뛰었어. 워더링 하이츠의 지붕 아래서 하룻밤이라도 더 지내느니 영원히 지하 세계에 갇히는 편이 훨씬 더 나았으니까."

이사벨라 아가씨는 이야기를 멈추고 차를 한 모금 마셨어요. 그러고는 자리에서 일어나 제가 가져온 보닛과 두툼한 숄을 씌워 달라고

한 뒤, 한 시간만 더 있다 가라는 제 만류도 못 들은 척하고는 의자 위에 올라 에드거와 캐서린의 초상화에 입을 맞추었지요. 저에게도 같은 작별 인사를 건네고서, 마차가 준비된 곳으로 내려갔답니다. 주인을 다시 만난 기쁨에 겨워 요란하게 짖어 대는 페니도 함께였지요. 이사벨라 아가씨는 그렇게 마차를 타고 떠난 뒤로 다시는 이곳을 찾지 않았어요. 하지만 상황이 어느 정도 정리된 후로는, 아가씨와 나리 사이에 정기적으로 서신이 오갔습니다.

새 보금자리는 남부 지방의 런던 근교라고 들었어요. 그곳에서 도망친 지 몇 달 지나지 않아 아들을 낳았지요. 아가씨는 이름을 린턴이라고 지었는데, 날 때부터 병치레가 잦고 까다로운 아이라고 편지에 적어 보냈더군요.

하루는 읍내에서 히스클리프 씨와 마주쳤는데, 그가 이사벨라가 어디에 사는지 물었습니다. 저는 알려 주지 않았습니다. 그러자 어디에 사는지는 중요치 않다면서도, 오빠 집에는 발을 들이지 않도록 조심해야 한다고 덧붙이더군요. 자신이 직접 데리고 살아야 할 일이 생기더라도, 이사벨라가 오빠 집에서 지내는 꼴은 못 보겠다는 뜻이었지요.

저는 아무것도 알려 주지 않았지만, 히스클리프는 다른 하인들을 통해 이사벨라의 거처와 아이의 존재를 알아내고야 말았습니다. 그렇지만 그녀를 직접 괴롭히지는 않았어요. 아마도, 그가 그녀에게 이런 관용을 보인 건 단순히 혐오감 때문이었을 겁니다.

히스클리프는 나를 볼 때마다 종종 아이 이야기를 꺼냈습니다. 아이의 이름을 듣고는 음울한 미소를 지으며 이렇게 말하더군요.

"내가 이 아이마저 증오해야 한단 말인가?"

"당신이 아이에 대해 아는 것조차 바라지 않을걸요." 제가 대답했습니다.

"하지만 내가 원할 때는 반드시 데려올 거야. 그 점만은 잊지 말라고!"

다행히 아이의 어머니는 그때가 닥치기 전에 눈을 감았지요. 캐서린이 죽은 지 약 열세 해가 지났을 무렵, 그러니까 린턴이 열두 살 조금 넘었을 때였습니다.

이사벨라 아가씨가 불시에 다녀간 바로 그다음 날도 저는 린턴 나리와 이야기할 겨를이 없었습니다. 나리는 대화를 꺼렸고, 무엇 하나 상의할 만한 기력도 없으셨으니까요. 아가씨가 다녀가셨다는 소식을 겨우 전해 드리고 나서야, 나리가 여동생이 남편을 떠난 일을 속으로는 다행스레 받아들이고 있다는 걸 알아차렸습니다. 본디 성정이 온순하신 분이지만, 히스클리프에 대해서만큼은 도저히 믿기지 않을 만큼 지독한 혐오를 품고 계셨거든요. 그 증오가 어찌나 깊고 예민했던지 히스클리프가 눈에 띄거나 그의 소식이 들릴 법한 곳이면 어디든 아예 발길을 끊었습니다. 아내를 잃은 슬픔에 그런 혐오까지 더해지자 나리는 완전히 은둔자가 되고 말았답니다. 치안판사직도 내던지고, 심지어 교회에도 발길을 끊고, 마을 근처도 일절 찾지 않았어요. 그레인지의 울타리 안에서 철저히 고립된 채 지냈지요. 유일한 예외라고는 인적이 드문 황야를 혼자 거닐거나 아내의 묘지를 찾아가는 일이었는데, 그나마도 다른 사람들이 다니기 전인 이른 새벽이나 저녁때뿐이었죠. 하지만 나리는 본바탕이 선한 분이라, 그런 고독 속에 마냥 침잠해 있지만은 않았습니다. 캐서린의 영혼에게 자신을 찾아와 달라고 애걸하며 기도하는 짓 따위는 하지 않았죠. 세월이 흐르면서 슬픔은 차츰 체념으로 가라앉았고, 그 비애는 오히려 흔한 기쁨보다 더 은근하게 마음을 적시는 애수로 바뀌었습니다. 나리는 아내를 생각할 때마다 여전히 열렬하고도 다정한 사랑을 품었고, 또 아내가 갔으리라 의심치 않는 저 천상의 세계를 향한 희망과 동경이 있었습니다.

그리고 나리에게는 다시금 이 세상에서 누릴 위안과 애정도 남아 있었어요. 처음 며칠 동안은, 제가 앞서 말씀드렸듯, 이제 막 세상에 나온 아이가 세상을 떠난 아내의 빈자리를 채울 수 있다는 생각 자체를 못 하시는 듯했어요. 하지만 그 냉담함은 4월에 눈이 녹듯 금세 사라졌고, 그 작은 아이는 옹알이를 하기도 전에, 걸음마를 떼기도 전에 벌써 나리의 마음을 제멋대로 휘두르는 존재가 되어 있었답니다.

나리는 아이의 이름을 캐서린이라고 지었지만, 한 번도 그 이름을 온전히 부르지 않았습니다. 생전의 아내를 부를 때 결코 이름을 줄여 부르지 않으셨던 것과는 대조적이었죠. 아마 히스클리프가 항상 그 이름을 줄여 불렀기 때문일 것입니다. 어쨌든 아이는 늘 '캐시'였어요. 나리는 그 이름이 어머니와 딸을 구분해 주면서도 서로를 잇는 고리가 된다고 느꼈던 것입니다. 아이에 대한 애착 역시 단순히 피붙이여서라기보다, 어린 캐시가 어머니와 이어진 존재라는 사실에서 더 깊이 비롯되었답니다.

저는 나리와 힌들리 언쇼 씨를 자주 비교해 보곤 했습니다. 비슷한 처지에 놓였는데도 두 사람이 완전히 다른 길을 걸은 까닭을 도무지 설명하기 어려워 난감해했지요. 두 사람 다 아내를 극진히 아꼈고 자식에게도 애정이 깊었는데, 어찌하여 좋든 나쁘든 같은 길을 걷지 않았는지 처음에는 이해할 수가 없었습니다. 하지만 제 나름대로 곰곰이 생각해 본 끝에 깨달았어요. 겉보기에는 힌들리가 나리보다 더 강단 있어 보였지만, 실상은 훨씬 더 비뚤어지고, 훨씬 더 나약한 인간에 불과하다는 사실을요. 배가 좌초하자 선장은 제 자리를 버렸고, 선원들 또한 배를 살릴 생각은커녕 난동과 혼란에 빠져 있었으니, 불운한 배에 더는 희망이 남지 않았던 것이지요. 반면 나리는 충직하고 신실한 영혼에서 우러나는 참된 용기를 보여 주었습니다. 나리는 하느님을 믿었고, 하느님은 그런 나리를 위로해 주셨지요. 한 사람은 희망을 붙들었고, 다른 한 사람은 스스로 절망의 구렁텅이로 발을 들여놓았습니다. 각자 자기 몫의 운명을 고른 셈이지요. 그 고통 또한 마땅히 짊어져야 할 결과였을 테고요.

하지만 록우드 씨는 제 설교가 듣고 싶지 않으실 테지요. 록우드 씨도 저 못지않게 이런 일들을 판단하신 수 있으니까요. 아니, 적어도 그렇게 판단하신다고 생각은 하시겠지요. 결국 그거나 이거나 마찬가지지만요.

언쇼 씨의 마지막은 예견된 바와 다름없었습니다. 누이의 뒤를 바로 따라갔지요. 불과 반년도 채 못 되어 세상을 떠났답니다. 그레인지에 사는 우리로서는 그가 임종 전 어떤 상태였는지 정확한 설명조차 듣지 못했어요. 제가 아는 이야기는 장례 준비를 도우러 갔을 때 들은 내용이 전부였어요. 케네스 씨가 나리께 부음을 전하려 찾아왔었지요.

"자, 넬리." 어느 날 아침, 케네스 씨가 마당으로 말을 몰고 들어오며 말했습니다. 너무 이른 시간이라, 순간 가슴이 철렁 내려앉았지요. 분명 좋지 않은 소식이구나 싶은 불길한 예감이 스쳤거든요.

"보아하니 이번에도 자네랑 내가 또 상을 치를 차례가 된 모양이야. 자, 이번엔 또 누가 우리를 앞질러 훌쩍 가 버린 것 같나?"

"누구죠?" 저는 덜컥 겁이 나서 물었습니다.

"글쎄, 한번 맞춰 보게나!" 케네스 씨가 말에서 내려 문 옆에 달린 고리에 말고삐를 걸며 말했어요. "앞치마 자락이나 들어 올리게, 눈물부터 훔치게 생겼으니."

"설마 히스클리프 씨는 아니겠지요?" 저는 거의 소리치듯 말했습니다.

"뭐? 그를 위해 흘릴 눈물도 있나?" 의사 선생님이 말했어요. "아니, 히스클리프는 질긴 녀석이야. 오늘 보니까 기운이 넘치더라. 방금 보고 오는 길이야. 안사람이 나간 뒤로는 오히려 살이 다시 붙고 있어."

"그럼 누구예요?" 저는 조바심이 나서 재촉했습니다.

"힌들리 언쇼! 자네의 오랜 친구 힌들리." 케네스 씨가 대답했어요. "그리고 내 말썽꾸러기 말동무. 뭐, 한동안은 너무 날뛰어서 내가 감당하긴 힘들었지만 말이지. 거봐! 내가 눈물 날 거라고 했잖아. 그래도 낙담할 건 없네. 마지막까지 힌들리답게, 고주망태가 되어 죽었으니까. 딱한 녀석! 나도 마음이 쓰이긴 해. 오래 알고 지낸 사람은, 아무리 못된 짓을 많이 하고 나한테 여러 번 골탕을 먹였더라도, 떠나고 나면 허전한 법이니까. 겨우 스물일곱이라더군. 자네랑 동갑이지? 누가 둘이 같은 해에 태어났다고 짐작이나 하겠나?"

솔직히 말하면, 그때의 충격은 캐서린이 죽었을 때보다도 오히려 더 컸습니다. 오래된 정이 아직 제 마음 한구석에 남아 있었던 탓이었지요. 저는 현관 앞에 앉아, 마치 혈육을 잃은 듯 서럽게 울었습니다. 차마 나리 앞에 나설 엄두가 나지 않아 케네스 씨가 다른 하인을 데리고 들어가 주기를 바랐습니다.

한 가지 물음이 머릿속을 떠나지 않고 맴돌았습니다. '제명이 다 해 죽은 걸까?' 아무리 떨쳐 내려고 해도 집요하게 달라붙어 저를 괴롭혔지요. 그토록 끈질기게 속을 옥죄어 오는 통에, 저는 끝내 워더링 하이츠로 가서 고인의 마지막 길을 거들게 해 달라고 청해 보기로 했습니다.

린턴 나리는 선뜻 허락하지 않았습니다. 그러나 저는 고인이 홀로 쓸쓸히 죽음을 맞았다는 사정을 헤아려 달라고 애원했지요. 저의 옛 주인이면서 함께 자란 형제나 다름없는 만큼, 나리에게 들이는 정성과 다름없는 마음으로 제가 힘을 보탤 자격이 있다고도 말씀드렸고요. 아울러 헤어턴은 죽은 안주인의 조카이니, 더 가까운 혈족이 없는 이상 나리가 마땅히 후견인이 되어야 한다는 점도 일깨워 드렸습니다. 그리고 남겨진 재산이 어떤 상태인지 알아보고, 죽은 매부의 뒷일을 정리하는 것 역시 나리의 의무이자 도리라는 사실도 덧붙였습니다.

당시 린턴 나리는 그런 일을 돌볼 형편이 아니었지만, 변호사에게 일러두라고 지시를 내리며 마침내 제 출입을 허락해 주었습니다. 그 변호사는 예전에 언쇼 씨 일도 맡았던 사람이었어요. 저는 마을에 들러 그를 찾아가 워더링 하이츠까지 동행해 달라고 요청했습니다. 그러나 그는 고개를 저으며 히스클리프가 관련된 일에는 관여하지 않는 편이 좋을 거라고 충고했습니다. 사실을 제대로 들여다보면 헤어턴은 거지 신세나 다름없을 거라고 하더군요.

"그 아이 아버지는 빚을 잔뜩 남기고 죽었지요." 그가 말했습니다. "전 재산이 저당에 잡혀 있으니, 상속자가 살길을 찾을 유일한 방도는 채권자의 마음을 조금이라도 움직여 아이에게 너그럽게 대해 주도록 만드는 것뿐이오."

워더링 하이츠에 도착한 저는 모든 일이 의례에 어긋남 없이 치러지고 있는지 살피러 왔다고 설명했습니다. 깊이 상심해 있던 조지프는 제 모습을 보고 그나마 안도하는 기색이었어요.

히스클리프 씨는 굳이 제 손길이 필요해 보이지는 않는다면서도,

제가 원한다면 장례식 준비를 맡아도 좋다고 했습니다.

"엄밀히 말하자면," 그가 말했어요. "그 바보 같은 놈의 시체는 어떤 의식도 치를 필요 없이 그냥 사거리 한 귀퉁이에다 묻어 버리는 게 마땅해.* 어제 오후에 내가 잠깐, 겨우 10분, 그놈을 혼자 두고 자리를 비웠더니 그새 큰방 문 두 개를 죄다 걸어 잠그고는, 밤새 일부러 죽을 작정으로 술을 퍼마셨더라고! 오늘 아침에 말의 거친 들숨 같은 소리가 새어 나오기에 문짝을 부수고 들어가 봤더니, 그놈이 긴 의자에 널브러져 있는 꼴이…. 누가 살가죽을 벗겨 낸대도 깨울 수 없을 지경이었어. 내가 케네스 씨를 부르라고 보냈고, 케네스 씨가 오긴 왔는데, 저 짐승 놈은 이미 썩어 가는 고깃덩어리로 변한 뒤였어. 죽어서 차갑게 식었고 돌처럼 뻣뻣하게 굳어 버렸다고. 그러니 그자를 두고 더 소란을 떨 이유가 없었다는 건 너도 인정하겠지!"

늙은 하인은 히스클리프 씨의 말이 사실이라고는 확인하면서도, 중얼거리듯 덧붙였습니다.

"차라리 지가 의사를 부르러 갔으면 얼마나 좋았것소! 내가 그 인간보다 나리를 훨씬 더 잘 보살폈을 긴디… 그라고, 내가 떠날 때만 혀도 나리는 멀쩡했구먼. 죽을 사람으로는 안 보였다니께!"

저는 최소한의 예의와 체면을 갖춘 장례가 치러져야 한다고 고집을 부렸습니다. 히스클리프 씨는 제 뜻대로 하도록 내버려두겠다면서도, 다만 장례 비용이 전부 자기 주머니에서 나온 것임을 잊지 말라고 하더군요.

---

* 과거 영국에서 자살자나 흉악범을 교차로(사거리)에 매장하던 관습. 고인의 영혼이 길을 잃고 집으로 돌아오지 못하게 하거나, 통행인들에게 짓밟히게 하여 영원한 수치를 주려는 목적이 있었다.

히스클리프 씨는 딱딱하고 무심한 태도로 일관했어요. 기뻐하거나 슬퍼하는 기색도 없었습니다. 어쩌면 어려운 일 하나를 성공적으로 해낸 데 대한 냉혹한 만족감을 드러내는 것 같았지요. 아닌 게 아니라 사람들이 관을 집에서 나를 때, 그의 얼굴에 잠깐 승리감 비슷한 것이 스쳐 지나가기는 했어요. 그는 조문객인 척 위선을 떨었고, 헤어턴과 함께 관을 따라나서기 전에 그 불쌍한 아이를 탁자 위로 번쩍 들어 올리더니 묘하게 뿌듯해하는 기색으로 중얼거렸지요.

"이 귀염둥이 녀석아, 이제 넌 내 거다! 똑같은 바람을 맞고도 휘지 않을 나무가 있는지 두고 보자꾸나!"

아무것도 모르는 아이는 이 말을 듣고 즐거워하며 히스클리프의 수염을 만지고 뺨을 쓰다듬었습니다. 하지만 저는 그 속뜻을 간파하고 날카롭게 말했지요.

"그 아이는 저와 함께 스러시크로스 그레인지로 돌아가야 해요. 헤어턴만큼 당신 뜻대로 할 수 없는 아이가 세상에 또 있을까요!"

"린턴이 그렇게 말했나?" 그가 묻더군요.

"물론이죠. 저더러 데려오라고 하셨어요."

"흠." 그자가 말했습니다. "지금은 그 문제로 왈가왈부하지 않겠어. 하지만 나도 내 손으로 아이를 길러 보고 싶단 말이지. 넬리, 네 주인한테 전해. 이 아이를 데려가겠다면 나는 대신 내 아이를 데려오겠다고 말이야. 헤어턴을 군소리 없이 보내지도 않겠지만, 다른 녀석은 꼭 데리고 오고 말 테니까! 잊지 말고 전해."

그 암시는 우리의 손발을 묶어 놓기에 충분했습니다. 돌아오자마자 저는 그 내용을 그대로 전했고, 처음부터 별로 관심을 보이지 않았던 에드거 린턴 씨도 더는 간섭하려 하지 않았습니다. 설령 린턴 씨가 발 벗고 나섰다고 해도, 어떤 성과가 있었을까 싶네요.

　이제 하숙인이었던 히스클리프는 워더링 하이츠의 주인이 되었습니다. 그는 확실한 소유권을 장악했어요. 변호사에게 언쇼 씨가 도박에 미쳐 마지막 남은 땅뙈기까지 모두 저당 잡혀 돈을 빌렸고, 그 저당권자는 바로 히스클리프였음을 입증했더군요. 그 변호사는 다시 린턴 씨에게 그 사실을 증명했습니다.

　그리하여 지금쯤 이 근방에서 제일가는 신사로 대접받아야 할 헤어턴은 아버지의 철천지원수에게 전적으로 의지해야 하는 신세로 전락하고 말았습니다. 자기 집에서 급료 한 푼 못 받는 하인 신세로 지내게 된 것이지요. 스스로 부당한 대우를 받고 있다는 사실조차 모를 만큼 무지하게 길러진 탓이죠. 곁에서 이 사정을 일러 주거나 아이를 돌봐 줄 사람도 없었으니, 제 권리를 되찾는 건 애초에 불가능한 일이었습니다.

4장

그 음울했던 시기가 지나고 찾아온 열두 해는 제 인생에서 가장 행복한 날들이었습니다. (딘 부인의 이야기는 계속되었다.) 그 시절의 가장 큰 걱정거리라면, 어린 아가씨의 자잘한 병치레 정도였는데, 아이라면 부자든 가난하든 누구나 거쳐야 하는 흔한 일이었죠.

그런 일을 제외하면 처음 여섯 달이 지나면서부터는 낙엽송처럼 쑥쑥 자라나, 린턴 부인의 무덤에 히스 꽃이 두 번 피어나기 전에, 제 나름대로 걸어 다니고 말도 할 줄 알게 되었답니다.

그 아이는 쓸쓸한 집안에 햇살을 비춰 주는 더없이 사랑스러운 존재였습니다. 언쇼 가문의 눈을 쏙 빼닮은 짙은 눈동자에, 린턴 가문의 고운 살결과 섬세한 이목구비와 노란 곱슬머리를 물려받은 정말 예쁜 아이였어요. 생기가 넘치면서도 거칠지 않았고, 감정이 섬세하고, 애정을 쏟을 때는 지나칠 정도로 민감하고 적극적인 아이였지요. 애착이 강한 성향은 어머니를 떠올리게 했지만, 그렇다고 그 생김새나 분위기가 어머니를 빼닮은 건 아니었어요. 비둘기처럼 여리고 온순하며, 목소리 또한 다정했고, 깊은 사색에 잠긴 표정을 지을 줄도 아는 아이였으니까요. 화를 내더라도 펄펄 뛰지 않았고, 사랑의 표현도 격정적이지 않았습니다. 깊고 다정했지요.

하지만 솔직히 말해서 그 타고난 성품을 가리는 결점도 있었어요. 건방지게 구는 성향이 그중 하나였고, 아이의 기질과 상관없이, 응석받이로 자란 아이들에게서 두드러지기 마련인 삐뚤어지고 고집 센 성격도 있었지요. 어쩌다 하인이 조금이라도 자기를 편치 않게 하면, 항상 "아빠한테 이를 거야!"라는 말이 돌아왔고, 아버지가 나무라는 눈빛 한 번만 보여도 심장이 찢어지는 일을 당한 것처럼 슬퍼했지요. 하지만 제가 아는 한, 나리는 그녀에게 결코 거친 말을 한 적이 없었습니다.

린턴 나리는 딸아이의 교육을 전적으로 도맡았고, 그 일을 낙으로 삼았어요. 다행히도, 캐시는 호기심이 왕성하고 총명하여 배우는 일에 눈이 밝은 학생이 되었고, 배우는 속도와 열의 모두 남달라서 가르치는 이에게도 큰 보람이 되었습니다.

캐시는 열세 살이 될 때까지, 혼자서 주변 영지 밖으로 나간 적이 한 번도 없었습니다. 아주 가끔씩 나리가 1~2마일 떨어진 곳으로 캐시를 데리고 나가기는 했지만, 절대로 다른 사람에게 맡기지 않았어요. 캐시에게 기머턴은 실체 없는 지명에 불과했고, 집을 제외하면 가까이 가 보거나 들어가 본 곳은 교회가 유일했습니다. 워더링 하이츠도, 히스클리프 씨도 캐시에게는 존재하지 않았지요. 그야말로 아이는 완전한 은둔자였고, 겉으로 보기에는 은둔 생활에 완전히 만족해하는 듯 보였어요. 이따금 놀이방 창문 너머로 경치를 둘러보면서 이런 말을 내뱉긴 했지만요.

"엘런, 저 언덕 꼭대기까지 걸어가려면 얼마나 걸릴까? 저 반대쪽에는 뭐가 있을지 궁금해. 바다가 있을까?"

"아니에요, 캐시 양." 저는 대답하곤 했지요. "저런 언덕들이 또 있을 뿐이랍니다."

"그럼, 저 황금빛 바위들은 바로 아래에서 보면 어떻게 보여?" 한번은 캐시 양이 이렇게 묻기도 했습니다.

특히 페니스턴 절벽이 캐시의 눈길을 끌었어요. 해가 질 무렵이면 절벽과 언덕 꼭대기만 황금빛으로 빛나고, 주변 풍경은 온통 그림자 속에 잠기곤 했거든요.

저는 그 바위들은 흙이 거의 없는 헐벗은 바윗덩어리일 뿐이고, 갈라진 틈에는 나무 한 그루 제대로 뿌리내릴 흙도 없다고 설명해 주었지요.

"그런데 왜 저기는 환해? 여기는 벌써 저녁인데?" 캐시가 계속 물었어요.

"저기가 여기보다 훨씬 더 높으니까요." 제가 대답했습니다. "아가씨는 못 올라가요. 너무 높고 가파르거든요. 겨울이면 여기보다 먼저 서리가 내리고, 한여름에도 북동쪽 움푹 팬 그늘진 곳에는 눈이 남아 있는 걸 제가 본 적도 있어요."

"어머, 엘런은 올라가 봤구나!" 캐시가 신이 나서 소리쳤어요. "그럼 나도 어른이 되면 갈 수 있겠네. 아빠도 가 봤을까?"

"아빠는," 제가 얼른 대답했지요. "굳이 가 볼 만한 곳이 아니라고 할걸요. 캐시 양이 아버지와 거니는 황야가 훨씬 아름다운 곳이고, 스러시크로스 영지야말로 세상에서 가장 멋진 곳이랍니다."

"하지만 여기는 내가 아는 곳이고, 저기는 내가 모르는 곳이잖아." 캐시는 혼잣말처럼 중얼거렸어요. "저기 제일 높은 꼭대기에서 사방

을 둘러보면 얼마나 즐거울까. 언젠가 내 작은 조랑말 미니가 날 데
려다주겠지."

하녀 한 명이 '요정의 동굴' 이야기를 꺼내는 바람에 아가씨는 그
계획을 꼭 실행해 보고 싶은 마음으로 들떠 있었어요. 캐시는 린턴
나리를 졸라 댔고, 나리는 나이가 들면 데려가 주겠다고 약속했지요.
하지만 캐시는 나이를 한 달에 한 번씩 먹는 줄 아는지, "이제는 페니
스턴 절벽에 갈 나이가 됐나요?"라는 질문을 입에 달고 살았지요.

그곳으로 가는 길은 워더링 하이츠 바로 옆을 지나가야 했습니다.
에드거 씨는 마음이 약해 그곳을 지나쳐 갈 용기를 내지 못했어요.
그래서 캐시는 항상 같은 대답을 들었습니다.

"아직이란다, 얘야. 아직이야."

전에도 말했지만, 히스클리프 부인은 남편을 떠나고 열두 해를 더
살았습니다. 린턴 가문 사람들은 허약한 체질이었고, 이사벨라와 에
드거 모두 이 고장에서 흔히 보이는 혈색 좋고 튼튼한 체질과는 거리
가 멀었어요. 히스클리프 부인이 마지막에 어떤 병을 앓다 세상을 떠
났는지는 저도 확신할 수 없지만, 제 짐작으로는 남매가 같은 병으로
삶을 마감한 듯합니다. 열병의 일종으로, 초기에는 병세가 더디게 시
작되다가도 말기에는 기력을 순식간에 앗아 가는 고약한 병이지요.

이사벨라는 몇 달 동안 앓아 오던 병이 막바지에 이르렀을 때, 그
사실을 오빠에게 알리고자 편지를 썼습니다. 그리고 가능하다면 한
번 와 주기를 간청했지요. 죽기 전에 처리해야 할 일도 많았고, 오빠
에게 작별 인사도 하고 싶었으며, 무엇보다 어린 린턴을 안전하게 오
빠의 손에 맡기고 싶었기 때문입니다. 히스클리프 부인이 바란 것은,
아들이 지금껏 자기 곁에 있었듯 앞으로는 오빠의 보호 아래 놓이는
것이었습니다. 히스클리프가 아들의 양육이나 교육을 떠맡으려는 마

음은 없을 거라 믿어 의심치 않으면서 말이지요.

나리는 한 치의 망설임도 없이 여동생의 청에 응했습니다. 평소 같으면 외출을 그다지 반기지 않았지만, 이번만큼은 서둘러 길을 나섰지요. 그리고 떠나기 전, 캐시를 제 특별한 보살핌 아래 맡긴다며 거듭 당부하셨습니다. 캐시가 절대로 그레인지 밖으로 나가서는 안 되고, 설령 제가 동행하더라도 허락할 수 없다는 말씀이었지요. 캐시가 혼자 밖으로 나간다는 것은 나리로서는 도저히 상상도 할 수 없는 일이었지요.

나리는 꼬박 3주 동안 집을 비웠습니다. 처음 하루이틀 동안 캐시는 서재 한구석에 웅크리고 앉아, 책도 안 읽고 놀지도 않고 그저 상심해 있었지요. 그렇게 조용히 있어 주는 동안에는 저로서도 크게 신경 쓸 일이 없었습니다. 하지만 그런 차분한 상태는 오래가지 않았어요. 곧 지루함을 견디지 못하고 조바심과 짜증을 내기 시작하더군요. 그 무렵 저는 일이 많기도 했고, 또 나이도 있어 예전처럼 아이를 달래 주겠다고 집 안을 이리저리 오르내릴 힘이 없었답니다. 그래서 아이 스스로 시간을 보낼 방법을 하나 생각해 냈지요. 저는 캐시가 그레인지 곳곳을 돌아다니게 했습니다. 거닐어 보라고도 해 보고 조랑말을 타 보라고도 했어요. 그리고 돌아오면, 아이가 겪었다고도 하고 지어 냈다고도 하는 온갖 모험담을 인내심을 갖고 들어 주었지요.

볕이 한창 좋은 여름이었습니다. 캐시는 혼자 돌아다니는 맛에 푹 빠져 아침 먹고 나가서 차 마실 시간이 되도록 돌아오지 않을 때가 잦아졌고, 그런 날이면 저녁에 돌아와 그날 하루 겪은—혹은 상상으로 지어 낸—이야기들을 끝도 없이 늘어놓곤 했지요.

저는 아이가 그레인지 울타리를 넘어갈 거라는 걱정은 하지 않았습니다. 모든 대문은 늘 잠겨 있었고, 설령 활짝 열려 있다 한들, 혼자 바깥으로 나갈 배짱은 없으리라 생각했거든요.

하지만 안타깝게도, 제 그런 믿음은 빗나가고 말았습니다. 아침 8시쯤이었을까요. 캐시가 제게 다가오더니, 그날은 아라비아 상인이 되어 대상과 함께 사막을 건넌다며, 자기와 짐승들이 먹을 양식을 넉넉히 챙겨 달라고 하더군요. 짐승들이라 해도 거창한 건 아니었지요. 말 한 필, 그리고 낙타 역할을 맡은 큰 사냥개 한 마리와 포인터 두 마리뿐이었으니까요.

저는 아이가 좋아할 만한 별식들을 골라 바구니에 담아 안장 한쪽에 매달았습니다. 캐시는 넓은 챙 모자에 얇은 베일을 드리워 7월의 햇빛을 가리고는 요정처럼 가볍게 말에 올라탔습니다. 그러고는 너무 달리지 말고 일찍 돌아오라는 제 당부를 흉내 내며 까르르 웃더니 조랑말을 타고 경쾌하게 달려 나가 금세 모습을 감추었습니다.

그 말썽꾸러기는 차 마실 시간이 되도록 모습을 드러내지 않았습니다. 함께 나갔던 짐승 중에 나이 들어 편한 것을 좋아하는 사냥개만이 돌아왔을 뿐이었지요. 캐시와 조랑말과 포인터 두 마리는 사방 어디를 둘러보아도 보이지 않았어요. 저는 산책로 여기저기로 사람들을 보냈고, 결국 직접 아이를 찾아 나섰습니다.

제 눈에 한 일꾼이 그레인지 경계의 숲 지대를 두른 울타리를 손질하고 있는 모습이 보였습니다. 저는 그에게 혹시 우리 아가씨를 보지 못했느냐고 물었지요.

"아침에 봤어요." 그가 대답했습니다.

"개암나무 가지 하나를 잘라 달라기에 잘라 드렸더니, 저 산울타리 제일 낮은 데를 조랑말로 훌쩍 뛰어넘어 곧장 달려가더군요. 눈 깜짝할 새에 사라졌습니다."

그 말을 듣는 순간 제가 어떤 기분이었을지 짐작하실 겁니다. 분명 페니스턴 절벽으로 간 게 틀림없다고 직감했지요.

"어쩌자고, 대체 이게 무슨 꼴이람!" 저는 이렇게 중얼거리며, 일꾼이 막 손보던 산울타리 틈을 비집고 나가 곧장 큰길로 뛰어들었습니다.

저는 마치 내기라도 한 사람처럼 걷고 또 걸어 한참을 지나서야, 언덕 너머로 워더링 하이츠가 언뜻 보이는 지점에 이르렀습니다. 하지만 캐서린의 모습은 가까이에서도, 멀리에서도 보이지 않았습니다.

페니스턴 절벽은 히스클리프 씨의 집에서 1마일 반쯤 더 안쪽에 있었고, 그레인지에서는 꼬박 4마일이나 떨어져 있으니, 절벽에 닿기도 전에 해가 질까 하여 두려움이 엄습했습니다.

'저 바위들을 기어오르다 미끄러지기라도 하면…. 즉사하거나 뼈라도 부러졌으면 어쩌지?' 별별 생각이 머릿속을 헤집어 놓으니 애가 타서 속이 타들어 가는 듯했지요.

워더링 하이츠 옆을 헐레벌떡 지나치는데, 우리 포인터 중 가장 사나운 녀석인 찰리가 눈에 띄었습니다. 그 순간만큼은 잠시나마 알 수 없는 안도감이 밀려왔습니다. 창 아래에 축 늘어져 있는데, 머리는 퉁퉁 부어오르고 귀에서는 피까지 흐르고 있더군요.

저는 쪽문을 열어젖히고 곧장 현관으로 달려가 있는 힘껏 문을 두드렸습니다. 잠시 뒤 제가 아는 여자가 나왔습니다. 전에 기머턴에서 살던 여자였는데, 언쇼 씨가 세상을 떠난 뒤에 이 집에 살림꾼으로 들어왔다더군요.

"아," 그녀가 말했습니다. "그 집 아가씨를 찾으러 오셨군요! 겁낼 것 없어요. 여기 안전하게 잘 있어요. 하지만 주인이 아니라서 정말 다행이네요."

"그분은, 집에 없나요?" 저는 숨이 턱까지 차서 겨우 물었습니다.

"네, 없어요. 나리와 조지프 둘 다 나갔거든요. 한 시간은 넘게 안 돌아올걸요. 잠깐 들어와 쉬세요."

저는 안으로 들어갔습니다. 그러자 길 잃은 우리 어린 양이 벽난로 앞에 앉아, 아가씨 어머니가 어릴 때 쓰던 작은 흔들의자에 앉아 몸을 앞뒤로 흔들고 있는 모습이 보였습니다. 모자는 벽에 걸어 두고, 집 안 구석구석이 자기 집인 양 활기찬 목소리로 까르르 웃으며 헤어턴에게 재잘거리고 있었지요. 헤어턴은 어느덧 건장하고 힘센 열여덟 살 청년이 되어, 놀라움과 호기심 가득한 눈으로 캐시를 바라보고 있었습니다. 캐시가 쉴 새 없이 쏟아 내는 거침없는 말과 질문은 헤어턴의 귀에 거의 알아들을 수 없을 만큼 빨라 따라가기 힘들어 보였습니다.

"참, 잘도 하셨군요!" 저는 반가운 마음을 화난 표정으로 감추면서 소리쳤습니다. "이번이 마지막 외출이에요! 아버지가 돌아오시기 전까지는 다시는 아가씨를 문밖에 내보내지 않을 거예요. 이 말썽꾸러기!"

"아하, 엘런!" 캐시는 벌떡 일어나 신나게 소리치며 제 곁으로 뛰어왔습니다. "오늘 밤에 재미난 이야기를 들려주려고 했는데…. 엘런이 나를 찾아냈네. 엘런, 여기에 와 본 적 있어?"

"저 모자 쓰고 얼른 집으로 돌아가요." 제가 말했습니다. "캐시 아가씨, 정말이지 너무 속상하네요. 이번에는 정말 잘못했어요! 입을 삐죽거리고 울어 봐야 소용없어요. 그런다고 아가씨를 찾느라 제가 온갖 데를 헤매며 고생한 건 못 갚는다고요. 린턴 씨가 아가씨를 내보내지 말라고 신신당부했는데, 이렇게 몰래 달아나다니! 이제 보니 깜찍한 작은 여우였네. 이제 아무도 아가씨를 쉽게 믿지 않을걸요."

"내가 뭘 잘못했는데?" 캐시는 금세 울음을 그치며 말했습니다.

"아빠는 그런 말 한 적 없어. 아빠는 나를 야단치지 않을 거야. 아빠는 엘런처럼 화내지 않거든!"

"자, 자!" 제가 다시 말했습니다. "모자 끈은 제가 매 줄게요. 이제 투정은 그만. 아유, 창피해라! 열세 살이나 먹고도 이게 뭐예요, 아기처럼!"

제가 이렇게 소리친 이유는 아이가 모자를 머리에서 밀쳐 내고 제 손을 뿌리치더니 벽난로 쪽으로 달아났기 때문이에요.

"거참, 딘 부인," 그 집 살림꾼이 말했어요. "귀여운 아가씨를 너무 나무라지 마세요. 우리가 겨우 붙들어 둔 거예요. 아가씨는 딘 부인이 걱정할까 봐 그냥 지나쳐 가려고 했는데, 헤어턴이 같이 가 주겠다고 했고, 저도 그게 낫겠다고 생각했지요. 언덕 너머 길은 험하니까요."

헤어턴은 이런 말이 오가는 내내 거북한지 두 손을 주머니에 찔러 넣은 채 가만히 서 있더군요. 제 참견이 달갑지 않은 듯 보이기도 했고요.

"얼마나 더 기다리라는 거예요?" 제가 가정부의 채근은 무시하고 계속 말했습니다. "10분만 있으면 해가 질 텐데요. 캐시 아가씨, 조랑말은 어디에 있어요? 그리고 피닉스는요? 서두르지 않으면 두고 갈 테니 알아서 하세요."

"조랑말은 마당에 있어." 캐시가 대답했습니다. "그리고 피닉스는 저기 안에 가둬 놨어. 물렸거든. 찰리도 물렸어. 다 이야기해 주려고 했는데, 그렇게 화내면 말하지 않을 테야."

제가 아가씨의 모자를 집어 들고 다시 씌워 주려고 다가갔지만, 아가씨는 그 집 사람들이 자기편인 걸 알고 방 안을 이리저리 뛰어다니며 장난을 치기 시작했습니다. 제가 쫓아가자 생쥐처럼 가구 위, 가구 밑, 가구 뒤로 도망 다니면서 쫓는 저를 웃음거리로 만들었어요. 헤어턴과 가정부가 웃음을 터뜨렸고, 아가씨도 따라 웃으면서 더욱 건방지게 굴었죠. 결국 저는 크게 짜증이 나서 소리쳤습니다.

"자, 자! 캐시 아가씨, 만약 이 집이 누구 집인지 안다면, 당장 나가고 싶을걸요."

"너희 아버지 집이지, 그렇지?" 캐시가 헤어턴을 향해 말했습니다.

"아녀…." 헤어턴이 시선을 떨구고 멋쩍게 얼굴을 붉히며 대답했어요.

헤어턴은 캐시의 눈을 똑바로 바라보지 못했습니다. 그 눈이 자기 눈과 닮았는데도 말이죠.

"그럼 누구 거야? 너희 집 주인 거야?" 캐시가 물었습니다.

헤어턴은 이전과 다른 감정에 휩싸여 얼굴이 더욱 붉어졌고 중얼거리듯 욕을 내뱉으며 고개를 돌렸어요.

"주인이 누구야?" 그 귀찮은 아가씨는 저를 향해 계속 물었습니다. "'우리 집'이니 '우리 식구'니 하길래, 이 집 주인 아들인 줄 알았지. 그리고 '아가씨'라고는 한마디도 안 했어. 하인이라면 그렇게 불러야 하는 거 아니야?"

헤어턴은 이 철없는 아이의 말에 얼굴에 시커먼 먹구름이 몰려든 듯 어두워졌어요. 저는 말없이 캐시를 붙들고 겨우 떠날 채비를 시켰습니다.

"자, 내 말 가져와." 캐시는 헤어턴이 자기 친척인 줄 모르고, 그레인지의 마구간 일꾼을 부리듯 명령했어요. "그리고 따라와. 습지에서 요괴 사냥꾼이 나오는 것도 보고, 네가 아까 말한 '요정' 이야기도 듣고 싶으니까. 빨리! 뭐 하는 거야? 내 말 가져오라니까!"

"네가 지옥에 떨어지는 꼴을 보지, 네 하인 노릇은 안 한다." 헤어턴이 으르렁거리듯 말했어요.

"무슨 꼴을 본다고?" 캐시가 놀라 물었습니다.

"지옥에 떨어지는 꼴이다, 이 건방진 마녀야!" 헤어턴이 대답했어요.

"자, 캐시 아가씨! 참 좋은 친구를 알게 되었네요!" 제가 끼어들었습니다. "어린 숙녀한테 하는 말이 참 곱기도 하지! 제발 그 청년하고 입씨름하지 말고 이리 와요. 자, 우리끼리 미니를 찾아서 얼른 돌아가요."

"하지만, 엘런." 캐시가 놀라 눈을 휘둥그레 뜨고 헤어턴을 빤히 쳐다보면서 외쳤습니다. "어떻게 감히 나한테 저런 심한 말을 할 수 있지? 내가 시키면 따라야 하는 거 아니야? 이 못된 놈, 내가 아빠한테 네가 뭐라고 했는지 다 이를 거야. 두고 봐!"

헤어턴이 전혀 겁내는 기색을 보이지 않자, 캐시는 분을 참지 못해 눈에 눈물이 고였습니다.

"네가 내 조랑말 가져와!" 캐시가 가정부를 돌아보며 소리쳤습니다. "개도 지금 당장 풀어 놔!"

"말 좀 상냥하게 해요, 아가씨." 가정부가 대꾸했어요. "예의 바르게 굴어서 손해 볼 일 없어요. 비록 저기 헤어턴 씨가 주인 집 아들은 아니지만, 아가씨 사촌이고, 저도 아가씨를 모시라고 고용된 하인은 아니잖아요."

"사촌이라고?" 캐시가 코웃음을 치며 외쳤습니다.

"그렇다니까요." 캐시를 꾸짖은 가정부가 대답했습니다.

"아이, 엘런! 저 사람들이 저런 말 못 하게 해 줘!" 캐시는 몹시 당황한 듯 계속 말했습니다. "아빠가 내 사촌을 데리러 런던에 갔잖아. 내 사촌은 신사 집안의 아들이라고. 내⋯." 캐시는 말을 하다 말고 곧바로 울음을 터뜨렸습니다. 저런 천박한 족속과 친척이라니, 생각만 해도 속이 상했나 봐요.

“뚝, 뚝.” 제가 속삭였습니다. “사촌은 여러 명일 수도 있고, 별의별 사람이 다 있거든요. 그렇다고 나쁠 건 없어요. 마음에 맞지 않거나 무례한 사촌이라면, 굳이 어울리지 않으면 그만이죠.”

“저 사람은, 저 사람은 내 사촌이 아니야, 엘런!” 캐시는 생각할수록 마음이 풀리지 않는지, 그 슬픔을 떨치려는 듯 제 품속으로 달려들었습니다.

저는 캐시와 그 집 가정부가 서로 감춰야 할 사실을 공연히 들춰낸 데 대해 너무 화가 났습니다. 이제 린턴이 곧 도착할 거라는 소식이 히스클리프 씨 귀에까지 들어갈 것이 틀림없었고, 캐시는 아버지가 돌아오자마자 바로 그 막돼먹은 친척에 대해 물어볼 게 뻔했거든요.

하인 취급을 당한 굴욕감을 털어 낸 헤어턴은 캐시가 상심한 모습에 마음이 움직이는 듯했습니다.

조랑말을 현관 앞으로 끌어온 뒤, 캐시를 달래려는 듯 마구간에서 다리가 휜 잘생긴 테리어 새끼를 데려와 캐시의 손에 안겨 주고는 그만 그치라고 했어요.

캐시는 잠시 울음을 멈추고, 경외심 어린 공포가 깃든 눈초리로 헤어턴을 슬쩍 바라보다가, 다시금 울음을 터뜨리고 말았습니다.

이 딱한 청년에게 대놓고 반감을 드러내는 모습을 보니, 저도 모르게 헛웃음이 나오더라고요. 헤어턴은 체격도 듬직하고 이목구비가 훤칠한 건장한 청년이었지만, 옷차림은 농장 일이나 황야를 어슬렁거리며 토끼 같은 사냥감이나 뒤쫓는 시골뜨기한테나 어울릴 법했거든요. 그렇지만 그 얼굴에서 저는 헤어턴이 자기 아버지와는 달리 더 나은 품성이 자리하고 있음을 알았습니다. 물론 그 좋은 품성은 잡초가 무성한 황무지 속에 묻혀 제대로 자라지 못했지만, 땅이 비옥함을 품고 있으니, 조금 더 나은 환경이라면 풍성한 결실을 볼 수 있으리라는 생각이 들었지요. 히스클리프 씨는 헤어턴을 신체적으로 학대하지는 않았던 것 같습니다. 두려움을 모르는 헤어턴의 담대한 성격 덕분에, 그로서는 힘으로 억누를 생각조차 하지 않았던 것이지요. 그의 판단으로는, 헤어턴에게는 학대할 맛을 느낄 만큼 소심하거나 예민한 성격이 전혀 없었어요. 그래서 히스클리프 씨는 헤어턴을 짐승처럼 거친 인간으로 만드는 데 자신의 악의를 모두 쏟아부은 것 같아요. 헤어턴은 읽고 쓰는 법을 배우지 못했고, 사육자를 성가시게 하지 않는 한 나쁜 습관에 대해서도 꾸중을 듣지 않았으며, 미덕으로 인도받거나 악행을 경계하라는 가르침 역시 전혀 받지 못했습니다. 제가 들은 바로는, 조지프도 헤어턴의 왜곡된 인격 형성에 크게 한몫했습니다. 헤어턴이 유서 깊은 가문의 장손이라는 이유로 어릴 때부터 치켜세워 주고 편협한 애정을 쏟았더라고요. 조지프는, 캐서린 언쇼와 히스클리프가 어릴 적 '괴팍한 짓거리'로 힌들리 씨를 참을 수 없게 만들어 술에 의지하게 했다고 탓했던 것처럼, 지금도 헤어턴의 모든 잘못을 헤어턴의 재산을 빼앗은 히스클리프에게 떠넘기고 있었습니다.

그 청년이 욕을 해도 조지프는 버릇을 바로잡아 주려고 하지 않았고, 아무리 잘못된 행동을 해도 내버려두었어요. 조지프는, 헤어턴이 최악으로 망가지는 걸 보면서 은근히 흡족함을 느끼는 듯했습니다. 청년이 몰락하고, 그의 영혼이 지옥 불에 떨어질 것을 알면서도 그 모든 책임은 끝내 히스클리프가 감당해야 하리라는 생각에 이르렀던 것이지요. 헤어턴을 그렇게 만든 죗값은 결국 히스클리프에게 돌아갈 터였고, 조지프는 바로 그 생각에서 커다란 위안을 얻었습니다.

조지프는 헤어턴에게 가문의 이름과 혈통에 대한 자부심을 불어넣어 주었습니다. 마음만 먹었다면, 워더링 하이츠의 현재 주인과 헤어턴 사이에 증오를 심어 줄 수도 있었을 터였지요. 그러나 조지프에게 그 주인은 거의 미신에 가까운 공포의 대상으로 느껴졌기에, 조지프는 히스클리프에 대한 감정을 빈정거리는 중얼거림과 은밀한 저주로 흘려보내는 데 그쳤습니다.

그 시절 워더링 하이츠에 사는 사람들이 어떻게 지냈는지에 대해, 솔직히 제가 속속들이 알고 있는 건 아닙니다. 저는 그저 소문으로만 들은 이야기를 들려드리는 것뿐입니다. 제 눈으로 직접 본 것은 거의 없었으니까요.

마을 사람들은 히스클리프가 소작인들에게 가혹하고 인정머리 없는 지주라고 입을 모았습니다. 하지만 집 안은 가정부의 손길이 닿으면서 예전의 안락한 모습을 되찾았고, 힌들리가 생전에 흔히 벌이던 난폭한 소동들도 자취를 감추었어요. 히스클리프는 좋은 사람이든 나쁜 사람이든 사람들과 어울리는 것 자체를 꺼릴 만큼 침울한 사람이었어요. 그건 지금도 마찬가지지요.

그런데 이야기가 잠시 다른 데로 흘렀군요. 캐시 아가씨는 테리어 강아지를 화해의 선물로 받아들이지 않고, 자기 개인 찰리와 피닉스를 내놓으라고 고집했습니다. 두 녀석은 고개를 푹 숙인 채 다리를 절뚝거리며 나왔고, 우리는 모두 언짢은 기분으로 집으로 향했지요.

저는 그날 캐시 아가씨가 어떻게 시간을 보냈는지에 대해 거의 알아내지 못했습니다. 다만 짐작대로, 그 아이가 향했던 곳은 페니스턴 절벽이었고, 그 농가의 대문 앞까지는 별일 없었는데, 마침 헤어턴이 개 몇 마리를 거느리고 밖으로 나왔고, 그 개들이 아가씨의 치맛자락에 달려들었다는 것이었습니다.

주인들이 미처 떼어 놓기도 전에 개들끼리 제법 한바탕 붙었고, 그 소동이 두 사람을 맞닥뜨리게 만든 계기였지요. 캐시는 헤어턴에게 자기 이름과 목적지를 밝힌 뒤, 길을 안내해 달라고 청했습니다. 그리고 결국 헤어턴을 꾀어 동행하게 되었습니다.

헤어턴은 '요정 동굴'이라 불리는 곳을 비롯해 스무 군데가 넘는 기묘한 장소들의 비밀을 하나하나 풀어 보여 주었다고 합니다. 하지만 그 무렵 저는 눈 밖에 난 처지였던지라, 그 아이가 어떤 흥미로운 광경들을 보았는지는 자세히 들을 수 없었어요.

다만 정황으로 보아, 그날 길잡이 노릇을 했던 헤어턴이 처음에는 꽤 마음에 들었던 모양입니다. 캐시가 헤어턴을 하인 취급해 그의 감정을 상하게 하고, 히스클리프의 가정부가 헤어턴을 캐시의 '사촌'이라고 밝히는 바람에 캐시의 자존심을 건드리기 전까지는 말이지요.

헤어턴이 캐시에게 내뱉은 말은 캐시의 마음속에 깊이 박혀 좀처럼 가시지 않았습니다. 그레인지에서는 누구를 만나든 늘 '귀염둥이', '아가', '공주님', '천사'로 불리던 아이가, 생전 처음 보는 사람한테서 그런 모욕적인 말을 들었으니 오죽했겠어요. 캐시는 왜 자기에게 그런 말이 돌아왔는지 도무지 이해하지 못했습니다. 그래서 저는, 그 억울함을 아버지께 알리지 않겠다는 약속을 받아 내느라 한바탕 진땀을 빼야 했지요.

저는 나리가 워더링 하이츠 사람들 전부를 얼마나 못마땅해하는지, 캐시가 거기 다녀온 걸 알게 되면 얼마나 언짢아할지 차근차근 설명해 주었습니다. 하지만 무엇보다도 제가 힘주어 말한 건, 만약 아가씨가 제 부주의를—그분의 지시를 어긴 일을—입 밖에 낸다면, 나리가 너무 화가 나서 저를 내쫓을지도 모른다는 사실이었지요. 캐시는 제가 쫓겨날지도 모른다는 생각에 괴로워하면서 저를 위해 이번 일을 비밀에 부치기로 약속했습니다. 그리고 그 약속을 지켰답니다. 아무리 생각해 봐도, 캐시는 참으로 정이 많은 아이였어요.

5장

검은 테두리를 두른 편지가 나리가 돌아오는 날을 알려 주었습니다. 이사벨라는 이미 세상을 떠난 뒤였습니다. 편지에는 따님에게 상복을 입히고, 어린 조카를 맞이할 방을 마련하고, 그 밖에 필요한 일들을 갖추어 두라는 내용이 함께 적혀 있었습니다.

캐서린은 아버지를 다시 만날 생각에 뛸 듯이 기뻐했고, 자신의 '진짜' 사촌이 얼마나 훌륭할지를 상상하면서 행복한 기대에 들떠 있었습니다.

아버지와 사촌이 도착하는 날 저녁이 왔습니다. 이른 아침부터 자신의 자질구레한 일들을 정리하느라 분주한 하루를 보낸 캐시는 이제 새로 장만한 검은 드레스를 차려입고—가여운 것! 고모가 죽었는데도 무엇이 슬픈지 제대로 모르는 모양이니—저한테 계속 마중을 나가자고 졸라 댔어요. 저는 아가씨를 따라 대문까지 따라나섰지요.

"린턴은 나보다 딱 여섯 달 어리대." 캐서린이 재잘거리듯 말했습니다. 나무 그늘 아래, 우리는 이끼 긴 잔디밭의 완만한 굴곡을 따라 느긋하게 걸었습니다.

"그 애랑 같이 놀면 얼마나 재미있을까! 이사벨라 고모가 아빠한 테 그 애의 고운 머리칼을 보냈는데, 내 머리카락보다 훨씬 밝고 금빛 이 돌아 정말 곱더라. 작은 유리 상자에 소중히 넣어 두고, 그 머리카 락 주인을 직접 만나면 얼마나 좋을까 하고 자주 생각했어. 아, 정말 행복해! 그리고 아빠, 사랑하는 나의 아빠! 엘런, 우리 뛰자! 어서, 달 리자고!"

제가 진중하게 걸어 대문에 도착할 때쯤, 캐시는 몇 번이나 달려 갔다 달려왔다 또 달려갔고, 결국 길가 비탈진 잔디밭 위에 앉아 참 아 보려 애를 썼어요. 하지만 무리였습니다. 한순간도 가만히 있지를 못했거든요.

"어휴, 왜 이렇게 안 오는 거야!" 캐시가 소리쳤습니다. "어, 보인다! 저기 길 위에 먼지가 보여! 온다! 아니네! 대체 언제 오는 거야? 엘런, 우리 조금만 더 가면 안 돼? 반 마일, 딱 반 마일만 더! 저 모퉁이에 있는 자작나무 숲까지만!"

저는 단호히 거절했습니다. 마침내 캐시의 초조한 기다림도 끝이 났습니다. 달려오는 마차가 눈앞에 나타났거든요. 캐시 아가씨는 창 문 너머로 아버지 얼굴을 보는 순간, 소리치며 두 팔을 활짝 벌렸습 니다. 아버지도 딸 못지않게 들뜬 기색으로 마차에서 내렸어요. 두 사 람은 서로에게 정신이 팔려, 한동안 다른 일에는 신경조차 쓰지 못했 습니다.

아버지와 딸이 얼싸안고 다정히 인사를 나누는 동안, 저는 린턴 이 잘 있는지 살짝 마차 안을 들여다보았습니다. 린턴은 구석에 잠들 어 있더군요. 마치 한겨울인 듯 털 안감을 덧댄 망토로 몸을 감싸고 있었어요. 창백하고 연약해 보이는 모습이 여자애 같은 사내아이였는데, 린턴 나리의 남동생이라고 해도 믿을 만큼 닮았더라고요. 하지만 에드거 린턴 씨한테서는 본 적 없는 허약하고 까다로운 기색이 드러나 있었습니다.

나리는 제가 바라보는 것을 보고는 저에게 악수를 청한 뒤, 아이가 깨지 않게 마차 문을 닫는 게 좋겠다고 하더군요. 긴 여행으로 지쳐 있으니 방해하지 말라는 뜻이었지요.

캐시는 한 번만이라도 마차 안을 보고 싶어 했지만, 아버지가 부르는 바람에 함께 정원을 걸어 올라갔고, 저는 앞서 달려가 하인들을 준비시켰습니다.

"자, 얘야." 아버지가 계단 아래에 멈춰 서서 딸에게 당부했습니다. "네 사촌은 너처럼 튼튼하지도 않고, 명랑하지도 않아. 그리고 기억해 둬. 린턴은 어머니를 떠나보낸 지 얼마 되지 않았단다. 그러니 곧장 너랑 뛰어놀 거라고 기대하지는 말거라. 또 자꾸 말을 걸어서 괴롭히지도 말고. 오늘 저녁만이라도 조용히 쉬게 해 주렴. 알겠니?"

"네, 알겠어요, 아빠." 캐시가 대답했습니다.

"하지만 보고 싶어요. 그런데 한 번도 내다보질 않던걸요."

마차가 멈추었고, 잠들어 있던 린턴이 깨어나 외삼촌에게 안겨 내려왔습니다.

"린턴, 얘가 네 사촌 캐시란다." 아버지가 두 아이의 작은 손을 서로 맞잡도록 쥐여 주며 말했습니다. "벌써 너를 좋아하는 눈치구나. 그러니까 캐시가 슬퍼하지 않게, 오늘 밤에는 울지 않기로 하자. 자, 이제 기운을 좀 내야지. 여행도 끝났으니, 편히 쉬고 네 마음대로 즐겁게 놀면 돼."

"그냥 자러 가도 돼?" 린턴은 캐시의 인사에 뒷걸음질을 치며 대답했습니다. 그러고는 손가락으로 눈에 맺힌 눈물을 닦아 냈습니다.

"자, 자, 착하기도 하지." 제가 아이를 안으로 데리고 들어가면서 속삭였습니다. "캐시가 도련님 때문에 울게 생겼어요. 보세요, 얼마나 안타까워하는지!"

린턴이 울어서 그런 건지는 모르겠지만, 캐시도 린턴만큼 슬픈 표정을 지으며 아버지 곁으로 돌아갔습니다. 세 사람은 모두 안으로 들어가, 차가 준비된 서재로 올라갔습니다.

저는 린턴의 모자와 망토를 벗겨 주고, 식탁 옆 의자에 앉혔습니다. 하지만 자리에 앉자마자, 다시 울기 시작했습니다. 나리가 무슨 일인지 물었습니다.

"의자에는 못 앉겠어요." 아이가 흐느끼며 말했습니다.

"그럼 소파로 가렴. 엘런이 차를 가져다줄 거야." 아이 외삼촌이 참을성 있게 대답했습니다.

저는 나리가 이 까다롭고 병약한 조카를 데려오느라 여행 내내 무척 애를 먹었으리라 확신했어요. 린턴은 축 늘어진 몸으로 느릿느릿 걸어가 소파에 드러누웠습니다. 캐시는 발판과 찻잔을 들고 그의 곁으로 다가갔습니다.

처음에는 잠자코 앉아 있었지만 오래가지는 못했어요. 캐시는 사촌을 만나면 애지중지 돌봐 주고 싶어 했거든요. 캐시는 린턴의 곱슬머리를 쓰다듬고 볼에 입을 맞추는가 하면 어린 아기 다루듯 자기 받침 접시에 차를 따라 건네주었습니다. 사실 아기나 다름없는 아이에게는 그런 보살핌이 즐거웠던 모양이에요. 여전히 몸이 좋지는 않았지만, 눈물을 닦고 희미하게나마 미소를 지었거든요.

"음, 저만하면 됐어." 나리가 잠시 두 아이를 지켜본 뒤 저에게 말했습니다. "잘 지낼 거야, 엘런. 우리가 저 아이를 데리고 있을 수만 있다면…. 또래 아이와 어울리다 보면 금세 기운도 차릴 거고, 점차 체력도 키울 수 있을 거야.”

“네, 우리가 저 아이를 붙잡아 둘 수만 있다면요….” 저는 혼잣말처럼 중얼거렸고, 그럴 희망이 거의 없다는 생각에 마음이 무겁게 가라앉았습니다. 그러자 문득 저 약한 아이가 워더링 하이츠에서 어떻게 살아갈까 싶어 걱정이 되었어요. 아버지와 헤어턴 사이에서, 저 아이가 누구와 놀고 누구에게 무엇을 배우게 될까 싶었던 것이지요.

우리의 우려는 생각보다 빨리 현실로 드러났습니다. 차를 다 마신 후 저는 아이들을 위층으로 데리고 올라가 린턴이 잠든 것까지 확인하고 나서야 내려왔습니다. (린턴이 저를 놓아주지 않았거든요.) 제가 막 현관 탁자 옆에 서서 나리의 침실에 가져갈 초에 불을 붙이고 있는데, 하녀 하나가 부엌에서 나와 히스클리프 씨의 하인 조지프가 찾아왔다더군요, 나리와 이야기를 나누고 싶어 한다는 거예요.

“먼저, 내가 무슨 일로 왔는지 물어봐야겠어.” 제가 조금 긴장한 목소리로 말했어요. “남의 집에 찾아와 성가시게 하기에는 너무 늦은 시간이고, 나리는 긴 여행에서 이제 막 돌아오셨잖아. 조지프는 만날 수 없으실 거야.”

제가 이렇게 말하는 틈에 조지프는 부엌을 지나 현관으로 들어왔어요. 주일에 교회 갈 때 입는 옷차림을 하고는 더없이 경건한 체하는 심술궂은 표정을 하고 있었죠. 한 손에는 모자를, 다른 손에는 지팡이를 들고서 신발을 깔개에 문지르고 있었어요.

“안녕하세요, 조지프.” 제가 쌀쌀맞게 말했어요. “오늘 밤 무슨 일로 여기 온 거죠?”

“린턴 나리를 만나러 왔구먼.” 조지프가 저에게 비키라는 듯이 거만하게 손짓하며 대답했어요.

"나리는 이제 곧 주무실 거예요. 특별히 말씀드려야 할 일이 아니면 오늘 밤에는 만나 주시지 않을 거예요." 제가 말을 이어 갔어요. "차라리 저기 앉아서 나한테 말해 보세요."

"나리 방이 어디여?" 조지프가 닫힌 문들을 훑어보며 물었어요.

조지프가 제 말을 듣지 않을 기세라는 걸 알아차리고, 저는 마지 못해 서재로 올라가 불청객의 방문을 알려 드리고는 내일 다시 오게 하는 게 좋겠다고 말씀드렸어요.

하지만 린턴 나리가 저에게 그렇게 하라고 말할 겨를조차 없었어요. 조지프가 제 뒤를 바짝 쫓아오더니 방 안으로 몸을 들이밀고 들어왔기든요. 그는 책상 맞은편에 서서 양손으로 지팡이 머리를 움켜쥐고는 마치 상대가 반대할 것을 알았다는 듯 목소리를 높여 말했어요.

"히스클리프가 자기 자슥 데려오라 그래서 왔구먼요. 애 없이는 안 돌아갈 테니 그리 알고 계쇼."

에드거 나리는 잠시 아무 말이 없었어요. 얼굴에는 깊은 슬픔이 드리워졌죠. 아이만 놓고 봐도 불쌍한 마음이 들었지만, 이사벨라가 품었던 간절한 희망과 두려움, 아들을 향한 애틋한 염원, 그리고 아이를 맡기며 남긴 당부를 떠올리니, 당장 아이를 내줄 수밖에 없는 이 상황이 마음이 미어질 듯 아팠을 겁니다. 나리는 어떻게든 아이를 데리고 있을 방법을 찾아 이리저리 궁리하는 표정이었어요. 하지만 뾰족한 수가 떠오르지 않았죠. 아이를 붙들고 싶은 기색을 조금이라도 보이면, 아이를 요구하는 쪽에서 더 강압적으로 나올 게 뻔했거든요. 결국 아이를 내주는 것 말고는 다른 수가 없었어요. 그래도 에드거는 아이를 잠에서 깨우진 않았습니다.

"히스클리프 씨한테 전하게." 에드거가 침착하게 대답했어요. "그의 아들은 내일 워더링 하이츠로 보내 주겠다고. 그 애는 이미 잠들었고, 너무 지쳐서 그렇게 멀리는 갈 수 없네. 그리고 린턴의 엄마가 나를 후견인으로 삼길 바랐다는 것, 그리고 지금 아이의 건강 상태가 매우 좋지 않다는 것도 함께 전하게."

"됐소!" 조지프가 지팡이로 바닥을 쾅 내려치며 기고만장하게 소리쳤습니다. "됐소! 그런 말일랑 다 치우소. 히스클리프는 애 엄마랑 당신 말은 신경도 안 쓰니께. 그래도 자기 자슥 데리러 올 것이구먼. 그라니께 내가 데리고 가겠다는 기라. 인제 아시겠소!"

"오늘 밤은 안 돼!" 에드거 나리가 단호하게 응수했습니다. "당장 내려가. 그리고 자네 주인한테 내가 한 말이나 전하게. 엘런, 내려보내, 얼른!"

그러고서 에드거 씨는 성난 조지프의 팔을 잡아서 문밖으로 끌어내도록 도와주고는 문을 닫아 버렸어요.

"두고 봐라!" 조지프가 천천히 물러나면서 소리쳤습니다. "내일이면 히스클리프가 직접 찾아올 긴데, 어디 한번 그 사람도 이리 내쫓아 보시지!"

6장

이 위협이 현실이 되는 걸 막으려고, 나리는 아이를 캐시의 조랑말에 태워 일찌감치 데려다주라고 저에게 지시하며 이렇게 말했습니다.

"이제 우리는 아이의 운명에 좋든 싫든 더는 손을 댈 수 없게 되었으니, 아이가 어디로 갔는지는 딸아이에게 일절 말하지 말게. 앞으로는 그 아이와 다시 어울릴 일도 없을 거야. 그러니 캐시가 워더링 하이츠에 가겠다고 안달을 부리지 않게 하려면, 그 애가 가까이에 있다는 사실조차 모르게 하는 편이 나아. 그저 아버지가 갑자기 사람을 보내 데리러 와서 우리 곁을 떠날 수밖에 없었다고만 전해 주게."

린턴은 새벽 5시에 잠을 깨우자 몹시 달갑지 않아 했고, 다시 여행을 준비해야 한다는 이야기에 깜짝 놀랐어요. 저는 이야기를 조금 순화해서 린턴이 충격받지 않도록 전달했답니다. 아버지인 히스클리프 씨와 얼마간 함께 시간을 보내게 될 텐데, 아버지가 아들의 여독이 풀릴 때까지 기다릴 수 없을 만큼 너무 보고 싶어 하셔서 지금 바로 만나러 가는 거라고요.

"아버지?" 린턴이 이상하다는 듯 외쳤어요. "엄마는 아버지가 있다고 말한 적이 한 번도 없는데. 아버지는 어디에 살아? 나는 그냥 외삼촌이랑 살고 싶은데…"

"그분은 그레인지에서 조금 떨어진 곳에 사세요." 제가 대답했어요. "바로 저 언덕 너머예요. 별로 멀지 않으니까 건강해지면 걸어서 올 수도 있을 거예요. 그리고 집에 가서 아버지를 만나게 됐으니 기뻐해야지요. 어머니를 사랑했던 것처럼 아버지도 사랑하려고 애쓰면 아버지도 도련님을 사랑해 주실 거예요."

"그런데 왜 지금까지 아버지 이야기를 한 번도 듣지 못했을까?" 린턴이 물었어요. "왜 엄마랑 아버지는 다른 사람들처럼 함께 살지 않은 거야?"

"아버지는 일 때문에 북쪽에서 지내야 했어요." 제가 대답했습니다. "그리고 어머니는 건강 때문에 남쪽에 머물러야 했고요."

"그런데 왜 엄마는 아버지 이야기를 안 했던 걸까?" 아이가 끈질기게 물었어요. "외삼촌 얘기는 자주 하셨거든. 덕분에 나는 오래전부터 외삼촌을 사랑할 수 있었어. 하지만 아버지를 어떻게 사랑하겠어? 아버지에 대해 아무것도 모르는데."

"오, 자식이라면 누구나 부모를 사랑하게 마련이지요." 제가 말했어요. "어머니는 아마, 자주 얘기를 하면 아버지 곁에 가고 싶어 할까 봐 걱정되셨을 거예요. 우리 얼른 준비하자고요. 이렇게 아름다운 날 아침에 일찍 말을 타는 게 한 시간 더 자는 것보다 기분이 훨씬 좋아진답니다."

"그 아이도 우리랑 같이 가는 거야?" 린턴이 물었어요. "어제 본 그 여자애도?"

"지금은 안 가요." 제가 대답했어요.

"그럼 외삼촌은?" 린턴이 계속 물었지요.

"안 가세요. 제가 거기까지 같이 갈 거예요." 제가 말했지요.

린턴은 베개 위에 도로 드러눕더니 골똘히 생각에 잠겼어요.

"외삼촌 안 가면 나도 안 가!" 결국 아이가 소리쳤어요. "네가 나를 어디로 데려갈지 내가 어떻게 알아!"

저는 아이에게 아버지를 만나러 가기 싫다고 하는 건 버릇없는 행동이라고 타일러 설득해 보려 했지만, 린턴은 완강하게 옷을 갈아입기를 거부했어요. 결국 아이를 구슬려 침대 밖으로 나오게 하려면 나리의 도움을 받을 수밖에 없었습니다.

가여운 아이는 잠깐 다녀오면 된다, 외삼촌과 캐시가 보러 갈 것이다, 같은 거짓 약속을 여러 번 들은 뒤에야 겨우 침대에서 일어났지요. 길을 가는 내내 저는 지키지도 못할 거짓 약속들을 끊임없이 지어 내어 아이의 귓가에 속삭여 주었습니다.

히스 향을 머금은 상쾌한 공기와 따사로운 햇살, 그리고 조랑말 미니의 느릿한 발걸음 덕분에 아이의 울적한 기분은 조금씩 풀리기 시작했지요. 그러자 린턴은 새집과 그곳 사람들에 대해 점점 더 관심을 보이며, 호기심 어린 질문을 던지기 시작했어요.

린턴이 마지막으로 골짜기를 돌아보며 한 번 더 물었어요. 골짜기에서는 엷은 안개가 피어올라 파란 하늘 가장자리에 양털 같은 흰 뭉게구름을 만들고 있었죠.

"워더링 하이츠도 스러시크로스 그레인지만큼 멋진 곳이야?"

"나무가 그렇게 울창하지는 않아요." 제가 대답했습니다. "또 그리 크진 않지만, 사방으로 아름다운 경치를 볼 수 있답니다. 도련님한테는 그곳 공기가 더 좋을 거예요. 더 상쾌하고 건조하거든요. 처음에는 건물이 오래되어서 어둡게 느껴질지도 모르지만, 나름 훌륭한 집이고, 동네에서 두 번째로 좋은 집이죠. 그리고 황야에서 멋진 산책을 즐길 수도 있어요! 헤어턴 언쇼가—캐시 아가씨의 사촌이니 도련님의 친척이라고 할 수도 있겠네요—온갖 아름다운 곳을 보여 줄 거예요. 날씨가 좋은 날에는 책을 가지고 나가 그 움푹한 푸른 잔디밭을 도련님만의 공부 공간으로 삼을 수도 있고요. 이따금 외삼촌이 와서 함께 산책할 수도 있을 거예요. 그쪽 언덕으로 자주 산책하러 나가시거든요."

"그런데 아버지는 어떤 분이야?" 린턴이 물었어요. "외삼촌만큼 젊고 잘생겼어?"

"외삼촌만큼 젊어요." 제가 대답했습니다. "하지만 머리칼과 눈이 검고, 표정은 더 엄격하고, 키도 크고 몸집도 크지요. 처음에는 그다지 인자하고 친절해 보이지 않을 수도 있는데, 그건 본래 성격이 그런 분이라서 그런 거예요. 그래도 아버지를 솔직하고 다정하게 대하면, 아버지도 자연히 외삼촌보다 도련님을 더 아끼게 될 거예요. 도련님은 그분의 아들이니까요."

"검은 머리에 검은 눈이라니…." 린턴이 생각에 잠겨 혼잣말처럼 중얼거렸어요. "상상이 안 되네…. 그럼 나는 아버지를 닮지 않은 거겠지?"

"별로 안 닮았어요." 제가 대답했습니다. 속으로는 전혀 안 닮았다고 생각하면서 저는 아이의 창백한 얼굴과 가냘픈 몸집, 크고 나른한 눈을 안타까운 마음에 찬찬히 뜯어보았지요. 눈만은 어머니를 쏙 빼닮았지만, 가끔 병적인 예민함으로 잠깐 빛날 때를 빼고는 이사벨라 특유의 생기 어린 눈빛은 찾아볼 수 없었어요.

"참 이상해…. 왜 아버지는 엄마랑 나를 한 번도 보러 오지 않은 거지?" 도련님이 중얼거렸어요. "혹시 나를 본 적이 있을까? 봤다고 해도 분명 내가 아기 때였을 거야. 나는 아버지에 대해 기억나는 게 하나도 없어!"

"저기요, 도련님." 제가 말했어요. "삼백 마일은 아주 먼 거리예요. 그리고 10년이라는 시간은 도련님에게는 아주 길게 느껴지겠지만, 어른들에게는 그만큼 긴 세월로 느껴지지 않을 수도 있고요. 아마 히스클리프 씨도 해마다 여름이면 가 봐야지, 가 봐야지 하다가 기회를 놓쳤을 거예요. 이제는 너무 늦어 버렸고요. 아버지께는 그런 걸 자꾸 캐묻지 마세요. 괜스레 마음만 어지러워질 테니까요."

아이는 그때부터 하이츠의 정원 대문 앞에 이를 때까지 자기 생각에 골똘히 잠겨 있었어요. 저는 아이의 얼굴에 비친 첫인상을 놓치지 않으려고 유심히 살폈지요. 린턴은 현관문의 조각과 낮게 드리워진 격자창, 제멋대로 자란 구스베리 관목들과 이리저리 휘어진 전나무들을 아이답지 않게 심각한 눈길로 바라보더니 이내 고개를 내저었어요. 새로 살게 될 집의 외관이 전혀 마음에 들지 않는 모양이었어요. 그래도 불평을 미뤄 둘 만큼의 분별력은 있더군요. 집 안으로 들어가면 그 못마땅함을 보상해 줄 만한 것이 있을지도 모르니까요.

아이가 조랑말에서 내리기에 앞서 제가 먼저 가서 문을 열었습니다. 그때는 6시 반이 조금 넘은 시각이었고, 식구들이 막 아침 식사를 끝낸 참이었어요. 가정부는 식탁을 치우며 행주질을 하고 있었고, 조지프는 주인의 의자 옆에 서서 절름발이 말에 관한 이야기를 주절주절 늘어놓고 있었지요. 한편, 헤어턴은 건초 밭으로 나갈 채비를 하고 있었습니다.

"어이, 넬리!" 히스클리프 씨가 저를 보자마자 말했습니다. "내가 직접 내려가서 내 재산을 챙겨 와야 하나 했는데…. 네 손으로 데려오긴 데려왔군, 그렇지? 어디 쓸 만한 구석이 있나 한번 보자."

히스클리프는 자리에서 벌떡 일어나 문 쪽으로 성큼성큼 걸어왔어요. 헤어턴과 조지프도 입을 헤벌리고 호기심 어린 눈길로 그 뒤를 따라왔습니다. 가여운 린턴은 그 세 사람의 얼굴을 겁에 질린 눈으로 번갈아 훑어보았지요.

"참말로 말이여," 조지프가 한참을 심각하게 뜯어보고 나더니 말했어요. "애를 바꿔치기했네. 나리, 저 자슥은 그 집 딸내미 아니우?"

히스클리프는 자기 아들을 노려보다가—그 눈길만으로 아이를 얼어붙게 만든 뒤—조소에 가까운 웃음을 터뜨렸습니다.

"세상에! 참 곱기도 해라! 정말 사랑스럽고도 귀한 물건이로군!" 히스클리프가 외쳤어요. "설마 달팽이랑 쉰 우유만 먹여 키운 건 아니겠지, 넬리? 에이, 빌어먹을! 이건 예상했던 것보다 더 형편없잖아. 악마에 맹세코, 애초에 큰 기대도 안 했는데!"

저는 벌벌 떨며 어쩔 줄 몰라 하는 아이에게 말에서 내려 들어가자고 했어요. 아이는 자기 아버지가 한 말이 무슨 뜻인지, 그것이 자기를 두고 한 말인지조차 제대로 이해하지 못했어요. 사실, 저 음침하고 조소 가득한 낯선 사내가 정말 자기 아버지가 맞는지도 아직 확신하지 못하고 있었지요. 하지만 아이는 점점 더 겁에 질려 제게 매달렸고, 히스클리프 씨가 자리에 앉아 "이리 와 봐라." 하고 부르자, 제 어깨에 얼굴을 파묻고 울음을 터뜨렸습니다.

"쯧쯧!" 히스클리프는 혀를 차더니 한 손을 뻗어 아이를 거칠게 끌어당겨 자기 무릎 사이에 끼워 넣고는, 턱을 잡아 고개를 들어 올렸어요. "그런 바보짓은 집어치워! 우리는 너를 해치지 않아! 린턴, 그게 네 이름이지? 너는 네 어머니를 쏙 빼닮았구나! 네 안에 내 몫은 어디 있는 거냐, 이 겁쟁이 울보야!"

히스클리프는 아이의 모자를 벗기더니 숱 많은 연한 금빛의 곱슬

머리를 뒤로 쓸어 넘기고, 가느다란 팔과 조막손을 만져 보았습니다. 그러는 동안 린턴은 울음을 멈추고, 커다란 푸른 눈을 들어 자기를 살펴보는 사내를 멍하니 올려다보았지요.

아이의 팔다리가 전부 여리고 허약하다는 것을 실컷 확인하고 난 뒤, 히스클리프가 물었습니다. "너는 내가 누군지 아냐?"

"아니요!" 린턴이 막연한 공포가 서린 눈빛으로 대답했어요.

"내 얘긴 들어 봤겠지, 설마?"

"아니요." 아이가 다시 대답했습니다.

"아니야? 아들에게 아버지에 대한 도리조차 일깨워 주지 않았다니, 네 어미는 참으로 수치스럽구나! 그럼, 이제 잘 들어라. 너는 내 아들이다. 그런데도 너에게 나 같은 아비가 있다는 걸 알리지 않은 네 어미야말로 몹쓸 여자였어. 자, 그렇게 겁내지 마. 얼굴 붉히지도 말고. 그래도 네놈의 희멀건 얼굴처럼 피까지 허옇지는 않은 모양이니 다행이로군. 착하게 굴면 나도 잘해 주마. 넬리, 너는 피곤하면 자리에 앉든지, 아니면 당장 집으로 돌아가. 얼른 돌아가서 네가 보고 들은 걸 전부 그레인지의 그 보잘것없는 인간한테 고자질해야 할 거 아니야. 넬리가 여기서 계속 얼쩡거리고 있으면 이 녀석도 마음을 못 붙일 거야."

"그럼," 제가 말했습니다. "히스클리프 씨, 그 아이에게는 부디 좀 다정하게 대해 주세요. 안 그러면 오래 데리고 있지도 못할 겁니다. 그리고 아무리 세상천지 넓다 해도, 혈육이라고는 그 아이 하나뿐이잖아요. 그 점을 잊지 마세요."

"아주 잘해 줄 테니 걱정할 거 없어." 히스클리프가 웃으며 말했습니다. "다만 나 말고 이 녀석한테 잘해 주는 사람이 또 있으면 안 돼. 내가 이놈의 애정을 독차지하고 싶거든. 자, 이제 친절을 좀 베풀어

볼까. 조지프, 이 아이에게 아침을 가져다줘. 헤어턴, 이 지긋지긋한 놈아, 넌 나가서 일이나 해." 두 사람이 물러난 뒤, 히스클리프가 덧붙였습니다. "넬리, 내 아들은 장차 네가 사는 그 집의 주인이 될 몸이야. 이 녀석이 그 집의 상속인이 되는 게 확실해질 때까지는 나도 이 녀석이 죽는 꼴은 보고 싶지 않아. 또 이놈은 내 핏줄이니까, 내 후손이 저들의 영지를 떳떳이 차지하는 걸 내 두 눈으로 보고 싶은 욕심이 있거든. 내 아이가 그 집 아이들에게 품삯을 주고 자기 아버지들이 일구던 땅을 갈게 하는 꼴을 보고 싶단 말이야. 그마저도 없다면 내가 이 버릇없는 강아지 새끼를 참고 견딜 이유가 없잖아. 나는 이놈 자체도 진절머리가 나지만, 이놈을 볼 때마다 되살아나는 기억 때문에라도 증오가 치밀어 올라. 하지만 그 한 가지 쓸모만으로도 이놈을 감내할 이유는 충분하고도 남지. 이 녀석은 내 집에서 무사히 잘 지낼 거야. 네 주인이 제 자식 돌보듯, 나도 정성껏 돌볼 거야. 위층에 이 녀석 방도 이미 보기 좋게 꾸며 놓았고, 20마일이나 떨어진 곳에서 일주일에 세 번씩 와 줄 가정교사도 구해 놓았어. 이 아이가 배우고 싶은 거라면 무엇이든 가르치게 할 생각이야. 헤어턴에게도 이 녀석이 시키는 대로 하라고 일러두었어. 사실, 나는 이 녀석 안에 있는 우월한 자질과 신사다운 기질을 보존해서 다른 놈들 위에 군림할 수 있도록 만반의 준비를 해 두었지. 하지만 솔직히 말하면, 이 녀석에게 그만한 수고를 들일 만한 가치가 거의 없어 보여서, 참 섭섭하네. 내가 이 세상에서 바라는 축복이 있다면, 어디 내놔도 부끄럽지 않은 자식을 얻는 것이었는데… 허여멀건 얼굴에 징징대는 강아지 새끼 같은 놈이라니, 실망이 이만저만이 아니야!"

히스클리프가 이야기를 늘어놓는 동안, 조지프가 우유죽이 담긴 대접을 들고 돌아와 린턴 앞에 내려놓았습니다. 린턴은 이 소박한 죽을 보기만 해도 역겹다는 듯 이리저리 젓다가, 먹을 수 없다고 단호히 말했어요.

그 늙은 하인조차 자기 주인과 마찬가지로 그 아이를 경멸하는 눈치였지만, 히스클리프가 아랫사람들에게 그 아이를 깍듯이 모시라고 못 박았기 때문에, 그 마음은 속으로만 간직할 수밖에 없었지요.

"먹을 수 없다고?" 조지프가 린턴의 얼굴을 들여다보며, 남이 들을까 봐 목소리를 낮추어 속삭이듯 되물었습니다. "헤어턴 도련님도 어릴 적에는 이것만 먹었다. 헤어턴 도련님이 잘만 먹던 걸, 너는 왜 못 먹는 긴데?"

"나는 못 먹어, 치워!" 린턴이 까칠하게 대답했습니다.

조지프는 분통을 터뜨리듯 대접을 낚아채 우리 쪽으로 가져왔습니다. "이 음식에 무슨 문제라도 있소?" 그가 대접을 히스클리프 코앞에 들이밀며 물었습니다.

"무슨 문제가 있겠어?" 히스클리프는 태연히 대답했습니다.

"보소!" 조지프가 말했습니다. "저기 저 까다로운 분이, 이런 거는 못 먹겠다고 허는구먼요. 허긴 틀린 말도 아니지! 지 어미가 꼭 저랬다. 우리는 그분이 먹을 빵을 만들 밀을 심는 것도 안 될 만큼 더러운 것들이었으니께."

"내 앞에서 애 엄마 얘긴 꺼내지 마!" 주인이 버럭 화를 내며 말했습니다. "그냥 저 애가 먹을 수 있는 걸 갖다주면 될 거 아냐. 넬리, 저 애는 보통 뭘 먹지?"

저는 데운 우유나 차가 좋을 거라고 말했고, 가정부는 그런 것을 준비하라는 지시를 받았습니다.

저는 그때 이런 생각이 들었습니다. '아이 아버지의 이기심이 어쩌면 아이의 안위를 지켜 주는 데 도움이 될 수도 있겠구나.' 히스클리프는 아이의 허약한 체질과 적절히 대우받아야 한다는 사실을 알고 있으니까요. 저는 에드거 씨가 안심하도록, 히스클리프가 지금 어떤 마음인지 알려 줘야겠다고 마음먹었습니다.

더 있을 핑곗거리도 없어서, 저는 조심스레 자리를 떠났습니다. 린턴은 살갑게 굴며 다가오는 양치기 개가 무서워 겁을 집어먹고 밀어내느라 정신이 팔려 있었지요. 그렇다고 해서 속일 수 있을 만큼 어리숙한 것은 아니었습니다.

제가 문을 닫자마자, 아이가 미친 듯이 울부짖으며 거듭 외치더군요.

"가지 마! 여기 안 있을래! 여기 안 있을래!"

그러나 곧 빗장이 내려졌습니다. 린턴이 나오지 못하게 막으려는 조치였지요.

저는 미니에 올라 빠르게 말을 몰았습니다. 그리하여, 저의 짧은 보호자 임무도 끝이 났습니다.

7장

　그날 우리는 캐시 때문에 골치를 앓았습니다. 사촌과 놀 생각에 신이 나서 벌떡 일어난 아가씨는 사촌이 떠났다는 소식을 듣고는 눈물을 쏟으며 애통해했어요. 결국 에드거 씨가 나서서 곧 데려오겠다고 약속하며 그녀를 달랬습니다. "만약 내가 데려올 수 있다면"이라는 말을 덧붙이기는 했지만, 사실 그럴 가능성은 전혀 없었지요.

　이 약속은 캐시를 잠시 달래는 데 그쳤을 뿐이지만 시간은 더 큰 힘을 발휘했습니다. 물론 그 뒤로도 이따금 아버지에게 린턴이 언제 돌아오느냐고 묻기는 했지만, 린턴의 얼굴은 서서히 기억 속에서 희미해져, 나중에 다시 만났을 때는 알아보지도 못할 정도였답니다.

　저는 기머턴에 볼 일이 있어 나갔다가 우연히 하이츠의 가정부를 마주치기라도 하면, 그 젊은 도련님이 어떻게 지내는지 묻곤 했습니다. 린턴도 캐시 못지않게 바깥출입이 거의 없어, 좀처럼 사람들 눈에 띄지 않았거든요. 가정부 말로는, 린턴은 여전히 약골이었고, 집안

식구들에게는 여간 성가신 존재가 아니라고 했습니다. 히스클리프 씨는 애써 내색하지는 않았지만, 갈수록 린턴을 싫어하는 눈치라더군요. 린턴의 목소리만 들려도 진저리를 치고, 린턴과 한 방에 있으면 단 몇 분도 견디지 못한다고 했습니다.

부자간에 오가는 말도 거의 없었다고 합니다. 린턴 도련님은 '응접실'이라고 부르는 작은 방에서 공부를 하거나 저녁을 보내고, 그렇지 않은 날에는 종일 침대에 누워서 지낸다더군요. 기침과 감기를 달고 살고, 항상 여기저기 안 아픈 데가 없어서 편할 날이 없기 때문이랍니다.

"그렇게 겁 많고 제 몸 하나만 챙기는 아이는 처음이에요." 가정부가 덧붙였습니다. "저녁에 창문을 조금만 늦게까지 열어 놓으면 계속 이렇게 찡얼거린답니다. '아아, 밤바람이 너무 차서 죽을 거 같아!' 한여름에도 불을 피워 달라질 않나, 조지프의 담뱃대를 무슨 독이라도 되는 양 피하질 않나, 낮이고 밤이고 사탕 같은 별미를 찾고, 입만 열면 '우유, 우유!' 하고 노래를 부른다니까요. 한겨울에 다른 식구들은 얼어 죽든 말든, 자기 혼자 털 망토를 뒤집어쓰고 벽난로 앞에 앉아서는, 시렁 위에 토스트나 물, 혹은 묽은 죽 같은 걸 올려 두고 홀짝이며 시간을 보내지요. 가끔 헤어턴이 가엾은 마음에 린턴 도련님을 좀 달래 보려고 다가가기도 하는데—헤어턴이 거칠기는 해도 심성이 나쁜 아이는 아니거든요—둘은 어김없이 좋지 않게 끝납니다. 한쪽은 욕설을 퍼붓고, 다른 한쪽은 울음을 터뜨리면서 말이지요. 린턴이 자기 아들만 아니었다면, 히스클리프 씨는 헤어턴이 그 아이를 흠씬 두들겨 패도 속 시원하다고 했을걸요. 린턴 도련님이 제 한 몸 보살피는데 얼마나 집착하는지 주인어른이 그 반만 알아도, 문밖으로 내쫓고 싶어졌을 텐데… 히스클리프 씨는 아예 그럴 마음이 생기지 않도록 확실히 선을 긋더군요. 응접실에는 좀처럼 발을 들이지 않았고, 자기가 큰방에 있을 때 린턴이 그런 행태를 보일 기미만 보이면 곧장 위층으로 보내 버렸으니까요."

이런 이야기를 듣자, 저는 린턴이 원래부터 그런 성향의 아이가 아니었다고 한다면, 정을 나눌 사람 하나 없는 환경 속에서 이기적이고 까다로운 아이로 변해 버렸구나 싶더군요. 그러자 그 아이에게 품고 있던 제 관심도 점차 식어 갔습니다. 그렇다고 해서 그 처지가 딱하지 않게 느껴진 것은 아니었습니다. 여전히 마음 한구석에는 그 아이의 운명에 대한 슬픔이 남아 있었고, 차라리 우리 곁에 남아 있었더라면 어땠을까 하는 생각도 머릿속에서 떠나지 않았으니까요.

에드거 씨는 제게 더 알아보라며 부추겼습니다. 린턴 도련님 일을 꽤 마음에 두고 계셨던 듯했고, 그 아이를 보기 위해서라면 어느 정도의 위험은 감수할 생각이 있어 보였지요. 한번은 제게, 하이츠의 가정부에게 린턴이 마을에 내려온 적이 있는지 물어보라고 한 적도 있었습니다.

가정부 말로는 린턴 도련님이 아버지를 따라 말을 타고 마을에 간적이 딱 두 번 있었는데, 두 번 다 다녀온 뒤에는 사나흘 동안 완전히 기진맥진한 사람처럼 앓는 시늉을 했다고 하더군요.

제 기억이 맞다면, 그 집 가정부는 린턴이 하이츠에 온 지 두 해쯤 지나 일을 그만두었고, 제가 잘 알지 못하는 사람이 새로 들어왔습니다. 그 가정부는 지금도 그 집에 살고 있다고 들었습니다.

그레인지에서의 시간은 전과 다름없이 평온하게 흘러갔고, 어느덧 캐시 아가씨가 열여섯 살이 되었습니다. 우리는 캐시 양의 생일에 한 번도 기뻐하는 기색을 내비친 적이 없었는데, 그날이 바로 고인이 된 안주인의 기일이기도 했기 때문입니다. 해마다 그날이면 캐시의 아버지는 어김없이 홀로 서재에 틀어박혀 지냈고, 해 질 무렵이면 기머턴 교회 묘지까지 걸어갔다가 자정이 넘도록 머무르곤 했지요. 그렇다 보니 캐시 아가씨는 그날만큼은 혼자서 시간을 보내며 즐길 거리를 찾아내야만 했습니다.

그해 3월 20일은 유난히도 화창한 봄날이었습니다. 아버지가 서재로 들어가자 아가씨는 나들이복 차림으로 내려와 제게 말했습니다. 저와 함께 황야 끝자락을 조금 거닐어 보고 싶다고 아버지께 여쭈었더니, 너무 멀리만 아니면 한 시간 안에 돌아온다는 조건으로 허락해 주셨다고 하더군요.

"그러니 서둘러, 엘런!" 캐시 아가씨가 외쳤습니다. "가고 싶은 곳이 있어. 붉은 뇌조가 떼 지어 사는 곳인데, 이제 둥지를 틀었는지 보고 싶어."

"거긴 한참 올라가야 할 텐데…." 제가 대답했습니다. "뇌조는 황무지 끝자락에서 알을 낳는 새가 아니거든요."

"아니야, 그렇게 멀지 않아." 아가씨가 말했습니다. "아빠랑 거의 근처까지 갔었단 말이야."

저는 그 말을 대수롭지 않게 여긴 채 모자를 쓰고 길을 나섰습니다. 캐시는 그레이하운드처럼 제 앞에서 폴짝폴짝 뛰어가다가, 다시 제 옆으로 돌아왔다가, 다시 달려 나가곤 했지요. 처음에는 사방에서 들려오는 종달새 노랫소리에 귀를 기울이기도 하고, 감미롭고 따사로운 햇볕을 쬐기도 하고, 또 저의 귀염둥이이자 기쁨인 캐시 아가씨를 바라보는 것만으로도 더없이 즐거웠답니다. 느슨하게 풀린 금빛 곱슬머리가 등 뒤로 나부끼고, 눈부신 뺨은 활짝 핀 들장미처럼 부드럽고 맑게 물들어 있었으며, 두 눈은 그늘 하나 없는 즐거움으로 눈부시게 반짝거렸지요. 그 시절의 아가씨는 근심 걱정도 없고, 그저 행복한 천사와도 같았습니다. 다만, 그 행복에 만족할 줄만 알았더라면 얼마나 좋았을까요.

"그런데," 제가 말했습니다. "붉은 뇌조는 대체 어디에 있다는 거예요? 지금쯤이면 보여야 할 텐데…. 그레인지 울타리를 한참이나 벗어났잖아요."

"아이, 조금만 더… 정말 조금만 더 가면 돼, 엘런." 캐시 아가씨는 그렇게 말하며 계속 저를 재촉했습니다. "저 언덕배기 위로 올라가서 저 둔덕만 넘어가면 돼. 엘런이 그 너머에 도착할 때쯤이면 내가 벌써 새들을 날려 보냈을 거야."

하지만 넘어야 할 언덕과 둔덕이 끝없이 이어졌습니다. 결국 저는 기운이 빠지기 시작했고, 이젠 그만 되돌아가야 한다고 말했어요.

캐시 아가씨가 저보다 한참 앞서가고 있었기 때문에 큰 소리로 불렀지만, 아가씨는 듣지 못한 건지, 아니면 아랑곳하지 않는 건지, 계속 앞만 보며 뛰어갔어요. 저는 어쩔 수 없이 뒤따라갔죠. 그러다 아가씨가 움푹한 곳으로 뛰어내려 제 시야에서 사라졌고, 캐시의 모습이 다시 제 눈앞에 나타났을 때는 이미 자기 집보다 워더링 하이츠에 2마일이나 더 가까운 곳으로 가 버렸더군요. 그때 제 눈에 두 사람이 아가씨를 붙잡는 모습이 보였는데, 그중 한 명은 틀림없이 히스클리프라는 확신이 들었습니다.

캐시 아가씨는 붉은 뇌조의 둥지를 털다가, 아니면 적어도 둥지를 찾아 헤집고 다니다가 현장에서 붙잡힌 셈이었습니다. 그곳은 히스클리프의 땅이었고, 그는 밀렵꾼을 꾸짖는 중이었지요.

"가져간 것도 없고, 찾아낸 것도 없어요." 제가 숨을 헐떡이며 겨우 그 사람들 쪽으로 기어 올라가자, 캐시는 자기 말이 사실임을 증명이라도 하듯 양손을 활짝 펴 보이며 말했습니다.

"애초에 가져갈 생각도 없었다고요. 아빠가 이 근처에 뇌조가 많다고 하셔서, 그저 알이 있는지 보러 온 거라고요."

히스클리프는 우리 일행을 알아보았다는 뜻으로, 노골적인 적의를 드러내듯 음험한 미소를 지으며 저를 힐끗 쳐다보더니, 그 '아빠'라는 사람이 대체 누구냐고 캐물었습니다.

"스러시크로스 그레인지의 린턴 씨예요." 캐시 아가씨가 대답했습니다. "내가 누군지 모를 줄 알았어요. 알았다면 그런 식으로 말하진 않았겠죠."

"그럼, 네 아빠가 대단히 존경받고 인정받는 사람인 줄 아는 모양이구나?" 히스클리프 씨가 빈정거리듯 말했습니다.

"그럼, 아저씨는 누구세요?" 캐시가 호기심 가득한 눈으로 히스클리프를 바라보며 물었습니다. "저 남자는 전에 본 적이 있는데…. 저 사람이 아저씨 아들이에요?"

아가씨는 다른 한 사람, 그러니까 헤어턴을 가리켰습니다. 그는 해를 두 번 넘기는 동안 나이만큼 덩치와 힘만 더 커졌을 뿐 어색하고 투박한 모습은 여전했습니다.

"캐시 아가씨," 제가 끼어들었습니다. "한 시간만 산책하기로 했는데, 이러다간 세 시간이 되겠어요. 이제는 정말 돌아가야 합니다."

"아니, 저 남자는 내 아들이 아니란다." 히스클리프는 그렇게 말하며 저를 옆으로 밀쳐 냈습니다. "하지만 아들이 하나 있긴 해. 너도 전에 본 적이 있을 거다. 네 유모는 급한 모양인데, 둘 다 잠깐 쉬어 가는 게 나을 거야. 이 히스 언덕배기 하나만 돌아가면 바로 우리 집인데, 들어왔다 가지 않겠니? 잠시 몸을 풀고 가면 길도 덜 힘들고, 그러면 오히려 집에 더 빨리 돌아갈 수 있을 거야. 손님 대접도 제대로 해 주마."

저는 캐서린의 귀에 대고 무슨 일이 있어도 그 제안을 받아들여서는 안 된다고 속삭였습니다. 그건 도저히 있을 수 없는 일이었으니까요.

"왜?" 캐시가 큰 소리로 되물었습니다. "이제 뛰어다니는 것도 지쳤고, 바닥은 이슬에 젖어서 앉을 수도 없잖아. 가자, 엘런. 게다가 저 아저씨는 내가 자기 아들을 본 적이 있대. 그건 아마 잘못 안 거겠지. 하지만 어디 사는지 알 것 같아. 페니스턴 절벽에서 돌아오는 길에 들렀던 그 집 맞지, 그렇지?"

"그렇단다." 히스클리프가 말했습니다. "자, 넬리, 그만 입 다물어. 저 아이도 우리 집을 구경하면 재미있을 거야. 헤어턴, 저 아가씨를 데리고 먼저 가라. 넬리는 나랑 같이 걷고."

"안 돼요, 아가씨는 그런 곳에 갈 이유가 없어요." 저는 그렇게 외치며 그에게 붙들린 팔을 뿌리치려 애썼습니다. 하지만 캐시는 언덕마루를 향해 전속력으로 내달리더니, 집 현관 앞에 깔린 문지방돌에 이르렀더군요. 아가씨와 동행하라는 명을 받은 헤어턴은 따라가는 시늉조차 하지 않고 길옆으로 비켜나더니 어디론가 사라졌습니다.

"히스클리프 씨, 이건 명백히 선 넘은 짓이에요." 저는 단호하게 말했습니다. "무슨 속셈인지 제가 모를 리 없잖아요. 캐시 아가씨가 집 안으로 들어가면 린턴을 마주치게 될 테고, 돌아가자마자 사실대로 말할 겁니다. 그 후폭풍은 전부 제가 감당해야 하고요."

"나는 저 아이한테 린턴을 보여 주고 싶어." 히스클리프가 대답했습니다. "요 며칠 사이에 상태가 좀 나아졌거든. 남들 앞에 내놓기 좋은 때가 거의 없는 녀석이지. 우리가 오늘 만난 일은 비밀로 해 두자고 캐시를 구슬리면 될 거야. 나쁠 게 뭐 있어?"

"나쁠 게 뭐 있냐고? 당신 집에 캐시 양이 들어가게 놔둔 사실을 그 아버지가 알게 되면 나를 증오하게 될 텐데. 게다가 캐시 아가씨를 집으로 들이려는 당신의 의도가 절대 선하지 않다는 걸 알아요." 제가 단호하게 대답했습니다.

"내 의도는 더없이 정직해. 전체 내용을 모두 알려 주지." 히스클리프가 말했습니다. "두 사촌이 사랑에 빠져서 결혼하도록 하는 게 내 목적이야. 넬리 주인에게 아량을 베푸는 거라고. 그의 어린 딸은 기대할 유산도 없지만,* 만약 내 뜻을 따른다면 린턴과 공동상속인이 되어, 그 즉시 미래가 보장될 거야."

"린턴 도련님이 죽는다면요?" 제가 말했습니다. "언제까지 살지 앞날을 장담할 수 없잖아요. 도련님이 죽는다면 어차피 캐시가 상속자가 될 거예요."

"아니, 그렇지 않을걸." 히스클리프가 말했습니다. "유언장에 그런 보장을 한 조항은 없어. 그 재산은 나에게 돌아오게 돼 있어. 다만, 쓸데없는 분쟁을 막기 위해서라도 두 아이를 결혼시키려는 거지. 나는 이 결혼을 반드시 성사시키고 말겠어."

"그런데 나는 저 아이가 다시는 댁 근처에 얼씬도 못 하게 할 작정인걸요." 저는 캐시가 우리를 기다리고 있는 대문 앞으로 걸어가며

* 이 맥락을 이해하려면 당시 영국의 복잡한 상속법인 '한정 상속(Entail)' 제도를 살펴볼 필요가 있다. 이는 가문의 핵심 자산인 저택과 토지가 분산되거나 외부로 유출되는 것을 막기 위해, 상속 대상을 특정 범위(대개 직계 남성)로 제한한 법적 장치이다. 이 제도 때문에 에드거 린턴은 자신의 저택인 스러시크로스 그레인지를 사랑하는 딸 캐서린에게 물려주고 싶어 했으나, 법적으로는 가장 가까운 남성 친척인 조카(히스클리프의 아들 린턴)가 우선적인 상속권을 갖게 된다. 히스클리프는 이러한 법적 강제성과 당시 여성이 결혼하면 모든 재산권이 남편에게 귀속되었던 점을 교묘히 이용한 것이다. 그는 두 아이를 강제로 결혼시킴으로써 린턴 가문의 모든 자산을 자신의 영향력 아래 두고 합법적으로 독차지하려는 치밀한 복수를 완성해 나간다.

대꾸했습니다.

히스클리프는 나에게 잠자코 있으라고 명령한 뒤, 우리를 앞서 서둘러 올라가 문을 열었습니다. 캐시 아가씨는 그가 어떤 사람인지 쉽사리 판단이 서지 않는다는 듯 그를 여러 번 바라보았어요. 그러나 히스클리프는 캐시 아가씨와 눈이 마주칠 때마다 미소를 지었고, 말을 건넬 때면 목소리도 한결 부드러워지더군요. 저는 어리석게도 캐시 어머니에 대한 기억이 캐시 아가씨에게 해를 끼치려는 마음을 누그러뜨릴지도 모른다고 생각했습니다.

린턴은 벽난로 앞에 서 있었습니다. 들판을 산책하고 돌아온 모양인지 모자를 쓰고 있었고, 조지프에게 젖지 않은 신발을 가져오라고 소리치고 있었습니다. 열여섯 살이 되려면 아직 몇 달이 더 지나야 했지만, 나이에 비해 키가 훌쩍 자라 있었습니다. 그럼에도 얼굴 생김새는 여전히 앳되고 귀여운 모습이었고, 눈빛과 혈색은 제가 기억하던 것보다 훨씬 밝았는데, 상쾌한 공기와 따사로운 햇살이 잠시 빌려준 생기 덕분이었지요.

"자, 저게 누굴까?" 히스클리프가 캐시 아가씨를 향해 물었습니다. "누군지 알겠니?"

"아들이에요?" 아가씨가 의아한 듯, 양쪽을 번갈아 살펴보며 물었습니다.

"그럼, 그럼." 히스클리프가 대답했습니다. "그런데 내 아들을 처음 보는 걸까? 생각해 보렴. 이런! 기억력이 짧구나. 린턴, 네가 보고 싶다고 우리를 졸라 대던 사촌을 정말 몰라보는 거야?"

"어머, 린턴!" 캐시는 그 이름을 듣고 반가움과 놀라움으로 눈을 반짝이며 외쳤습니다. "쟤가 꼬마 린턴이라고? 키가 나보다 더 크네! 네가 정말 린턴이야?"

소년이 한 걸음 앞으로 나와 그렇다고 말하자 캐시 아가씨는 입맞춤을 퍼부었고, 둘은 서로를 유심히 바라보면서 시간이 바꿔 놓은 서로의 모습에 경탄했습니다. 캐시 아가씨의 키는 거의 어른만큼 컸고, 몸매는 탄탄하면서도 늘씬하고, 강철처럼 탄력이 있었으며, 온몸에는 건강과 활기가 넘쳐흘렀습니다. 반면에 린턴 도련님은 표정과 움직임이 다소 나른했으며, 체격은 매우 가냘팠습니다. 하지만 이러한 결점들을 메워 주는 우아한 매너 덕분에 전체적으로는 결코 나쁘지 않은 인상을 주었습니다.

사촌과 여러 차례 정다운 인사를 주고받은 뒤에, 캐시 아가씨는 문가에서 한동안 머뭇거리듯 서 있던 히스클리프 씨에게 다가갔어요. 그는 겉으로는 바깥을 살피는 척했지만, 실제로는 안쪽만 주의 깊게 살피고 있었습니다.

"그럼, 아저씨가 고모부였군요!" 캐시 아가씨가 인사를 하려고 다가가면서 외쳤어요. "처음에는 심술궂으셨지만, 그래도 저는 고모부가 좋았던 것 같아요. 린턴이랑 같이 그레인지에 한번 놀러 오실래요? 그동안 이렇게 가까이에 살면서 한 번도 안 오시다니 참 이상하네요. 왜 안 오셨던 거예요?"

"네가 태어나기 전에 너무 자주 갔었거든." 히스클리프가 대답했습니다. "이런 빌어먹을! 혹시 남는 입맞춤이 있다면 린턴에게나 줘라. 나한테는 다 헛수고니까."

"엘런은 심술쟁이야!" 캐시 아가씨가 소리치며 달려와 주체할 수 없는 다정함으로 저를 끌어안았어요. "못된 엘런! 여기 못 오게 하다니! 하지만 앞으로는 매일 아침 이 길로 산책할 거야. 그래도 되죠, 고모부? 가끔은 아빠도 모시고 올게요. 우리가 오면 좋겠죠?"

"물론이지." 히스클리프가 얼굴에 싫은 기색을 숨기려 애쓰며 대답했습니다. 두 사람에 대한 지독한 혐오감이 얼굴에 드러났거든요. "잠깐만," 그가 캐시 아가씨를 향해 몸을 돌리며 말했습니다. "생각난 김에 너한테 말해 주는 게 좋겠구나. 에드거 린턴 씨는 나에게 편견을 품고 계셔. 언젠가 한번 기독교도답지 못하게 격렬하게 싸운 일이 있단다. 그래서 만약 네가 여기 왔었다고 말하면 아예 네가 여기에 발도 못 붙이게 할 거야. 그러니 앞으로도 네 사촌을 계속 만나고 싶거든 여기 왔었다고 말하면 안 돼. 오는 건 좋지만, 절대 여기 오는 걸 말하면 안 돼."

"왜 싸우신 거예요?" 캐시 아가씨가 눈에 띄게 풀이 죽은 얼굴로 물었습니다.

"네 아버지는 내가 자기 여동생의 남편이 되기엔 너무 가난하다고 여겼어." 히스클리프가 대답했습니다. "그런데도 내가 끝내 결혼하자 몹시 상심했단다. 자존심에 큰 상처를 입었고, 그래서 절대 용서하지 않을 거야."

"그건 잘못된 생각이에요!" 캐시 아가씨가 말했습니다. "기회가 되면 아빠에게 꼭 그렇게 말해 드릴게요. 하지만 린턴과 저는 두 분의 다툼과는 아무 상관이 없잖아요. 그렇다면 저는 여기 오지 않고, 대신 린턴이 그레인지로 오면 되겠네요."

"나에겐 너무 멀어." 사촌이 낮게 중얼거렸습니다. "4마일이나 걸으면 나는 죽고 말 거야. 그러니 캐서린 양이 가끔 여기로 와 줘요. 매일 아침 말고, 일주일에 한두 번 정도만."

그 말에 아버지는 아들을 향해 매서운 경멸의 시선을 던졌습니다.

"넬리, 내가 애쓴 보람을 잃을까 봐 걱정되는군." 히스클리프가 제게 중얼거리듯 속삭였습니다.

"저 얼간이가 부르는 그대로, 캐서린 양이 저놈의 가치를 알아차린다면 지옥으로 내칠 거야. 저게 헤어턴이었다면…. 그거 알아? 하루에도 스무 번씩, 나는 저 천한 꼴이 된 헤어턴이 탐이 나서 견딜 수가 없어. 다른 사람이었더라면 사랑했을 텐데…. 하지만 캐시가 헤어턴을 사랑할 일은 없겠지. 저 못난 녀석이 계속 정신을 못 차리면, 헤어턴과 맞붙여야겠어. 열여덟 살까지 버틸 수 있을지도 모르겠군. 아아, 저 한심한 꼴 좀 봐! 발을 말리느라 정신이 팔려서 캐시는 거들떠보지도 않잖아…. 린턴!"

"네, 아버지." 소년이 대답하였습니다.

"사촌에게 보여 줄 만한 데 없니? 토끼 굴이든 족제비 굴이든. 신발 갈아 신기 전에 정원에도 가고, 마구간에 들러 네 말도 보여 주렴."

"여기 앉아 있는 게 좋지 않나요?" 린턴이 캐시에게 물었습니다. 다시 움직이기 귀찮아하는 기색이 묻어나는 말투였습니다.

"글쎄, 잘 모르겠네." 캐시는 문 쪽으로 애타는 눈길을 보내며 대답했습니다. 밖으로 나가 돌아다니고 싶은 기색이 역력했지요.

린턴 도련님은 계속 자리를 지키고 앉아 벽난로 쪽으로 몸을 더 웅크렸어요.

히스클리프는 일어나 부엌으로 들어가더니, 다시 뒷마당으로 나가 헤어턴을 불렀습니다.

헤어턴이 대답했고, 곧 두 사람이 다시 들어왔습니다. 젊은이는 방금 몸을 씻다가 불려 나온 듯, 양 볼이 불그레하고 머리가 젖어 있었습니다.

"아, 고모부한테 물어볼 게 있어요." 캐서린 양은 이 집 가정부가 한 말을 떠올리며 외쳤습니다. "저 남자는 제 사촌이 아니죠?"

"아니, 네 사촌이 맞아." 히스클리프가 대답했습니다. "네 어머니의 조카란다. 왜, 마음에 안 드니?"

캐서린의 표정이 어색해졌습니다.

"잘생긴 청년 아니냐?" 그가 말을 이었어요.

이 발칙한 작은 아가씨는 발끝으로 서서 히스클리프의 귀에 대고 속삭였습니다.

히스클리프가 껄껄 웃자, 헤어턴의 표정이 어두워졌습니다. 헤어턴은 작은 멸시에도 민감하게 반응했고, 자신이 열등하다는 것을 어렴풋이나마 인식하고 있는 게 분명했습니다. 하지만 그의 주인인지 보호자인지 하는 자가 그의 찡그린 얼굴을 단숨에 풀어 주었어요.

"우리 중에서 네가 제일 인기가 좋구나, 헤어턴! 캐시가 그러는데, 뭐라고 했더라? 어쨌든, 아주 듣기 좋은 말이었어. 자, 같이 농장을 돌아보거라. 명심해! 신사답게 행동하고, 나쁜 말은 절대 쓰지 마라. 아가씨가 보고 있지 않을 때는 빤히 쳐다보지 말고, 볼 때는 시선을 피해라. 말할 때는 천천히 또박또박, 손은 주머니에 넣지 말고. 자, 이제 나가서 아가씨를 최대한 즐겁게 해 드리거라."

그는 창밖으로 걸어가는 두 사람을 지켜보았습니다. 헤어턴 언쇼는 캐시 아가씨에게서 얼굴을 완전히 돌리고서 눈에 익은 풍경인데도 마치 외지인이나 화가처럼 흥미롭게 관찰하는 듯했습니다.

캐시 양은 헤어턴을 슬쩍 훔쳐보며 약간의 흥미가 담긴 눈길을 보냈습니다. 그러고는 혼자 재밋거리를 찾는 데 관심을 돌렸고, 신나게 깡충거리며 걸어가는 동안 부족한 대화의 틈을 메우려는 듯 경쾌하게 흥얼거렸습니다.

"내가 저놈 입을 꽉 막아 놨어." 히스클리프가 중얼거렸습니다. "그러니 돌아다니는 내내 한마디도 내뱉지 못할걸! 넬리, 내가 저 나이였을 때, 아니 몇 살 더 어렸을 때를 기억하지? 나도 저렇게 멍청해 보였어? 조지프 말마따나 저렇게 '얼뜨기'였어?"

"더했지요. 뚱하기까지 했으니….."

"나는 저놈을 보면 즐겁단 말이야." 히스클리프가 혼잣말하듯 계속 자기 속내를 드러냈습니다. "내 기대를 충족시켰어. 태어날 때부터 바보였다면 이 즐거움의 절반도 느낄 수 없었을 거야. 하지만 저놈은 바보가 아니야. 나는 저 녀석이 느끼는 걸 속속들이 이해할 수 있어. 나도 똑같은 기분을 겪어 봤거든. 예를 들어, 나는 지금 저 녀석이 무엇 때문에 고통스러워하는지 정확히 알고 있지. 하지만 그건 앞으로 겪을 고통의 시작일 뿐이야. 저 천하고 무지한 꼴을 결코 벗어나지 못할 테니까. 나는 저놈의 악당 같은 아비가 날 옭아맸던 것보다 훨씬 더 빠르고, 훨씬 더 저열하게 저 녀석을 옭아맸어. 자신의 짐승 같은 면에 뿌듯함을 느끼는 놈이거든. 나는 그놈에게, 동물적 본능을 넘어서는 건 전부 쓸데없고 나약한 것이니, 조롱하고 경멸하라고 가르쳤지! 힌들리가 저놈을 보면 자랑스러워할까? 내 아들을 자랑스러워하는 내 마음과 거의 비슷하겠지. 하지만 차이가 있어. 한 놈은 금덩어리인데 길에 까는 돌로 쓰고 있고, 다른 한 놈은 양철인데 반짝반짝 닦여서 은그릇 대접을 받고 있다는 거야. 내 건 애초에 쓸 만한 게 아무것도 없지. 그래도 그 하찮은 재료로 어디까지 갈 수 있는지, 내가 끝까지 보여 줄 생각이야. 그 작자 쪽은 사정이 달랐지. 타고난 자질은 일류였거든. 나야 조금도 섭섭할 게 없어. 하지만 힌들리는 누구보다도 유감스러울 일이 많을 거다. 그건 내가 알고 있어. 그리고 가장 통쾌한 건 말이지, 헤어턴이 나를 무지막지하게 좋아한다는 거야! 그 점에서는 내가 힌들리를 완전히 이긴 셈 아니겠어? 죽은 그 악당이 무덤에서 벌떡 일어나 제 자식을 망쳤다고 욕하러 기어 나온다고 해도, 난 그 광경을 보면서 실컷 즐길 수 있을 거야. 저 녀석이 오히려 세상에 둘도 없는 자기편에게 감히 악담을 퍼붓느냐고 분노에 차서 되받아칠 테니까."

히스클리프는 악마처럼 킬킬 웃었습니다. 저는 아무 대답도 하지 않았어요. 히스클리프 역시 제 대답을 바라고 한 말이 아니라는 걸 알고 있었으니까요.

그 사이, 멀찌감치 떨어져 앉아 우리의 대화를 들을 수 없었던 린턴은 점점 불안한 기색을 내비쳤습니다. 조금이라도 피곤해질까 싶어 캐서린과 어울릴 기회를 스스로 저버린 것이 이제는 무척 후회스러운 모양이었습니다.

히스클리프는 아들의 불안한 시선이 자꾸 창문 쪽으로 쏠리고, 모자를 향해 머뭇거리듯 뻗는 손길을 알아차렸습니다.

"일어나, 이 게으른 녀석아!" 히스클리프가 일부러 사람 좋은 척 쾌활하게 외쳤습니다. "어서 따라가거라! 이제 막 저 모퉁이, 벌통 옆을 돌아가고 있어."

린턴이 남은 힘을 그러모아 벽난로 앞에서 몸을 일으켜 세워 열린 격자문을 통해 밖으로 나가려는 순간, 캐시가 붙임성 없는 동행에게 문 위에 새겨진 글귀가 무엇이냐고 묻는 소리가 들려왔습니다. 헤어턴은 위를 물끄러미 올려다보더니, 영락없는 촌뜨기처럼 머리를 긁적였습니다.

"빌어먹을 글자잖어." 헤어턴이 대답했습니다. "난 읽을 줄 몰러."

"읽을 줄 몰라?" 캐시가 외쳤습니다. "난 읽을 수 있어. 저건 그냥 영어잖아. 나는 왜 저 글자가 저기에 있는지 묻는 거야."

린턴이 킥킥 웃었습니다. 그가 웃음소리를 낸 건 그때가 처음이었습니다. "헤어턴은 글자를 못 읽어요." 린턴이 사촌에게 말했습니다. "저렇게 덩치 큰 바보가 실제로 있다니 믿어져요?"

"정상인 거 맞아?" 캐시 아가씨가 진지하게 물었습니다. "아니면 좀 모자란 건가? 내가 벌써 두 번이나 물어봤는데, 두 번 다 멍청한 얼굴을 하고 있더라. 아예 내 말을 이해 못 하는 것 같아. 솔직히 말하면, 나도 저 사람 말은 하나도 못 알아듣겠어!"

린턴은 다시 한번 낄낄거리면서 조롱하듯 헤어턴을 힐끗 쳐다보았습니다. 그 순간 헤어턴은 말귀를 제대로 못 알아듣는 눈치였습니다.

"게으른 것 말고는 딱히 문제없지, 언쇼?" 린턴이 말했습니다. "내 사촌은 네가 백치인 줄 알아. '책질'이니 뭐니 하며 코웃음치더니, 참 꼴좋네." 그러고는 캐서린을 돌아보며 덧붙였습니다. "언쇼의 요크셔 사투리가 얼마나 끔찍한지 들었어?"

"그런 망할 책질은 어따 쓰노?" 헤어턴은 늘 마주치는 상대라 그런지 린턴에게는 으르렁거리며 대꾸했습니다. 그는 말을 더 보태려 했지만, 두 아이가 갑자기 요란하게 웃음을 터뜨리는 바람에 말이 끊겼습니다. 저 경망스러운 우리 아가씨는 헤어턴의 괴상한 말투를 마음껏 놀림감으로 삼을 수 있다는 사실이 그저 재미있기만 했던 겁니다.

"그 문장에 '망할'은 대체 왜 쓰는 건데?" 린턴이 킥킥거리며 말했습니다. "아버지가 나쁜 말은 한마디도 하지 말랬잖아. 너는 입만 열면 욕이야. 좀 신사답게 행동해 봐, 응?"

"네가 사내새끼가 아니라 계집애라서 참는다. 안 그랬으면 당장 패버렸을 기여, 이 비쩍 마른 약골 자슥아." 화가 머리끝까지 치민 시골 뜨기는 이렇게 되받아치면서도 뒷걸음질을 쳤습니다. 얼굴은 분노와 치욕이 뒤엉켜 벌겋게 달아올라 있었지요. 모욕당했다는 건 분명히 알았지만, 그 분한 마음을 어떻게 갚아야 할지 몰라 더 난처했기 때문입니다.

저는 물론 히스클리프 씨도 그 대화를 엿들었고, 그는 헤어턴이 자리를 뜨는 모습을 보며 잠시 미소를 지었습니다. 그러나 곧이어 문간에 그대로 남아 수다를 이어 가는 그 경솔한 두 사람을 향해 설명하기 어려운 혐오의 눈길을 던졌습니다. 남자아이는 헤어턴의 결점과 부족함을 들추어내고, 그의 평소 행동을 우스갯거리 삼아 떠들어 대는 데서 한껏 생기를 얻고 있었으며, 여자아이는 그런 말들 속에 여과 없이 드러난 심술과 비열함에 대해서는 아랑곳하지 않은 채, 린턴의 주제넘고 거의 악담에 가까운 이야기들을 재미있게 듣고 있었습니다. 저는 이제 린턴을 불쌍히 여기는 마음보다 미운 감정이 앞서기 시작했고, 그를 하찮게 여긴 아버지의 태도 역시 어느 정도는 이해하게 되었습니다.

우리는 오후까지 그곳에 머물렀습니다. 캐시 아가씨가 좀처럼 자리를 뜨려 하지 않아서, 그보다 일찍 데리고 나올 수가 없었답니다. 다행히도 린턴 나리는 서재에 틀어박혀 나오지 않았고, 우리가 늦도록 돌아오지 않은 것도 모르고 계셨지요.

집으로 돌아오는 길에, 저는 아가씨께 그 집 사람들의 됨됨이에 대해 어느 정도는 일러 드리고 싶었습니다만, 아가씨는 제가 그들에게 편견을 품고 있다고 여기는 눈치였습니다.

"아하!" 아가씨가 이렇게 외치셨습니다. "엘런은 아빠 편이구나. 엘런은 공평하지 않아. 그렇지 않고서야 린턴이 여기서 멀리 산다고 몇 년 동안이나 나를 속일 수 있었겠어! 정말 화가 나기는 하지만, 오늘은 너무 기뻐서 화가 난 티를 못 내는 것뿐이야! 그래도 고모부 흉은 보지 마. 내 고모부니까, 알지? 아버지가 고모부와 다투신 건, 내가 가서 한마디 해 줘야겠어."

아가씨가 계속 이런 식으로 말을 이어 가는 통에, 저는 오해를 바로잡으려던 노력을 끝내 포기하고 말았습니다.

그날 밤에는 린턴 나리를 뵙지 못했기 때문에, 워더링 하이츠를 방문한 이야기는 꺼내지도 못했습니다. 그러나 다음 날이 되자 모든 것이 드러났고, 저는 적잖이 난처한 심정이 되었습니다. 그렇다고 전적으로 유감스럽기만 한 것은 아니었습니다. 캐시 아가씨를 지도하고 주의를 시켜야 할 책임은, 저보다도 나리께서 맡으시는 편이 더 효과적이리라 여겼기 때문입니다.

다만 나리는 캐시 아가씨가 하이츠에 사는 사람들과의 왕래를 피해야 한다면서도 그 까닭을 분명히 설명하는 데에 지나치게 소극적이었고, 응석받이로 자란 캐서린은 자기 뜻을 조금이라도 꺾어야 할 일이 생기면, 늘 타당한 이유부터 따지곤 했어요.

"아빠!" 캐서린은 아침 문안 인사를 한 뒤 외쳤습니다. "어제 내가 황야를 산책하다가 누구를 만났게? 아하, 아빠, 깜짝 놀라네요! 찔리는 거 있죠, 그렇죠? 내가 누굴 만났느냐 하면…. 아니, 먼저 내 말을 들어 봐요. 내가 어떻게 아빠의 잘못을 알아냈는지 말씀드릴게요, 그리고 엘런의 잘못도요. 엘런은 아빠와 짜고 제가 린턴이 돌아오기를 기다리다 실망할 때면 그때마다 저를 불쌍히 여기는 척했답니다!"

캐시는 산책하러 갔을 때의 일과 그 이후의 모든 일을 충실히 이야기했습니다. 나리는 저에게 여러 번 질책의 눈길을 보내긴 했지만, 아가씨가 말을 끝낼 때까지 아무 말도 하지 않았습니다. 이윽고 나리는 캐시를 가까이 오게 하더니 린턴이 가까이 살고 있다는 사실을 왜 숨겼는지 아느냐고, 또 캐시에게 아무런 해도 없는데, 일부러 그 즐거움을 빼앗기 위해 그랬을 거라고 생각하느냐고 물었습니다.

"아빠가 히스클리프 씨를 싫어해서 그런 거잖아요." 캐시가 대답했습니다.

"캐시, 그럼 너는 내가 네 기분보다 내 감정을 더 중히 여긴다고 느끼는 거니?" 나리가 말했습니다. "아니, 그건 아빠가 히스클리프 씨를 싫어해서가 아니라, 히스클리프 씨가 아빠를 싫어해서 그랬던 거야. 히스클리프는 매우 사악한 인간이란다. 자기가 싫어하는 사람이 약간만 틈을 보여도 그 사람을 해치고 망치는 짓을 서슴지 않는단다. 아빠는 네가 그 사촌과 친분을 유지하려면 반드시 그자와 맞닥뜨릴 수밖에 없다는 걸 알고 있었고, 또 그자가 아빠 때문에 너를 미워하리라는 것도 알고 있었어. 그러니까 내가 너를 린턴과 못 만나게 했던 건 오직 너를 위해서였지 다른 이유는 없단다. 네가 좀 더 자라면 차분히 설명해 주려 했는데, 진작 말해 줄 걸 그랬구나."

"하지만 아빠, 히스클리프 씨는 아주 친절하던걸요." 캐시는 전혀 납득할 수 없다는 듯이 말했어요. "히스클리프 씨는 린턴이랑 내가 만나도 좋다고 하셨고, 오고 싶을 때는 언제든 집에 찾아와도 된다고 했다고요. 다만 아빠에게는 말씀드리지 말라고 하셨죠. 아빠와 싸운 일도 있고, 이사벨라 고모와 결혼한 일을 용서하지 않으실 테니까요. 결국 아빠가 용서하지 않아서 그런 거잖아요. 그러니까 아빠가 잘못한 거예요. 히스클리프 씨는 적어도 나와 린턴이 친구가 되길 바라는데, 아빠는 그렇지 않잖아요."

고모부가 사악한 사람이라는 말을 캐시가 믿으려 하지 않자, 나리는 그자가 이사벨라에게 저지른 악행과 워더링 하이츠가 그자의 손에 넘어가는 과정을 간략히 설명해 주었습니다. 나리는 이 주제에 대해 길게 이야기하는 것을 견디지 못하셨지요. 비록 나리가 이 이야기를 입에 올리는 일은 거의 없었지만, 린턴 부인이 세상을 떠난 이후로 오래도록 마음속에 자리한 그 원수에 대한 공포와 혐오감은 여전했습니다. '그 작자만 아니었어도, 아내는 아직 살아 있었을지 몰라!' 이것이 나리의 머릿속을 떠나지 않는 쓰라린 상념이었고, 그러니 나리의 눈에는 히스클리프가 마치 살인자처럼 보였던 것입니다.

캐시 아가씨는 급한 성미와 경솔함 때문에 저질렀다가 그날 바로 뉘우치는 잘못들, 이를테면 사소한 반항이나 심술, 격한 행동 외에는 아무런 나쁜 짓도 알지 못했습니다. 그러다 여러 해 동안 마음속에 은밀하게 복수할 계획을 세우고, 아무런 양심의 가책도 없이 그 계획을 차근차근 실행에 옮길 수 있는 인간의 검은 속내를 마주했으니 깜짝 놀랄 수밖에요. 여태껏 책에서도 보지 못했고, 생각해 본 적도 없는 인간 본성의 새로운 면모를 보고 깊은 충격과 경악을 느끼는 눈치였습니다. 나리는 캐시가 이미 그 사실에 깊은 인상을 받았다고 판단하고, 더는 이 문제를 파고들 필요가 없다고 여겼어요. 그는 이렇게만 덧붙였습니다. "애야, 이제 왜 너한테 그 집과 그 집 사람들을 피하라고 했는지 잘 알겠지. 자, 이제부터는 그 생각은 그만하고 평소처럼 하고 싶은 일을 하면서 즐겁게 지내거라."

캐서린은 아버지에게 입을 맞춘 뒤, 늘 하던 대로 조용히 앉아서 두어 시간 정도 공부를 했습니다. 그러고 나서 아버지와 함께 뜰을 거닐며 산책했습니다. 모든 것이 평상시와 다름없이 지나갔지요. 하지만 저녁에 캐시가 자기 방에 돌아갔을 때, 제가 옷 갈아입는 일을 도우러 들어가 보니 침대 옆에 무릎을 꿇고 앉아 울고 있더군요.

"아휴, 이런 바보 같으니라고!" 제가 말했습니다. "진짜 슬픈 일을 당해 보면, 이런 사소한 일에 눈물을 낭비한 게 부끄러워질걸요. 아가씨는 지금껏 살면서 진짜 슬픈 일은 요만큼도 겪어 본 적이 없잖아요. 잠시나마 나리와 제가 죽고 세상에 아가씨 혼자 남겨졌다고 상상해 봐요. 심정이 어떻겠어요? 지금 이 상황을 그런 슬픈 일과 비교해 보면서, 친구를 더 가지려는 욕심은 내려놓고 지금 곁에 있는 사람들에게 감사하는 마음을 가지세요."

"나 때문에 우는 게 아니야, 엘런." 캐시가 말했어요. "그 애 때문에 우는 거야. 내일 나를 다시 볼 줄 알고 기대하고 있을 텐데… 얼마나 실망하겠어? 그 애는 나를 기다릴 텐데, 나는 못 가잖아!"

"허튼소리 말아요!" 제가 말했습니다. "아가씨가 그 애를 생각하는 만큼 그 애가 아가씨를 생각할 줄 아세요? 린턴 옆에는 헤어턴이 있잖아요. 겨우 두 번, 그것도 오후에 잠깐 만났던 친척을 못 보게 되었다고 우는 사람은 백 명 중 한 명도 없을걸요. 린턴은 상황을 대충 짐작하고 더 이상 아가씨 때문에 속을 끓이지 않을 거예요."

"그럼, 왜 못 가는지 편지로 알려 주면 안 돼?" 캐시는 벌떡 일어서며 물었습니다. "그리고 빌려주기로 약속했던 책들만 보내 주면 안 돼? 린턴이 가진 책들은 내 책만큼 좋지 않거든. 내 책들이 얼마나 재미있는지 이야기해 줬더니 무척 보고 싶어 했어."

"안 돼요, 절대 안 돼요!" 제가 단호하게 말했습니다. "그럼 린턴이 아가씨한테 또 편지를 쓸 테고, 절대 끝이 없을 거예요. 아가씨, 그냥 절교하세요. 아버지 뜻이 그러하니, 저도 아가씨가 아버지 말에 잘 따르는지 지켜볼 거예요."

"하지만 겨우 몇 줄짜리 편지 한 장인데…." 캐시는 간절한 표정을 지으며 다시 말을 꺼냈습니다.

"그만!" 제가 말을 가로막았습니다. "몇 줄이든 몇 장이든 편지 얘기 꺼내지도 말아요. 이제 침대로 가요."

캐시의 표정이 하도 심술맞아서, 처음에는 잘 자라고 입맞춤도 해 주고 싶지 않았답니다. 저는 부아가 나서 이불만 덮어 주고 방을 나와 버렸어요. 하지만 중간에 마음이 바뀌어 슬그머니 되돌아갔더니, 맙소사, 캐시가 책상에 빈 종이를 올려놓고 연필을 쥐고 서 있더군요. 제가 들어가자 속으로 켕기는지 연필을 슬쩍 숨기더군요.

"그거 써 봐야 전해 줄 사람 아무도 없어요." 제가 말했습니다. "당장 촛불을 꺼 버려야겠네요.”

제가 촛불 위에 덮개를 올리려는 순간, 캐시가 제 손을 찰싹 때리면서 심술궂게 “못됐어, 정말!” 하고 소리치더군요. 저는 다시 방을 나왔고, 캐시는 잔뜩 심통이 나서 빗장을 걸어 버렸어요.

편지는 마을에서 온 우유 배달부에게 전해졌고, 제가 그 사실을 알게 된 건 한참 뒤였지요. 몇 주가 지나고 캐시도 마음이 풀렸습니다. 물론 혼자 구석으로 숨어드는 일이 부쩍 늘었고, 책을 읽다가도 제가 갑자기 다가가면 깜짝 놀라 책 위로 몸을 숙이는 일도 잦았지요. 누가 봐도 무언가를 감추려는 게 티가 났어요. 책장 사이로 낱장의 종이 모서리가 삐져나와 있는 것이 눈에 띌 때도 있었습니다.

게다가 아침 일찍 내려와 마치 무언가를 기다리는 듯 부엌을 얼쩡거리는 수상한 버릇까지 생겼더군요. 서재에 있는 수납장의 작은 서랍 하나를 혼자서만 사용하면서, 몇 시간씩 그 안을 뒤적거리고, 서재에서 나올 때는 열쇠를 꽂아 두는 일이 없도록 특별히 신경을 썼습니다.

어느 날 캐시가 그 서랍 안을 살피고 있는 모습을 지켜보다가, 저는 얼마 전까지만 해도 그 안을 채우고 있던 장난감이며 자질구레한 장식품들이 어느새 모두 접힌 종잇조각으로 바뀌어 있는 것을 보았습니다. 그 광경에 호기심 일었고, 곧 의심도 뒤따랐지요. 그래서 저는 그녀가 숨겨 둔 그 신비한 보물들을 한 번쯤은 엿보아야겠다고 마음먹었습니다.

그날 밤, 아가씨와 나리가 위층으로 올라가기 무섭게 저는 집 열쇠 꾸러미를 꺼내 하나하나 맞춰 보았고, 마침내 자물쇠에 꼭 들어맞는 열쇠 하나를 손쉽게 찾아냈습니다. 서랍을 열자마자 저는 그 안의 물건들을 모조리 앞치마에 쓸어 담고는 제 방으로 가져와 찬찬히 들여다보았습니다.

이미 어느 정도 짐작하고는 있었지만, 그 종이들이 린턴 히스클리프에게서 온 편지 뭉치라는 사실을 알았을 때는 저 역시 놀라지 않을 수 없었습니다. 캐시 아가씨가 보낸 글에 대한 답장이었는데, 거의 날마다 오간 것이 분명해 보였지요. 날짜가 앞선 것들은 어딘지 어색하고 짤막했으나, 차츰 분량이 늘어나더니 마침내는 장황한 연애편지로 변해 갔습니다. 쓴 사람의 나이를 생각하면 유치한 것도 당연하다 하겠지만, 제 눈에는 분명 더 노련한 손에게서 빌려 온 듯한 표현들이 군데군데 보였습니다.

그중에는 열정과 공허함이 몹시 기묘하게 뒤섞인 대목들도 있었는데, 격한 감정으로 시작했다가도 끝에 가서는 마치 어떤 남학생이 실체 없는 연인을 상상해 꾸며 낸 듯한, 장황하고 꾸민 말투로 마무리를 하곤 했지요. 그런 편지들이 과연 캐시의 마음을 흡족하게 했는지는 알 수 없습니다만, 제게는 하나같이 값어치 없는 잡동사니로밖에 보이지 않았습니다.

저는 이쯤이면 되겠다 싶을 만큼만 훑어본 뒤, 그것들을 손수건에 싸서 따로 치워 두고, 빈 서랍은 다시 잠가 두었습니다.

아가씨는 여느 때와 마찬가지로 이른 아침에 내려와 부엌에 들렀습니다. 저는 우유 배달하는 사내아이가 도착하자마자 아가씨가 문간으로 나가는 모습을 지켜보았습니다. 젖 짜는 하녀가 아이의 통에 우유를 채워 주는 동안, 아가씨는 재빨리 무엇인가를 아이의 윗옷 주머니에 찔러 넣고는, 또 무엇인가를 슬쩍 끄집어내더군요.

저는 곧장 정원을 돌아가서 그 아이가 지나갈 길목에 숨어 기다렸습니다. 아이는 자기에게 맡겨진 물건을 지키겠다며 제법 용감하게 맞섰고, 실랑이를 벌이다 우유까지 쏟았답니다. 하지만 저는 결국 그 편지를 빼내는 데 성공했습니다. 그리고 냉큼 집으로 돌아가지 않으면 큰코다칠 줄 알라고 엄포를 놓은 뒤, 담장 밑에 그대로 서서 캐시 아가씨가 연애 감정을 담아 써 내려간 글을 읽어 보았습니다. 사촌의 편지보다는 훨씬 단순하면서도 한결 감정이 잘 드러나 있었습니다. 귀엽기도 했지만 우스꽝스럽기도 했어요. 저는 고개를 저으며 이런저런 생각에 잠겨 집 안으로 들어왔습니다.

그날은 비가 내려 아가씨가 정원을 이리저리 돌아다니며 시간을 보낼 수가 없었고, 그래서 오전 공부를 마치자마자 다시 서랍에서 위안을 찾으려고 했습니다. 나리는 책상에서 책을 읽고 있었고, 저는 일부러 창문 커튼의 뜯어진 술을 손질하는 일감을 찾아 들고서, 아가씨의 거동을 한시도 놓치지 않고 지켜보고 있었습니다.

새끼들로 가득했던 둥지를 잠시 떠났다가 돌아와, 습격당한 모습을 마주한 어미 새의 비통한 울부짖음과 날갯짓도, 캐시 양이 내뱉은 "아!" 하는 외마디 소리와 조금 전까지의 행복했던 얼굴이 순식간에 변해 버린 그 순간만큼 참담하지는 않았을 것입니다. 나리가 고개를 들었습니다.

"얘야, 무슨 일이냐? 어디 다친 데라도 있니?" 나리가 물었습니다.

캐시는 나리의 말투와 표정에서 자기가 숨겨 둔 것을 발견한 사람이 아빠가 아니라는 것을 알아차린 모양이었어요.

"아니야, 아빠!" 아가씨는 숨을 급히 들이마시며 외쳤습니다. "엘런, 엘런! 위층으로 가자. 나 몸이 안 좋아!"

저는 분부대로 아가씨를 따라 큰방 밖으로 나왔습니다.

"아, 엘런! 엘런이 가져갔지?" 우리 둘만 있게 되자, 아가씨는 곧장 무릎을 꿇더니 말했습니다. "아아, 제발 돌려줘. 다시는, 다시는 안 그럴게! 아빠한테는 말하지 마. 엘런, 아빠한테 말 안 했지? 말 안 했다고 해 줘. 내가 정말 말썽을 부렸지만, 이제는 절대 안 그럴게!”

저는 단호하고 엄한 태도로 일어나라고 말했습니다.

“보아하니,” 제가 말했습니다. “진도가 꽤 나갔던데요. 부끄럽지도 않아요? 한가한 틈에 그 훌륭한 쓰레기 뭉치로 공부를 했나 봐요. 책을 내도 되겠어! 나리 앞에 펼쳐 보여 드리면 뭐라고 하실 것 같아요? 아직 보여 드리지는 않았지만, 제가 아가씨의 이런 바보 같은 비밀을 끝까지 숨겨 줄 거라고는 꿈에도 생각지 말아요. 아휴, 창피해라! 게다가 이런 터무니없는 글을 주고받는 데 앞장선 쪽은 아가씨가 틀림없겠죠. 린턴이 먼저 시작했을 리는 없으니까요.”

“아니야, 아니야! 내가 그런 거 아니야!” 캐시가 가슴이 찢어질 듯 흐느끼며 외쳤습니다. “나는 한 번도, 한 번도 그 애를 사랑할 생각은 해 본 적도 없었는데, 그러다….”

“사랑?” 저는 그 말을 최대한 조롱하는 말투로 내뱉었습니다. “사랑! 세상에, 이런 소릴 다 듣게 될 줄이야! 차라리 내가 1년에 한 번 우리 집에 곡식 사러 오는 방앗간 주인을 사랑한다고 말하는 게 더 낫겠네. 참으로 대단한 사랑일세! 살면서 린턴을 본 시간이 다 합쳐도 네 시간이 될까 말까 한데…. 자, 그 유치한 잡동사니 한 뭉치는 여기 있어요. 제가 이걸 들고 서재로 갈 테니, 아가씨의 아버지가 이런 사랑 이야기를 듣고 뭐라고 하실지 어디 한번 보자고요.”

캐시는 자기가 그토록 아끼는 편지 뭉치로 달려들었지만, 저는 머리 위로 높이 쳐들었어요. 그러자 아가씨는 차라리 태워 버려도 좋으니, 아버지께만은 보여 주지 말아 달라며—무슨 짓이든 하겠다며—다시금 미친 듯이 애원하더군요. 사실 저로서는 이 모든 일이 그저 철없는 아가씨의 허영심에서 비롯된 것으로 보여, 꾸짖고 싶은 마음과는 달리 한바탕 웃음이 터져 나올 것 같았습니다. 그래서 저는 어느 정도 마음을 누그러뜨리고 이렇게 물었습니다. "제가 이걸 태우 겠다고 하면, 다시는 편지든 책이든—책도 보냈더군요—머리카락이 든, 반지든, 장난감이든 그 어떤 것도 주고받지 않겠다고 확실하게 약 속할 수 있어요?"

"우리는 장난감 같은 건 안 보내!" 캐시는 부끄러움보다 자존심이 앞서 이렇게 외쳤습니다.

"어쨌든, 뭐가 됐든." 제가 말했습니다. "약속하지 않으면, 저는 이 만 가 보겠어요."

"약속할게, 엘런!" 캐시 아가씨가 제 치맛자락을 붙잡으며 외쳤어 요. "아아, 불에 던져. 어서, 지금 당장 던져 버려."

하지만 제가 부지깽이로 불길 속을 헤집어 편지를 던져 넣으려고 하자, 그 고통을 감당하기 너무 힘들었는지 캐시는 한두 장만 남겨 달라고 간절히 애원했습니다.

"한두 장만, 엘런… 린턴을 위해서야!"

저는 손수건을 풀고 편지를 하나씩 비스듬히 던져 넣기 시작했습 니다. 불길이 굴뚝을 타고 하늘로 치솟았지요.

"하나라도 가질 거야, 잔인한 것!" 캐시가 이렇게 소리치며 불 속으 로 손을 획 집어넣어, 손가락이 데는 것도 아랑곳하지 않고 반쯤 타 버린 종잇조각을 끄집어냈습니다.

"마음대로 하세요. 그럼 저도 아버님께 보여 드릴 몇 장은 챙겨야 겠네요!" 저는 이렇게 말하며 남은 편지들을 다시 모아 손수건에 싸 서, 문 쪽으로 다시 돌아섰습니다.

캐시는 검게 그을린 종잇조각들을 불길 속에 전부 쏟아 넣고는 제 게 나머지 제물도 모두 태워 버리라고 손짓했습니다. 저는 그렇게 하 고 나서 재를 휘저은 후, 그 위에 석탄을 한 삽 가득 덮어 묻어 두었습니다. 캐시는 마음에 크게 상처를 입은 듯, 말없이 자기 방으로 물러났습니다. 저는 곧장 아래층으로 내려가, 아가씨의 기운이 거의 회복되었다는 사실을 나리에게 알렸습니다. 그러나 잠시 쉬게 하는 편이 좋겠다고 덧붙였지요.

캐시 양은 점심은 걸렀지만, 오후 다과 시간에는 다시 모습을 드러냈습니다. 얼굴은 창백하고, 눈가는 붉었지만, 외양은 놀랍도록 차분해 보였습니다.

다음 날 아침, 저는 작은 종이에 이렇게 적어 답장을 보냈습니다. "캐서린 아가씨는 앞으로 편지를 받지 않을 것이니, 린턴 도련님께서는 더는 편지를 보내지 말아 주세요." 그날 이후, 우유 배달부 소년은 항상 빈 주머니로 나타났습니다.

<h1 align="center">8장</h1>

여름이 지나고 초가을이 찾아왔습니다. 성 미카엘 축일*이 지난 때였지만, 그해는 추수가 늦어져 몇몇 밭은 아직 거두지 못한 상태였습니다.

린턴 씨와 캐시 아가씨는 종종 산책 삼아 농작물을 수확하는 사람들 사이를 걸어 다녔습니다. 마지막 곡식 단을 옮기는 날에는 해가 저물도록 밖에 있었는데 그날 저녁의 쌀쌀하고 습한 기운 탓에, 나리는 심한 감기에 걸리고 말았습니다. 감기는 집요하게 폐에 붙어 떨어지지 않았고, 겨우내 문밖출입 한 번 못 하고 집 안에만 갇혀 지내는 신세가 되었지요.

---

* 9월 29일. 대천사 미카엘을 기리는 축일이자 영국의 가을 분기점이다. 보통 이때 수확을 마무리하지만, 본문에서는 추수가 늦어져 에드거 린턴이 병을 얻게 되는 시간적 배경이 된다.

소소한 연애 사건으로 기가 꺾인 가엾은 캐시 아가씨는 그 일을 단념한 이후 훨씬 더 울적하고 침울해졌습니다. 아버지는 딸에게 독서를 줄이고 운동을 더 많이 하도록 권하셨지요. 더는 나리가 아가씨와 함께 시간을 보낼 수 없게 되자, 저는 가능한 한 그 빈자리를 메우는 것을 의무라 여겼습니다. 그러나 저의 힘만으로는 부족했습니다. 일상이 너무 바빠, 겨우 두세 시간만 캐시를 따라다닐 수 있었던 데다, 캐시 아가씨 역시 저와 있는 시간을 아버지와 함께 있는 것만큼 반기지 않았습니다.

10월이었는지, 11월 초였는지는 분명치 않지만, 물기를 머금은 선선한 오후였습니다. 잔디와 오솔길은 젖은 낙엽들로 바스락거렸고, 차가운 파란 하늘은 구름에 반쯤 가려 있었는데, 서쪽에서 몰려오는 잿빛 구름 띠가 아무래도 곧 큰비를 쏟아 낼 기세였습니다. 저는 아가씨한테 비가 내릴 테니 산책을 삼가는 게 좋겠다고 말했습니다. 하지만 아가씨는 이를 거절했고, 저는 마지못해 망토를 걸치고 우산을 챙겨 그레인지의 산책로 끝자락까지 함께 거닐기로 했습니다. 아가씨가 울적할 때면 으레 선택하는 길이었는데, 그날도 예외는 아니었습니다. 에드거 씨의 병세가 평소보다 심해질 때면 언제나 울적한 기분에 휩싸였지요. 에드거 씨 스스로 병세가 나빠졌다고 말한 적은 없었지만, 아가씨와 저는 말수가 부쩍 줄고 얼굴에 근심 어린 우수가 짙게 어려 있는 것을 보고서 병세를 짐작할 수 있었습니다.

캐시 양은 침울한 기색으로 걸음을 옮겼습니다. 예전처럼 달리거나 깡충깡충 뛰지도 않았어요. 찬 바람이 불어와서 차라리 달리고 싶은 유혹을 느꼈을 법도 했지만 말이에요. 그리고 이따금 곁눈질로 보면 아가씨가 손등으로 뺨을 스치듯 훔쳐 내는 모습이 눈에 띄더군요.

저는 아가씨의 생각을 다른 데로 돌릴 만한 것이 없을까 하고 주위를 둘러보았습니다. 길 한쪽에 높고 거친 둔덕이 솟아 있었는데, 개암나무와 키 작은 참나무들이 뿌리를 반쯤 드러낸 채 아슬아슬하게 버티고 서 있었습니다. 흙이 너무 푸석푸석해서 나무가 제대로 자랄 수 없는 환경이었던 데다, 거센 바람에 어떤 나무들은 거의 옆으로 쓰러지다시피 기울어 있기도 했지요. 여름이면 아가씨는 나무줄기를 타고 기어 올라가 가지에 걸터앉곤 했죠. 땅에서 한 길은 족히 떨어진 높이에서 몸을 흔들며 얼마나 즐거워했는지 모릅니다. 저는 그 날렵한 몸놀림과 아직 어린아이처럼 세상 걱정이라고는 없는 해맑은 모습에 흐뭇해하면서도, 그렇게 높은 곳에 올라가 있는 모습을 볼 때마다 으레 야단을 치곤 했지만, 내려올 필요까지는 없다는 걸 아가씨도 알고 있었습니다. 점심 식사 후 다과 때까지 캐시 양은 산들바람에 흔들리는 나무 요람에 누워, 제가 아이 때부터 불러 주던 옛 노래들을 흥얼거리거나, 옆 가지에 둥지를 튼 새들이 새끼에게 먹이를 주고 날갯짓을 가르치는 모습을 바라보곤 했지요. 혹은 눈을 감고 반쯤은 생각에 잠긴 듯, 반쯤은 꿈을 꾸는 듯 편안하게 자리를 잡고 앉아 느긋하게 시간을 보내는 게 전부였어요. 말로는 다 전할 수 없을 만큼 행복한 시간이었지요.

"저기 좀 봐요, 아가씨!" 제가 이렇게 외치며, 구부러진 나무의 뿌리 아래 난 빈틈을 가리켰습니다. "아직 겨울은 아닌가 봐요. 저 위에 작은 꽃이 피었네요. 7월에 저 잔디 계단을 연보라색 안개처럼 뒤덮었던 블루벨bluebell* 중에서 마지막 남은 한 송이에요. 아가씨가 올라

---

* 초봄에 종 모양의 푸른 꽃을 피우는 식물. 서구 문학에서는 '겸손'과 '불변의 사랑'을 상징하기도 하며, 특히 《폭풍의 언덕》에서는 거친 황야와 대비되는 평화롭고 안온한 자연의 아름다움을 상징한다.

가서 꺾어다가 아버지께 보여 드리지 않을래요?"

캐시는 뿌리 밑 은신처에서 가늘게 떨고 있는 외로운 꽃 한 송이를 한참 동안 바라보다가 입을 열었습니다. "싫어, 그냥 둘래. 그런데, 엘런, 꽃이 쓸쓸해 보이지 않아?"

"그러게요." 제가 대답했습니다. "시들시들하고 맥이 없어 보이는 게 아가씨랑 똑 닮았네요. 아가씨 뺨에 핏기가 하나도 없잖아요. 자, 우리 손 잡고 뛰어요. 아가씨가 이렇게 기운이 없으니, 이번에는 제가 뒤처질 일은 없겠네요."

"싫어." 캐시는 다시 저의 제안을 뿌리치고 느릿느릿 걸음을 옮겼습니다. 이따금 멈춰 서서는 이끼 한 무더기, 시든 풀 한 포기, 혹은 수북한 낙엽 사이로 주황빛 갓을 드러낸 버섯을 들여다보곤 했지요. 그러다가는 또 문득문득 얼굴을 돌리며 손을 들어 뺨을 훔치곤 했습니다.

"우리 아가씨가 왜 울까?" 제가 다가가 어깨에 팔을 얹으며 물었습니다. "아빠가 감기에 걸렸다고 울면 안 돼요. 이보다 더 큰 병이 아닌 걸 감사해야죠."

그러자 캐시는 참았던 눈물을 쏟아 내더니 숨조차 제대로 쉬지 못할 만큼 흐느껴 울었어요.

"아아, 더 큰 병이 될 거야." 캐시는 이렇게 말했습니다. "아빠와 엘런이 다 떠나고 혼자 남겨지면 나는 어떡하지? 엘런이 한 말이 잊히질 않아. 언제나 귓가에 맴돌아. 아빠와 엘런이 죽으면 삶이 어떻게 달라질지, 세상이 얼마나 쓸쓸해질지…."

"아가씨가 우리보다 먼저 죽지 않으리란 법도 없지요." 제가 대답했습니다. "나쁜 일부터 미리 앞질러 걱정하는 건 옳지 않아요. 우리 셋 중에서 누구 하나라도 떠나기까지는, 아직도 여러 해, 정말 여러 해가 남았다고 믿어야죠. 나리는 젊고, 저도 기운이 팔팔할뿐더러 마흔다섯도 안 됐잖아요. 제 어머니는 여든까지 사셨는데 마지막까지 정정하셨어요. 설령 나리가 예순까지만 사신다고 해도, 아가씨가 지금껏 살아온 날보다 훨씬 더 긴 세월이에요. 20년 뒤에 일어날 불행을 미리 슬퍼하다니 어리석지 않나요?”

“하지만 이사벨라 고모는 아빠보다 어렸잖아.” 캐시가 이렇게 말하며, 더 위안을 얻고 싶은 듯 혹시나 하는 마음으로 저를 올려다보았습니다.

“이사벨라 고모는 아가씨와 제가 곁에서 간호해 드릴 수가 없었잖아요.” 제가 대답했습니다. “고모는 나리만큼 행복하지도 않았고, 나리만큼 살아갈 이유도 많지 않았어요. 아가씨가 할 일은 아버지를 정성껏 모시고, 늘 밝은 모습을 보여 드려 기운을 북돋아 드리는 것, 그리고 어떤 일로든 근심을 끼치지 않는 거예요. 그걸 꼭 명심하세요, 캐시 양. 솔직히 말해서 아가씨가 제멋대로 날뛰고 분별없이 행동한다면, 아버지는 그것만으로도 충분히 쓰러지실 수 있어요. 캐시 양이 아버지가 죽도록 증오하는 사람의 아들에게 어리석고 허황된 애정을 품고, 아버지가 서로 떨어져 지내는 게 좋겠다고 판단하셨는데도 애태우는 모습을 보인다면, 정말로 아버지는 돌아가실지도 몰라요.”

“나는 아빠의 병 말고는 어떤 일에도 애태우지 않아.” 캐시가 대답했습니다. “나에게 아빠보다 더 소중한 사람은 아무도 없어. 그리고 나는 절대—아아, 정신이 온전한 한—절대로 아빠가 싫어할 짓도, 싫어할 말도 하지 않을 거야. 엘런, 나는 나 자신보다도 아빠를 더 사랑해. 그렇다는 걸 내가 어떻게 아느냐면, 나는 매일 밤 아빠보다 오래 살게 해 달라고 기도하거든. 아빠가 괴로워하느니, 차라리 내가 불행해지는 편이 나으니까. 이게 바로 내가 아빠를 나 자신보다 더 사랑한다는 증거잖아."

"좋은 말이네요." 제가 대답했습니다. "하지만 행동으로도 그 말을 증명해야 해요. 그리고 아버지가 다 나으신 후에도 아버지 걱정에 마음 졸이던 지금의 굳은 결심을 절대 잊지 마세요."

우리는 큰길로 통하는 대문에 다다랐습니다. 아가씨는 다시 햇살처럼 환한 얼굴로 담장을 기어올라 걸터앉더니, 큰길 쪽으로 드리운 들장미 가지의 주홍빛 열매들을 따려고 손을 뻗었습니다. 아래쪽 열매는 이미 사라졌지만, 새가 아닌 이상 오직 캐시가 앉은 자리에서만 위쪽 열매를 건드릴 수 있었지요.

열매를 잡으려 몸을 뻗는데 그만 모자가 떨어지고 말았습니다. 대문이 잠겨 있었기 때문에, 캐시는 담을 타고 내려가 직접 주워 오겠다고 했습니다. 저는 넘어질까 봐 조심하라고 당부했고, 캐시는 날렵하게 담장 아래로 사라졌지요.

하지만 다시 올라오는 건 쉽지 않았습니다. 담장 위 돌들은 반들반들했고, 틈새는 시멘트로 매끈하게 메워져 있었으며, 장미 덤불이나 제멋대로 뻗은 블랙베리 가지도 오르는 데는 전혀 도움이 되지 않았거든요. 바보처럼 저는 캐시가 깔깔대며 외치는 소리를 듣고서야 그 사실을 깨달았답니다.

"엘런! 열쇠를 가져와야겠어. 아니면 내가 문지기 집까지 뛰어가야 할지도 몰라. 이쪽으로는 담장을 오를 수가 없어!"

"거기 가만있어요." 제가 대답했습니다. "주머니에 열쇠 꾸러미가 있으니, 아마 열 수 있을지도 몰라요. 안 되면 내가 다녀올게요."

제가 커다란 열쇠들을 하나씩 차례로 끼워 보는 동안, 캐시는 대문 너머에서 왔다 갔다 춤을 추듯 몸을 움직이고 있었습니다. 마지막 열쇠까지 다 끼워 보았지만 맞는 게 하나도 없더군요. 그래서 그 자리에 그대로 있으라고 다시 한번 당부하고는, 최대한 서둘러 집에 다녀오려던 참이었습니다. 그런데 그때, 무언가 다가오는 소리가 제 발걸음을 붙잡았습니다. 말이 또각또각 빠른 걸음으로 다가오는 소리였지요. 캐시의 발놀림도 그 소리와 함께 멈췄습니다.

"거기, 누구예요?" 제가 숨죽여 물었습니다.

"엘런, 제발, 문 좀 열 수 없을까?" 캐시가 불안한 목소리로 소곤거렸습니다.

"이게 누구야, 린턴 양!" 낮고 묵직한 목소리가 들리더군요. (말을 탄 사람의 목소리였지요.) "만나서 반갑구나. 서둘러 들어갈 거 없어. 내가 린턴 양한테 해명을 듣고 싶은 게 있거든."

"저는 히스클리프 씨랑 말 안 할 거예요." 캐시가 대답했습니다. "아빠 말씀이, 당신은 못된 사람이고, 아빠와 저를 미워한다고 하셨어요. 엘런도 그렇게 말했고요."

"지금 그 얘길 하자는 게 아니야." 히스클리프가 말했습니다. (네, 바로 그자였어요.) "나는 적어도 내 아들은 미워하지 않아. 그리고 바로 그 애 때문에 너에게 할 말이 있어서 온 거야. 그래, 얼굴을 붉히는 걸 보니 민망한 줄은 아는 모양이구나. 불과 두세 달 전만 해도, 린턴에게 열심히 편지를 쓰지 않았니? 장난삼아 연애질했지, 응? 그 일만큼은, 너희 둘 다 매로 다스려야 마땅해! 특히 린턴 양은 누나이면서 남의 마음을 통 헤아릴 줄 모르더군. 네가 보낸 편지가 나한테 있으니, 조금이라도 버릇없이 굴면 이걸 전부 네 아버지한테 보내 버릴 거야. 재미 삼아 하던 사랑놀이가 지겨워져서 그만둔 거겠지, 맞지? 그런데 린턴 양이 그러는 바람에 내 아들은 절망의 수렁에 빠져 버렸어. 그 녀석은 장난이 아니었거든. 진심으로 사랑했지. 맹세코, 내 아들은 너 때문에 죽어 가고 있어. 네 변덕 때문에 마음이 찢어지고 있다고. 비유가 아니라 정말로 그래. 헤어턴이 6주 동안 실컷 놀려 댔지. 나도 정신 차리라고 더 세게 몰아붙였는데, 녀석의 병이 하루가 다르게 깊어져 가고 있어. 네가 돌아가서 그 애를 살려 내지 않으면, 여름이 오기 전에 땅에 묻히고 말 거야."

"가엾은 어린애한테 어쩜 그렇게 속이 빤한 거짓말을 해요?" 제가 담장 안쪽에서 소리쳤습니다. "그냥 가던 길이나 계속 가요! 어쩌자고 그렇게 졸렬한 거짓말을 꾸며 내나요? 캐시 아가씨, 제가 돌로 자물쇠를 부술게요. 저런 비열한 헛소리는 믿지 마세요. 잘 알지도 못하는 사람을 사랑해서 죽는다는 게 말이 안 된다는 것쯤은 아가씨도 잘 알 수 있잖아요."

"엿듣는 사람이 있는 줄은 몰랐네." 거짓말을 들킨 그 악당이 중얼거렸습니다. 그러고는 소리 높여 덧붙였습니다. "훌륭한 딘 부인이시군. 나는 부인을 싫어하지는 않지만, 한 입으로 두말하는 건 참 못 견디겠군. 내가 이 '가엾은 아이'를 미워하다니, 부인이야말로 어떻게 그런 속이 빤한 거짓말을 꾸며 낼 수 있지? 또 어쩌자고 그런 허깨비 같은 소리를 지껄여서 린턴 양이 겁먹고 우리 집에 얼씬도 못 하게 하는 거야? 캐서린 린턴—나는 네 이름만 들어도 마음이 따뜻해진단다-예쁜 아가씨, 나는 이번 주 내내 집을 비울 거야. 그러니까 가서 내 말이 거짓말인지 직접 확인해 보렴, 응? 너의 아버지가 내 처지고, 린턴이 네 처지라면 어떨지 한번 상상해 봐. 네 아버지까지 애원하는데도 린턴이 한 걸음도 안 움직이고 너를 위로하러 오지도 않는다면, 너는 그런 무정한 연인을 어떻게 생각하겠니? 그러니 어리석은 고집 때문에 같은 잘못을 되풀이하지는 말거라. 내 영혼을 걸고 맹세하는데, 이대로 두면 린턴은 정말 죽어. 그 애를 살릴 수 있는 사람은 오직 너뿐이야!"

저는 자물쇠를 부수고 겨우 밖으로 나왔습니다.

"린턴은 정말 죽어 가고 있어." 히스클리프가 저를 똑바로 노려보며 거듭 말했어요. "슬픔과 실망이 그 녀석의 죽음을 재촉하고 있어. 넬리, 캐시를 보내 줄 수 없다면, 네가 직접 가 봐. 나는 다음 주 이맘때까지는 집에 없을 거야. 넬리의 주인도 딸이 자기 사촌을 만나러 간다는데, 반대하지는 않겠지!"

"들어가요." 제가 캐시의 팔을 붙잡고 반강제로 끌고 들어가며 말했습니다. 캐시가 선뜻 발걸음을 떼지 못하고 꾸물거리면서 불안한 눈빛으로 히스클리프의 얼굴을 살피고 있었거든요. 하지만 히스클리프의 표정은 검은 속내가 전혀 읽히지 않을 만큼 근엄하기만 했습니다.

그는 말에 올라탄 채로 바짝 다가와 허리를 굽히고 말했습니다. "캐서린 양, 솔직히 말해서 나는 린턴에게 참을성이 별로 없어. 헤어턴이랑 조지프는 나보다 더하지. 그 애가 거친 사람들 틈에 있다는 건 인정해. 애정은 물론이고, 다정한 이의 온기가 무척 그리울 테지. 캐서린 양이 건네는 살가운 말 한마디가 그 녀석한테는 최고의 약이 될 거야. 딘 부인이 늘어놓는 모진 잔소리 따위는 신경 쓰지 말고, 조금이라도 아량을 베풀어 어떻게든 한번 만나 주렴. 린턴은 밤낮으로 네 생각만 하면서 네가 자기를 미워하고 있다고 믿고 있어. 편지도 없고 찾아오지도 않으니 말이야."

저는 대문을 닫고, 망가진 자물쇠 대신 돌을 굴려 문에 기대어 두었습니다. 그러고는 우산을 펼치고 캐시를 그 아래로 끌어당겼지요. 바람에 스산하게 흔들리는 나뭇가지 사이로 비가 몰아치기 시작했는데, 더는 지체하면 안 된다는 신호 같았거든요.

우리는 서둘러 집으로 향하느라 히스클리프와 마주친 일에 대해 이야기할 틈이 없었습니다. 하지만 직감적으로 알 수 있었어요. 캐서린의 마음은 이제 두 겹의 짙은 어둠 속에 잠겨 있었죠. 아가씨의 표정이 얼마나 슬프던지 딴사람 같았답니다. 자신이 들은 이야기를 모두 진실로 받아들이고 있는 게 틀림없었어요.

나리는 우리가 집에 돌아오기 전에 벌써 방으로 들어갔더군요. 캐시가 살그머니 아버지의 방에 들어가 안부를 살폈지만 이미 잠들어 있었습니다. 방을 나온 캐시는 저에게 서재에 함께 있어 달라고 부탁했습니다. 우리는 함께 차를 마셨고, 그 뒤 아가씨는 양탄자 위에 드러누우며 피곤하니 말을 걸지 말아 달라고 했어요.

저는 책을 한 권 꺼내 들고는 읽는 시늉을 했습니다. 캐시는 제가 책에 열중하고 있다고 생각했는지, 다시 조용히 흐느끼기 시작했어요. 당장은 숨죽여 우는 것이 캐시 아가씨의 유일한 위안거리인 듯했습니다. 저는 잠시 그 감정에 젖어 있도록 내버려두었다가, 알아듣게 타일렀지요. 캐시도 제 말에 동의할 거라고 확신하듯, 히스클리프 씨가 아들에 대해 한 모든 주장들을 비웃고 조롱했어요. 아아, 저한테는 히스클리프의 이야기가 남긴 여운을 지워 낼 재간이 없었나 봅니다. 그 모든 것이 바로 히스클리프의 노림수였지요.

"엘런 말이 맞을 수도 있어." 캐시가 대답했습니다. "하지만 사실을 확인하기 전까지는 마음이 놓이지 않을 거 같아. 편지를 쓰지 않은 건 나의 선택이 아니었다는 걸 말해 주고, 내 마음이 변치 않았다는 것도 믿게 해 줘야겠어."

캐시 아가씨가 어수룩하게도 그런 터무니없는 말을 그대로 믿어 버렸는데, 화를 내고 반박해 봐야 무슨 소용이 있겠어요? 그날 밤 우리는 서로 다투고 각자의 방으로 돌아갔습니다. 하지만 다음 날, 저는 고집쟁이 아가씨의 조랑말을 따라 워더링 하이츠로 향하고 있었습니다.

캐시가 슬퍼하는 모습을 그저 옆에서 보고만 있을 수는 없었거든
요. 얼굴은 창백하고 풀이 죽어 눈빛마저 생기 없이 축 처져 있었습
니다. 결국 저는 린턴이 우리를 대하는 모습을 보면, 그 사람의 말이
얼마나 사실과 다른지 깨닫게 되리라는 막연한 기대에 의지할 수밖
에 없었던 것입니다.

9장

밤새 비가 내리더니 아침에는 서릿발 같은 냉기와 이슬비가 스민 차고 축축한 안개가 자욱했고, 언덕 위쪽의 고지대에서 흘러내린 물줄기들이 일시적으로 개울이 되어 길 여기저기를 가로막았습니다. 발이 흠뻑 젖었지요. 적잖이 울적하고 언짢은 기분이었습니다. 이런 불쾌함을 남김없이 느끼기에 딱 알맞은 날씨였지요.

우리는 히스클리프 씨가 정말로 없는지 확인하기 위해 부엌문을 통해 집 안으로 들어갔습니다. 저는 그가 장담하는 말을 곧이곧대로 믿지 않았거든요.

조지프는 혼자만의 천국에라도 온 듯 활활 타오르는 벽난로 옆에 앉아 있었습니다. 바로 옆 탁자에는 1쿼터짜리 맥주잔이 놓여 있었고, 큼직하게 구운 귀리 비스킷이 그득했어요. 그리고 그의 입에는 짤막한 검은 담뱃대가 물려 있었지요.

캐시는 몸을 녹이려고 난롯가로 달려갔습니다. 저는 주인이 안에 있는지 물었습니다. 그러나 한참이 지나도록 대답이 없어, 이 영감이 귀가 먹었나 싶어 소리를 높여 다시 물었지요.

"읎다!"

그는 으르렁거렸다기보다는, 콧구멍으로 고함을 질러 대는 듯했습니다.

"읎어! 니는 왔던 데로 당장 꺼지라!"

"조지프!" 제 목소리와 거의 동시에 안쪽 방에서 짜증 섞인 목소리가 터져 나왔습니다. "내가 도대체 몇 번을 불러야 하는 거야? 이제 정말 정말 불씨가 얼마 안 남았단 말이야. 조지프, 당장 이리로 와!"

담뱃대를 뻐끔거리면서 까딱도 하지 않고 벽난로만 뚫어지게 들여다보고 있는 꼴이, 그 애가 원하는 걸 들어줄 생각이 전혀 없다는 건 분명했습니다. 집안일을 도맡은 여자나 헤어턴은 보이지 않았어요. 아마 한 사람은 심부름하러 갔을 테고, 다른 한 사람은 일을 하고 있었겠지요. 우리는 린턴의 목소리를 알아듣고 안으로 들어갔습니다.

"야아, 너 같은 건 다락방에서 죽어 버려라. 차라리 굶어 죽어 버려!" 린턴은 우리가 다가오는 소리를 게으른 하인의 발소리로 착각하고 이렇게 말했어요.

자신의 실수를 깨달은 린턴이 입을 다물었고 캐서린이 사촌에게로 달려갔습니다.

"린턴 양이야?" 린턴은 몸을 기대고 있던 커다란 의자 팔걸이에서 머리를 들어 올리며 말했습니다. "아니, 입맞춤은 하지 마. 숨이 막혀." 캐서린의 포옹에서 조금 벗어나 숨을 고른 뒤에 말을 이었습니다. "아, 참! 아버지가 린턴 양이 올 거라고 말했었지." 그동안 캐서린은 몹시 미안한 기색으로 옆에 서 있었습니다. "괜찮으면 문 좀 닫

아 줄래? 문을 열어 놓고 그냥 들어왔잖아. 그런데 저것들, 저 가증스
러운 것들이 벽난로에 석탄도 안 넣어 줘. 추워 죽겠는데!"

저는 재를 뒤적여 불씨를 살려 놓고, 직접 나가 석탄 한 통을 가져
왔습니다. 병자는 재가 날린다며 투덜거렸지만, 기침도 성가시게 해
대고 얼굴도 열에 들뜬 듯 창백해 보였으므로, 그 성질머리를 나무라
지는 않았습니다.

"애, 린턴." 아이의 잔뜩 찌푸려졌던 이마가 조금 풀어지자 캐서린
이 나직이 말했습니다. "내가 와서 좋아? 뭐라도 좀 해 줄까?"

"왜 진작 오지 않았어?" 린턴이 물었습니다. "편지나 쓰고 있을 게
아니리 왔어야지. 그 긴 편지들을 쓰느라 정말 지쳐 죽는 줄 알았어.
차라리 너랑 이야기나 하는 게 훨씬 나았을 텐데, 이제는 말할 힘도
없고, 다른 건 할 엄두도 안 나. 질라는 대체 어디 간 거야!" 그러고는
저를 보며 말을 이었습니다. "부엌에 가서 좀 보고 와."

저는 아까 한 수고에 대해 고맙다는 말도 듣지 못했고, 그 아이 말
에 따라 이리저리 뛰어다닐 마음도 없었기에 이렇게 대답했습니다.

"거기에는 조지프 말고는 아무도 없어요."

"목마른데." 아이가 고개를 돌리며 짜증스럽게 소리쳤습니다. "아
버지가 없으니까 질라는 걸핏하면 기머턴으로 싸돌아다닌다니까. 정
말 못 살겠어! 그래서 내가 억지로 여기까지 내려와 있는 거라고, 위
층에서는 아무리 불러도 들은 척도 안 하니까."

"아버님이 도련님을 챙겨 주시나요?" 캐서린의 다정한 마음이 좀
처럼 받아들여지지 않는 걸 보고, 제가 물었습니다.

"챙겨 주느냐고?" 린턴이 소리쳤습니다. "저것들한테 나를 좀 신경
쓰라고 윽박은 지르지. 저 망할 것들! 있잖아, 린턴 양… 그 짐승 같은
헤어턴은 나를 비웃어! 난 그놈이 정말 싫어! 아니, 다들 꼴도 보기

싫어. 다들 역겨운 인간들이야.”

캐서린은 물을 찾기 시작했습니다. 장식장 선반에서 물병 하나를 발견하고는 잔에 물을 따라 가져왔어요. 린턴은 탁자 위에 놓인 병에서 포도주를 한 숟갈만 떠서 넣어 달라고 했고, 그걸 한 모금 삼키고 나자 한결 차분해진 기색으로 캐시더러 참 친절하다고 말했습니다.

“그래, 내가 와서 좋아?” 캐서린은 아까 한 질문을 다시 건넸고, 린턴의 얼굴에 희미하게나마 미소가 번지는 걸 보고 기뻐했어요.

“물론, 좋지.” 린턴이 대답했습니다. “린턴 양 같은 목소리를 듣는 건 처음이거든!”

그러더니 곧바로 투덜거리듯 말을 이었습니다. “그런데 넌 왜 진작 안 왔어? 그게 너무 속상했어. 아버지는 그게 다 내 탓이라며 욕을 퍼부었거든. 나더러 한심하고, 비겁하고, 아무짝에도 쓸모없는 놈이라더라. 네가 날 깔보고 있다고도 했고. 자기가 내 입장이었으면, 지금쯤이면 벌써 네 아버지보다 더 그레인지를 쥐락펴락하고 있었을 거랬어. 하지만, 너는 나를 업신여기지 않지? 그렇지, 린턴?”

“캐서린이나 캐시라고 불러 줘.” 캐시 아가씨가 말을 끊었습니다. “너를 업신여기다니? 천만에! 나는 세상에서 아버지랑 엘런 다음으로 너를 가장 사랑해. 하지만 히스클리프 씨는 좋아하지 않아. 히스클리프 씨가 돌아오면 감히 여기 올 수가 없거든. 히스클리프 씨는 오래 자리를 비울까?”

“오래는 아닐 거야.” 린턴이 대답했습니다. “그래도 사냥철이 시작되고 나서는 자주 황야로 나가. 아빠가 안 계실 때 한두 시간쯤은 나랑 같이 있어 줄 수 있을 거야. 제발 와 줘. 온다고 말해 줘! 너랑 있으면 심술부리지도 않을 것 같아. 너는 나를 화나게 할 일도 없고, 항상 나를 도와줄 거잖아, 그치?”

“그래.” 캐서린은 린턴의 길고 부드러운 머리칼을 쓰다듬으며 말했습니다. “아버지만 허락해 준다면, 내 시간의 반은 너랑 함께 보낼 텐데…. 귀여운 린턴! 네가 내 동생이라면 얼마나 좋을까!”

“그럼 나도 네 아버지만큼 좋아해 줄 거야?” 린턴이 한결 들뜬 목소리로 말했습니다. “하지만 아빠 말로는, 네가 내 아내가 되면 나를 너의 아버지보다도 더, 세상 그 무엇보다도 더 사랑하게 될 거래. 그러니 차라리 네가 내 아내였으면 좋겠어.”

“안 돼!” 캐서린은 진지하게 대답했습니다. “내가 아빠보다 더 사랑할 사람은 없어. 그리고 사람들은 때로 자기 아내는 미워해도 오빠나 동생을 미워하지는 않잖아. 네가 내 동생이라면, 우리랑 함께 살 수 있을 테고, 아버지도 지금 나를 아끼듯 너를 아껴 주실 텐데….”

린턴은 사람들이 자기 아내를 미워하지는 않는다고 부인했지만, 캐시는 단호하게 맞섰습니다. 캐시는 자기가 아는 대로, 린턴의 아버지가 아가씨의 고모를 미워했던 일을 예로 들었지요.

저는 캐시가 경솔하게 말을 쏟아 내기 전에 막으려 했지만, 캐시가 알고 있는 이야기를 모조리 털어놓을 때까지 손쓸 도리가 없었습니다.

린턴은 점점 화가 나서 캐시의 말이 거짓이라고 소리쳤습니다.

“아빠가 그렇게 말씀하셨어, 아빠는 거짓말 안 해.” 캐시가 당돌하게 대꾸했습니다.

“우리 아빠는 네 아빠를 경멸해!” 린턴이 외쳤습니다. “비열한 멍청이라고 했어!”

“네 아버지는 못된 사람이야.” 캐시가 받아쳤습니다. “아버지 말만 줄줄이 되풀이하다니, 너는 정말 버릇이 없구나. 이사벨라 고모를 그렇게 떠나게 만든 걸 보면, 분명 못된 사람이야.”

"엄마는 떠나지 않았어." 린턴이 말했습니다. "내 말에 반박하면 안 돼!"

"떠났어!" 캐시가 소리쳤습니다.

"그럼, 나도 한 가지 말해 주지!" 린턴이 말했습니다. "네 어머니는 네 아버지를 미워했대. 이제 어쩔래?"

"어머!" 캐시는 격분한 나머지 말을 잇지 못했습니다.

"그리고 네 어머니는 우리 아버지를 사랑했대." 린턴이 덧붙였습니다.

"거짓말쟁이! 이제 너를 미워할 거야!" 캐시가 씩씩거리며 말했어요. 얼굴은 분노로 시뻘겋게 달아올랐지요.

"사랑했대, 사랑했대!" 린턴이 노래하듯 외치며, 의자 깊숙이 몸을 파묻고 머리를 뒤로 젖히며 뒤에 서 있는 상대의 격앙된 모습을 흡족하게 지켜보았어요.

"그만해요, 히스클리프 도련님!" 제가 말했습니다. "그것도 아버지가 꾸며 낸 이야기겠죠."

"아니야! 너는 그냥 잠자코 있어!" 린턴이 대답했습니다. "사랑했대, 사랑했대, 캐서린! 네 어머니는 우리 아버지를 사랑했다고!"

캐시가 이성을 잃고 의자를 거세게 밀었습니다. 린턴은 그 충격으로 팔걸이에 부딪혔어요.

그 즉시, 숨이 막힐 듯한 기침이 터져 나왔고, 린턴이 잠시나마 누리던 우쭐함은 순식간에 사그라지고 말았습니다.

기침이 좀처럼 그치지 않아서 저조차도 깜짝 놀랄 정도였습니다. 린턴의 사촌 캐시는 자신이 저지른 장난에 깜짝 놀라 아무 말도 못 하고 온 힘을 다해 울었습니다.

저는 기침이 저절로 가라앉을 때까지 린턴을 붙잡고 있었습니다.

기침이 멎자, 린턴은 저를 밀어내고 말없이 고개를 숙였어요. 캐시도 울음을 그치고, 린턴 맞은편에 앉아 심각한 표정으로 벽난로를 응시했습니다.

"이제 좀 어때요?" 제가 10분쯤 기다렸다가 물었습니다.

"캐시도 나처럼 아프면 좋겠어, 얄밉고 못된 것! 헤어턴은 절대 나를 안 때려, 평생 한 번도 안 때렸다고! 오늘은 몸도 괜찮았는데, 그런데…" 린턴의 목소리는 흐느낌으로 점점 작아졌습니다.

"나도 때린 거 아니야!" 캐시는 또 울음이 터질까 봐 입술을 깨물며 중얼거렸습니다. 린턴은 엄청난 고통을 느끼는 사람처럼 무려 15분 가까이 한숨을 내쉬며 신음했습니다. 분명 캐시를 괴롭히려고 일부러 그런 것이었지요. 아가씨가 참다못해 흐느낄 때마다, 목소리에 더 고통스럽고 애처로운 감정을 실었습니다.

"아프게 해서 미안해, 린턴." 캐시가 더는 참지 못하고 끝내 입을 열었습니다. "하지만 나였다면 살짝 밀쳤다고 그렇게 아프지는 않았을 거야. 그래서 네가 그 정도로 아플 줄은 정말 몰랐어. 많이 힘들어, 린턴? 내가 너를 아프게 했다고 생각하면서 집에 돌아가게 하지는 말아 줘. 대답해 봐. 나한테 말 좀 해 줘."

"그렇게는 말 못 해." 린턴이 중얼거렸습니다. "네가 나를 아프게 한 거야. 나는 밤새 잠 한숨 못 자고 기침을 해 댈 거야. 너도 겪어 보면 알 거야. 하지만 너는 편안히 잠들 테고, 나는 고통에 몸부림치며 혼자 밤을 지새우겠지. 네가 그런 끔찍한 밤을 혼자 버텨 보면 어떨지, 정말 알고 싶네." 그러고는 자기 연민에 빠져 큰 소리로 울부짖기 시작했습니다.

"어차피 평소에도 끔찍한 밤을 보내는데," 제가 말했습니다. "이번 일로 평온을 망쳤다고 하긴 어렵겠네요. 캐시 양이 안 왔어도 마찬가지였을 거예요. 어쨌든, 이제 다시는 방해하지 않을 겁니다. 우리가 나가면 좀 괜찮아질지도 모르겠군요.”

“그럼… 나, 갈까?” 캐시가 몸을 숙여 린턴을 내려다보며 울적하게 물었습니다. “린턴, 내가 가는 게 좋아?”

“네가 무슨 짓을 해도 이미 저지른 건 바꿀 수 없어.” 린턴은 캐서린을 피하며 심통 사납게 대꾸했습니다. “나를 괴롭혀 열이 오르게 해서 더 아파지겠지.”

“그럼… 나, 갈까?” 캐시가 다시 물었습니다.

“제발 나 좀 가만 내버려둬.” 린턴이 말했습니다. “네 목소리만 들어도 못 견디겠어.”

캐시는 망설이는 듯 꾸물거렸고, 제가 돌아가자고 아무리 설득해도 한참을 버텼습니다. 하지만 린턴이 고개를 들지도 않고, 말 한마디 하지 않으니 결국 문 쪽으로 몸을 돌리더군요. 저도 그 뒤를 따라갔지요.

그때 비명이 우리 발길을 붙들었습니다. 린턴은 의자에서 미끄러져 벽난로 앞 돌바닥에 나뒹굴며 몸을 뒤틀고 있었어요. 응석받이로 자란 아이의 심술일 뿐이었지요. 어떻게든 캐시 양을 더 괴롭히고, 더 성가시게 굴겠다는 속셈이 훤히 보였습니다.

저는 린턴의 행동에서 그 성격을 단번에 헤아렸고, 이런 아이를 달래겠다고 나서는 건 어리석은 짓이라는 것도 곧바로 알았습니다. 하지만 캐시는 달랐어요. 겁에 질린 채 곧장 달려가 무릎을 꿇고, 울며 달래고 어르고 애원했습니다. 결국 린턴은 숨이 차서 어쩔 수 없이 잠잠해졌을 뿐이었지요. 캐시를 괴롭힌 데 대한 가책 때문은 조금도 아니었습니다.

“내가 저 아이를 긴 의자에 올려놓을게요.” 제가 말했습니다. “거기서 실컷 뒹굴든 말든 내버려두죠. 우리가 언제까지 지켜볼 수는 없잖아요. 캐시 양도 이제 알았을 겁니다. 저 아이에게 아무 도움도 안 된다는 걸요. 그리고 저 아이 몸이 이 지경이 된 게 캐시 양을 좋아해서 그런 건 아니라는 것도요. 자, 됐어요. 저기 눕혔으니 이제 가요. 자기 옆에 봐 주는 사람이 없다는 걸 알면, 저 아이도 곧 얌전히 누워 있을 테니까요."

캐시는 린턴의 머리에 쿠션을 받쳐 주고 물을 가져다주었습니다. 하지만 린턴은 물을 밀어냈고, 쿠션이 아니라 돌이나 나무토막에 누운 사람처럼 불편한 기색으로 몸을 뒤척였습니다. 캐시는 쿠션을 다시 고쳐 주려 했지요.

"이건 안 되겠어." 린턴이 말했습니다. "너무 낮아."

캐서린은 쿠션을 하나 더 가져와 그 위에 포개 놓았습니다.

"너무 높아." 그 아이가 약 올리듯 중얼거렸습니다.

"그럼, 어떻게 해 줘야 해?" 캐시는 거의 절망한 목소리로 물었습니다.

캐시가 긴 의자 옆에 반쯤 무릎을 꿇자, 린턴은 몸을 틀어 아예 캐시의 어깨를 베개 삼아 기대더군요.

"아니, 그러면 안 돼요." 제가 말했습니다. "쿠션으로 만족하세요, 히스클리프 도련님. 캐시 양은 이미 도련님 때문에 너무 많은 시간을 허비하셨어요. 우리는 단 5분도 더 지체할 수 없어요."

"아니야, 아니야, 괜찮아!" 캐시가 말했습니다. "린턴은 이제 착하고 얌전하잖아. 내가 오늘 와서 네가 더 아파졌다고 생각하면, 오늘밤 내가 자기보다 더 괴로워질 거라는 걸 린턴도 조금은 아는 거야. 그렇게 되면, 나는 다시는 못 오게 될 거야. 린턴, 솔직히 말해 줘. 내가 널 아프게 했다면, 다시 와서는 안 되니까."

"나를 낫게 하려면 와야 해." 린턴이 대답했습니다.

"반드시 와야 해. 네가 나를 아프게 했으니까, 그것도 아주 심하게. 네가 오기 전에는 지금처럼 아프지 않았잖아, 안 그래?"

"하지만 네가 울고 화를 내서 더 아픈 거잖아. 전부 내 탓은 아니야." 캐시가 말했습니다. "그래도, 이제 싸우지 말고 사이좋게 지내자. 그리고 너도 내가 오면 좋지? 가끔은, 정말로 내가 보고 싶지?"

"그렇다고 했잖아." 린턴이 짜증스럽게 대꾸했습니다. "의자에 앉아서 네 무릎에 기대게 해 줘. 엄마가 늘 그렇게 해 줬어. 오후 내내 말이야. 움직이지 말고 말도 하지 마. 노래할 수 있으면 노래는 불러도 돼. 아니면 네가 가르쳐 주겠다고 약속했던 길고 재미있는 발라드를 들려줘도 좋고. 이야기라도 괜찮아. 그래도 난 발라드가 좋아. 자, 시작해."

캐시는 자기가 기억하는 가장 긴 발라드를 들려주었어요. 두 아이 다 무척 즐거워했지요. 린턴은 하나 더 해 달라더니, 이내 또 하나를 더 해 달라며 징징거렸습니다. 제가 완강히 말려도 소용이 없었어요. 그러는 사이 시계가 12시를 쳤고, 마당에서는 점심을 먹으러 돌아오는 헤어턴의 발소리가 들려왔습니다.

"그럼 내일… 캐서린, 내일도 올 거야?" 린턴은 마지못해 일어서려는 캐시의 치맛자락을 붙잡고 물었습니다.

"안 돼요." 제가 대신 대답했습니다. "내일도, 모레도 안 와요." 하지만 캐시는 분명 다른 대답을 한 모양이었어요. 몸을 굽혀 린턴에게 귓속말을 하자, 금세 린턴의 얼굴에서 그늘이 걷혔으니까요.

"내일은 못 와요, 아가씨. 명심해요." 제가 집을 나서자마자 말을 꺼냈습니다. "설마 다시 올 생각은 아니겠지요?"

캐시는 웃기만 했어요.

"이런, 내가 단단히 단속해야겠네요." 제가 말을 이었습니다. "당장 자물쇠부터 손볼 테니 빠져나갈 구멍은 없을 거예요."

"담을 넘으면 되지." 캐시가 웃으며 말했습니다. "그레인지는 감옥이 아니고, 엘런도 간수가 아니야. 게다가 나는 조금 있으면 열일곱이거든. 다 컸단 말이야. 린턴도 내가 옆에서 돌봐 주면 금방 나을 거야. 내가 린턴보다 누나잖아. 그 애보다야 훨씬 철도 들었고, 어린애 같지도 않잖아, 안 그래? 조금만 구슬리면 조만간 내 말을 잘 들을 거야. 착할 때는 예쁘고 귀여운 애잖아. 내 동생이라면 얼마나 귀여워하겠어! 서로 친해지고 나면, 다툴 일도 없겠지? 엘런, 린턴이 마음에 안들어?"

"어디 마음에만 안 들겠어요!" 제가 기가 차서 내뱉었습니다. "저렇게 성질이 고약하고 골골대는 녀석이 저 나이까지 용케 버틴 게 신기할 따름인걸요. 히스클리프 씨 말대로, 스무 살은 못 넘길 거예요. 솔직히 봄까지 목숨이 붙어 있을지도 의심스럽네요. 언제 죽든 그 집안에는 별 손실도 없겠죠. 그 애 아버지가 데려간 게 우리로서는 오히려 다행이지요. 잘해 줄수록 더 까다롭고 이기적으로 굴 테니까요. 캐서린 아가씨가 그 애를 남편으로 둘 일은 없다는 게, 얼마나 다행인지!"

캐서린은 이 말을 듣고 얼굴이 굳어졌습니다. 린턴의 죽음을 아무렇지 않게 말한 대목이 마음에 상처를 준 모양이었어요.

"린턴은 나보다 어려." 캐시는 한참 생각에 잠겨 있다가 말했습니다. "그러니까 더 오래 살아야지. 그렇게 될 거야. 반드시 나만큼은 오래 살아야 해. 처음 이곳에 왔을 때랑 비교해도 건강이 더 나빠진 건 아니잖아. 그건 확실해! 그냥 감기일 뿐이야. 아빠랑 똑같아. 엘런, 아빠는 나을 거라면서 왜 린턴은 안 된다는 거야?"

"자, 자." 제가 말을 끊었습니다. "어쨌든 우리가 나설 일은 아니에요. 잘 들어요, 아가씨. 그리고 명심해요. 나는 내 입으로 말한 건 반드시 지키는 사람이니까. 만일 나와 함께든, 혼자든, 다시 워더링 하이츠에 가려고 든다면 나리께 그대로 말씀드릴 거예요. 나리의 허락이 없다면 사촌과 왕래하는 일은 다시는 없을 거예요."

"이미 다시 시작됐는걸." 캐시가 퉁명스럽게 중얼거렸습니다.

"그럼, 더는 왕래하지 마세요!" 제가 말했습니다.

"두고 봐!" 캐시는 그렇게 대꾸하더니 전속력으로 말을 몰고 달려가 버렸습니다. 저는 뒤에서 헉헉대며 따라갈 수밖에 없었지요.

우리는 점심시간 전에 집에 도착했습니다. 주인님은 우리가 그레인지 안의 정원을 산책하고 온 줄 알았는지 굳이 어디에 다녀왔는지 묻지 않았습니다. 저는 들어오자마자 흠뻑 젖은 신발과 양말부터 갈아 신었지만, 결국 워더링 하이츠에서 젖은 채 한참을 앉아 있었던 것이 화근이 되고 말았어요. 다음 날 아침, 저는 자리에 드러눕고 말았고, 그로부터 꼬박 3주 동안이나 제가 맡은 일을 할 수가 없었지요. 그렇게 앓아누운 적은 그때가 처음이었는데, 다행히 그 뒤로는 없었습니다.

저의 작은 안주인은 천사처럼 제 방에 찾아와서 간호해 주고 외로움을 달래 주었습니다. 방 안에 갇혀 지내는 생활은 늘 몸을 움직이는 사람에게는 참으로 고달픈 일이었지요. 하지만 저는 거의 불평할 일이 없었어요. 캐서린이 린턴 씨의 방을 나오자마자 제 침대 머리맡에 나타났거든요. 아가씨의 하루는 나리와 저를 돌보는 걸로 양분되어 있었어요. 한시도 눈을 떼지 않고 정성껏 보살폈지요. 식사도, 공부도, 놀이도 뒷전으로 제쳐 두고 지극정성으로 간호해 주었습니다. 아버지를 그토록 사랑하면서 저까지 챙겨 주다니 마음씨가 따뜻한 게 분명했어요.

캐시의 하루가 린턴 씨와 저를 위해 양분되어 있다고 말하긴 했지만, 나리는 일찍 잠자리에 들었고, 저도 대개 6시 이후로는 딱히 아가씨를 찾을 일이 없었으니, 그 이후부터는 오롯이 아가씨만의 시간이었지요.

가엾은 것! 캐시 아가씨가 차를 마시고 나서 무얼 했는지는 제가 전혀 생각해 본 적이 없었네요. 또, 아가씨가 밤 인사를 하러 들를 때마다 발그레한 볼과 가느다란 손가락마저 분홍빛이 도는 것을 종종 보았지만, 그것이 황야를 가로지르는 찬바람 때문이라고는 생각지도 못하고, 서재의 뜨거운 난롯불 때문이겠거니 했답니다.

10장

3주가 지나고 나서야 저는 겨우 제 방을 나와 집 안을 돌아다닐 수 있게 되었습니다. 처음으로 앉아서 저녁을 보낼 기회가 생겼을 때 저는 눈이 침침하니 캐서린에게 책을 읽어 달라 청했습니다. 나리는 잠자리에 들고 없었고 서재에는 우리 둘뿐이었는데 캐서린은 마지못해 동의하는 눈치더군요. 저는 캐시가 제 취향의 책은 좋아하지 않겠거니 싶어, 읽고 싶은 책을 마음대로 골라 보라고 했습니다.

캐시는 자기가 좋아하는 책을 한 권 골라 한 시간 정도 차분하게 읽어 나갔습니다. 그런데 자주 이렇게 물어보더군요.

"엘런, 피곤하지 않아? 이제 눕는 게 낫지 않을까? 그렇게 오래 앉아 있으면 다시 병이 날 거야."

"아니, 괜찮아요. 피곤하지 않아요." 저는 거듭 이렇게 대답했습니다.

제가 꿈쩍하지 않자, 캐시는 책 읽기가 지겨워졌다는 기색을 다른 방식으로 드러내기 시작했습니다. 하품을 하기도 하고, 기지개를 켜기도 하더군요.

"엘런, 나 피곤해."

"그럼 책 읽는 건 그만두고 이야기나 해요." 제가 대답했습니다.

하지만 상황이 더 안 좋게 꼬이고 말았습니다. 캐시는 안달을 하며 한숨을 내쉬고, 8시가 될 때까지 몇 번이고 시계만 쳐다보다가 결국 자기 방으로 돌아가더군요. 잔뜩 찡그린 얼굴로 쉴 새 없이 눈을 비벼 대는 것으로 보아, 잠이 쏟아지는 모양이었어요.

이튿날 밤에는 조바심이 더 심해진 듯했고, 제가 회복한 지 사흘째 되는 낮에는 두통을 호소하며 나가 버리더라고요.

캐시의 행동이 이상하게 느껴졌습니다. 한참을 혼자 있다가, 저는 아가씨 방에 올라가서 두통은 나아졌는지 물어보고, 어두운 위층에 있지 말고 내려와서 소파에 누워 있으라고 해야겠다고 마음먹었지요.

하지만 캐시는 위층에도, 아래층에도 없었습니다. 하인들에게 물어보니, 다들 본 적이 없다고 하더군요. 에드거 씨 방문 앞에서 귀를 기울여 보았지만, 아무 소리도 들리지 않았습니다. 결국 저는 다시 캐시 방으로 돌아와 촛불을 끄고 창가에 앉았습니다.

달빛이 환했고, 땅에는 눈이 드문드문 쌓여 있었습니다. 어쩌면 캐시가 기분 전환이라도 할 겸 정원으로 산책을 하러 나갔을지도 모른다는 생각이 들었어요. 정원 안쪽 울타리를 따라 살금살금 움직이는 그림자를 발견했지만, 저의 작은 안주인은 아니었습니다. 밝은 곳으로 나온 사람은 우리 집 마부 중 한 명이었지요.

한참 동안 그레인지를 가로지르는 마찻길을 쳐다보던 마부는 무엇인가를 발견한 듯 잰걸음으로 걸어가더니 곧 캐시의 조랑말을 끌고 돌아왔습니다. 그런데 방금 말에서 내린 듯한 캐시가 그 옆을 따라 걷고 있었어요.

마부는 조랑말을 끌고 잔디밭을 지나 마구간을 향해 조심조심 걸었습니다. 캐시는 응접실의 여닫이창으로 들어와 제가 기다리고 있는 곳까지 소리 없이 걸어왔지요.

캐서린은 문을 살며시 닫고는 눈이 묻은 신발을 벗고 모자 끈을 끌렀어요. 남몰래 지켜보는 눈이 있는 줄은 전혀 눈치채지 못하고 외투를 벗으려는 찰나, 제가 벌떡 일어나 모습을 드러냈습니다. 캐시는 깜짝 놀라 얼어붙었고, 알아들을 수 없는 외마디 비명을 지르며 그 자리에서 꼼짝도 못 하더군요.

"사랑스러운 캐서린 아가씨," 저는 이렇게 말문을 열었습니다. 최근 아가씨가 따뜻하게 대해 준 기억이 아직도 생생해서 크게 야단치지는 못했습니다. "이 시간에 어디로 말을 타러 나간 거예요? 왜 거짓말로 저를 속이려 한 거죠? 어디에 갔었나요? 말해 봐요!"

"정원 맨 아래쪽에…." 캐시가 더듬거리며 대답했습니다. "그리고 거짓말한 적 없어."

"다른 데는 안 갔어요?" 제가 물었습니다.

"안 갔어." 캐시가 중얼거리듯 대답했어요.

"아아, 캐서린 양!" 제가 슬픈 목소리로 외쳤습니다. "자기가 잘못한 줄 아니까 거짓말을 할 수밖에 없었겠지요. 마음이 아프네요. 아가씨가 꾸며 낸 거짓말을 듣느니, 차라리 제가 3개월을 앓아눕는 편이 낫겠네요."

캐시가 갑자기 저에게 달려와 울음을 터트리며 제 목을 끌어안았어요.

"있잖아, 엘런. 나는 엘런이 화낼까 봐 너무 무서워." 캐시가 말했습니다. "화내지 않겠다고 약속해 줘. 그럼 사실대로 다 말할게. 숨기는 건 싫거든."

우리는 창가에 앉았습니다. 저는 무슨 비밀이든 화내지 않겠다고 약속했습니다. 물론 대충 짐작은 하고 있었지요. 그제야 캐시가 이야기를 시작했습니다.

"워더링 하이츠에 갔다 오는 길이야. 엘런이 앓아누운 뒤로는 하루도 빼놓지 않고 갔었어. 엘런이 병이 나기 전에 세 번, 병이 나은 뒤로는 두 번만 빼고 말이야. 매일 저녁 마이클한테 책이랑 그림을 주고 미니를 준비시켜 데리고 나오게 했어. 그리고 갔다 오면 마구간에 다시 매어 놓으라고 했고. 그러니까 마이클은 야단치지 마, 부탁이야. 대략 6시 반쯤 하이츠에 도착해서 보통 8시 반까지 있다가 전속력으로 말을 몰아 집으로 돌아왔어. 재미로 간 건 아니야. 거기에 가 있는 동안은 기분이 엉망일 때가 더 많았거든. 가끔은 즐거웠지만, 일주일에 한 번쯤이나 될까. 처음에는 린턴에게 한 약속을 지키려면 엘런을 설득하는 데 꽤 애를 먹을 줄 알았어. 우리가 그 애를 만난 날 헤어질 때, 다음 날 또 오겠다고 이미 약속을 해 버렸거든. 그런데 그 이튿날 엘런이 계속 위층에 누워 있어서, 그 수고를 덜 수 있었지. 그날 오후 마이클이 정원으로 들어오는 문의 자물쇠를 다시 채우고 있을 때 내가 열쇠를 받아 냈어. 사촌이 아파서 그레인지까지는 올 수가 없고, 대신 내가 찾아와 주길 바란다는 얘길 했어. 아빠는 분명 반대할 거라고도 말했고. 그리고 나서 조랑말 얘기로 넘어갔지. 마이클은 책 읽기를 좋아하는데, 곧 우리 집을 나가 결혼할 생각이래. 그래서 서재에 있는 책을 빌려주면 내가 원하는 대로 해 주겠다더라. 하지만 서재에 있는 책 대신 내 책을 줬어. 그랬더니 그 애도 훨씬 만족해하더라고.

두 번째로 갔을 때는 린턴의 기분이 꽤 좋아 보였어. 그리고 그 집 가정부인 질라가 방을 말끔히 치워 주고 불도 지펴 주면서 말하길,

조지프는 기도 모임에 갔고, 헤어턴 언쇼는 개들을 데리고 나갔으니 우리 마음대로 놀아도 된다는 거야. 나중에 들으니까 헤어턴은 우리 그레인지 숲에 꿩을 밀렵하러 갔던 거래.

질라가 따뜻한 포도주랑 생강 쿠키를 내왔는데, 그날따라 유난히 살갑게 굴더라. 린턴은 안락의자에, 나는 벽난로 돌바닥에 놓은 작은 흔들의자에 앉아서 얼마나 웃고 떠들었는지 몰라. 할 말이 어찌나 많은지, 얘기가 끝도 없이 이어졌거든. 여름에 어디로 갈지, 뭘 하고 지낼지도 다 계획했어. 그 얘긴 굳이 안 할래. 엘런, 네가 들으면 유치하다고 할 테니까.

한번은 거의 싸울 뻔했어. 린턴 말로는, 뜨거운 7월의 하루를 가장 기분 좋게 보내는 방법이 아침부터 저녁까지 황야 한가운데 히스로 뒤덮인 둔덕에 드러누워 있는 거래. 벌들은 활짝 핀 꽃 사이를 꿈결처럼 윙윙거리며 맴돌고, 종달새는 머리 위 높은 곳에서 노래하고, 파란 하늘과 밝은 해가 구름 한 점 없이 환하게 빛나고…. 그게 린턴이 생각하는 가장 완벽한 천국의 행복이라는 거야. 하지만 내가 꿈꾸는 천국의 행복은 전혀 달랐어. 불어오는 서풍에 바스락거리는 푸른 나무 위에 앉아 몸이 가볍게 흔들리는 걸 느끼며, 새하얀 구름이 머리 위로 쏜살같이 흘러가는 걸 바라보는 거였거든. 종달새만이 아니라 지빠귀며 검은지빠귀, 방울새, 뻐꾸기까지 사방에서 울어 대고, 멀리 보이는 황야에는 서늘하고 어스레한 골짜기들이 군데군데 펼쳐져 있는 곳이야. 가까이에서는 키 큰 풀잎들이 산들바람에 물결치듯 넘실거리고, 숲이 우거진 사이로는 끊이지 않는 시냇물 소리에 온 세상이 깨어나 기쁨으로 들썩이는 듯한 그런 풍경이지. 린턴은 모든 것이 황홀할 만큼 고요한 평온 속에 잠들어 있길 바랐지만, 나는 모든 게 찬란한 환희 속에서 춤추며 살아 숨 쉬길 바랐거든.

나는 린턴의 천국은 반쯤은 죽어 있는 거나 마찬가지라고 했어. 린턴은 내 천국은 술에 취한 것 같다고 했고. 나는 그 애의 천국에서는 틀림없이 잠들어 버릴 거라고 했고, 그 애는 내 천국에서는 숨조차 제대로 못 쉴 것 같다며 점점 퉁명스러워졌지. 그러다 결국 우리는 날씨가 적당한 날에 둘 다 한 번씩 해 보자고 약속했어. 그러고는 서로 입을 맞추고 다시 화해했지. 한 시간쯤 가만히 앉아 있자니, 카펫도 깔리지 않은 매끈한 큰 방이 눈에 들어왔어. 탁자만 치우면 얼마나 놀기 좋을까 싶더라고. 그래서 린턴한테 질라를 불러 달라고 했어. 같이 술래잡기하자고, 눈을 가리고 우리가 도망치면 질라가 잡게 하자는 거였지. 예전에 엘런이랑도 그랬잖아. 그런데 린턴은 싫대. 그런 게 무슨 재미가 있겠냐는 거야. 대신 나랑 공놀이를 하는 건 괜찮다고 했어. 우리는 벽장 안을 뒤져서, 오래된 팽이랑 굴렁쇠, 배드민턴채와 셔틀콕 같은 낡은 장난감들 사이에서 공 두 개를 찾아냈어. 하나에는 'C', 다른 하나에는 'H'라고 적혀 있었지. 나는 당연히 'C' 자 공을 갖고 싶었어. 캐서린의 머리글자잖아. 'H' 자 공은 히스클리프의 첫 자니까, 린턴이 가지면 딱일 것 같았고. 그런데 린턴은 H가 적힌 공이 마음에 들지 않는다고 했어. 그 안을 채운 겨 가루가 자꾸 샌다는 거야.

내가 계속 이기니까 린턴은 또 심통을 부리더니 기침하면서 다시 자기 의자로 돌아가 앉았어. 그래도 그날 밤만큼은 금세 기분이 풀렸지. 고운 노래 두세 곡에 완전히 마음을 빼앗겼거든. 전부 엘런이 불러 준 노래들이었어. 내가 돌아가야 할 시간이 되자, 린턴은 다음 날 저녁에도 꼭 와 달라며 애원하듯 매달렸고, 나는 그러겠다고 약속했지.

미니와 나는 공기처럼 가볍게 단숨에 집으로 돌아왔고, 아침이 밝을 때까지 워더링 하이츠와 사랑스럽고 다정한 사촌이 나오는 꿈을 꿨어.

그다음 날은 마음이 좀 가라앉아 있었어. 엘런이 아픈 탓도 있었고, 내가 워더링 하이츠에 드나드는 걸 아빠가 알고 기꺼이 허락해 주면 얼마나 좋을까 싶은 생각도 들었거든. 그런데 차를 마시고 난 뒤에는 달빛이 참 곱더라. 말을 타고 달리다 보니 우울했던 기분이 서서히 풀렸어. '오늘 저녁도 즐겁게 지내야지.' 그렇게 혼잣말을 했어. 무엇보다도, 귀여운 린턴이 기뻐할 모습을 떠올리니 마음이 한층 더 가벼워졌지.

내가 말을 몰아 그 집 정원 쪽으로 들어가 집 뒤로 돌아가려는데, 그 언쇼가 불쑥 나타나더니 내 고삐를 잡고는 앞문으로 들어가라고 하더라. 미니의 목을 토닥이면서 예쁜 말이라고 했는데, 나한테 말을 붙이고 싶은 눈치였어.

나는 내 조랑말에서 손을 떼지 않으면 걷어차일 거라고 말해 줬지.
그러자 그 남자가 특유의 상스러운 말투로 이렇게 대답했어.
'걷어차여도 하나도 아프진 않겠구먼.' 그러고는 씩 웃으면서 미니의 다리를 훑어보는 거야.

일순간 정말로 한번 걷어차이게 해 줄까 싶었는데, 그 남자가 문을 열어 주겠다며 달려가더라고. 그러더니 빗장을 올리다 말고 문 위에 새겨진 글씨를 올려다봤어. 어색하게 우쭐거리는 바보 같은 얼굴로 말이야.

'캐서린 양! 인제 나도 저거 읽을 줄 안다.'
'대단하네!' 내가 소리쳤어. '그럼, 한번 읽어 봐. 이제 제법 똑똑해졌네!'

그 애는 글자 하나하나를 한 음절씩 끊어 늘여서 발음했어.
'헤어… 턴… 언쇼.'

'그럼 저 숫자는?' 나는 그 애가 딱 막히는 게 보이길래 일부러 더 부추겼지.

'저건 아즉 몰러.' 그 애가 대답하더라.

'어머, 바보!' 나는 그 애가 못 읽는 게 우스워서 한바탕 웃어 주었어.

그 멍청이는 입가에 웃음을 흘리며 나를 빤히 쳐다보다가 눈살을 찌푸리더라. 나를 따라 웃어야 할지 말아야 할지 갈피를 못 잡는 눈치였어. 내 웃음이 친근감의 표시인지, 대놓고 깔보는 건지 헷갈렸나 봐.

그래서 나는 그 애가 헷갈릴 여지를 아예 없애 줬어. 일부러 표정을 싹 바꾸고, 비켜 달라고 했지, 내가 보러 온 사람은 린턴이지, 네가 아니라고 말이야.

그는 얼굴을 붉히더니—달빛에 그게 훤히 보였지-빗장에서 손을 떼고 슬그머니 물러나는데, 자존심에 상처를 입은 모양이더군. 자기 이름 하나 읽을 줄 안다고 린턴만큼 교양이 생긴 줄 알았나 봐. 내가 그렇게 생각해 주지 않으니까 기세가 완전히 꺾이고 만 거야."

"잠깐만요, 캐서린 아가씨." 내가 말을 끊었다. "야단치려는 건 아니지만, 아가씨의 그 행동은 마음에 들지 않네요. 헤어턴도 히스클리프 도련님 못지않게 아가씨의 사촌이라는 걸 기억했더라면, 그렇게 구는 게 얼마나 온당치 않은 일인지 느꼈을 거예요. 적어도 린턴만큼 교양 있는 사람이 되고 싶어 한 건, 헤어턴으로서는 칭찬받아 마땅한 포부잖아요. 괜히 남들 앞에서 잘난 체하려고 배운 건 아닐 거예요. 전에 글을 몰라 아가씨한테 망신을 당한 적이 있었을 테고, 그래서 부족한 걸 바로잡아 아가씨 마음에 들고 싶었겠지요. 그 시도가 서툴렀다고 비웃는 건 정말 못 배운 사람들이나 하는 짓이에요. 아가씨가 그 아이와 같은 환경에서 자랐다면, 과연 덜 무례했을까요? 헤어턴도 어릴 적에는 아가씨 못지않게 재빠르고 영리한 아이였어요. 그런 아이가—원래는 그럴 아이가 아닌데—그 야비한 히스클리프의 부당한 처사 때문에 이제 이런 멸시를 받는 걸 보니, 제 마음이 아프네요.”

“설마… 엘런, 그 일로 울지야 않겠지?” 캐시는 저의 진지한 태도에 놀란 듯 소리쳤습니다. “하지만 잠깐만 더 들어 봐. 그러면 그 남자가 정말 나한테 잘 보이려고 알파벳을 외운 건지, 또 그 짐승 같은 인간한테 예의 차릴 값어치가 있는 건지 엘런도 알게 될 거야. 나는 집 안으로 들어갔어. 린턴이 긴 의자에 누워 있다가 나를 맞이하려고 몸을 반쯤 일으키더라.

‘오늘 밤은 몸이 안 좋아, 캐서린.’ 그 애가 말했어. ‘그러니까 너 혼자 얘기해. 나는 듣기만 할게. 이리 와서 내 옆에 앉아. 네가 약속을 지킬 줄 알았어. 오늘도 네가 돌아가기 전에, 다시 약속을 받아 낼 거야.’

이제는 린턴이 아플 때 괜히 그 애를 건드리면 안 된다는 걸 알고 있어. 그래서 목소리를 낮췄고, 이것저것 캐묻지도 않았지. 어떻게든 린턴을 성가시게 하지 않으려고 조심했어. 나는 가장 아끼는 책 몇 권을 가져갔는데, 린턴이 그중 하나를 조금만 읽어 달라고 하기에 내가 막 읽으려던 참이었어. 그때 언쇼가 문을 벌컥 열고 들이닥쳤어. 생각할수록 약이 올랐나 봐. 언쇼는 곧장 우리한테 다가와 린턴의 팔을 붙잡고 의자에서 거칠게 끌어냈어.

‘니 방으로 가라!’ 언쇼는 흥분해서 말도 제대로 나오지 않는 목소리로 소리쳤고, 얼굴은 시뻘게져 노기가 그대로 드러나 있었지.

‘저 애가 니를 보러 오거든, 니 방으로 데리고 가란 말이여. 니들 땜에 내가 여기서 쫓겨날 순 없어. 썩 나가라, 둘 다!’

언쇼는 우리에게 욕을 퍼부었고, 린턴이 뭐라고 대꾸할 겨를도 없이 부엌에 내던지다시피 했어. 내가 따라 나가니까 당장이라도 나를 때려눕힐 듯한 기세로 주먹을 불끈 쥐더라. 순간 겁이 나서 책 한 권을 떨어뜨렸는데, 내가 나가자마자 책을 발로 차내고 문을 닫아 버렸어.

그때 벽난로 옆에서 지독히도 심술궂은, 쉰 목에서 새어 나오는 음산한 웃음소리가 들려와 돌아보니, 그 역겨운 조지프가 몸을 바들거리면서 앙상한 두 손을 비비며 서 있었어.

'내 그럴 줄 알았다! 제대로 본때를 보여 줬잖여. 훌륭한 청년이지! 이제야 정신머리가 제자리를 찾았구먼! 이 집 주인이 누구인지, 나만큼이나 똑똑히 안다 이 말이야! 헤헤헤! 아주 시원하게 쫓아 버렸다! 헤헤헤!'

'이제 어디로 가야 해?' 나는 그 몹쓸 늙은이의 조롱 따위는 아랑곳하지 않고 사촌에게 물었어.

린턴은 새하얗게 질려 온몸을 떨고 있었어. 그때 보니 귀엽기는커녕—아니, 전혀 아니었지—오히려 섬뜩할 만큼 낯설어 보였어. 비쩍 마른 얼굴에 커다란 눈이 그야말로 무력한 광분으로 일그러져 있었거든. 린턴은 문고리를 붙잡고 흔들어 댔지만, 문은 안에서 단단히 잠겨 있었어.

'안 열어 주면 죽여 버릴 거야! 안 열어 주면 죽여 버릴 거야!' 그 애는 말을 하는 게 아니라 비명을 지르는 것 같았어. '악마야! 악마 같은 놈아! 죽여 버릴 거야, 죽여 버릴 거라고!'

조지프가 또다시 껄껄대며 웃어 젖히더라. '저거 봐라, 딱 지 애비다!' 조지프가 소리쳤어. '애비를 빼다 박았네! 사람이란 게 다 그런 기라, 한쪽만 달랑 있는 건 아니지. 헤어턴 도련님, 괘념 마소. 겁낼 것 하나도 없소. 저놈은 도련님한테 손도 못 델 기라!'

나는 린턴의 두 손을 붙잡고 억지로라도 떼어 내려 했어. 그런데 그 애가 너무 끔찍하게 비명을 질러서, 더는 손을 델 엄두가 나지 않더라. 린턴은 비명을 지르다 끝내 지독한 기침 발작을 일으켰고, 입에서 피가 왈칵 쏟아내더니 그대로 바닥에 쓰러졌지.

나는 혼비백산이 되어 마당으로 뛰쳐나가 있는 힘껏 질라를 불렀어. 마침 질라는 마구간 뒤쪽 헛간에서 소젖을 짜고 있었는데, 내 소리를 듣고는 하던 일을 팽개치고 서둘러 달려와서는 무슨 일이냐고 물었어.

나는 숨이 차서 말조차 나오지 않았어. 그냥 질라를 붙잡아 끌고 다시 안으로 들어갔지. 그런데 그사이에 언쇼가 자기가 저지른 일을 살펴보러 나왔는지, 불쌍한 그 애를 위층으로 옮기고 있더라고. 질라와 나는 그 뒤를 따라 위층으로 올라갔어. 그런데 계단 꼭대기에서 언쇼가 나를 막아서더니 들어올 수 없다고, 당장 집으로 가라고 했어.

나는 린턴을 죽여 놓고 어떻게 이럴 수 있냐고 언쇼에게 소리치며, 기어코 들어가겠다고 했지.

조지프는 문을 잠그며 '그런 짓은 꿈도 꾸지 말라.'고 하더니, 나도 '그 자식처럼 미쳐 날뛸 셈이냐!'고 쏘아붙였어.

나는 질라가 다시 나타날 때까지 그 자리에 서서 울기만 했어. 질라는 린턴이 곧 괜찮아질 거라며, 그렇게 울고불고 난리를 치면 린턴이 도리어 견디지 못할 거라고 했지. 그러고는 나를 거의 업다시피 해서 큰방으로 데려갔어.

엘런, 그땐 정말이지 머리를 쥐어뜯고 싶었어! 어찌나 울었던지 눈이 퉁퉁 부어 앞이 거의 보이지도 않을 지경이었거든. 그런데 엘런이 그토록 가엾게 여기는 그자가 맞은편에 서서는, 이따금 건방지게 나더러 '조용히 좀 혀!'라고 하면서 끝끝내 자기 잘못은 아니라고 우기기만 했어.

그러다 내가 아빠한테 전부 이를 거고, 그러면 넌 감옥에 갇혔다가 교수형을 당하게 될 거라고 소리쳤더니, 그제야 겁을 집어먹고 울먹이기 시작하더라. 그러고는 겁쟁이답게 겁먹은 모습을 감추려고 허겁지겁 달아나 버렸지.

그런데 아직 그자에게서 완전히 벗어난 게 아니었어. 결국 억지로 떠밀리듯 그 집을 나와, 벌써 백 야드쯤 멀어졌을 때였는데, 갑자기 언쇼가 길가 그늘에서 튀어나와 미니를 멈춰 세우더니 나를 잡아 세우는 거야.

'캐서린 양, 나도 속이 많이 상했소…." 그자가 더듬거리며 말했어. "허지만… 아무리 그래도 그건 너무하잖….'

나는 언쇼가 나를 죽일지도 모른다는 생각에 채찍으로 한 대 후려쳤어. 그자는 끔찍한 욕설을 내지르며 손을 놓았고, 나는 그 틈에 집까지 전속력으로 달려왔지. 거의 제정신이 아니었어.

그날 저녁에는 엘런한테 잘 자라는 인사도 못 했고, 다음 날에는 워더링 하이츠에 가지도 않았어. 너무너무 가고 싶었지만, 이상하게 마음이 뒤숭숭하고 날이 서 있었거든. 린턴이 죽었다는 소식을 들을까 봐 겁이 나기도 했고, 헤어턴과 마주칠 생각만 해도 몸서리가 쳐졌어.

사흘째 되는 날에야 용기를 냈어. 그렇게 마음을 졸이다 더는 견딜 수가 없어서, 다시 한번 슬쩍 빠져나간 거야.

5시쯤에 집을 나왔고, 이번에는 걸어갔어. 눈에 띄지 않게 살그머니 들어가 린턴의 방까지 올라갈 수 있기를 바랐지. 하지만 개들이 먼저 알아보고 짖는 통에 계획은 어그러지고 말았어. 질라가 나를 맞아주며 '도련님은 많이 좋아졌어요.'라고 말하더니, 카펫이 깔린 작고 깔끔한 방으로 안내했어. 작은 소파에 누워 내가 가져다준 책을 읽고 있는 린턴을 보자, 말로 다할 수 없이 기뻤지. 그런데 그 애는 꼬박 한 시간 동안 나한테 말 한마디 걸지 않았고, 눈길조차 주지 않았어. 정말이지 성미가 너무 고약해. 더 기가 막힌 건, 겨우 입을 열어서 한다는 소리가, 그 소란을 일으킨 건 나였고, 헤어턴은 아무 잘못도 없다는 헛소리였다는 거야!

화를 내지 않고는 달리 응수할 길이 없을 것 같아서, 나는 그대로 자리에서 일어나 방을 나와 버렸어. 뒤에서 린턴이 들릴락 말락 하는 소리로 '캐서린!' 하고 나를 불러 세우는 소리가 들리더군. 내가 그런 식으로 반응하리라고는 미처 짐작하지 못했겠지. 하지만 나는 끝내 뒤돌아보지 않았어.

이튿날에도 나는 집에만 틀어박혀 있었지. 그날만큼은 다시는 린턴을 찾아가지 않겠다고 결심까지 했었어.

하지만 그 애의 소식을 한마디도 듣지 못한 채 잠자리에 들고, 또 눈을 뜨는 일이 어찌나 비참하던지, 그 결심은 제대로 굳기도 전에 흐지부지 사라져 버리고 말았어. 처음에는 거기에 가는 것 자체가 잘못처럼 느껴졌는데, 이제는 안 가는 게 오히려 잘못처럼 느껴졌어. 마이클이 와서 미니에게 안장을 올려야 하느냐고 묻기에, 나는 그저 '그래.' 하고 대답해 버렸어. 미니를 타고 언덕을 넘어가는 동안에는, 그 집에 가는 일이 마치 내가 해야 할 의무인 양 느껴지기까지 했어.

안뜰로 들어가려면 본채 창문 앞을 지날 수밖에 없었어. 몰래 들어가려고 해 봐야 소용없는 일이었지.

'도련님은 큰방에 있어요.' 질라가 응접실로 가려는 나를 보고 이렇게 말했어.

나는 안으로 들어갔어. 언쇼도 거기 있었는데, 나를 보자마자 곧장 방을 나가 버리더라. 린턴은 커다란 안락의자에 앉아 반쯤 잠들어 있었어. 나는 벽난로 쪽으로 다가가, 일부러 진지한 목소리로 말을 꺼냈어. 그 말이 어느 정도는 진심이기도 했고.

'린턴, 네가 나를 싫어하고, 내가 일부러 너를 아프게 하려고 온다고 생각한다면, 게다가 올 때마다 내가 너를 괴롭히는 것처럼 몰아세우니 이번이 우리의 마지막 만남이야. 이제 작별하자. 그리고 히스클리프 씨에게도 분명히 말해. 네가 나를 더는 보고 싶지 않다고. 그 뜻을 두고 괜한 거짓말을 꾸며 내지는 말라고.'

'캐서린, 앉아 봐, 모자부터 벗고.' 린턴이 대답했어. '너는 나보다 훨씬 행복하잖아. 그러니 나보다 더 나은 사람이 되어야지. 아빠는 늘 내 결점만 들춰내고, 나를 대놓고 깔보니까, 내가 자신을 의심하게 되는 것도 너무 당연해. 정말로 내가 아빠 말대로 아무짝에도 쓸모없는 인간은 아닌지, 그런 생각이 자꾸 들어. 그러다 보면 짜증이 나고 속이 상해서, 모두가 싫어져! 나는 쓸모없고, 성질도 고약하고, 기운도 없어. 거의 항상 그래. 그러니 나와 작별하고 싶다면 네 마음대로 해. 너는 골칫거리 하나를 덜어 내는 셈이니까. 하지만 캐서린, 이것만은 믿어 줘. 내가 너처럼 다정하고, 친절하고, 착할 수만 있다면, 정말 그렇게 되고 싶어. 행복해지고 건강해지는 것보다도 더 간절하게 말이야. 그리고 너의 다정함 앞에서, 나는 사랑받을 자격도 없는 주제에 너를 더 깊이 사랑하게 됐다는 것도 믿어 줘. 내 본성을 네 앞에서 드러내지 않을 수 없었고, 지금도 그렇지만, 나는 그게 늘 미안하고 후회가 돼. 그 후회는 죽을 때까지 안고 갈 거야.'

린턴의 말이 진심처럼 느껴졌어. 그래서 용서해 줘야겠다고 생각했지. 설령 바로 다음 순간 또다시 다투게 된다 해도, 나는 또다시 그 애를 용서하게 될 거라는 것도 알았고. 우리는 그렇게 화해했어. 하지만 내가 거기 있는 내내, 둘 다 울었어. 슬퍼서만은 아니었어. 어쨌든 린턴의 성격이 그렇게 꼬여 있다는 걸 떠올리면 마음이 아팠지. 그 애는 결코 곁에 있는 사람을 편안하게 해 주지는 못할 거야. 자기 자신 조차도 편안해질 수 없을 테고.

그날 밤 이후로는 늘 그 애의 작은 응접실로 갔어. 이튿날 린턴의 아버지가 돌아왔기 때문이야. 생각해 보니 첫날 저녁처럼 즐겁고 희망에 차 있었던 건 서너 번밖에 안 됐던 것 같아. 다른 날은 거의 우울하고 마음이 편치 않았어. 어떨 때는 린턴의 이기심과 심술 때문이었고, 또 어떨 때는 그 애가 아파서였지. 하지만 이제는 린턴이 이기적으로 굴며 심술을 부릴 때도, 그 애가 아플 때와 별반 다르지 않게 서운함 없이 견뎌 낼 수 있게 됐어. 히스클리프 씨는 일부러 나를 피하고 있어. 마주친 적이 거의 없거든.

지난주 일요일에는 내가 평소보다 조금 일찍 갔는데, 그 전날 밤 일을 두고 린턴을 모질게 꾸짖는 소리가 들리는 거야. 대체 그걸 어떻게 알았는지는 모르겠어. 엿들은 게 아니라면 알 길이 없었을 텐데…. 물론 전날 밤 린턴이 은근히 약을 올린 건 사실이야. 그래도 그건 나 말고는 누구도 간섭할 일이 아니잖아. 그래서 내가 안으로 들어가 훈계를 가로막고, 그건 당신과는 상관없는 일이라고 말해 버렸지. 그러자 갑자기 웃음을 터뜨리더니, 내가 그렇게 생각해 줘서 다행이라며 나가 버리더라. 그때부터 나는 린턴한테 속에 맺힌 말은 남이 듣지 못하게 목소리를 낮추라고 일러두었어.

자, 엘런, 이제 다 말했어. 내가 워더링 하이츠에 가는 걸 막으면, 결국 두 사람이 고통을 받게 돼. 하지만 엘런이 아빠한테 말만 안 하면, 내가 거기에 가는 건 누구의 평온도 깨뜨리지 않아. 말하지 않을 거지? 아빠한테 이르면, 정말 너무 매정한 짓이야.”

“캐서린 양, 그 문제는 내일까지 결정하도록 하죠.” 제가 대답했습니다. “생각 좀 해 봐야겠네요. 아가씨는 이제 쉬세요. 나는 가서 곰곰이 따져보겠습니다.”

그러고 나서, 저는 정말로 그 문제를 곰곰이 따져보았습니다. 아가씨가 방을 나서자마자 곧장 나리의 방으로 가서 지금까지의 일을 모조리 말씀드렸지요. 다만 사촌과 나눈 대화만큼은 말하지 않았고, 헤어턴의 이름도 입에 올리지 않았습니다.

린턴 나리는 크게 내색은 하지 않았지만, 속으로는 사뭇 놀라고 마음 아파하는 눈치였어요. 다음 날 아침, 캐서린은 제가 신의를 저버렸다는 사실을 알게 되었고, 동시에 자신의 은밀한 방문도 이제 끝이라는 걸 알게 되었습니다. 캐시는 금지령에 맞서 울며불며 몸부림을 쳤고, 린턴을 불쌍히 여겨 달라고 아버지에게 애원했습니다. 하지만 돌아온 유일한 위안이라곤, 언제든 그레인지에 오고 싶을 때 와도 좋다는 허락이 담긴 편지뿐이었지요. 다만 나리는 캐서린이 더 이상 하이츠에 발을 들이지 못하도록 못 박으셨어요. 만약 나리가 조카의 성미와 몸 상태가 그토록 엉망이라는 걸 진작에 아셨더라면, 그런 작은 관용조차 베풀지 않으셨을 텐데 말입니다.

11장

"여기까지가 지난겨울에 있었던 일이에요, 록우드 씨." 딘 부인이 말했다. "고작 1년도 안 됐네요. 그때까지만 해도 열두 달 후에 그쪽 집안 사람과 아무 인연도 없는 분께 이런 이야기를 들려드리게 될 줄은 상상도 못 했어요! 하지만 록우드 씨가 언제까지 남일지 누가 알겠어요? 계속 독신으로 만족하며 지내기에는 너무 젊고, 제 생각에는 캐서린 린턴을 보고 마음이 움직이지 않을 사람이 있을까 싶기도 하고요. 웃으시는군요. 그럼, 제가 캐서린 이야기를 할 때마다 왜 그렇게 표정이 밝아지고 흥미로워하시는 거죠? 왜 아가씨의 초상화를 록우드 씨의 방 벽난로 위에 걸어 달라고 하셨을까요? 또 왜…."

"거기까지만 해요, 엘런." 내가 말했다. "내가 캐서린 양을 사랑하게 될지도 모른다는 건 그렇다 치더라도 캐서린 양이 나를 사랑해 줄까요? 확신도 없는데, 유혹 속에 뛰어들어 내 평온을 깨고 싶지는 않군요. 더구나 내 원래 집은 여기가 아니고. 나는 분주한 세상 속 사람이고, 언젠가는 그곳으로 돌아가야 합니다. 이야기나 계속해 주세요. 캐서린은 아버지 말씀을 잘 따랐나요?"

"그랬습니다." 가정부는 이야기를 계속했다.

아버지에 대한 애정이 여전히 그 아이의 마음에서 가장 큰 자리를 차지하고 있었거든요. 그리고 나리도 화를 내며 말씀하신 게 아니었고요. 마치 온갖 위험과 적들 속에 보물을 남겨 두고 떠나는 사람처럼 지극히 다정했지요. 자신이 남길 수 있는 건, 그 아이를 이끌어 줄 몇 마디 말뿐이라는 듯이요.

며칠 뒤에는 제게도 이렇게 말씀하셨습니다.

"엘런, 조카 녀석이 편지를 쓰거나 한 번이라도 찾아와 주면 좋을 텐데…. 엘런이 보기에는 어떤가? 예전에 비해 좀 나아졌나? 어른이 되면 나아질 가망이 보여?"

"몸이 너무 허약합니다." 제가 말씀드렸지요. "장성할 때까지 버틸 수나 있을지 모르겠어요. 다만 자기 아버지를 닮지 않은 건 확실해요. 만에 하나 아가씨가 덜컥 그 아이와 결혼한다 해도, 아가씨가 분별없이 그 아이를 감싸지만 않는다면 충분히 다룰 수 있을 것 같아요. 어쨌든 그 아이를 지켜보고, 과연 아가씨에게 어울리는 상대인지 직접 확인할 시간은 충분하잖아요. 아직 성인이 되려면 4년은 더 남았으니까요."

에드거 나리는 한숨을 내쉬더니 창가로 가서 기머턴 교회 쪽을 내다보았습니다. 안개 낀 오후였지만 2월의 햇빛이 흐릿하게 비쳐 묘지에 서 있는 전나무 두 그루와 듬성듬성 흩어져 있는 묘비들이 눈에 들어왔습니다.

"나는 자주 기도했어." 에드거 씨가 거의 혼잣말처럼 중얼거리듯 말했습니다. "내게 올 그 순간이 가까워지기를 말이야. 그런데 이제 정말 가까워지니 겁이 나고 두렵네. 신랑이 되어 저 골짜기를 내려오던 날의 기억보다 몇 달, 아니 어쩌면 몇 주 뒤에 다시 그 길을 실려 올라가 그 쓸쓸한 땅속에 눕게 되리라 기대하는 것이 더 달콤할 줄 알았거든! 엘런, 나는 내 작은 캐시와 함께 정말 행복했어. 겨울밤에도, 여름날에도 하루하루 내 곁에서 살아 있는 희망이 되어 주었지. 하지만 나는 저 오래된 교회 아래 묘석들 사이를 혼자 거닐며 사색에 잠길 때도 똑같이 행복했어. 기나긴 6월의 저녁 내내 잔디로 뒤덮인 아내의 무덤 위에 누워, 언젠가 그 아래에 함께 누울 날이 오기를 바라며 간절히 기다리기도 했지. 그런데, 캐시를 위해 내가 무엇을 해줄 수 있을까? 그 아이를 두고 나는 어떻게 떠나야 할까? 내가 죽은 뒤에 린턴이 캐시에게 위로가 되어 줄 수만 있다면, 그가 히스클리프의 아들이든, 캐시를 나에게서 데려가든 나는 아무래도 상관없어. 히스클리프가 제 뜻을 이루고, 나의 마지막 축복마저 빼앗아 간다고 해도 괜찮아. 하지만, 린턴이 하찮은 녀석이라면, 그저 제 아버지 손에 놀아나는 연약한 도구에 불과하다면, 그런 녀석에게 캐시를 맡길 수는 없어! 캐시의 활기찬 기운을 꺾는 일이 괴로운 일이긴 하지만, 내가 살아 있는 동안에는 그럴 수밖에 없어. 죽은 뒤에는 캐시를 혼자 남겨 둘 수밖에 없고. 사랑하는 내 딸아! 차라리 그 애를 내 손으로 묻고, 하느님께 맡기는 게 낫겠어."

"하나님께 맡기세요, 지금 모습 그대로." 제가 대답했지요. "만에 하나 우리가 나리를 잃게 된다 해도—하느님께서 그런 일은 막아 주시길 바라지만—그것이 하느님의 뜻이라면, 저는 끝까지 따님의 친구이자 조언자가 되어 주겠습니다. 캐서린 양은 착한 아이예요. 일부러 잘못된 길로 갈 일은 없을 겁니다. 자신의 도리를 다하는 사람은 결국 보답받게 되어 있으니까요."

봄이 찾아왔지만 나리는 여전히 건강을 회복하지 못했어요. 딸과 함께 그레인지 인근을 산책하는 정도였지요. 아직 어리고 서툰 캐시의 눈에는, 그저 산책을 다시 시작했다는 것만으로도 회복의 징후로 보였을까요. 나리의 볼에 자주 혈색이 돌고, 눈이 반짝이니까 회복되고 있다고 확신했지요.

캐시가 열일곱 번째 생일을 맞았을 때, 나리는 교회 묘지를 찾지 않았습니다. 비가 내리고 있었거든요.

"오늘 밤에는 안 나가시죠?"

나리가 대답했습니다.

"안 나가, 올해는 조금 더 미루려고."

나리는 다시 한번 린턴에게 편지를 보내, 꼭 만나고 싶다는 뜻을 전했습니다. 병약한 린턴이 남 앞에 나설 만한 상태였다면, 히스클리프 씨는 분명히 아들이 그레인지에 가는 걸 허락했을 거예요. 하지만 아버지의 지시에 따라 답장을 보내, 히스클리프 씨가 그레인지 방문을 달가워하지 않는다는 뜻을 조심스럽게 전했지요.

그럼에도 외삼촌이 자신을 친절하게 기억해 준다는 사실에 마음이 따뜻해지고 즐거웠으며, 이따금 산책을 하다가라도 만나 뵙기를 바란다는 말과 함께, 자신과 사촌이 이렇게 완전히 떨어져 있는 상태가 오래 계속되지 않도록 해 달라고 부탁했습니다.

편지의 마지막 부분은 단순했는데, 아마 린턴이 직접 쓴 것 같았습니다. 히스클리프는 린턴이 캐서린과 자신을 만나게 해 달라고 간청하는 정도는 유창하게 쓸 수 있다는 걸 알고 있었던 것이지요.

캐서린이 이곳에 찾아올 수 있게 해 달라는 뜻은 아닙니다. 하지만 아버지는 제가 캐서린의 집에 가는 걸 막고, 외삼촌은 캐서린이 우리 집에 오는 것을 허락하지 않으시니, 저는 영영 캐서린을 볼 수 없는 건가요? 제발, 가끔이라도 외삼촌이 캐서린과 함께 말을 타고 워더링 하이츠 쪽으로 와 주세요. 외삼촌이 계신 자리에서 몇 마디라도 주고받을 수 있게 해 주세요! 저희가 이렇게 떨어져 있어야 할 만큼 큰 잘못을 한 건 없잖아요. 외삼촌도 저에게 화가 나신 건 아니고, 저를 싫어하실 이유도 없잖아요. 친애하는 외삼촌! 내일 친절한 답장을 보내 주세요. 스러시크로스 그레인지만 아니라면 어디든 저에게 오라고 말씀해 주세요. 외삼촌께서 직접 저와 이야기를 나눠 보신다면, 제 성품이 아버지와는 다르다는 걸 아시게 될 거예요. 아버지조차도 제가 오히려 외삼촌을 더 닮았다고 말씀하시니까요. 제가 캐서린과 어울리지 못할 만큼 결점이 있다는 것은 잘 알고 있습니다. 그러나 캐서린은 너그럽게 이해해 주었어요. 캐서린을 생각해서라도, 외삼촌께서 저를 너그러이 봐 주셔야 합니다. 제 건강을 물으셨지요. 많이 나아졌습니다. 하지만 모든 희망이 끊긴 채, 혼자 외톨이로 지내거나, 저를 한 번도 좋아한 적 없고 앞으로도 좋아할 리 없는 사람들 속에 갇혀 있어야 한다면, 제가 어떻게 밝고 건강하게 지낼 수 있겠습니까?

에드거 씨는 아이를 측은하게 여기긴 했지만, 그 부탁을 들어줄 수는 없었습니다. 캐서린과 함께 집을 나설 기력이 없었으니까요. 다만 여름쯤에는 두 사람이 만날 수도 있겠다고 했지요. 그때까지는 종종 편지를 보내 달라고 당부했고, 자신도 편지로나마 해 줄 수 있는 조언과 위로를 아끼지 않겠다고 약속했습니다. 린턴이 집안에서 얼마나 고단한 처지에 놓여 있는지 잘 알고 있었기 때문입니다.

린턴은 외삼촌의 부탁을 따랐습니다. 만약 린턴이 자기 마음대로

편지를 쓸 수 있었다면, 온통 불평과 탄식으로 가득 채워 스스로 일을 그르쳤을지도 모릅니다. 하지만 린턴의 아버지가 빈틈없이 지켜보고 있었지요. 나리가 보내는 편지는 단 한 줄도 빠트리지 말고 모두 자기에게 보여 달라고 한 것은 물론이고요. 그래서 린턴은 늘 마음을 짓누르고 있던 자기만의 특별한 고통과 괴로움을 털어놓는 대신, 친구이자 사랑하는 사람인 캐서린과 떨어져 있어야 하는 가혹한 현실만을 반복해서 말할 수밖에 없었습니다. 그리고 에드거 씨가 조만간 만나 주지 않는다면, 자신이 헛된 약속에 속고 있다고 생각해야 할지도 모르겠다는 뜻을 넌지시 내비쳤지요.

이 집에서는 캐시가 강력한 아군이었습니다 결국 두 사람은 나리를 설득하여 저의 감독 아래 그레인지에서 가장 가까운 황야로 일주일에 한 번쯤 말을 타거나 산책하러 나가도 좋다는 허락을 받아 냈지요. 6월로 접어든 후에도 나리의 건강은 계속 나빠졌거든요. 나리는 해마다 소득 일부를 따님 몫으로 떼어 놓고 있긴 했지만, 나리는 아가씨가 조상 대대로 내려온 이 집의 주인이 되기를, 혹은 적어도 머지않아 안주인으로 다시 돌아올 수 있기를 간절히 바라셨습니다. 그 바람을 이룰 유일한 방법은 상속인인 린턴과 혼인하는 길뿐이라고 믿으셨고요. 하지만 그 상속인 역시 나리 못지않게 빠르게 시들어 가고 있다는 사실은 꿈에도 모르셨습니다. 아마 우리 중 누구도 알지 못했을 거예요. 워더링 하이츠에는 드나드는 의사의 발길도 없고, 히스클리프 도련님을 만나고 돌아와 사정을 전해 줄 사람도 없었으니까요.

저만 해도 린턴이 황야에서 말을 타거나 산책하자는 이야기를 꺼내고, 그 일을 그렇게 집요하게 밀어붙이는 걸 보면서, 제 불길한 예감이 틀렸고 정말로 상태가 나아지고 있는 게 아닐까 싶어지기까지 했으니까요.

　그런데 나중에야 알았지만, 저는 아버지라는 사람이 저런 '열의'를 끌어내려고 죽어 가는 아이를 그토록 모질게 몰아붙일 수 있으리라고는 차마 상상하지 못했습니다. 히스클리프는 아이가 죽으면 자기의 탐욕스럽고 냉혹한 계산이 물거품이 될까 봐, 죽음이 가까워질수록 오히려 더 필사적으로 그 아이를 다그치고 있었던 것이었지요.

12장

어느덧 여름도 한고비를 넘길 무렵이었습니다. 에드거 씨가 두 아이의 청을 마지못해 받아들여, 캐서린과 저는 사촌을 만나러 처음 말을 타고 길을 나섰지요.

후텁지근한 날이었어요. 햇빛은 없었지만 하늘에는 엷은 구름이 얼룩져 있을 뿐 비를 걱정할 만한 조짐은 없었습니다. 우리가 만날 장소는 사거리에 놓인 이정표 구실을 하는 돌로 정해져 있었습니다. 그런데 그곳에 도착해 보니, 심부름을 나온 양치기 아이 하나가 있더군요. 그 아이가 우리에게 이렇게 말했습니다.

"린턴 도련님은 지금 워더링 하이츠로 접어드는 길목에 계시니, 조금만 더 와 주시면 고맙겠다고 했어요."

"그렇다면 린턴 도련님은 외삼촌의 첫 당부를 잊은 모양이군요." 제가 말했습니다. "나리는 우리에게 그레인지를 벗어나지 말라고 하셨는데, 벌써 경계를 넘었군요."

"그럼 우리가 가서 말머리를 돌리면 되잖아." 캐서린이 대답했습니다. "거기서 우리 집 쪽으로 가면 되니까."

그런데 우리가 린턴을 만난 곳은 그 집에서 채 4분의 1마일도 떨어지지 않은 곳이었습니다. 막상 가 보니 린턴은 말을 타고 나오지 못해, 우리도 어쩔 수 없이 말에서 내려 말들을 풀어놓아야 했지요.

린턴은 히스 풀밭에 누워 우리가 다가오기를 기다리고 있었는데, 불과 몇 걸음 앞까지 다가가서야 몸을 일으켜 걷기 시작하더군요. 발걸음은 힘에 부치고 얼굴은 몹시 창백해 보여, 저는 참지 못하고 곧바로 말했습니다.

"아니, 히스클리프 도련님, 오늘 아침엔 산책을 나설 상태가 전혀 아니잖아요. 얼굴이 어쩜 이렇게 안 좋아요!"

캐서린은 슬프고 놀란 기색으로 린턴을 살폈습니다. 입술 위에 맴돌던 기쁨의 감탄은 곧 걱정으로 바뀌었고, 오래 기다려 온 만남을 축하하던 말도 린턴의 몸 상태가 평소보다 더 나빠진 건 아닌지 묻는 불안한 질문으로 바뀌었지요.

"아니야, 괜찮아, 나았어!" 린턴은 숨을 헐떡이며 몸을 부들부들 떨면서도 캐서린의 손을 꼭 붙잡았습니다. 마치 그 손에 기대지 않고서는 서 있기조차 힘든 것처럼요. 린턴의 커다랗고 푸른 눈은 수줍게 캐서린을 훑었고, 움푹 꺼진 눈에는 한때 보였던 나른함 대신 초췌하고 거친 눈빛이 어른거렸습니다.

"하지만 더 안 좋아졌어." 캐서린이 말을 이었습니다. "마지막으로 봤을 때보다 훨씬 야위었고, 그리고…."

"나 피곤해." 린턴이 서둘러 말을 끊었습니다. "더워서 못 걷겠어. 여기서 좀 쉬자. 그리고 아침에는 자주 속이 메스꺼워. 아버지는 내가 요즘 너무 빨리 자라서 그런 거래."

내심 못마땅해하면서도 캐서린은 자리에 앉았고, 린턴은 그 옆에 몸을 기댔습니다.

"여기는 네가 말한 천국이랑 비슷하네." 캐시가 애써 쾌활하게 말했습니다. "서로 가장 좋다고 생각하는 곳에서 가장 좋다고 생각하는 방식으로 하루씩 보내기로 한 거 기억하지? 여기는 거의 너의 천국인걸. 구름이 좀 있긴 해도 부드럽고 포근해서 햇빛보다 더 좋아. 다음 주에는 네가 괜찮으면, 말을 타고 그레인지로 내려가서 이번엔 내 천국에서도 하루를 보내 보자."

린턴은 캐시가 무슨 이야기를 하는지 거의 알아듣지 못하는 듯했고, 대화를 이어 가는 것 자체가 버거워 보였습니다. 캐시가 꺼내는 화제에 좀처럼 흥미를 보이지 않았고, 상대를 즐겁게 해 줄 여유도 없었지요. 린턴의 무기력함에 캐시는 실망감을 감추지 못했습니다. 그의 모습이며 태도며 모든 것이 예전과는 달라져 있었습니다. 어르고 달래면 금세 정이 되살아나던 그 투정은 사라지고, 이제는 세상사에 도무지 마음을 두지 않는 듯했습니다. 위로받고 싶어 일부러 보채고 투정을 부리던 아이 같은 기질도 옅어졌습니다. 대신 만성질환을 앓는 환자처럼 자기 안으로만 움츠러드는 음울함이 한층 짙어졌지요. 위로도 거부했고, 남들의 선의 어린 유쾌함조차 모욕으로 받아들일 기세였어요.

캐서린도 저처럼 린턴이 우리와 함께 있는 시간을 기뻐한다기보다는 벌을 받듯 견디고 있다는 걸 알아차렸습니다. 그래서 조금도 망설이지 않고 돌아가자고 했지요.

그런데 뜻밖에도 그 말이 린턴을 무기력에서 깨워 놓은 것 같았습니다. 린턴은 갑자기 이상할 만큼 동요하는 모습을 보이더니, 두려운 눈빛으로 워더링 하이츠 쪽을 힐끗 바라보고는 제발 최소한 반 시간만이라도 더 있어 달라고 애원했습니다.

"하지만," 캐서린이 말했습니다. "너는 여기 이렇게 앉아 있는 것보다 집에 있는 게 더 편할 거야. 오늘은 내가 아무리 이야기하고 노래를 부르고 수다를 떨어도 너를 즐겁게 해 주지 못할 것 같아. 여섯 달 사이에 네가 나보다 훨씬 의젓해졌나 봐, 이제는 내가 재미 삼아 하는 일에도 시큰둥한 걸 보면. 물론 너를 즐겁게 해 줄 수만 있다면, 좀 더 있다 가겠지만."

"그냥 여기 앉아서 쉬어." 린턴이 대답했습니다. "그리고 캐서린, 내 건강이 진짜 나쁘다고 생각하면 안 돼. 그런 말도 하지 마. 날씨가 너무 후텁지근해서 기운이 없는 것뿐이야. 네가 오기 전에도, 나로서는 꽤 오래 걸어 다녔거든. 외삼촌한테는 내가 그럭저럭 건강하다고 말해 줘. 그럴 거지?"

"네가 그렇게 말했다고 전해 줄게, 린턴. 정말 건강한 것 같지는 않지만." 아가씨는 이렇게 말했습니다. 눈에 빤히 보이는 거짓말을 린턴이 부득부득 우기는 게 못내 이상하게 느껴진 것이었지요.

"그리고 다음 주 목요일에 여기에서 보자." 린턴은 아가씨의 의아해하는 시선을 피하며 말을 이었습니다. "외삼촌께는 네가 여기에 올 수 있게 허락해 주셔서 감사드린다고 전해 줘. 정말로 감사드린다고. 그리고, 그리고 있잖아, 혹시 우리 아버지를 만나게 되면, 그리고 아버지가 나에 관해 묻거든, 내가 너무 말도 없이 멍청하게 앉아 있었다고는 하지 마. 지금처럼 그렇게 슬프고 실망한 얼굴도 하지 말고…. 그러면 화를 내실 거야."

"나는 네 아버지가 화내든 말든 신경 안 써." 캐서린은 자기에게 화를 낼 거라는 말로 알아듣고 말했습니다.

"나는 그렇지 않아." 캐시의 사촌이 몸을 떨며 말했어요. "제발, 아버지가 나를 미워하게 만들지는 말아 줘, 캐서린. 아버지는 정말로 엄하시거든."

"아버지가 도련님한테 그렇게까지 엄하세요?" 제가 물었습니다. "응석을 받아 주기가 지겨워졌대요? 이제는 무관심을 넘어 대놓고 미워한대요?"

린턴은 저를 힐끗 쳐다보았지만 대꾸하지는 않았습니다. 캐서린은 10분쯤 그 옆에 그대로 앉아 있었는데, 그러는 동안 린턴은 졸린 듯 고개를 푹 숙이고, 힘에 겨워서인지 고통스러워서인지 숨죽인 신음을 간간이 내뱉을 뿐 한마디도 하지 않았어요. 결국 캐서린은 따분함을 달래려는 듯 월귤 열매를 찾아 나섰고, 그렇게 모은 열매를 제게도 조금 나누어 주었습니다. 린턴에게는 건네지 않았지요. 더 말을 붙였다가는 피로와 짜증만 불러올 게 뻔하다는 걸 알았으니까요.

"엘런, 이제 반 시간은 지나지 않았어?" 캐서린이 마침내 제 귀에 대고 속삭였습니다. "우리가 왜 여기에 있어야 하는지 모르겠어. 잠들어 버렸잖아. 아빠도 우리가 돌아오길 기다리실 텐데…."

"그래도 잠든 린턴을 그냥 놔두고 갈 수는 없잖아요." 제가 대답했습니다. "깰 때까지 조금만 더 참아 주세요. 아까 집을 나설 때만 해도 가엾은 린턴을 보고 싶어서 그렇게 서두르더니, 그 마음이 벌써 식은 모양이네요."

"그런데 린턴은 왜 나를 보자고 한 걸까?" 캐서린이 되물었습니다. "예전에 성질을 부릴 때도 지금보다는 나았어. 지금은 이상해. 꼭 아빠한테 혼나지 않으려고 하기 싫은 일을 억지로 하는 것 같잖아. 히스클리프 씨가 무슨 이유로 린턴에게 이런 힘든 일을 견디게 하는지는 모르겠지만, 히스클리프 씨 기분을 맞추려고 찾아올 생각은 없어. 그리고 린턴의 건강이 나아진 건 다행이지만, 예전처럼 즐겁지도 않고 나에게 덜 다정해진 건 정말 서운해.”

“그럼, 건강은 나아졌다고 생각하는 건가요?” 제가 물었습니다.

“응,” 캐서린이 대답했습니다. “전에는 늘 아프다는 말을 입에 달고 살았잖아. 아까 아빠한테 전해 달라고 한 것처럼 건강이 웬만큼 괜찮다고 할 정도는 아니지만, 그래도 전보다는 나아진 것 같은데.”

“그 점에서는 나와 생각이 다르군요, 캐시 아가씨.” 제가 말했습니다. “나는 오히려 훨씬 더 나빠졌다는 생각이 들거든요.”

바로 그때 린턴이 흠칫 놀라 잠에서 깨더니, 겁먹은 얼굴로 누가 자기 이름을 부르지 않았느냐고 물었습니다.

“아니,” 캐서린이 말했어요. “꿈에서 들은 거겠지. 어떻게 집 밖에서, 그것도 아침에 꾸벅꾸벅 졸 수 있는 건지, 내 머리로는 도무지 이해가 안 가네.”

“아버지가 부른 줄 알았어.” 린턴이 숨을 헐떡이며 우리 머리 위로 험상궂게 드리워진 언덕 쪽을 힐끗 올려다보았습니다. “정말 아무도 안 불렀어?”

“정말이야.” 캐시가 대답했습니다. “엘런이랑 내가 네 건강 상태를 두고 말이 좀 오갔을 뿐이야. 린턴, 지난겨울에 마지막으로 봤을 때보다 정말 더 튼튼해진 게 맞아? 그렇다면 몸만 그런 거겠지. 나에 대한 마음은 더 강해진 것 같지 않아. 말해 봐, 그런 거야?”

린턴은 눈물을 왈칵 쏟아 내며 대답했습니다. “아니, 아니야. 그렇지 않아!”

그러면서도 여전히 귀에 맴도는 그 상상의 목소리에 사로잡힌 채, 그 목소리의 주인이 누구인지 찾으려는 듯 시선을 이리저리 옮겼습니다.

캐시는 자리에서 일어났습니다.

"오늘은 이만 헤어져야겠어." 캐시가 말했어요. "그리고 솔직히 말하면, 오늘 너를 만나서 몹시 실망했어. 이 말은 너 말고는 아무에게도 하지 않을 거야. 히스클리프 씨가 무서워서 그러는 건 아니야."

"쉿." 린턴이 다급하게 속삭였습니다. "제발, 조용히 좀 해! 아버지가 오고 계셔."

린턴은 캐서린의 팔을 붙들고 매달렸습니다. 하지만 캐서린은 그 말을 듣자마자 황급히 팔을 뿌리치며 미니를 향해 휘파람을 불었습니다. 미니는 말 잘 듣는 개처럼 곧장 달려왔지요.

"다음 주 목요일에 다시 올게!" 캐서린이 안장에 훌쩍 뛰어오르며 소리쳤습니다. "안녕, 린턴! 서둘러, 엘런!"

그렇게 우리는 린턴을 남겨 두고 떠났습니다. 린턴은 아버지가 금세 나타날까 봐 전전긍긍하느라, 우리가 떠나는 것도 거의 눈치채지 못하는 듯했어요.

집으로 돌아오기도 전에, 캐서린의 불쾌감은 서서히 누그러져 연민과 후회가 뒤섞인 복잡한 심경으로 바뀌었습니다. 린턴의 처지에 대해 막연하지만 꺼림칙한 불안이 마음속에 스며 있었지요. 건강뿐 아니라, 그 아이가 살아가는 모든 환경과 삶 전체를 걱정하는 마음이었습니다. 저 역시 비슷한 의심이 들었지만, 한 번 더 방문하면 상황을 좀 더 분명히 알 수 있을 테니 이번에는 말을 아끼라고 조언했습니다.

나리는 밖에서 있었던 일을 이야기해 달라고 했습니다. 캐시 아가씨는 린턴의 감사 인사는 그대로 전하면서, 나머지는 적당히 언급했지요. 저 역시 나리의 질문에 시원하게 대답하지 못했습니다. 무엇을 숨기고, 무엇을 말해야 할지, 저 자신도 알 수 없었거든요.

13장

어느덧 일주일이 지나갔습니다. 그 사이 에드거 린턴 씨의 병세는 하루가 다르게 위중해졌지요. 지난 몇 달 동안 서서히 진행되던 병세가, 이제는 몇 시간 만에 눈에 띄게 악화되곤 했습니다.

우리는 캐서린에게 그 사실을 숨기려 했지만, 워낙 영리한 아가씨라 속일 수가 없었습니다. 캐시 아가씨는 남몰래 예감했던 끔찍한 상황이 점점 현실로 다가오는 것을 마음속으로 곱씹고 있었지요.

목요일이 돌아왔지만, 캐시는 차마 말을 타러 나간다고 말할 용기가 없었어요. 그래서 제가 대신 외출 허락을 받아 냈지요. 그때 캐시는 아버지가 매일 들르는 서재와 아버지의 방이 온 세상의 전부였습니다. 그나마 겨우 일어나 앉아 있을 수 있는 시간도 정말 잠깐이었지만요. 캐시는 아버지의 머리맡에 기대어 있거나, 서재에서 아버지 옆에 앉아 있는 시간 외에는 매 순간을 아까워했습니다. 캐서린의 얼굴은 밤샘 간호와 근심으로 점점 창백해졌습니다. 나리는 캐시가 익숙한 공간을 벗어나 다른 사람들과 어울리면 기분 전환이 될 수 있으리라 여기고 흔쾌히 외출을 허락했습니다. 또 자신이 세상을 떠난 뒤에도 따님이 완전히 혼자 남겨지지는 않을 거라는 희망이 나리에게 작은 위안이 되기도 했고요.

나리가 무심코 흘린 말이나 태도를 보고 짐작하건대, 조카의 외모가 자신과 닮았으니 마음이나 성격도 닮았으리라 생각하는 것 같았어요. 린턴의 편지에서는 그의 성격적 결함이 거의, 아니 전혀 드러나지 않았으니까요. 저는 그 잘못된 생각을 바로잡지 않았습니다. 마음이 약했던 탓이라고 한다면, 그 정도는 용서받을 수 있겠지요. 어차피 달리 어떻게 해 볼 도리도, 기회도 없는 분에게 부질없는 말을 해서 삶의 마지막 순간을 어지럽힌들 무슨 소용이 있겠어요.

우리는 오후까지 외출을 미뤘습니다. 8월의 황금빛 오후였지요. 언덕에서 불어오는 바람의 숨결마다 얼마나 생기가 넘치던지, 숨을 들이마시기만 하면 죽어 가던 사람도 다시 살아날 것만 같았습니다.

캐서린의 얼굴은 주위의 풍경처럼 그림자와 햇살이 빠르게 스쳐 지나갔어요. 다만 그림자가 조금 더 오래 머물고 햇살은 잠깐씩만 스쳐 지나갈 뿐이었지요. 가엾은 캐시는 잠시나마 근심을 잊었던 것마저 자책했습니다.

린턴 도련님이 지난번과 같은 자리에서 우리를 기다리고 있는 모습이 보였어요. 아가씨는 말에서 내리더니 금방 돌아갈 생각이라며 저에게는 말에서 내리지 말고 계속 조랑말의 고삐를 잡고 있으라고 하더군요. 하지만 저는 동의하지 않았습니다. 저에게 맡겨진 아이한테서 단 한순간이라도 눈을 떼는 건 용납할 수 없었으니까요. 그래서 우리는 히스가 우거진 언덕길을 함께 올랐습니다.

히스클리프 도련님은 지난번보다 더 활기차게 우리를 맞이했습니다. 하지만 그 활기는 즐거움이나 쾌활함에서 비롯된 것은 아니었고, 오히려 두려움에서 비롯된 것 같은 느낌이었습니다.

"늦었구나!" 린턴이 숨이 찬지 힘겹게 말했습니다. "너희 아버지께서 매우 편찮으신 거 아니야? 네가 안 오는 줄 알았어."

"왜 솔직하지 못하니?" 캐서린은 인사를 하려다 말고 외쳤습니다. "왜 나를 보고 싶지 않다고 똑바로 말을 못 하는 거야? 너 자신이랑 나를 괴롭히려고 일부러 나를 여기까지 두 번이나 불러낸 거잖아. 다른 이유는 하나도 없는 것 같은데, 이상하지 않아?"

린턴은 몸을 떨면서 캐시를 바라보았습니다. 반쯤은 간청하는 듯했고, 반쯤은 부끄러워하는 듯한 눈길이었지요.

그러나 캐시에게는 이 수수께끼 같은 행동을 참아 줄 만큼의 인내심이 남아 있지 않았습니다.

"아버지가 정말 많이 편찮으셔." 캐서린이 말했습니다. "그런데 왜 아버지 머리맡을 지키고 있는 나를 여기까지 불러낸 거니? 내가 약속을 지키지 않길 바랐다면, 그만 와도 된다고 전갈을 보내면 될 일 아니었어? 자, 설명해 봐. 지금은 얼버무리거나 장난칠 기분이 전혀 아니야. 이제 네 가식에 장단 맞춰 줄 여유도 없고."

"가식이라고?" 린턴이 중얼거렸습니다. "내가 어쨌다는 거야? 제발, 캐서린, 그렇게 화난 얼굴로 보지 마. 나를 얼마든지 경멸해도 좋아. 나는 아무짝에도 쓸모없는 겁쟁이니까. 멸시를 받아도 싸지. 하지만 나는 네 비난을 받을 만큼의 값어치조차 없는 인간이야. 아버지는 미워해도 돼. 나는, 그냥 경멸만 해 줘."

"말도 안 돼!" 캐서린이 격분해서 소리쳤습니다. "이런 바보 같은, 한심한 녀석아! 저것 좀 봐, 덜덜 떨고 있잖아! 내가 정말로 손이라도 댈까 봐 겁먹은 거야! 린턴, 굳이 경멸해 달라고 애걸할 필요 없어. 누구든 너를 보면 저절로 그렇게 될 테니까. 이거 놔! 난 집에 갈 거야. 따뜻한 난롯가에 붙어 있고 싶어 하는 너를 억지로 끌어내다가, 우리가 대체 무슨 연극을 하고 있는 거지? 이 옷 좀 놔! 그렇게 겁에 질려 울먹인다고 해서 내가 너를 불쌍히 여긴다면, 너는 그런 동정쯤은 차 버려야 해. 엘런, 이게 얼마나 창피한 행동인지 말해 줘. 린턴, 일어나. 도마뱀처럼 바닥에 납작 엎드려 비굴하게 굴지 마, 그러지 마!"

린턴은 고통으로 일그러진 얼굴로 눈물을 쏟으며 힘없이 바닥에 쓰러졌습니다. 얼마나 겁에 질렸는지, 몸이 경련을 일으키듯 쉴 새 없이 떨렸습니다.

"아아!" 린턴이 흐느끼며 울부짖었습니다. "못 견디겠어! 캐서린, 캐서린, 나는 배신자야. 하지만 그 얘기는, 너한테 도저히 못 하겠어! 그렇지만 네가 가 버리면 나는 죽는단 말이야! 사랑하는 캐서린, 내 목숨은 네 손에 달렸어. 나를 사랑한다고 말했잖아. 정말 그렇다면, 이 정도쯤은 너에게 아무런 해가 되지 않을 거야. 그러니까, 가지 않을 거지? 친절하고, 다정하고, 착한 캐서린! 그리고 어쩌면 네가 승낙한다면 아버지도 내가 네 곁에서 죽을 수 있게 해 줄 거야".

캐시 아가씨는 린턴이 극도로 고통스러워하는 모습을 보고는 몸을 굽혀 린턴을 일으켜 세웠습니다. 예전의 너그러운 연민이 짜증을 눌러 버린 듯, 캐서린은 마음이 크게 흔들리며 두려움마저 느끼게 되었습니다.

"무슨 승낙?" 캐서린이 물었습니다. "여기 있어 달라는 거야? 그렇다면 분명히 말해. 그럼, 안 갈게. 지금 네 말은 앞뒤가 하나도 안 맞아. 뭐라는 건지 도무지 모르겠어. 진정하고, 마음에 걸리는 게 있으면 전부 솔직하게 털어놔. 나를 해치려는 건 아니잖아, 그렇지? 네가 막을 수만 있다면, 누구든 나를 해치게 그냥 내버려두진 않을 거야. 너 자신에 대해서는 겁쟁이일 수 있겠지. 하지만 나는 네가 가장 친한 친구를 배신하는 비열한 겁쟁이는 아닐 거라고 믿어.”

“하지만, 아버지가 위협했어.” 아이가 야윈 손을 움켜쥐고 가쁜 숨을 몰아쉬며 말했어요. “아버지가 무서워, 정말 무섭다고! 그래서 말할 엄두가 안 나!”

“그래, 좋아.” 캐서린이 경멸과 연민이 뒤섞인 목소리로 말했습니다. “그럼, 네 비밀은 지켜. 나는 겁쟁이가 아니니까 너나 살길을 챙겨. 나는 하나도 무섭지 않아.”

캐서린의 너그러운 태도에 린턴은 눈물을 쏟았습니다. 그 아이는 걷잡을 수 없이 흐느끼며 자신을 부축해 주던 캐서린의 손에 연신 입을 맞췄지만, 끝내 속내를 털어놓을 용기는 내지 못했지요.

저는 그 말 못 할 속사정이 무엇일지 곰곰이 헤아리다가, 어떤 경우라도 캐서린이 그게 린턴이든 누구든 다른 사람을 도와주려다 해를 입는 일만은 없도록 해야겠노라 다짐하고 있었습니다. 바로 그때, 히스 덤불 사이에서 바스락거리는 소리가 들려 고개를 들어 보니 워더링 하이츠에서 내려온 히스클리프 씨가 어느새 우리 코앞까지 다가와 있었습니다. 히스클리프 씨는 린턴의 흐느낌이 들릴 만큼 두 아이와 가까이 있었는데도 그쪽은 거들떠보지도 않고 제게 인사를 했어요. 평소 그 누구에게도 좀처럼 보여 준 적 없는, 그야말로 다정하기 그지없는 말투였지요. 저는 그 다정함의 속내를 의심하지 않을 수 없었습니다.

“우리 집 바로 앞에서 이렇게 마주치다니 반갑군, 넬리. 그레인지에서는 어떻게 지내지? 얘기 좀 들어 보자고. 떠도는 소문으로는….” 히스클리프는 목소리를 낮추고 말을 이었습니다. “에드거 린턴이 오늘내일한다던데… 설마 병세를 과장한 건 아니겠지?”

"아니에요. 나리는 이제 정말 얼마 남지 않으셨어요." 제가 말했습니다. "사실이에요. 우리에겐 모두 가슴 아픈 일이지만, 그분에게는 오히려 안식이겠지요."

"그럼 얼마나 더 버틸 것 같아?" 히스클리프가 물었습니다.

"몰라요." 제가 대답했습니다.

"왜 묻느냐면," 히스클리프가 두 아이를 내려다보며 말을 이었습니다. 그의 매서운 시선에 린턴은 몸을 움직일 엄두도, 고개를 들 용기도 내지 못했고, 캐서린은 그 아이 때문에 한 발짝도 떨어지지 못하고 있었지요.

"저기 저 녀석이 제 분수를 잊고 내 뜻을 거슬러 보겠다고 작정한 모양이거든. 외삼촌이 서둘러 조카보다 먼저 가 준다면 참 고맙겠는데 말이야! 어이, 저 애새끼가 언제부터 저러고 있었지? 손을 좀 봐줬더니, 울며 매달리는 게 몸에 배었군. 린턴 양이랑 있을 때는 제법 기운을 차리나?"

"기운? 아니요, 오히려 아주 괴로워 보이던데요." 제가 대답했습니다. "제가 보기에 저 아이는 사랑 타령이나 하며 언덕을 쏘다닐 처지가 아니라, 침대에 누워 의사의 보살핌을 받아야 할 상태예요."

"그렇게 될 거야, 하루이틀 뒤면." 히스클리프가 중얼거리더니, 곧바로 고함을 질렀습니다. "하지만 우선은… 일어나, 린턴! 일어나! 거기 그렇게 엎드려 있지 말고, 당장 일어나!"

린턴은 두려움에 몸을 가누지 못하고 다시 바닥에 쓰러졌습니다. 아버지의 눈총 때문이었겠지요. 그렇게까지 굴욕적인 모습을 보일 다른 이유는 없었으니까요.

린턴은 몇 차례나 아버지의 명을 따르려 애썼지만, 얼마 되지 않는 기운마저 소진되었는지 신음을 토해 내며 다시 쓰러지고 말았습니다.

히스클리프 씨는 앞으로 다가가 린턴을 들어 올리더니 비탈진 잔디에 몸을 기대어 앉혔습니다.

"이제 화가 치밀어 오르는구나." 히스클리프가 사나운 분노를 삼키며 말했습니다. "그 보잘것없는 기운마저 추스르지 못하면… 젠장! 당장 일어나지 못해!"

"일어날게요, 아버지!" 린턴이 숨을 헐떡였습니다. "조금만 이렇게 있게 해 주세요. 안 그러면 기절할 것 같아요! 아버지가 하라는 대로 했어요, 정말로요. 캐서린한테 물어보세요. 제가… 제가… 활발했다고 말씀드릴 거예요. 아아! 캐서린, 내 옆에 있어 줘. 일어나게… 손좀…."

"내 손을 잡아라." 린턴의 아버지가 말했습니다. "제대로 발을 딛고서 봐. 그렇지, 이제 캐서린 양이 부축해 줄 거야. 좋아, 이제 캐서린 양을 봐라. 린턴이 나를 이렇게까지 무서워하니, 내가 악마의 화신쯤 되는 줄 알겠군. 부탁인데, 이 녀석을 집까지 데려다주겠나? 내가 손가락만 대도 벌벌 떠니 말이야."

"린턴!" 캐서린이 속삭였습니다. "나는 워더링 하이츠로 갈 수 없어. 아빠가 못 가게 하셨어. 너희 아버지가 너를 해치진 않으실 텐데, 왜 그렇게 무서워하는 거니?"

"나는 다시는 저 집에 들어갈 수 없어." 린턴이 대답했습니다. "네가 없으면 다시는 저 집에 들어갈 수 없어!"

"그만!" 히스클리프가 소리쳤습니다. "캐서린의 효심은 존중해 줘야지. 넬리, 이 녀석을 집 안으로 데리고 가 줘. 그럼, 네 충고대로 지체 없이 의사를 부르도록 하지."

"그러는 편이 좋을 거예요." 제가 대답했습니다. "하지만 저는 아가씨 곁을 지켜야 합니다. 댁의 아들을 챙기는 일은 제 소관이 아니니까요."

"거참, 딱딱하게 구네." 히스클리프가 말했습니다. "그건 나도 알고 있지. 그렇다면, 저 애를 꼬집어 비명을 지르게 해서라도 네 동정을 자극해야겠군. 자, 이리 오렴, 용감한 우리 린턴. 내가 부축해 줄게. 나랑 함께 들어가겠니?"

히스클리프가 다시 다가가 그 연약한 아이를 당장이라도 붙잡을 듯 손을 뻗치자, 린턴은 몸을 움츠리며 사촌에게 매달려 함께 가 달라며 애걸복걸했습니다.

제가 말리려 해도 캐시 아가씨를 막을 수는 없었습니다. 사실, 아가씨로서도 그 아이를 뿌리칠 수 있었을까요? 무엇이 그토록 린턴을 두려움에 떨게 하는지 알 도리는 없었지만, 그 아이는 공포에 사로잡힌 채 꼼짝도 할 수 없었고, 지금 이 상태에서 뭐 하나만 더 보태져도 그 충격에 정신이 완전히 무너질 것처럼 보였습니다.

우리는 문 앞에 도착했어요. 캐서린은 안으로 들어갔고, 저는 밖에 서서 캐서린이 그 아이를 의자에 앉히고 곧바로 나오기를 기다렸지요. 그때 히스클리프가 저를 안으로 떠밀며 외쳤습니다.

"넬리, 우리 집에 전염병이라도 돌까 봐 그래? 오늘은 손님을 환대하고 싶은 기분이거든. 앉아, 문은 내가 닫을게."

히스클리프는 문을 닫더니 자물쇠까지 채우더군요. 저는 흠칫 놀랐습니다.

"가기 전에 차는 한잔 하고 가야지." 그가 덧붙여 말했습니다. "집에 나밖에 없어. 헤어턴은 소 몰고 리즈에 갔고, 질라랑 조지프는 놀러 나갔거든. 혼자 있는 데는 익숙하지만, 기왕이면 심심함을 달래 줄 상대가 있는 편이 낫잖아. 린턴 양, 그놈 옆에 앉아. 내가 내줄 수 있는 건 그게 전부야. 선물이라고 부르기엔 변변치 않지만, 달리 내놓을 게 없거든. 린턴 말이야, 저 빤히 쳐다보는 것 좀 봐. 나는 겁먹은 얼굴만 보면 더 잔혹해지니, 참 이상한 노릇이지. 법이 이렇게 깐깐하지 않고 점잔만 빼는 세상이 아니었다면, 오늘 저녁 심심풀이로 저 둘을 산 채로 천천히 해부하는 짓쯤은 아무렇지 않게 즐겼을 텐데….”

히스클리프가 숨을 거칠게 들이마시더니 탁자를 세게 내리치며 이를 악물고 중얼거렸습니다.

“빌어먹을! 나는 저놈들이 싫어.”

그의 마지막 말을 듣지 못한 캐서린이 맞받아 외쳤습니다.

“나는 당신이 무섭지 않아요!”

캐서린이 한 걸음 바짝 다가섰습니다. 검은 눈동자가 격정과 결의로 번뜩이고 있었지요.

“그 열쇠 내놔요, 당장.” 그녀가 단호하게 덧붙였습니다. “굶어 죽는 한이 있어도, 여기선 한 입도 안 먹고 안 마셔.”

히스클리프는 탁자 위에 있던 열쇠를 손에 쥐고 있었습니다. 캐서린의 대담함에 잠시 놀란 듯 고개를 들었는데, 어쩌면 그 목소리와 눈빛을 물려준 누군가를 문득 떠올렸는지도 모를 일이지요.

캐서린은 그 열쇠를 낚아채려 달려들었고 히스클리프의 느슨해진 손에서 반쯤 빼내는 데 성공했습니다. 그러나 아가씨의 행동에 다시 정신이 돌아온 듯 히스클리프는 곧바로 열쇠를 다시 움켜쥐었습니다.

“이봐, 캐서린 린턴.” 히스클리프가 말했습니다. “비켜서지 않으면 한 대 갈길 거야. 그럼 딘 부인이 미쳐 날뛰겠지.”

이런 경고에도 아랑곳하지 않고, 캐서린은 다시 열쇠를 쥔 그의 손을 붙잡았습니다.

“우린 집에 갈 거야!” 캐서린이 무쇠처럼 단단한 그의 주먹을 벌려 보려고 안간힘을 쓰면서 말했어요. 손톱으로 할퀴어도 꿈쩍조차 하지 않자, 이번에는 이로 꽤 세게 물었지요.

저는 캐서린을 말리려다, 히스클리프의 시선에 그만 얼어붙고 말았습니다. 캐서린은 손가락을 펴는 데 정신이 팔린 나머지 그의 얼굴이 어떻게 변하는지 눈치채지 못했어요. 히스클리프가 갑자기 손을 펴더니 문제의 열쇠를 순순히 내주었습니다. 하지만 캐서린이 열쇠를 제대로 움켜쥐기도 전에, 그 손으로 캐서린을 넘어지지도 못하게 붙들어 둔 채, 다른 손으로 머리 양쪽을 사정없이 후려갈기기 시작했어요. 아가씨가 붙들려 있지 않았다면, 그가 경고한 대로 바닥에 패대기쳐질 만큼이었지요.

이 극악무도한 폭력을 보자 저는 미친 듯이 히스클리프에게 달려들었습니다.

"이 짐승 같은 놈!" 제가 소리쳤지요. "이 짐승…."

하지만 가슴께를 한 번 떠밀리자 말이 뚝 끊겨 버렸답니다. 체구가 있는 편이라 금세 숨이 가빠진 데다 분노까지 한꺼번에 치밀어 올라 눈앞이 핑 돌았지요. 저는 비틀거리며 뒤로 물러났습니다. 그대로 질식해 버리거나 혈관 하나가 터져도 이상하지 않을 것 같더라고요.

소란은 2분 만에 끝났습니다. 히스클리프에게서 풀려난 캐서린은 양손을 관자놀이에 대고 있었는데, 자기 귀가 아직 달려 있는지 떨어져 나간 것인지조차 분간이 안 되는 얼굴이었어요. 가엾은 아가씨는 갈대처럼 덜덜 떨면서 완전히 넋이 나간 표정으로 탁자에 몸을 기대고 있었습니다.

"봐서 알겠지만, 나는 아이들 다루는 법을 잘 알거든." 그 악한이 몸을 굽혀 바닥에 떨어진 열쇠를 주워 들면서 험악하게 말했습니다.

"자, 이제 아까 말한 대로 린턴한테 가. 가서 실컷 울어. 내일부터는 내가 네 시아버지다. 며칠만 더 지나면, 네가 아버지라고 부를 사람은 나 하나뿐일 테고. 그럼 아버지 노릇이 뭔지, 너는 충분히 맛보게 될 거다. 그 정도는 버틸 수 있잖아, 약골은 아니니까. 다음번에 또 그런 눈으로 나를 노려보다가 걸리면, 제대로 본때를 보여 주지.”

캐시는 린턴에게 가지 않고 제게 달려와 제 무릎 앞에 털썩 무릎을 꿇더니, 불덩이처럼 달아오른 뺨을 제 치마에 파묻고 소리내어 울기 시작했습니다. 사촌인 린턴은 긴 의자 구석에 웅크린 채, 쥐새끼처럼 숨을 죽이고 있었지요. 속으로는 자기 대신 다른 사람이 벌을 받아서 다행이라고 여겼을 겁니다.

히스클리프 씨는 우리 모두가 얼어붙은 모습을 보고는 자리에서 일어나 서둘러 차를 끓였습니다. 찻잔과 받침 접시는 이미 차려져 있었어요. 그는 차를 한 잔 따르더니 제게 건넸습니다.

“자, 한잔 마시고 화 좀 가라앉혀.” 히스클리프가 말했습니다. “그리고 너희 집 말썽꾸러기랑 내 새끼는 네가 좀 챙겨 줘. 내가 끓였지만 독은 안 탔어. 나는 나가서 너희가 타고 온 말을 찾아볼 테니까.”

히스클리프가 나가자마자 우리가 제일 먼저 떠올린 것은 어떻게든 여기를 빠져나가야 한다는 것이었습니다. 부엌문을 밀어 보니 밖에서 단단히 잠겨 있었고, 창문도 살펴보았지만 캐서린의 작은 몸도 빠져나갈 수 없겠더라고요.

“린턴 도련님,” 우리가 꼼짝없이 갇혔다는 걸 깨닫고 제가 소리쳤습니다. “도련님은 아버지가 무슨 흉계를 꾸미는지 알고 있죠? 우리에게 전부 말해 봐요. 안 그러면 방금 아버지가 사촌 아가씨한테 한 것처럼 저도 도련님의 따귀를 올려붙이겠어요.”

“그래, 린턴. 네가 말해 줘.” 캐시가 덧붙였습니다. “너 때문에 여기까지 온 거잖아. 그런데도 입을 다문다면, 그건 정말 못되고 배은망덕한 짓이야.”

"목이 마르니까 차를 좀 가져다줘. 그럼 말해 줄게." 린턴이 대답했습니다. "딘 부인, 저리 가. 거기 내 앞에 버티고 서 있지 마. 아니, 캐서린… 찻잔에 네 눈물이 떨어지고 있잖아. 그건 안 마실래. 다른 걸로 줘."

캐시가 다른 잔을 린턴에게 내밀고는 눈물을 닦았습니다. 저는 린턴 녀석이 보이는 침착한 태도에 역겨움이 치밀었습니다. 이제 자신은 위협에서 벗어났으니, 더는 무서울 게 없다는 듯했지요. 황야에서 그토록 괴로워하던 모습은 워더링 하이츠에 들어서자마자 흔적도 없이 사라졌습니다. 아까는 우리를 이곳으로 유인하지 못해서 끔찍한 벌을 받을까 봐 두려워했던 모양이었습니다. 그래서 임무를 끝낸 지금은, 당장 두려워할 일이 없어진 셈이었지요.

"아버지는 우리가 결혼하길 원해." 린턴이 차를 조금 홀짝거린 후 말을 이었습니다. "그리고 아버지는 너희 아버지가 지금 당장은 결혼을 허락하지 않을 거라는 것도 알고 계셔. 그런데 더 기다리다간 내가 먼저 죽을까 걱정이 되었나 봐. 그래서 내일 아침에 우리를 결혼시키기로 한 거지. 너는 오늘 밤 여기 있어야 하고, 아버지 뜻대로만 해 주면 다음 날 집으로 돌아가게 해 주실 거래. 나도 함께 데려가게 해 주신대."

"아가씨가 너를 데려간다고? 이 한심한 녀석아!" 제가 소리쳤습니다. "네가 결혼을 한다고? 세상에… 네 아버지가 미쳤든지, 아니면 우리를 전부 바보로 아는 게 분명하구나. 저렇게 고운 아가씨가, 저토록 건강하고 생기 넘치는 아가씨가 너처럼 다 죽어 가는 원숭이 새끼랑 결혼할 거라고 정말 믿는 거냐? 캐서린 린턴 아가씨는 고사하고, 세상에 너 같은 놈을 남편으로 삼을 여자가 있기나 하겠어? 비열하게 질질 짜며 우리를 여기까지 끌어들였으니, 매를 맞아도 싸다. 이제 그런 어리석은 표정은 집어치워. 그런 비열한 짓도 모자라, 네가 아가씨와 결혼할 수 있다고 믿다니, 지금이라도 네놈을 붙잡고 사정없이 흔들어 놔야 내 속이 좀 풀리겠다.”

저는 린턴을 가볍게 한 번 흔들었습니다. 그러자 곧 기침이 터져 나왔고, 녀석은 늘 하던 대로 신음하며 울기 시작했어요. 캐서린은 저를 나무랐습니다.

“밤새 여기 있으라고? 그건 안 돼!” 캐시는 천천히 주위를 둘러보며 말했습니다. “엘런, 나는 저 문에 불을 질러서라도 나갈 거야.”

그 말이 끝나기가 무섭게 캐서린이 정말로 실행에 옮길 태세를 보이자, 린턴이 다시 혼비백산하여 벌떡 일어났습니다. 자기 몸이 어떻게 될지 걱정이 되었던 것이지요. 그는 힘없는 두 팔로 캐시를 붙잡고 흐느끼기 시작했습니다.

“제발 나를 받아 줘, 나를 좀 살려 줘. 그레인지로 갈 수 있게 해 주면 안 돼? 아아, 사랑하는 캐서린! 나를 두고 가면 안 돼. 아버지 말을 들어야 해, 꼭 그래야 해!”

“나는 내 아버지 말을 들을 거야.” 캐시 아가씨가 대답했습니다. “아버지를 이런 잔인한 불안 속에서 벗어나게 해 드려야 해. 밤새 있으라니! 아버지가 얼마나 마음을 졸이시겠어? 벌써 걱정하느라 괴로우실 거야. 때려 부수든 불을 지르든, 나는 이 집을 나갈 거야. 조용히 해! 너를 해칠 생각은 없지만, 나를 막으려 든다면…. 린턴, 나는 너보다 아빠를 더 사랑해!”

히스클리프 씨가 무서워 죽을 지경이 되자, 린턴은 또 비겁한 혀를 놀리기 시작했습니다. 캐서린도 거의 제정신이 아니었지만 집으로 돌아가야 한다는 고집만은 꺾지 않았지요. 아가씨는 린턴을 붙들고, 자기 아픈 것만 내세우며 억지를 부리는 짓은 제발 그만두라며 간곡히 설득했지요.

두 아이가 서로 옥신각신하는 사이에 우리의 간수가 다시 들어왔습니다.

"너희가 타고 온 말은 달아나 버렸다." 그가 말했습니다. "이런, 린턴! 또 질질 짜는 거냐? 캐서린이 너한테 무슨 짓을 한 거지? 자, 그만하면 됐어. 이제 가서 자라. 한두 달만 지나면 지금 네가 당하고 있는 수모쯤은 곧 튼튼한 손으로 갚아 줄 수 있을 거다. 넌 순수한 사랑만 바라는 거잖아, 그렇지? 그것 말고는 더 바라는 게 없잖아. 결국 캐서린은 네 뜻대로 굴복하게 될 거다! 이제, 가서 자! 오늘 밤에는 질라가 없으니 옷은 너 혼자 갈아입어라. 조용히 해! 시끄럽다니까! 네 방에 들어가면 내가 근처에도 안 갈 테니 걱정할 필요 없어. 다행히 제법 잘 버텼구나. 뒷일은 나한테 맡겨라."

히스클리프는 아들이 나갈 수 있도록 문을 잡아 주며 이렇게 말했습니다. 린턴은 조심스레 문을 빠져나갔습니다. 마치 자신을 쓰다듬는 척하면서도 속으로는 해치려 드는 사람의 속내를 감지한 스패니얼 강아지처럼 말이죠.

문은 다시 단단히 잠겼습니다. 히스클리프는 저와 아가씨가 말없이 서 있는 벽난로 쪽으로 다가왔습니다. 캐서린이 고개를 들어 올려다보면서 본능적으로 손을 뺨에 가져다 댔습니다. 그가 가까이 다가오자 여전한 고통의 감각이 되살아난 것이지요. 다른 사람이었다면 이런 어린아이 같은 행동을 험악하게 바라보기 어려웠을 겁니다. 하지만 히스클리프는 캐서린을 노려보며 중얼거렸어요.

"그래, 내가 무섭지 않다면서? 그 용기를 꽤 교묘히 숨겼구나. 끔찍이도 무서워하는 것 같은데!"

"지금은 무서워요." 캐시가 대답했습니다. "내가 돌아가지 않으면 아빠가 괴로워하실 테니까요. 아빠가 괴로워할 걸 알면서, 제가 어떻게 버티겠어요? 아빠는… 지금 아빠는… 히스클리프 씨, 제발 집에 보내 주세요! 린턴과 결혼하겠다고 약속할게요. 아빠도 원하실 테고, 나도 린턴을 사랑해요. 내가 자진해서 하겠다는 걸, 왜 굳이 억지로 시키려는 거죠?"

"억지로 결혼시키는 꼴을 내가 가만 두고 보겠어요!" 제가 소리쳤습니다. "여기가 아무리 외딴곳이라지만, 이 나라에는 법이라는 게 있어요. 맞아요, 법이요! 저자가 내 아들이었다 해도 난 고발했을 겁니다. 사람을 붙잡아 결혼을 강요하는 건 교회조차 감싸 줄 수 없는 중죄예요."

"입 다물어!" 그자가 말했습니다. "시끄럽다고. 네가 지껄이는 말 따위 듣고 싶지 않아. 린턴 양, 린턴 양의 아버지가 괴로워한다고 생각하니 기분이 아주 좋은걸. 너무 만족스러워서 잠도 안 오겠어. 그런 일이 생길 거라고 말해 주다니, 이제 너희는 스물네 시간 동안 내 집에서 갇혀 지낼 수밖에 없겠구나. 린턴과 결혼하겠다고? 그 약속은 내가 반드시 지킬 수 있도록 해 주지. 그 약속을 지키기 전에는 이 집에서 못 나갈 거야."

"그럼, 엘런이라도 보내서 제가 무사하다고 아빠한테 전해 주게 해 주세요!" 캐시가 흐느끼며 외쳤습니다. "아니면 지금 당장 결혼하게 해 주세요. 불쌍한 아빠…. 엘런, 우리가 무슨 일을 당한 줄로만 아실 거야. 우리, 어쩌면 좋지?"

"글쎄, 과연 그럴까? 네 아버지는 그렇게 생각하지 않을걸. 네가 간호하느라 지쳐서 잠깐 재미나 보러 달아났다고 여기겠지." 히스클리프가 말했습니다. "아버지의 명령을 거스르고 네 발로 직접 내 집에 걸어 들어왔다는 사실도 부정은 못 하겠고. 하긴 네 나이엔 놀고 싶은 것도 당연하고, 병자 수발에 싫증 내는 것도 당연하지. 그 병자도 고작 네 아비일 뿐이잖아. 캐서린, 네 인생이 시작된 순간, 네 아비의 행복한 날은 끝났어. 네 아비는 네가 이 세상에 나온 걸 틀림없이 저주했을 거야. (적어도 나는 저주했다.) 태어날 때 그랬듯, 떠날 때도 저주를 받는 게 딱 어울리겠구나. 나도 기꺼이 한몫 보태 주마. 너 따위는 내 마음에 없다. 그럴 리가 있겠니? 실컷 울어라. 보아하니 이제부터는 우는 게 네 유일한 낙이 되겠구나, 린턴이 네가 잃게 될 다른 것들까지 메워 주지 않는 한 말이지. 네 선견지명 있는 아비는, 아마 그런 기대를 품고 있는 모양이다만. 네 아버지의 충고와 위로가 담긴 편지들은 아주 재미있게 읽었다. 마지막 편지에서는 내 부물인 린턴에게 자기 보물을 조심히 다루고, 손에 넣게 되면 친절하게 대하라고 하더군. 조심하라느니, 친절하게 대하라느니⋯ 그게 아비 노릇이겠지. 하지만 린턴은 그 조심성과 친절을 죄다 제 한 몸 건사하는 데만 쓰기에도 바쁜 놈이거든. 린턴은 꼬마 폭군 노릇을 제법 잘해. 이빨이 뽑히고 발톱이 잘린 고양이라면 몇 마리쯤은 얼마든지 괴롭힐 놈이지. 네가 집에 돌아가게 되면, 그놈의 마음 씀씀이가 얼마나 대단했는지, 네 아버지한테 그럴싸한 이야기를 실컷 들려줄 수 있을 거야."

"이제야 제대로 말하는군요!" 내가 맞받았습니다. "아들이 어떤 성질머리인지 더 까발려 봐요. 당신을 얼마나 닮았는지도 분명히 보여 주고요. 그러면 캐시 아가씨도 그 독사를 덥석 집기 전에 한 번쯤은 더 생각해 보지 않겠어요!"

"이제는 그놈의 사랑스러운 성격을 늘어놓는 게 그리 꺼림칙하지도 않군." 히스클리프가 대답했습니다. "어차피 저 애는 그놈을 받아들이든지, 아니면 네 주인이 죽을 때까지 너랑 여기 갇혀 있든지 둘

중 하나일 테니까. 나는 너희 둘을 아무도 모르게 여기다 붙들어 둘 수 있어. 못 믿겠다면, 저 애한테 약속을 거두라고 해 봐. 그러면 네가 직접 확인해 볼 기회가 생길 테니!"

"약속은 거두지 않을 거예요." 캐시가 말했습니다. "린턴과 결혼하겠어요. 그러고 나서 스러시크로스 그레인지로 돌아갈 수만 있다면, 지금 당장이라도요. 히스클리프 씨, 당신은 잔인한 사람이지만 악마는 아니잖아요. 그저 악의만으로 제 행복을 영영 망가뜨릴 만큼은 아니잖아요. 만약에 아빠가 내가 일부러 아빠를 버리고 떠난 거라 생각한다면, 내가 돌아가기도 전에 세상을 떠나 버리면, 내가 어떻게 살아요? 이제 더는 울지 않을게요. 대신 히스클리프 씨 앞에 이렇게 무릎을 꿇겠어요. 그리고 히스클리프 씨가 나를 돌아볼 때까지 일어나지도 않고, 히스클리프 씨 얼굴에서 눈도 떼지 않을 거예요. 아니, 고개 돌리지 마세요. 제발 좀 봐 주세요. 당신을 화나게 할 만한 건 아무것도 없잖아요. 나는 히스클리프 씨를 미워하지 않아요. 나를 때렸다고 원망하지도 않고요. 히스클리프 씨는, 평생 누군가를 사랑해 본 적이 없나요? 단 한 번도요? 아아, 한 번만 이쪽을 봐 주세요. 이 정도로 비참한 사람을 보고도, 가엾은 마음이 하나도 안 드는 건 말이 안 되잖아요."

"그 도마뱀 같은 손가락 치워! 썩 비켜. 안 그러면 걷어차 버린다!" 히스클리프가 소리치며 캐서린을 거칠게 밀쳐 냈습니다. "차라리 뱀한테 안기고 말지, 도대체 무슨 배짱으로 나한테 알랑거릴 생각을 하는 거냐? 역겹다."

그는 역겨움에 몸서리치듯 어깨를 움츠리더니 의자를 뒤로 밀쳤습니다.

저는 벌떡 일어나, 그동안 참아 온 욕을 한꺼번에 쏟아 낼 작정으로 입을 열었어요. 하지만 첫 문장의 반도 내뱉기 전에, 한마디만 더 지껄이면 당장 방에 가둬 버리겠다는 위협에 그만 입을 다물 수밖에 없었지요.

어느새 날이 어둑해지고 있었어요. 정원 쪽 대문에서 사람들이 웅성거리는 목소리가 들려왔습니다. 집주인은 부리나케 밖으로 달려 나갔습니다. 그자는 정신이 또렷했지만, 우리는 정신을 차리지 못하고 있었지요. 2~3분쯤 말소리가 오가더니, 그자가 혼자 돌아왔습니다.

"헤어턴이 온 줄 알았는데…." 제가 캐서린에게 말했습니다. "아가씨 사촌이 오면 좋으련만! 어쩌면 우리 편을 들어 줄지도 모르잖아요."

"그레인지에서 하인 셋이 너희들을 찾으러 왔었어." 히스클리프가 제 말을 엿듣고 말했어요. "창문을 열고 소리를 질렀어야지. 하지만 안 하길 잘했어. 저 애는 이렇게 갇혀 있게 된 걸 즐기고 있을 거야, 틀림없어."

우리는 달아날 기회를 놓친 걸 알고 누가 먼저랄 것도 없이 서럽게 울음을 터뜨렸습니다. 히스클리프는 우리가 울게 내버려두었어요. 9시가 되자, 부엌을 지나 위층 질라의 방으로 올라가라고 했습니다. 저는 아가씨에게 순순히 따르자고 속삭였어요. 어쩌면 창문이나 다락을 통해 채광창으로 빠져나갈 방법을 찾을 수도 있으니까요.

하지만 창문은 아래층과 마찬가지로 좁았고, 다락문은 우리가 어찌해 볼 도리가 없을 만큼 굳게 잠겨 있었습니다. 결국, 우리는 이전과 마찬가지로 갇힌 신세였지요.

캐서린이나 저나 눕지도 못했습니다. 캐서린은 창문 옆에 자리를 잡고 동이 트기만을 초조하게 기다리더군요. 여러 번 눈 좀 붙이라고 사정했지만 들려오는 대답은 깊은 한숨뿐이었어요.

저는 흔들의자에 앉아 앞뒤로 흔들리면서, 여러 가지로 제 할 일을 다 하지 못한 것을 가혹하게 자책했습니다. 제가 모신 주인들의 온갖 불행이 온통 제 탓인 것만 같더군요. 물론 사실이 아니라는 것은 저도 알고 있었지만, 그 참담한 밤에는 모든 게 제 잘못이고 히스클리프조차 저보다 덜 잘못한 것처럼 느껴졌지요.

아침 7시가 되자 그가 와서 캐서린 양이 일어났는지 물었습니다. 캐서린이 얼른 문 앞으로 달려가 대답했습니다.

"네."

"그럼 나와." 그는 문을 열고 캐서린을 끌어냈습니다.

저도 따라가려고 했지만, 다시 자물쇠를 걸어 잠그더군요. 저는 내보내 달라며 소리쳤지요.

"조금만 참아." 그가 대꾸했습니다. "곧 아침을 올려 보낼 테니."

저는 화가 나서 문짝을 쾅쾅 두드리고, 빗장을 사납게 흔들어 댔습니다. 캐서린이 왜 저를 계속 가둬 두는지 묻자, 그는 제가 한 시간을 더 참아야 한다고 대답하고는 캐서린을 데리고 그냥 가 버리더군요.

저는 두세 시간을 견뎠습니다. 그제야 발소리가 들렸습니다. 히스클리프의 발소리는 아니었어요.

"먹을 것을 좀 가져왔소. 문 여시오!" 누군가의 목소리가 들려왔습니다.

부리나케 문을 열었더니 헤어턴이 종일 먹고도 남을 만큼의 음식을 잔뜩 들고 서 있더군요.

"받으소." 헤어턴이 쟁반을 내밀며 말했어요.

"잠깐만." 제가 말을 꺼냈어요.

"안 돼요!" 헤어턴이 소리치더니, 제가 아무리 붙들어 놓으려 애원을 해도 아랑곳하지 않고 물러났습니다.

그렇게 저는 그날 온종일, 그리고 다음 날 밤, 이어지는 그다음 날과 또 그다음 날 밤까지 내내 갇혀 있었습니다. 닷새 밤과 나흘 동안, 매일 아침 딱 한 번 헤어턴을 보는 것 외에는 사람 구경도 못 했어요. 헤어턴은 가히 간수의 모범이라 할 만했어요. 무뚝뚝하게 입을 다문 채, 정의나 연민으로 움직여 보려는 어떤 시도에도 전혀 꿈쩍하지 않았습니다.

14장

닷새째 되는 날 아침에, 아니, 오후가 더 가까운 시간에 전과는 조금 다른 발소리가 들려왔습니다. 가볍고 잰 발걸음이었어요. 그런데 이번에는 그 발소리의 주인이 방 안으로 들어왔습니다. 질라였어요. 주홍색 숄을 두르고 검은색 실크 보닛을 쓰고, 팔에는 버드나무 가지로 엮은 광주리를 걸고 있었어요.

"이런, 맙소사! 딘 부인!" 질라가 외쳤습니다. "세상에! 기머턴에 부인 소문이 돌던데…. 나도 부인이 아가씨하고 블랙호스 늪에 빠진 줄로만 알았지 뭐예요. 그런데 주인이 부인을 찾았다면서 이 집에 묵게 했다고 하더라고요! 어떻게 된 거예요? 어디 발 디딜 데라도 있었던 거죠? 그 안에서 얼마나 오래 있었던 거예요? 주인님이 부인을 구한 거예요? 그리 야위지는 않았네요. 많이 고생스럽진 않았나 봐요?"

"당신 주인은 참 악랄하군요." 제가 대꾸했습니다. "하지만 반드시 책임을 지게 될 거예요. 그런 이야기를 퍼뜨릴 필요까지는 없었어요.

결국 모든 진실은 드러날 거예요.”

“무슨 소리예요?” 질라가 물었습니다. “주인이 꾸며 낸 이야기가 아니에요. 마을 사람들이 다 그렇게 말하던데요, 부인이 늪에 빠졌다고. 그래서 내가 들어오는 길에 헤어턴 씨한테도 말했죠. ‘맙소사, 헤어턴 씨, 내가 집을 비운 사이에 끔찍한 일이 생겼네요. 그 젊은 아가씨도, 넬리 부인도 안됐지 뭐예요.’ 헤어턴 씨가 멀뚱멀뚱 쳐다보더라고요. 아직 아무 말도 못 들었나 싶어서 내가 들은 소문을 그대로 전해 주었지요. 그런데 주인이 혼자서 빙그레 웃더니 이렇게 말하는 거예요. ‘그 사람들이 늪에 있었다 해도, 이제는 나와 있어. 넬리 부인은 지금 네 방에 있어. 올라가서 딘 부인에게 얼른 가라고 해. 열쇠는 여기 있어. 늪 물에 정신이 혼미해져서 집에 달려갈 뻔했는데, 내가 정신을 차릴 때까지 붙들어 둔 거야. 부인이 괜찮아졌으면 당장 그레인지로 가라고 하고, 대지주의 장례식에 늦지 않게 아가씨도 보내겠다고 전해.’”

“에드거 씨가… 돌아가신 건 아니죠?” 저는 숨을 고르며 물었습니다. “아아! 질라, 질라!”

“아니, 안 돌아가셨어요. 딘 부인, 여기 좀 앉으세요.” 질라가 말했습니다. “아직 몸이 온전치 않으시잖아요. 돌아가신 건 아니고, 케네스 씨 말로는 하루쯤은 더 버티실 수 있을 거래요. 오는 길에 직접 물어봤어요.”

저는 앉기는커녕 부리나케 겉옷을 움켜쥐고 곧장 아래층으로 내려갔습니다. 내려가는 길은 다행히 막히지 않았어요.

큰방으로 들어서자마자 캐서린 소식을 알 만한 사람을 찾아 두리번거렸습니다.

집 안은 햇살로 가득했고, 현관문은 활짝 열려 있었지만 사람 그림자는 보이지 않았습니다.

그대로 나갈까, 아니면 다시 올라가 아가씨를 찾아볼까 망설이던 차에, 벽난로 앞에서 가느다란 기침 소리가 들려왔습니다.

린턴이 긴 의자를 혼자 차지하고 누워 막대사탕을 물고 무심한 눈길로 제 움직임을 좇고 있었습니다.

"캐서린 양은 어디 있어?" 저는 린턴이 혼자 있는 틈을 타 겁을 주면 입을 열지도 모른다는 생각에 일부러 단호하게 다그쳤어요.

하지만 린턴은 아무것도 모르는 어린애처럼 사탕만 빨고 있었습니다.

"갔어?"

"아니." 아이가 대꾸했습니다. "위층에 있어. 아무 데도 못 가. 우리가 안 놔줄 거야."

"못 가게 한다고, 이 멍청한 놈!" 제가 소리쳤습니다. "당장 캐서린 양 방으로 안내해! 안 그러면 혼쭐을 내 줄 테니까."

"네가 그 방에 들어가려고 하면 아빠가 너부터 혼내 줄걸." 린턴이 말했습니다. "아빠가 그랬어, 캐서린한테 물렁물렁하게 굴면 안 된다고. 내 아내인데도 나를 두고 떠나려는 건 부끄러운 일이래. 또 캐서린이 나를 미워해서 내가 죽기만 바란대. 내가 죽어야 내 돈을 차지할 수 있으니까. 하지만 내 돈은 절대 못 가질 거고, 집에도 못 가! 절대 못 가! 울든, 병이 나든, 마음대로 하라지!"

린턴은 다시 사탕을 입에 물고 그대로 잠들 작정인 듯 눈을 감았습니다.

"히스클리프 도련님." 제가 다시 말했습니다.

"지난겨울, 캐서린이 도련님에게 베푼 친절을 다 잊으신 거예요? 도련님이 캐서린을 사랑한다고 말했지요. 캐서린은 눈보라를 뚫고 여러 번 찾아와 책도 가져다주고 노래도 불러 주었잖아요. 캐서린은 하루라도 못 가면 도련님이 실망할까 봐 울었는데…. 그때 도련님은 그녀가 본인한테 너무 과분하다고 느꼈잖아요. 그런데 이제는 아버지가 지껄이는 거짓말을 믿으시네요. 아버지가 도련님과 캐서린을 얼마나 미워하는지 다 알면서, 아버지 편을 들어 캐서린에게 등을 돌리다니! 참으로 기가 막힌 보답이네요.”

린턴이 한쪽 입꼬리를 축 늘어뜨리면서 입에 물고 있던 사탕을 뺐습니다.

“도련님이 미웠으면 캐서린이 워더링 하이츠에 왔겠어요?” 제가 말을 이었습니다. “생각 좀 해 보세요! 돈 이야기도 마찬가지예요. 캐서린은 도련님에게 유산이 있다는 사실조차 몰라요. 그리고 캐서린이 아프다면서요? 아픈 사람을 낯선 위층 방에 혼자 내버려두다니요! 주변에 돌봐 주는 사람 하나 없이 방치되는 게 어떤 기분인지 누구보다 잘 알면서! 자기가 고통받을 때는 그토록 서러워하더니, 캐서린은 그런 도련님을 불쌍히 여겨 줬는데, 이제 도련님은 캐서린의 고통에는 눈길조차 주지 않는군요! 나 좀 보세요. 제가 울고 있는 게 안 보여요? 나이 든 하인에 불과한 저도 이렇게 우는데, 사랑하는 척하더니, 거의 숭배해도 모자랄 판에 눈물 한 방울조차 아끼면서 태평하게 누워 있네요. 아아, 정말로, 인정머리라고는 눈곱만치도 없는 이기적인 사람이에요!”

“캐서린 옆에는 못 있겠어.” 린턴이 짜증 섞인 목소리로 대답했습니다. “나 혼자서는 옆에 못 있겠단 말이야. 울기만 하니까 도저히 견딜 수가 없어. 아버지를 부르겠다고 해도 그칠 생각을 안 하잖아. 한 번은 정말로 아버지를 불렀거든. 아버지가 와서 조용히 하지 않으면 목을 졸라 버린다고 했어. 그런데도 아버지가 방을 나가자마자 다시 울기 시작했어. 밤새도록 신음하고 한탄을 늘어놓는데, 내가 잠을 잘

수가 있어야지. 화가 나서 소리를 질러도 소용이 없었어.”

“히스클리프 씨는 나갔나요?” 제가 물었습니다. 이 보잘것없는 아이에게는 사촌의 정신적 고통에 공감할 능력이 전혀 없다는 걸 알아차렸거든요.

“안뜰에 있어.” 아이가 대답했습니다. “케네스 씨랑 이야기하는 중이야. 외삼촌이 이제 정말 죽을 거래. 나는 기분이 좋아. 그러면 내가 그레인지의 주인이 될 테니까. 캐서린은 항상 그레인지가 자기 집이라고 했지. 웃기지 마! 그건 내 거야. 캐서린 거는 전부 내 거라고 아빠가 그랬단 말이야. 근사한 책들도 다 내 거야. 캐서린은 방 열쇠를 가져와서 자기를 나가게 해 주면 책이랑 예쁜 새랑 조랑말 미니까지 다 주겠다고 했어. 하지만 나는 그 애한테 네가 나한테 줄 건 아무것도 없다고 했지. 전부 다, 몽땅 내 거니까. 그러자 캐서린이 울면서 목에 걸고 있던 작은 초상화를 꺼내더라. 그걸 주겠대. 황금 로켓 안에 그림 두 장이 들어 있었는데, 한쪽은 캐서린 엄마의 젊었을 때, 다른 한쪽은 외삼촌의 젊었을 때 모습이었어. 그게 어제 일이야. 나는 그것도 내 거라고 말하면서 빼앗으려 했어. 그런데 그 못된 것이 안 주려고 나를 밀치는 바람에 내가 좀 다쳤지. 그래서 내가 소리를 질렀어. 그러면 캐서린이 겁을 먹거든. 아빠가 오는 소리를 듣고는 로켓의 경첩을 분지르더니 자기 엄마 사진을 나한테 주더라. 다른 한 장은 숨기려고 했지만 아빠가 무슨 일이냐고 물어서 내가 다 말했지. 그랬더니 아빠는 내 것을 빼앗고, 캐서린한테 나머지 하나도 내놓으라고 했어. 캐서린이 거부하자, 아빠가… 아빠가 캐서린을 한 대 쳐서 바닥에 쓰러트리고 로켓 줄을 목에서 잡아 뜯어 발로 짓밟아 버렸어.”

“그래서 캐서린이 맞는 걸 보니 좋던가요?” 제가 물었습니다. 린턴의 입을 더 열게 하려는 속셈이었지요.

"나는 한쪽 눈을 감았어." 그 아이가 대답했습니다. "아빠가 개나 말을 때릴 때도 한쪽 눈을 감아. 너무 세게 때리거든. 그래도 처음에는 속이 시원했어. 나를 밀쳤으니까 맞을 만하다고 생각했거든. 그런데 아빠가 가고 나서 캐서린이 나를 창가로 불러 입안의 상처를 보여 주었는데, 뺨 안쪽이 이에 찍혀 찢어지고 피가 가득 고여 있더라고. 그러고 나서는 부서진 초상화 조각들을 주워 모으더니 벽을 보고 앉았어. 그때부터 나한테 한마디도 안 해. 가끔은 아파서 말을 못 하는 건 아닐까 싶은 생각이 들었지만, 설마 그건 아니겠지. 하지만 계속 그렇게 울기만 하니 너무 못됐어. 게다가 얼굴이 너무 창백하고 정신을 놓은 것 같아서 솔직히 좀 무서워."

"그럼, 도련님은 마음만 먹으면 열쇠를 가져올 수 있겠군요?" 제가 말했습니다.

"응, 위층에 있을 때는." 린턴이 대답했습니다. "그런데 지금은 못 올라가겠어."

"열쇠는 어느 방에 있나요?" 제가 물었습니다.

"어림없지, 안 가르쳐 줄 거야!" 린턴이 소리쳤습니다. "그건 우리 비밀이야. 헤어턴도, 질라도 아무도 알면 안 돼. 이제 됐어. 너 때문에 피곤해졌잖아. 저리 가, 저리 가라고!"

그러고는 얼굴을 팔에 묻으며 다시 눈을 감았습니다.

저는 히스클리프 씨와 마주치지 않고 그곳을 떠나 그레인지로 가서 아가씨를 구해 낼 사람들을 불러오는 게 상책이라고 생각했습니다.

제가 그레인지에 도착하자, 저를 본 동료 하인들은 매우 놀라며 기뻐했습니다. 아가씨가 무사하다는 말을 듣자마자 하인 두세 명이 그 길로 에드거 씨의 방문 앞으로 달려가 그 소식을 전하려 했지만, 제가 직접 하겠다고 했습니다.

그 며칠 사이에 나리는 너무 많이 변해 있었습니다. 누워서 죽음을 기다리는 그 모습은 슬픔과 체념 그 자체였지요. 이상하리만치 젊어 보였어요. 실제로는 서른아홉이었지만, 적어도 열 살은 더 젊어 보였습니다. 캐서린을 생각하고 있었는지 이름을 중얼거리더군요. 저는 나리의 손에 제 손을 얹으며 말을 건넸습니다.

"나리, 캐서린이 곧 와요." 제가 속삭였습니다. "무사히 살아 있어요. 아마 오늘 밤에는 이곳에 올 거예요."

저는 이 소식을 접한 나리의 첫 반응에 몸이 떨렸습니다. 제 말을 듣고는 몸을 반쯤 일으켜 방 안을 유심히 훑더니 다시 쓰러져 기절하셨거든요.

나리가 정신을 차리자마자 저는 우리가 워더링 하이츠에 마지못해 들렀다가 그곳에 붙들렸던 일을 이야기했습니다. 히스클리프가 저를 억지로 집 안에 들였다고 말했어요. 물론, 완전히 사실은 아니었지요. 린턴을 나쁘게 여길 만한 내용은 최대한 줄이고, 그의 아버지가 보인 잔혹한 행동에 대해서도 말을 아꼈습니다. 이미 고통으로 흘러넘치는 나리의 잔에, 제가 굳이 쓰디쓴 괴로움을 더하고 싶지 않았거든요.

나리는 원수의 목적 중 하나가 부동산뿐 아니라 개인 재산까지도 아들의 소유, 더 정확히 말하면 자신의 소유로 확보하려는 것임을 직감했습니다. 다만, 왜 히스클리프가 자신이 죽을 때까지 기다리지 않았는지가 제 주인에게는 풀리지 않는 수수께끼였습니다. 조카가 곧 자신의 뒤를 따라 세상을 떠나리라는 사실은 알지 못했으니까요.

어쨌든 나리는 유언장을 고쳐 쓰는 편이 낫겠다고 판단했습니다. 재산을 캐서린 마음대로 쓰게 하는 대신 신탁관리인에게 맡겨 캐서린이 살아 있는 동안에는 캐서린을 위해, 그리고 만약 자녀가 생기면 사후에는 캐서린의 자녀들이 물려받도록 할 계획이었지요. 이렇게 하면, 나리가 죽더라도 히스클리프에게 재산이 넘어가는 일은 막을 수 있었습니다.

나리에게 명을 받아 든 저는 곧장 하인을 하나 보내서 변호사를 불러오게 했습니다. 그리고 하인 넷을 더 불러 쓸 만한 무기를 들려 교도관의 손에서 아가씨를 당장 구해 오라고 했지요. 하지만 양쪽 모두 밤늦도록 소식이 없더군요. 먼저 돌아온 쪽은 혼자 갔던 하인이었습니다.

변호사 그린 씨 댁에 도착했을 때는 그 양반이 마침 외출 중이라 두 시간이나 기다려야 했는데, 겨우 만났더니 마을에 급한 용무가 있다며 내일 아침 전에 스러시크로스 그레인지로 찾아오겠다고 했다더군요.

빈손으로 돌아오기는 네 명의 장정들도 마찬가지였습니다. 그들 말로는 캐서린이 너무 아파서 방에서 나올 수가 없는 상태라면서 아가씨를 절대 보여 줄 수 없다고 히스클리프가 완강히 버텼다는 겁니다.

저는 그런 뻔한 거짓말에 속아 넘어간 그 멍청한 녀석들을 호되게 꾸짖었습니다. 나리에게 전할 필요도 없는 말이었지요. 그래서 날이 밝는 즉시 하인들을 전부 끌고 워더링 하이츠로 가서 아가씨를 순순히 넘겨받지 못하면 그야말로 쑥대밭으로 만들겠다고 결심했습니다.

그 악마 같은 놈이 우리를 막아서려다 자기 집 문간에서 쓰러지는 한이 있어도, 아버지에게 딸을 보여 주겠다고 몇 번이고 다짐하고, 또 다짐했지요.

다행히도 제가 직접 가서 소란을 피울 일은 생기지 않았답니다. 새벽 3시쯤 주전자에 물을 채우러 아래층으로 내려갔다가 현관 앞을 지나치려는데, 갑자기 문을 쾅쾅 두드리는 소리가 나서 저도 모르게 펄쩍 뛰고 말았습니다.

"아, 그린 씨겠구나." 저는 마음을 가다듬으며 혼잣말을 했어요. "그린 씨뿐이라면 뭐…." 저는 다른 하인을 시켜 문을 열게 할 생각으로 그냥 지나치려 했습니다. 그런데 다시 문 두드리는 소리가 들렸습니다. 소리가 크지는 않았지만, 아주 애가 달아 두드리는 것 같더라고요.

저는 주전자를 계단 난간에 올려놓고 서둘러 문을 열어 주러 갔습니다. 바깥에는 가을 새벽녘의 휘영청 밝은 보름달이 떠 있더군요. 하지만 문 앞에 서 있던 사람은 변호사가 아니었습니다. 가엾고 사랑스러운 우리 아가씨가 제 목을 얼싸안으며 흐느끼는 게 아니겠어요.

"엘런, 엘런! 아빠는? 아빠 살아 계셔?"

"그럼요!" 제가 소리쳤습니다. "그럼요, 우리 천사 같은 아가씨! 살아 계시고 말고요. 주여, 감사합니다! 이제 우리 곁에 있으니 아무 걱정 없어요!"

아가씨는 숨이 턱 끝까지 차올라서도 당장 위층 나리의 방으로 뛰어 올라가려 했습니다. 하지만 저는 아가씨를 억지로 의자에 앉히고는, 우선 물부터 마시게 했지요. 그러고는 제 앞치마로 아가씨의 창백한 얼굴을 문질러 가며 씻겨서, 희미하게나마 겨우 핏기가 돌게 했습니다.

저는 제가 먼저 올라가 아가씨가 왔다는 소식을 전하겠다고 말했어요. 그러면서 아가씨에게 아버지께는 린턴과 행복하게 잘 지내겠다고 말씀드려 달라 간곡히 부탁했지요. 아가씨는 깜짝 놀라 저를 빤히 쳐다보았지만, 제가 왜 거짓말을 하라고 하는지 금세 알아차리고는, 아버지 앞에서 고통스러운 내색은 하지 않겠노라며 저를 안심시켰습니다.

저는 차마 부녀가 만나는 장면을 지켜볼 엄두가 나지 않았습니다. 문 앞에서 15분을 서 있었어요. 침대 가까이로는 발이 떨어지지 않더군요.

하지만 제 걱정과 달리 방 안은 무척 평온했습니다. 캐서린의 절망은 아버지가 느끼는 기쁨만큼이나 고요했으니까요. 캐서린은 적어도 겉으로 보기에는 아주 침착하게 아버지를 부축하고 있었고, 나리는 더없는 기쁨에 한껏 커다래진 눈으로 줄곧 딸을 올려다보면서 한시도 눈을 떼지 않았어요.

록우드 씨, 나리는 참으로 복되게 눈을 감으셨어요. 정말이지 평온한 죽음이었지요. 나리는 아가씨의 뺨에 입을 맞추며 나직이 속삭이셨습니다.

"나는 네 어머니 곁으로 간단다. 내 사랑하는 아가야, 너도 우리 곁으로 오게 될 거야."

그러고는 다시는 움직이지도, 입을 떼지도 않으셨습니다. 그저 황홀경에 빠진 듯 찬란한 눈빛으로 아가씨를 응시하더니, 어느 순간 맥박이 잦아들고 영혼이 떠나갔어요. 어찌나 고통 없는 평화로운 죽음이었던지, 누구도 나리가 정확히 어느 순간 숨을 거두었는지 알아채지 못할 정도였답니다.

눈물이 다 말라 버린 것인지, 슬픔이 깊으면 눈물도 나오지 않는 것인지, 캐서린은 해가 뜰 때까지 눈물 한 방울 흘리지 않고 거기에 앉아 있었어요. 정오가 되도록 아버지의 임종 자리를 떠나지 못하고 슬픔에 잠겨 있었지요. 제가 부득부득 우겨 조금이라도 쉬게 하지 않았더라면 아마 언제까지라도 그 자리를 지키고 있었을 겁니다.

캐서린을 데리고 나온 건 정말 잘한 일이었어요. 점심때쯤 변호사가 나타났는데, 알고 보니 워더링 하이츠에 들러서 행동 지침을 받아 왔더군요. 그자가 나리의 부름을 받고도 늑장을 부린 이유는 이미 히스클리프 씨에게 매수되었기 때문이었지요. 캐서린이 돌아온 뒤로는 그 어떤 세상사도 나리의 마음을 어지럽히지 않았습니다. 그렇게 평온하게 눈을 감을 수 있었던 것이야말로 유일한 위안이자 불행 중 다행이었지요.

그린 씨는 저택의 모든 일에 참견하면서 사람들을 제멋대로 주무르기 시작했습니다. 저를 제외한 모든 하인들에게 해고를 통보했지요. 하지만 다행히 그런 망동을 가로막을 유언장이 있었고, 저 또한 그 지시 사항을 단 한 치라도 어겨서는 안 된다고 거세게 항의한 덕분에 그 음모만큼은 막을 수 있었지요.

장례는 서둘러 치러졌습니다. 이제 '린턴 히스클리프 부인'이 된 캐서린 아가씨에게는 아버지의 유해가 저택을 떠날 때까지 스러시크로스 저택에서 지내도 좋다는 허락이 내려졌어요.

아가씨 말로는, 본인이 그토록 괴로워하는 모습을 보다 못한 린턴이 자기가 화를 당할 위험을 무릅쓰고 캐서린의 탈출을 도왔다고 하더군요. 제가 보낸 사람들이 문밖에서 실랑이를 벌이는 소리를 들은 데다, 히스클리프가 밖에서 뭐라고 대거리하는 소리까지 듣고는 캐서린도 상황이 어떻게 돌아가는지 눈치를 챈 모양이었습니다. 그 소리에 아가씨는 그야말로 눈앞이 캄캄해졌지요. 제가 떠난 직후 위층 작은 응접실로 자리를 옮긴 린턴은 캐서린의 상태를 견디다 못해 아버지가 다시 올라오기 전에 열쇠를 가져왔답니다. 린턴은 제법 머리를 써서, 문을 열었다가 완전히 닫히지 않은 상태에서 열쇠만 돌려 잠긴 것처럼 꾸며 놓았다더군요. 그러고는 잘 시간이 되자 헤어턴의 방에서 자게 해 달라고 졸라 댔고, 허락을 받아 냈지요.

캐서린은 동이 트기 전에 몰래 방에서 빠져나왔습니다. 개들이 짖어 댈까 봐 감히 문으로 나갈 엄두는 내지 못하고 빈방들을 돌아다니며 창문을 살폈다더군요. 그러다가 우연히 옛날 어머니의 방에 들어갔고, 격자창으로 쉽게 빠져나와 가까이에 있던 전나무를 타고 가뿐히 땅으로 내려올 수 있었답니다. 공범인 린턴은 나름대로 안 들키려고 꼼수를 부렸지만 결국은 아가씨의 탈출을 도운 죄로 혹독한 대가를 치렀다고 하더군요.

15장

　장례식을 치른 날 저녁, 아가씨와 저는 서재에 앉아 있었습니다. 우리 곁을 떠난 나리를 생각하며 한참 슬퍼하다가도—우리 중 한 명은 아예 절망에 빠져 있었지만요—또 문득 닥쳐올 앞날이 얼마나 암울할지 조심스레 가늠해 보기도 했습니다.

　우리는 캐서린이 누릴 수 있는 최선의 길은 적어도 린턴이 살아 있는 동안만이라도 그레인지에서 지낼 수 있도록 허락을 받는 것이라는 데 의견의 일치를 보았습니다. 도련님이 여기로 오고, 저도 계속 가정부 일을 맡을 수 있다면요. 사실 우리 쪽에 지나치게 유리한 결정이라고 생각하면서도 저는 내심 기대를 걸고 있었습니다. 정든 집에서 계속 살면서 하던 일을 하고, 무엇보다도 제가 아끼는 어린 안주인을 곁에서 계속 모실 수 있다는 생각에 조금씩 기운이 나기 시작했거든요. 그런데 바로 그때, 해고 통지를 받은 뒤에도 아직 남아 있던 하인 하나가 급하게 뛰어 들어와서는 '그 악마 같은 히스클리프'가 안

뜰을 지나 오고 있는데, 그놈이 보는 앞에서 문을 걸어 잠가 버려야 할지 묻더군요.

설사 우리가 미쳐서 정말로 문을 걸어 잠그라고 시켰다 해도, 그럴 시간조차 없었을 겁니다. 히스클리프는 문을 두드리거나 이름을 밝히는 예의 따위는 완전히 무시했거든요. 자기가 주인이니 거칠 것이 없다는 태도였지요. 그자는 주인의 권세를 마음껏 휘두르며 말 한마디 없이 곧장 걸어 들어왔습니다.

소식을 전해 주던 하인의 목소리를 따라 서재로 들어온 히스클리프는 하인에게 나가라고 손짓하고는 문을 닫아 버렸습니다.

그가 열여덟 해 저 손님으로 안내받고 들어왔던 바로 그 방이었습니다. 창문으로 비쳐 드는 달빛도 똑같았고, 가을 풍경 또한 그대로 펼쳐져 있었지요. 아직 촛불을 켜기 전이었지만, 방 안의 모든 것, 심지어 벽에 걸린 초상화들—린턴 부인의 눈부신 모습과 린턴 씨의 품위 있는 얼굴—까지 훤히 보였답니다.

히스클리프는 벽난로 앞으로 성큼성큼 다가갔어요. 세월이 무색하게도 그의 모습은 예전과 별반 다를 게 없었습니다. 그때와 똑같았어요. 거무스름한 얼굴이 전보다 더 거무죽죽해지고 기색이 한결 차분해졌달까요. 몸집이 조금 더 불어난 것 말고는 딱히 달라진 것이 없었습니다. 캐서린은 그를 보자마자 밖으로 뛰쳐나가려는 듯 자리에서 벌떡 일어났습니다.

"가만있어!" 히스클리프가 아가씨의 팔을 홱 낚아채며 말했습니다. "이제 그만 도망쳐! 가긴 어딜 가겠다는 거야? 너를 집으로 데려가려고 왔다. 가서 고분고분한 며느리 노릇이나 해라. 내 아들놈 부추겨서 자꾸 거역하게 만들지 말고. 그놈이 이번 일에 가담한 걸 알고 어떤 벌을 줘야 할지 참 난감했거든. 워낙 거미줄 같은 놈이라 손가락으로 톡 건드리기만 해도 바스러질 것 같아서 말이야. 하지만 그놈 몰골을 보면 제 죗값은 톡톡히 치렀다는 걸 알게 될 거다! 그저께 저녁에 그놈을 아래층으로 데려와서 의자에 앉혀 놓고 손가락 하나 대지 않았지. 헤어턴은 내보내고 둘이서만 그 방에 있었거든. 두 시간 뒤에 조지프를 불러서 다시 위층으로 옮기라고 시켰다만, 그때부터 그놈은 나를 보면 유령이라도 본 것처럼 경기를 일으키더구나. 옆에 없어도 내가 자꾸 보이는 모양이야. 헤어턴 말로는 밤마다 몇 시간씩 자다 깨서 비명을 지르며 나한테서 자기를 지켜 달라고 너를 부른다는구나. 그러니 네 소중한 짝이 좋든 싫든 너는 가야만 해. 그놈 뒤처리는 이제 네 소관이야. 난 그놈한테 손 뗄 테니, 어디 마음대로 해 봐."

"캐서린은 그냥 여기 있게 해 주면 안 될까요?" 제가 사정했습니다. "린턴 도련님을 이쪽으로 보내고요. 어차피 두 아이 다 눈엣가시처럼 여기니까 옆에 없어도 딱히 아쉬울 건 없잖아요. 괜히 데리고 있어 봐야 당신처럼 비뚤어진 사람한테는 매일 같이 골칫거리일 뿐일 텐데요."

"스러시크로스 그레인지에 새로 들일 세입자를 구하는 중이야." 그가 대답했습니다. "그리고 자식놈들은 내 곁에 둬야 마음이 놓이지. 게다가 저 애도 제 입에 들어가는 밥값만큼은 내 일을 거들어야 할 거 아냐. 린턴이 죽고 난 뒤에도 호의호식하며 빈둥거리게 할 생각은 추호도 없거든. 그러니 잔말 말고 어서 채비해라. 질질 끌려가고 싶지 않으면 말이다."

"그럴게요." 캐서린이 대답했습니다. "이 세상에서 제가 사랑할 사람은 린턴뿐이니까요. 당신은 우리가 서로를 미워하게 만들려고 갖은 짓을 다 하고 있지만, 결코 뜻대로 되지는 않을 거예요. 제 눈앞에서 린턴을 괴롭힌다면 저도 절대 가만히 있지 않겠어요. 당신이 아무리 겁박해도 전 눈 하나 깜짝 안 할 거니까요!"

"참으로 대단한 기사님 나셨군." 히스클리프가 대답했습니다. "하지만 나는 네 소원대로 그놈을 괴롭혀 줄 만큼 네가 좋지는 않아서 말이다. 그 고통이 얼마나 가든, 그 대가는 네가 오롯이 다 받게 될 거다. 그 애가 네 눈에 끔찍해 보이는 건 내 탓이 아니라, 그놈의 그 잘난 본성 때문일 테니까. 네가 도망치는 바람에 뒷감당하느라 독이 잔뜩 올라 있으니까, 너의 그 고귀한 헌신에 감사 인사 같은 건 기대하지 마라. 그놈이 질라에게 재잘거리는 걸 들었는데, 자기가 나처럼 힘만 셌어도 널 어떻게 손봐 줬을지 아주 즐겁게 늘어놓더구나. 의욕만큼은 굴뚝같으니, 그 약해 빠진 몸뚱이를 대신해 써먹을 수법을 아주 잘도 찾아내겠지."

"린턴의 고약한 천성은 저도 알아요." 캐서린이 말했습니다. "당신 아들이니까요. 하지만 제 천성이 그보다 나아서 그 애를 용서할 수 있으니 다행이죠. 저는 린턴이 저를 사랑한다는 걸 알고, 바로 그런 이유로 저도 그 애를 사랑해요. 히스클리프 씨, 당신을 사랑해 주는 사람은 아무도 없어요. 당신이 우리를 아무리 비참하게 만들어도, 우린 당신의 그 잔인함이 사실은 당신 자신의 더 큰 비참함에서 나온다는 걸 떠올리며 복수할 거예요. 당신은 정말 비참한 사람이에요, 안 그래요? 악마처럼 외롭고, 악마처럼 시기심에 불타 있잖아요! 아무도 당신을 사랑하지 않아요. 당신이 죽어도 울어 줄 사람은 단 한 명도 없을 거예요! 나는 죽어도 당신 같은 인간으로는 살지 않을 거예요!"

캐서린은 일종의 음울한 승리감에 젖어 말했습니다. 이제 새로운 가족의 분위기에 적응하기로 마음을 다잡고, 적들의 슬픔에서 기쁨을 찾아내기로 작정한 모양이었지요.

"거기 1분만 더 서 있어 봐라. 네년이 태어난 것 자체를 저주할 만
큼 뼈저리게 후회하게 해 주마." 시아버지가 내뱉었습니다. "썩 꺼져,
이 요망한 것아! 가서 네 물건이나 챙겨!"

캐서린은 경멸 어린 눈길을 던지며 물러갔습니다.

아가씨가 자리는 비운 사이 저는 질라에게 제 자리를 양보할 테니
대신 워더링 하이츠에서 일하게 해 달라고 간청했어요. 하지만 히스
클리프는 절대 허락하지 않았습니다. 제 입을 다물게 하고는 처음으
로 방 안을 둘러보더니 벽에 걸린 초상화들을 살피더군요. 그는 린턴
부인의 초상화를 한참 들여다보고는 이렇게 말했습니다.

"저건 내가 집으로 가져가야겠어. 꼭 필요한 건 아니지만…."

히스클리프는 갑자기 벽난로 쪽으로 몸을 돌리더니, 뭐랄까… 적
당한 말이 없으니 그저 미소라고밖에는 달리 부를 수 없는 기괴한 표
정을 지으며 말을 이었습니다.

"어제 내가 무슨 짓을 했는지 말해 주지! 린턴의 무덤을 파고 있던
교회 묘지기에게 캐시의 관에 덮인 흙을 다 치우라고 했어. 그리고 관
뚜껑을 열어 봤지. 한순간 그대로 그 안에 들어가 눕고 싶다는 생각
까지 들더군. 다시 본 캐시의 얼굴은, 여전히 그 애의 얼굴이었어! 묘
지기가 나를 떼어 놓느라 애를 좀 먹었지. 하지만 공기가 닿으면 얼굴
이 변할 거라는 말에, 관 한쪽 면을 쳐서 헐겁게 해 놓고 다시 흙을 덮
어 버렸어. 린턴 놈이 묻힌 쪽 말고! 그놈의 관은 납땜을 해 버렸어야
했는데…. 아무튼 그러고는 묘지기를 매수해서 내가 그 옆에 묻히게
되면 그 애 관의 헐거운 판자를 떼고 내 관의 옆 판도 빼 버리라고 했
지. 내 관도 한쪽이 쑥 빠지게 할 생각이거든. 그럼 린턴 놈의 관이 썩
어 우리에게 올 때쯤이면, 우린 이미 누가 누구인지 구별조차 못 하
게 하나로 섞여 있겠지!"

"히스클리프 씨, 정말 악랄하군요!" 제가 외쳤습니다. "고인을 괴롭히다니, 부끄럽지도 않나요?"

"넬리, 나는 그 누구도 괴롭히지 않았어." 그가 대답했습니다. "나자신을 조금 편안하게 해 줬을 뿐이야. 이제는 훨씬 마음이 놓이는군. 내가 죽어도 땅속에 조용히 묻혀 있을 수 있겠어. 그 애를 괴롭혔다고? 아니! 열여덟 해가 지나는 동안 밤낮으로 나를 괴롭힌 건 그애였어. 단 하루도 거르지 않고 나를 들볶아 댔어. 어젯밤 내가 무덤가를 찾기 전까지는 단 한순간도 멈춘 적이 없었지. 그런데 어제저녁엔 참 평온하더군. 꿈을 꿨어. 잠든 그 애 옆에 누워 마지막 잠이 드는 꿈이었지. 내 심장은 멎어 있었고, 내 뺨은 그 애의 뺨에 맞닿은 채로 그대로 얼어붙어 버렸어."

"만약 그 애의 몸이 이미 흙으로 돌아가 형체도 없었다면요? 아니, 그보다 더 끔찍한 상태였다면 그때는 무슨 꿈을 꿨겠어요?" 제가 물었습니다.

"그 애와 함께 흙이 되는 꿈을 꿨겠지. 그럼 지금보다 훨씬 더 행복했을 거야!" 히스클리프가 대답했습니다. "내가 그따위 변화를 두려워할 것 같아? 관 뚜껑을 들어 올릴 때 이미 그런 변화를 예상하고 있었어. 하지만 내가 그 옆에 누울 때까지 그 변화를 함께 나눌 수 있게 그 과정을 미뤄 둔 채 기다려 준 거 같아서 오히려 기쁘더군. 게다가 캐시의 초연한 얼굴을 내 눈으로 직접 확인하지 않았더라면, 이 지독한 기분에서 영영 벗어나지 못했을 거야. 그 시작은 기이했지. 너도 알다시피 캐시가 죽고 난 뒤 나는 제정신이 아니었어. 새벽부터 다음 날 새벽까지 영원 같은 시간을, 그 애의 영혼이 내게 돌아오게 해달라고 빌고 또 빌었지. 나는 유령이 있다고 확신하니까. 유령이 우리곁에 존재하고, 실제로 존재한다고 믿어!

캐시가 묻히던 날에는 눈이 내렸어. 저녁에 교회 묘지로 갔어. 겨울처럼 황량한 바람이 불더군. 사방이 적막했지. 그 멍청한 남편 놈이 그렇게 늦은 시간에 골짜기까지 올라올 것 같지도 않았고, 다른 사람들은 거기에 올 일도 없었으니까.

그렇게 혼자서, 우리 사이를 가로막고 있는 건 고작 한 길 남짓의 헐거운 흙더미뿐이라는 생각이 들더군. 나는 혼잣말을 했어.

'캐시를 다시 내 품에 안을 거야! 그 애 몸이 차가우면 내 몸을 얼어붙게 만드는 이 북풍 때문이고, 그 애가 움직이지 않으면 잠들어 있어서라고 생각할 거야.'

나는 연장 창고에서 삽을 가져와 온 힘을 다해 땅을 파 내려갔어. 삽 끝이 관에 닿아 긁히는 소리가 나더군. 그때부터는 손으로 흙을 파헤쳤어. 관 뚜껑에 박힌 나사 주변이 우두둑 갈라지는 소리가 들렸어. 이제 막 목표를 이루기 직전이었지. 그때 바로 위에서 한숨을 내쉬는 소리가 들리는 것 같더군. 누군가가 무덤 가장자리에서 내려다보는 느낌이었어. '이것만 열 수 있다면, 누가 우리 둘 위에 흙을 덮어 주면 좋겠는데!' 나는 이렇게 중얼거리면서 더욱더 필사적으로 관 뚜껑을 비틀었지. 그때 또 한숨 소리가 들리더군. 바로 내 귓가에서 들렸어. 그 따뜻한 숨결이 진눈깨비를 실은 바람을 밀어내는 것 같았어. 내 옆에 피와 살로 이루어진 살아 있는 존재가 없다는 건 알고 있었어. 하지만 어둠 속에서, 비록 형체는 보이지 않아도 어떤 실체가 곁에 와 있다는 걸 분명히 감지하듯, 나는 캐시가 거기 있다는 걸 확실히 느꼈지. 발 아래가 아니라, 땅 위에 말이야.

순식간에 안도감이 심장에서부터 발끝까지 온몸으로 퍼져 나갔어. 나는 그 고통스러운 작업을 멈추고 곧바로 위안을 얻었지. 말로 다할 수 없을 만큼 평온해졌어. 캐시가 내 곁에 있었어. 다시 무덤을 메우는 동안에도 내 곁을 지켰고, 내 발길을 집으로 이끌어 주었어. 비웃고 싶으면 비웃어. 하지만 나는 집에 가면 캐시를 볼 수 있으리라 확신했어. 그 애가 나와 함께 있다는 걸 믿어 의심치 않았거든. 나도 모르게 캐시에게 말을 걸고 있었지.

하이츠에 이르자마자 서둘러 문으로 달려갔어. 잠겨 있더군. 그래, 생각난다. 그 빌어먹을 언쇼 놈과 내 아내가 내가 못 들어가게 문을 잠가 놨지. 그놈의 숨통이 끊어지도록 걷어차 주고는, 위층에 있는 내 방과 캐시 방으로 급히 뛰어 올라갔던 게 기억나. 조바심을 내며 주위를 둘러보았지. 분명 곁에 있다는 게 느껴졌어. 금방이라도 보일 것만 같았는데, 끝내 보이지 않았어!

그 애가 미치도록 보고 싶어서, 한 번만이라도 좋으니 내 눈앞에 나타나게 해 달라고 얼마나 기도했는지 몰라. 그 간절함이 오죽했으면 그때 내 몸에서 땀이 아니라 피가 흘러나왔어도 이상하지 않았을 거야. 그런데도 그 애는 단 한 번을 나타나지 않더군. 살아생전에도 그러더니, 그 애가 나한테 또 악마 같은 장난질을 쳤던 거야!

그날 이후로 나는 줄곧 그 견딜 수 없는 고문에 농락당하며 살았어. 지옥이 따로 없었지! 더할 때도 있고 덜할 때도 있었지만 지옥 같은 괴로움이 내 신경을 얼마나 팽팽하게 당겨 놓던지, 만약 내 신경이 고래 심줄처럼 질기지 않았더라면 진작에 그 잘난 린턴 놈처럼 맥없이 끊어져 버렸을 거야. 헤어턴이랑 집 안에 있을 때는 밖에 나가야 그 애를 만날 것 같았고, 황야를 걸을 때면 집으로 돌아가야 그 애와 마주칠 것만 같았지. 외출하는 날은 서둘러 돌아오곤 했어. 그 애가 집 어딘가에 분명히 있을 것 같았거든! 캐시 방에서 잠을 청해 보기도 했어. 하지만 그런 날에는 결국 버티지 못하고 쫓겨나듯 나오고 말았지. 도저히 거기에 누워 있을 수가 없었거든. 눈을 감기만 하면 그 애가 창밖에서 서성거리거나, 침대 미닫이를 밀고 들어오거나, 아니면 어릴 때처럼 내 베개에 그 사랑스러운 머리를 같이 누이고 있는 것만 같았거든. 그러면 확인하려고 감았던 눈을 뜰 수밖에 없었지. 그렇게 하룻밤에도 수백 번씩 눈을 떴다 감았다 했지만, 눈을 뜨면 언제나 절망뿐이었어! 고문이 따로 없었지! 내가 밤새 큰 소리로 신음하니 그 조지프 영감탱이는 내 양심이 가책을 느껴서 마귀라도 들린 줄 알았을 거야.

이제 캐시를 보고 나니 조금은, 아주 조금은 진정이 되는군. 사람을 죽이는 방법치고는 참 희한하지. 칼로 한 번에 베어 내는 게 아니라, 무려 열여덟 해 동안이나 그 허깨비 같은 희망으로 나를 속여서 머리카락 한 올만큼씩 야금야금 내 숨통을 조여 왔으니 말이야."

히스클리프 씨는 말을 멈추고 이마를 닦았습니다. 땀에 젖은 머리카락이 이마에 딱 달라붙어 있더군요. 그의 눈은 타오르는 잉걸불을 뚫어지게 응시하고 있었는데, 눈썹은 찌푸린 모양새는 아니었고 관자놀이께로 치켜 올라가 있었습니다. 그 덕에 험악하던 인상이 좀 가시긴 했지만, 한 가지 생각에만 온통 마음을 빼앗긴 채 금방이라도 끊어질 듯 팽팽하게 날이 서 있어, 보고 있는 저까지 고통스러울 지경이었지요. 그는 제게 말을 거는 듯 마는 듯 중얼거렸고, 저는 그저 침묵을 지켰습니다. 사실 그의 이야기를 더 듣고 싶지도 않았으니까요.

잠시 후, 그는 다시 초상화를 보며 깊은 생각에 잠기더니, 벽에서 그림을 내려 소파에 기대어 놓더군요. 더 잘 보이는 곳에서 가만히 들여다보려는 심산이었겠지요. 그가 그렇게 넋을 잃고 초상화에 몰두해 있는 사이 캐서린 양이 들어왔습니다. 조랑말에 안장만 얹으면 바로 출발할 수 있다고 알려 주러 온 것이었지요.

"저건 내일 보내 줘." 히스클리프 씨가 제게 그렇게 말하더니, 이번에는 캐서린 양을 돌아보며 덧붙였습니다. "조랑말은 없어도 될 거야. 오늘 저녁은 날씨도 좋은 데다 워더링 하이츠에 있으면 말 같은 건 필요도 없어. 어디를 가든 네 두 다리면 충분할 테니까. 자, 가자."

"잘 있어, 엘런!" 사랑스러운 저의 어린 안주인이 제 귀에 대고 속삭였습니다. 저와 입을 맞추는데, 그 애의 입술이 마치 얼음장처럼 차갑더군요. "나를 보러 와 줘, 엘런. 꼭 잊으면 안 돼."

"딘 부인, 괜한 짓은 안 하는 게 좋을 거야!" 캐시의 시아버지가 된 히스클리프가 내뱉었습니다. "할 말이 있으면 내가 이리로 오지. 내 집에 딘 부인이 기웃거리는 꼴은 추호도 보고 싶지 않으니까!"

그는 캐서린 양에게 앞장서라는 손짓을 보냈고, 아가씨는 제 가슴을 미어지게 하는 눈빛을 남기고는 그의 말에 따랐습니다.

저는 창가에서 두 사람이 정원을 가로지르며 걸어가는 모습을 지켜보았습니다. 히스클리프 씨는 캐서린의 팔을 자기 팔에 억지로 끼워 고정하더군요. 처음에는 캐서린도 분명히 거부하며 버티는 기색이었지만, 히스클리프가 캐서린을 채근하며 빠른 걸음으로 오솔길 쪽으로 끌고 갔습니다. 곧 두 사람의 모습은 나무 사이로 완전히 사라지고 말았습니다.

16장

캐서린 아가씨가 떠난 뒤로 한 차례 워더링 하이츠를 찾아갔지만 얼굴은 보지 못했습니다. 아가씨의 안부를 물으러 갔는데, 조지프가 문짝을 붙들고는 아예 들여보내 주질 않더군요. 그 영감 말이, 린턴 부인은 일이 '천지빼까리'라 눈코 뜰 새 없이 바쁘고, 주인은 부재중이라더군요. 질라한테 그곳 사정을 조금이나마 전해 듣지 못했다면, 정말이지 누가 죽었는지 살았는지조차 모를 뻔했습니다.

질라의 이야기를 들어 보니, 그녀는 캐서린이 건방지다며 싫어하는 눈치였습니다. 우리 아가씨가 처음 그 집에 도착해 질라에게 도움을 청한 모양인데, 히스클리프 씨가 질라에게 제 일이나 똑바로 하라면서 며느리 일은 자기가 알아서 하게 내버려두라고 엄명을 내렸다더군요. 질라는 본디 속이 좁고 이기적인 여자라 얼씨구나 하고 그 말을 따랐지요.

캐서린은 질라가 본체만체하며 소홀히 대하자 어린애처럼 짜증을 내며 멸시하는 태도로 앙갚음했고, 결국 질라는 아가씨를 원수의 목록에라도 올린 것처럼 아주 확실하게 등을 돌려 버렸더군요. 정작 아가씨가 무슨 대단한 잘못을 저지른 것도 아닌데 말이죠.

6주 전쯤인가, 록우드 씨가 오기 얼마 전에 황야에서 우연히 질라를 만나 한참 이야기를 나눈 적이 있어요. 그때 질라는 그간의 사정을 이렇게 풀어놓았습니다.

"린턴 부인이 하이츠에 오자마자 한 짓이 뭔 줄 알아요?" 그녀가 말했습니다. "저나 조지프에게 저녁 인사 한마디 없이 위층으로 냅다 뛰어 올라가서는 린턴 방에 들어가 문을 걸어 잠급디다. 그러고는 이튿날 아침까지 꼼짝도 안 하고 있다가, 주인과 언쇼 씨가 아침 식사를 하는 큰방으로 들어와서는 온몸을 파들파들 떨면서 의사를 불러 주면 안 되겠느냐고 묻더군요. 린턴이 너무 아프다면서요.

'누가 몰라! 하지만 그놈 목숨은 푼돈만도 못해. 난 그놈한테 동전 한 푼 보태 줄 생각 없다.' 히스클리프 씨가 아주 딱 잘라 말하더라고요.

'하지만 어떻게 해야 할지 하나도 모르는데, 아무도 안 도와주면 저 애는 죽고 말 거예요!' 아가씨가 울먹이더군요.

'당장 이 방에서 나가!' 주인이 버럭 소리를 질렀어요. '그리고 다시는 내 앞에서 그놈 얘기는 꺼내지도 마! 이 집에서는 그놈이 죽든 말든 아무도 신경 안 써. 그렇게 신경 쓰이면 네가 직접 간호하든지, 아니면 방에 처넣고 그냥 내버려두든지 네 맘대로 해!'

그 뒤로 아가씨가 나를 붙들고 자꾸 귀찮게 하길래, 저도 그 지긋지긋한 골칫덩이 수발드는 건 이제 신물이 난다고 딱 잘라 말해 줬지요. 우리는 각자 맡은 일이 있는데, 아가씨가 할 일은 린턴의 손발 노릇을 하는 거 아니겠어요? 히스클리프 씨도 그 일은 아가씨가 알아서 하게 내버려두라고 분부를 내렸으니까요.

그 둘이서 어떻게 버텼는지는 저도 잘 모르겠어요. 린턴은 밤낮으로 칭얼대며 앓는 소리를 해 댔을 테고, 린턴 부인은 제대로 쉬지도 못했겠죠. 허옇게 질린 얼굴에 흐리멍덩한 눈을 보면 안 봐도 뻔하거든요. 가끔 넋이 나간 표정으로 부엌에 내려와서는 차마 입은 못 떼고, 대신 간절하게 도움을 청하는 눈으로 쳐다보기는 했어요. 하지만 전 주인의 명을 어길 생각이 추호도 없었답니다. 딘 부인, 나는 절대로 주인의 명을 거역할 배짱이 없거든요. 케네스 씨를 안 부르는 건 잘못이라고 생각했지만, 충고하거나 불평하는 일은 내 몫이 아니잖아요. 여태껏 남의 일에 끼어든 적도 없고요.

한두 번인가, 다들 잠자리에 든 깊은 밤에 우연히 방문을 열고 나간 적이 있었는데, 린턴 부인이 계단 꼭대기에 멍하니 앉아 울고 있더군요. 나는 행여 마음이 약해져서 참견이라도 하게 될까 봐 얼른 문을 닫아 버렸어요. 그때만큼은 정말 부인이 가엾다는 생각이 들긴 했지만요. 하지만 딘 부인, 저라고 별수 있겠어요? 어렵게 얻은 일자리를 잃을 수는 없잖아요. 딘 부인도 내 처지라면 알 거 아니에요?

그러다가 결국 어느 날 밤이었어요. 린턴 부인이 겁도 없이 제 방으로 불쑥 들어와서는 대뜸 이러는 거예요. '히스클리프 씨한테 가서 아들이 곧 죽을 것 같다고 전해. 이번에는 정말 죽는다고! 당장 일어나서 그렇게 전해!'

그 서슬 퍼런 기세에 저는 아주 간담이 서늘해졌지 뭐예요. 부인은 그 말만 내뱉고는 다시 휙 사라져 버렸어요. 한 15분쯤 귀를 쫑긋 세우고 벌벌 떨며 그대로 누워 있었지요. 하지만 큰방이며 온 집안이 쥐 죽은 듯 조용하더라고요. 아무 기척도 없었어요.

'아가씨가 잘못 안 거겠지. 고비를 넘겼을 거야. 굳이 자는 사람들을 깨울 필요는 없잖아.' 나는 속으로 생각했죠. 그러고서 깜빡 잠이 들었는데, 날카로운 종소리에 다시 잠이 확 깨 버렸지 뭐예요. 집에 있는 종이라고는 린턴 때문에 달아 놓은 거 딱 하나뿐이라, 주인이 나를 부르더니 대관절 무슨 일이냐며, 다시는 그런 시끄러운 소리가 들리지 않게 가서 전하라고 호통을 치더군요.

그제야 나는 부인이 했던 말을 그대로 전했어요. 주인은 혼잣말로 중얼거리듯 욕설을 내뱉더니 잠시 후 촛불을 가지고 나와서는 두 사람의 방으로 향했어요. 나도 그 뒤를 졸졸 따라갔지요. 린턴 부인은 두 손으로 무릎을 감싼 채 침대 옆에 앉아 있었어요. 시아버지가 가까이 가서 린턴의 얼굴에 불빛을 비추더니 들여다도 보고 만져도 보고는 며느리 쪽으로 몸을 돌립디다.

'자, 캐서린.' 시아버지가 말했어요. '이제 기분이 좀 어떠냐?'

며느리는 입을 꾹 다물고 아무 말도 하지 않았어요.

시아버지가 다시 물었죠. '캐서린, 기분이 어떠냐니까?'

그제야 며느리가 대답하더군요. '린턴은 이제 평안해졌고, 나는 자유로운 몸이 되었어요. 그러니 기분이 좋아야 하겠지만⋯.' 그러더니 숨길 수 없는 비통함에 젖어 말을 이었습니다. '너무 오랫동안 혼자 죽음 앞에 내쳐져 힘겹게 싸워야 했던 탓에, 이제 느낄 수 있는 건 죽음뿐이고 내 눈에는 죽음만 보여요! 나 자신이 죽음이 된 것 같다고요!'

내가 봐도 부인 몰골이 딱 그랬어요! 부인에게 포도주를 조금 갖다주었죠. 종소리와 발걸음 소리에 잠이 깬 헤어턴과 조지프는 방문 앞에 서서 우리 대화를 엿듣다가 그제야 방 안으로 들어오더군요. 조지프 영감은 도련님이 세상을 뜬 게 내심 시원한 모양이었

고, 헤어턴은 조금 심란해 보였지만 린턴 걱정보다는 아가씨를 빤
히 쳐다보느라 정신이 팔렸더라고요. 하지만 주인은 헤어턴한테 네
가 도울 일은 없을 테니 당장 가서 잠이나 자라고 내쫓더군요. 그러
고는 조지프에게 시신을 도련님 방으로 옮기게 하고, 나한테도 내
방으로 돌아가라고 했어요. 결국 린턴 부인 혼자만 덩그러니 남겨
졌죠.

아침이 되자 주인은 나를 시켜 부인더러 내려와 아침 식사를 하라
고 전하랬어요. 올라가 보니, 옷을 벗고 막 잠이 들려던 참이었는데
몸이 아프다고 하대요. 하긴 안 아픈 게 이상한 일 아니겠어요? 주인
한테 그대로 전했더니 이렇게 대답합디다.

'그럼, 장례 치를 때까지는 그냥 내버려둬. 가끔 들여다보면서 필요
한 거나 좀 챙겨 주고, 나아진 것 같으면 바로 와서 알려.'"

질라 말로는 아가씨가 위층에 틀어박혀 보름이나 나오지 않았
대요. 자기가 하루에 두 번씩 아가씨를 보러 갔는데, 내심 잘해 주
고 싶은 마음이 들어서 좀 살갑게 굴어 보려고도 했지만, 그때마다
아가씨가 아주 단호하고 차갑게 밀어내는 통에 무안만 당했다더라
고요.

히스클리프 씨가 위층에 올라간 적이 딱 한 번 있는데, 린턴의 유
언장을 보여 주기 위해서였어요. 린턴은 자기 재산은 물론 아가씨의
동산까지 전부 아버지에게 상속했습니다. 그 딱한 것이 외삼촌이 죽
고 캐서린 아가씨가 일주일간 집을 비운 사이, 히스클리프 씨의 협박
과 구슬림에 넘어간 거겠지요. 린턴은 미성년자라 토지는 마음대로
처분할 수 없었어요. 하지만 히스클리프 씨는 자기 아내의 권리와 자
신의 권리를 내세워 땅까지 차지해 버렸습니다. 법적으로야 문제가
없었겠지요. 어쨌든 이제 돈 한 푼 없고 도와줄 친구도 없이 빈털터

리가 된 캐서린이 그자가 손에 넣은 것들을 무슨 수로 되찾아 오겠어요.

"그때 딱 한 번을 빼고는," 질라가 말했어요. "아가씨 방 문턱을 넘은 사람도, 아가씨 안부를 묻는 사람도 나 말고는 아무도 없었어요. 아가씨가 처음으로 큰방으로 내려온 건 어느 일요일 오후였죠.

점심을 가져다주었더니, 더는 추워서 견딜 수가 없다고 울음을 터뜨리더군요. 그래서 내가 말해 줬죠. 주인은 저택으로 갈 거고, 헤어턴이나 나는 아가씨가 내려오는 걸 막지 않을 거라고요.

히스클리프 씨의 말 울음소리가 멀어지자마자 아래층에 나타났는데, 검은 상복 차림에 그 금빛 곱슬머리를 퀘이커 교도처럼 귀 뒤로 얌전하게 빗어 넘겼더군요. 곱슬머리가 잘 펴지진 않았지만요.

조지프 영감이랑 나는 보통 일요일에 예배당에 가는데,(록우드 씨도 아시겠지만, 우리 교회에는 지금 목사님이 안 계셔서 기머턴에 있는 감리교인지 침례교인지 하는 예배당을 그냥 예배당이라고 부른답니다. 딘 부인이 덧붙여 설명했다.) 조지프 영감은 그날도 나갔지만 나는 집에 있는 편이 좋겠다고 생각했어요. 젊은 사람들은 원래 나잇살이나 좀 먹은 사람이 옆에서 단속을 좀 해 줘야 나아지는 법이잖아요. 헤어턴이 숫기가 워낙 없어야지요. 그렇다고 예의가 바르기를 하나! 그래서 내가 미리 귀띔을 해 줬죠. 아가씨가 내려와서 우리랑 같이 앉아 있게 생겼는데, 주일을 엄격하게 지키는 걸 보고 자란 아가씨를 생각해서라도 총이나 일감은 좀 치워 두라고요.

그 말을 듣자마자 헤어턴의 얼굴이 확 달아오르더니 자기 손이랑 옷을 재빨리 훑어보더군요. 고래기름이며 화약 같은 것들도 냉큼 치우더라고요. 아가씨에게 기꺼이 말 상대라도 되어 주고 싶었던 모양인데, 나름대로는 좀 멀끔해 보이고 싶었나 봐요.

마침 주인도 없겠다, 나는 깔깔 웃으면서 도와줄까 하고 물어보며 쩔쩔매는 녀석을 놀려 댔죠. 그랬더니 녀석이 금세 시무룩해져서는 욕설을 내뱉지 뭐예요."

"그런데 말이에요, 딘 부인." 내 표정이 좋지 않은 걸 눈치챈 질라가 얼른 말을 이었어요. "딘 부인은 그 아가씨가 헤어턴한테는 과분하다 고 생각하죠? 뭐, 그 말이 맞을지도 모르겠네요. 하지만 나는 솔직히 캐서린의 그 콧대를 꺾어 놓을 수만 있다면 속이 시원할 것 같아요. 옛날에 많이 배우고 호사를 누린 게 지금 다 무슨 소용이겠어요? 이 제 캐서린도 아주머니나 나처럼 가난한 처지잖아요. 어쩌면 우리보다 더 가난할걸! 딘 부인은 모아 둔 돈이라도 있고, 나도 한 푼 두 푼 챙 기고 있으니까요."

헤어턴은 못 이기는 척 질라의 도움을 받았고, 그녀가 살살 구슬 리자 금세 기분이 풀렸다고 합니다. 그 덕에 아가씨가 내려왔을 때 전 에 당한 모욕은 반쯤 잊어버리고 캐서린의 비위를 맞춰 주려고 애를 썼다더군요.

"아가씨가 들어오는데, 차갑기가 고드름 같고 어찌나 도도한지 공 주님이 따로 없더라고요." 질라가 말했습니다. "내가 안락의자에서 일 어나 공손하게 자리를 권했는데, 글쎄 콧방귀도 안 뀌지 뭐예요. 언쇼 도 벌떡 일어나더니 긴 의자로 와서 불 옆에 앉으라고 권하더군요. 억 수로 추웠을 거라면서 말이죠.

'억수로 추운 지 한 달도 더 됐어.' 아가씨가 그 투박한 단어에 한 껏 경멸을 실어 대꾸했어요.

그러고는 직접 의자를 끌어다 우리 둘한테서 멀찍이 떨어져 앉더 라고요. 한참을 앉아 몸을 녹이더니 주변을 둘러보기 시작했어요. 장 식장에 책이 꽂힌 걸 발견했는지 얼른 자리에서 일어나 손을 뻗었는데, 너무 높이 있어서 닿질 않았죠.

아가씨가 안간힘을 쓰는 모습을 한동안 지켜보던 헤어턴이 드디어 용기를 내어 도와주러 나섰어요. 아가씨가 치맛자락을 펼쳐 들자, 녀석이 손에 잡히는 대로 책을 집어 그 품에 가득 담아 주더군요.

헤어턴에겐 엄청난 진전이었죠. 아가씨는 고맙다는 말 한마디 없었지만, 그래도 녀석은 아가씨가 자기 도움을 받아들인 것만으로도 감지덕지한 모양이더라고요. 아가씨가 책을 뒤적이는 동안 그 뒤에 서서 같이 살펴보기도 하고, 심지어는 책에 자기가 좋아하는 옛날 그림이 나오면 몸을 굽혀서 손가락으로 가리키기까지 했어요. 아가씨가 녀석의 손가락을 쳐 내듯 무례하게 책장을 획획 넘기는데도 기죽지 않았어요. 아예 책을 보는 건 포기하고 뒤로 한 발짝 물러나 아가씨를 뚫어지게 쳐다보는 걸로 만족하는 눈치였죠.

아가씨는 계속 책을 읽거나 읽을 만한 것을 찾고 있었고요. 헤어턴의 시선이 점차 아가씨의 숱 많고 부드러운 곱슬머리에 꽂히더군요. 녀석은 아가씨의 얼굴을 볼 수 없었고, 아가씨에게도 헤어턴이 보이지 않았어요. 아마 녀석은 자기가 무슨 짓을 하는지도 몰랐을 거예요. 어린애가 촛불에 끌리듯 멍하니 쳐다보는 걸 넘어, 급기야 손을 뻗어 그 흘러내린 탐스러운 머리칼을 만지는 게 아니겠어요? 마치 새를 쓰다듬듯 아주 조심스럽게 말이에요.

하지만 아가씨는 누가 목덜미에 칼이라도 들이댄 것처럼 소스라치게 놀라며 돌아보더라고요.

'당장 저리 가!' 아가씨가 질색하며 소리쳤어요. '감히 내 몸에 손을 대? 왜 거기 서서 얼쩡거리는 거야? 정말 진저리가 나! 가까이 오면 다시 위층으로 올라가 버릴 줄 알아.'

헤어턴은 움찔하며 한없이 멍청한 얼굴로 물러났어요. 그러고는 긴 의자에 털썩 주저앉아 아주 조용히 처박혀 있더라고요. 아가씨는 반 시간 동안이나 이 책 저 책 더 뒤적였고요. 마침내 언쇼가 내 쪽으로 건너와서는 귓속말을 하더군요.

'질라, 저쪽한테 책 좀 읽어 달라고 하소, 응? 가만 있으려니까 좀이 쑤셔 죽겠어. 또 나는 저쪽 목소리가… 아니, 책 읽어 주는 걸 듣고 싶단 말이여! 내가 그랬다고 하지 말고, 그냥 질라가 가서 물어보는 척 좀 하소.'

'헤어턴 씨가 부인이 책 좀 읽어 주셨으면 하네요.' 내가 곧장 불어 버렸어요. '그런 친절을 베풀어 주시면 정말 감사하겠다고요.'

그러자 아가씨는 미간을 찌푸리더니 고개를 들고 이렇게 대꾸하더라고요.

'헤어턴, 그리고 당신네들 전부 똑똑히 잘 들어. 당신들이 가증스럽게 내미는 그 같잖은 호의는 딱 잘라 거절하겠어! 나는 당신들이 경멸스럽고, 그 누구와도 말 섞고 싶지 않아! 따뜻한 말 한마디가 간절해서, 당신들 얼굴 한 번이라도 볼 수 있다면 죽어도 한이 없을 것 같을 때는 다들 코빼기도 안 비치더니…. 그렇지만 당신들한테 넋두리할 생각은 없어! 추우니까 어쩔 수 없이 내려온 거지, 당신들을 재미있게 해 주거나 같이 어울리고 싶어서 내려온 게 아니니까!'

'내가 뭘 어쨌다고?' 언쇼가 입을 뗐어요. '내가 뭔 죄를 지었소?'

'아! 당신은 예외야.' 아가씨가 대꾸했어요. '당신 같은 사람이 있든 없든 난 눈길조차 준 적이 없으니까.'

'하지만 난 몇 번이나 돕겠다고 했소!' 아가씨의 되바라진 태도에 화가 치민 헤어턴이 말을 이었어요. '히스클리프 씨한테 가서 그쪽 대신 내가 밤샘 간호를 허겠다고….'

'시끄러워! 그 불쾌한 목소리를 듣느니 차라리 밖으로 나가 버릴 거야!' 아가씨가 소리를 질렀어요.

헤어턴은 '그라믄 지옥으로 가시던가!' 하고 중얼거리고는 총을 낚아채 다시 어깨에 둘러맸어요. 일요일이라고 아가씨 눈치 보며 참아 왔던 일거리들을 보란 듯이 벌여 놓더라고요.

그때부터는 입도 거칠게 놀려 대며 아주 제멋대로 굴었죠. 아가씨는 더는 못 견디겠다는 듯 곧 자기 방으로 물러나 버렸고요. 하지만 매서운 추위가 시작되자 아가씨도 별수 없었나 봐요. 자존심을 버리고 우리 틈에 끼어야 하는 날이 많아졌죠. 나는 아가씨가 내 착한 천성을 멸시하지 못하게끔 조심하고 있어요. 그 후로는 나도 아가씨 못지않게 딱딱하게 군다 이 말이에요. 이제 우리 중에 아가씨를 좋아하거나 아끼는 사람은 아무도 없어요. 그래도 싸죠. 누가 말이라도 붙이려 들면, 상대를 가리지 않고 날을 세운다니까요. 주인한테까지 대들면서 때릴 테면 때려 보라는 식이에요. 얻어맞을수록 독이 더 바짝 오르나 봐요."

질라에게 이런 사정을 전해 듣고 처음에는 지금 일자리를 그만두고 작은 오두막이라도 장만해서 캐서린을 데려다 함께 살아야겠다고 생각했답니다. 하지만 히스클리프 씨가 그런 일을 허락해 줄 리 있겠어요? 그가 헤어턴에게 따로 집을 마련해 주고 나가 살게 하기를 기대하는 거나 마찬가지지요. 지금으로서는 아가씨가 재혼이라도 한다면 모를까, 도무지 해결책이 없어 보여요. 하지만 그런 혼사까지 제가 나서서 주선할 수는 없는 노릇이니까요.

딘 부인의 이야기는 이렇게 끝났다. 의사의 예측과는 달리 내 기력은 빠르게 회복되고 있다. 이제 겨우 1월 둘째 주이지만, 나는 내일이나 모레쯤에는 말을 타고 워더링 하이츠에 다녀올 생각이다. 집주인에게 앞으로 여섯 달 동안은 런던에서 지낼 것이며, 원한다면 10월 이후에 들어올 새로운 세입자를 구해도 좋다고 알려 줄 생각이다. 이곳에서 다시 겨울을 보낼 일은 절대로 없을 테니까.

17장

　어제는 맑고 바람 한 점 없이 고요했지만 서리가 내려 무척 추웠다. 나는 계획했던 대로 하이츠로 향했다. 우리 가정부가 쪽지를 주면서 아가씨에게 전해 달라고 간곡히 부탁했다. 이 착실한 부인이 그 부탁을 딱히 별난 일이라고 생각하지 못하는 눈치여서 나도 거절하지 않았다.

　현관문은 활짝 열려 있었지만, 대문은 지난번 방문 때처럼 외부인을 경계하듯 굳게 잠겨 있었다. 나는 문을 두드리며 정원 화단에서 일하고 있는 언쇼를 소리쳐 불렀다. 언쇼가 사슬을 끌러 나를 안으로 들여보내 주었다. 시골내기치고는 누가 봐도 참 잘생긴 청년이었다. 이번에는 그를 특히 유심히 살펴보았는데, 그는 그 훤칠한 매력을 어떻게든 감추려고 작정한 사람처럼 보였다.

　히스클리프 씨가 집에 있는지 물었더니, 지금은 없지만 점심때면 돌아올 거라는 답이 돌아왔다. 시계를 보니 11시였다. 나는 안으로 들어가 기다리겠다고 말했고, 그러자 언쇼는 얼른 연장을 내팽개치고는 나를 따라나섰다. 주인 대신 손님을 맞는 역할이라기보다는 감시하는 사냥개 노릇을 하려는 모양이었다.

언쇼와 함께 안으로 들어가니 캐서린이 점심 준비를 도우며 채소를 다듬고 있었는데, 처음 보았을 때보다 더 뚱한 기색이 역력했고, 기운도 한풀 꺾인 듯했다. 그녀는 나를 아는 체하기는커녕 눈길조차 제대로 주지 않았으며, 전과 다름없이 기본적인 예의 같은 건 안중에도 없다는 듯 자기 일에만 몰두했다. 내가 정중히 허리 굽혀 아침 인사를 건넸지만, 알은체하는 기색조차 보이지 않았다.

'딘 부인이 말한 것처럼 그리 상냥하지는 않네.' 나는 속으로 생각했다. '미인은 맞지만, 천사와는 거리가 멀어.'

언쇼가 캐서린에게 다듬던 채소를 부엌으로 치우라고 퉁명스럽게 말했다.

"직접 치워." 캐서린은 일이 끝나자마자 채소를 옆으로 밀어내더니 창가 의자에 자리를 잡고 앉아, 무릎 위에 놓인 순무 껍질에 새와 짐승 모양을 새기기 시작했다.

나는 정원을 내다보려는 듯 캐서린 쪽으로 다가갔고, 나름 기지를 발휘해 헤어턴 몰래 딘 부인의 편지를 캐서린의 무릎 위에 슬쩍 떨어뜨렸다. 그런데 그녀가 대번에 소리를 지르는 게 아닌가.

"이게 뭐예요?" 그러고는 편지를 툭 쳐서 밀쳐 냈다.

"부인의 오랜 친구인 그레인지의 가정부가 보낸 편지입니다." 나는 내 호의가 뻔히 드러난 것에 화가 나기도 하고, 내가 쓴 편지로 오해받을까 두렵기도 했다.

캐서린은 그 말을 듣고는 반가워하며 얼른 편지를 집어 들려 했지만 헤어턴이 한 발 빨랐다. 그는 편지를 조끼 주머니에 쑤셔 넣으면서 히스클리프 씨가 먼저 확인해야 한다고 으름장을 놓았다.

캐서린은 말없이 고개를 돌리더니 슬그머니 손수건을 꺼내 눈가를 훔쳤다. 사촌인 헤어턴은 잠시나마 마음이 약해지는 것을 참으려 안간힘을 쓰는 듯하더니, 이내 주머니에서 편지를 꺼내 최대한 볼썽사납게 캐서린의 발치에 내동댕이쳤다.

캐서린은 편지를 낚아채듯 집어 허겁지겁 읽어 내려갔다. 그러고는 예전 집 식구들은 물론이고 짐승들의 안부까지 두어 가지를 묻더니 언덕 쪽을 바라보며 혼잣말하듯 중얼거렸다.

"저 아래에서 미니를 타고 달리고 싶어! 저 위로 올라가고 싶어! 아, 정말 지겨워. 헤어턴, 나는 이제 꼼짝없이 갇혀 버렸어!" 그러고는 예쁜 머리를 창틀에 기댄 채, 하품인지 한숨인지 모를 소리를 내뱉으며 멍하니 슬픔에 잠겨 버렸다. 우리가 자신을 지켜보든 말든 전혀 상관치 않는 기색이었다.

"히스클리프 부인," 내가 한동안 잠자코 앉아 있다가 입을 열었다. "제가 부인과 구면이라는 사실을 모르시나 보군요? 저는 부인이 무척이나 가깝게 느껴지는데, 저를 본체만체하시니 참 이상한 기분이 듭니다. 제 가정부는 부인 이야기만 하고, 늘 칭찬을 입에 달고 사는데, 제가 돌아가서 편지만 전해 주었을 뿐 아무런 대답도 듣지 못했다고 하면 얼마나 낙담하겠습니까!"

캐서린은 내 말에 놀란 듯 이렇게 물었다.

"엘런이 당신을 좋아하나요?"

"그럼요, 아주 좋아한답니다." 나는 약간 머뭇거리며 대답했다.

"엘런한테 전해 줘요." 그녀가 말을 이었다. "답장을 쓰고 싶어도 쓸 도구가 전혀 없다고요. 책도 한 권 없으니 책장을 찢어서 쓸 수도 없고요."

"책이 없다고요?" 내가 외쳤다. "실례되는 말씀이지만, 이런 곳에서 책도 없이 어떻게 견디세요? 저는 그레인지에 커다란 서재를 두고도 자주 따분함을 느끼는데 말입니다. 누가 저한테서 책을 가져간다면 저는 정말이지 미쳐 버리고 말 겁니다!"

"나도 책이 있을 때는 늘 책을 읽었어요." 캐서린이 말했다. "하지만 히스클리프 씨는 책을 전혀 읽지 않아요. 그래서 제 책들을 없애 버리기로 작정한 거죠. 지난 몇 주 동안 책은 구경도 못 했어요. 딱 한 번, 조지프의 신학 서적들을 뒤지다가 그 영감의 노여움을 산 적이 있죠. 그리고 또 한 번은 헤어턴, 네 방에 몰래 숨겨 둔 책더미를 발견한 적이 있어. 라틴어와 그리스어 책에, 이야기책이랑 시집들까지…. 전부 내 오랜 벗들이었어. 내가 가져온 마지막 보물들까지 네가 싹 가로채 버린 거야. 마치 까치가 은수저를 물어 가듯, 그저 훔치는 게 좋아서 말이야! 너한테는 쓸모도 없잖아. 자기가 못 읽으니까 남도 못 읽게 하려는 고약한 심보로 숨겨 둔 걸 거야. 혹시 샘이 나서 히스클리프 씨를 꼬드겨 내 보물들을 빼앗으라고 했니? 하지만 그 책들 대부분은 내 머릿속에 담겨 있고 가슴속에 새겨져 있어. 그것만은 빼앗지 못할걸!"

언쇼는 자신이 남몰래 책 모아 둔 것이 폭로되자 얼굴이 시뻘게졌고, 사촌의 비난에 말까지 더듬으며 부인했다.

"헤어턴 씨는 지식을 쌓고 싶어 하는 것뿐입니다." 내가 그를 구해 주려고 끼어들었다. "시기하는 게 아니라, 부인의 소양을 본받으려 애쓰는 중이라고요. 몇 년만 지나면 학식 높은 분이 될 거예요."

"그러는 동안 나는 바보 멍청이가 되라는 거군요." 캐서린이 대답했다. "그래요, 헤어턴이 혼자서 낱말 하나하나를 짚어 가며 읽으려고 끙끙대는 소리가 다 들려요. 그럴 때마다 얼마나 기막힌 헛발질을 해

대는지도요! 어제처럼 《체비 체이스》*를 다시 한번 읊어 보지 그래? 정말 웃겨 죽는 줄 알았으니까. 다 들었어. 네가 어려운 단어를 찾는답시고 사전을 뒤적이는 소리도 들었고, 그 설명을 못 읽어서 욕하는 소리도 들었단 말이야!"

그 청년은 무지하다고 조롱받고, 그 무지에서 벗어나려고 애쓴다는 이유로 또 조롱받는 상황이 참으로 해도 해도 너무하다고 생각하는 게 분명했다. 내 생각도 비슷했다. 더구나 딘 부인에게서 이 청년이 자신이 자라 온 그 암담한 어둠 속에서 처음으로 불을 밝혀 보려고 노력했던 일화를 들은 게 떠올라 나는 이렇게 한마디 거들었다.

"하지만 히스클리프 부인, 누구에게나 시작이라는 게 있는 법이고, 누구나 그 문턱에서는 비틀거리며 휘청거리는 법입니다. 만약 우리의 스승들이 우리를 도와주는 대신 멸시했다면, 우리 역시 아직도 발을 헛디디며 비틀거리고 있었을 겁니다."

"어머!" 캐서린이 대답했다. "저는 헤어턴이 배우는 걸 막겠다는 게 아니에요. 하지만 내 것을 제멋대로 가로채서, 가당치도 않은 실수와 엉터리 발음으로 내 소중한 책들을 웃음거리 만들 권리는 없단 말이에요! 산문이든 시든, 그 책들은 나의 소중한 추억이 깃든 내게는 신성하기까지 한 보물들이에요. 그런데 저 사람의 입으로 내 보물들이 천박하게 모독당하는 건 정말 참을 수가 없다고요! 게다가 나를 골탕 먹이려는 속셈인지, 하필이면 제가 가장 아끼고 즐겨 암송하는 대목들만 골라 읽는단 말이에요!"

* 14세기 잉글랜드와 스코틀랜드 군대 사이의 '체비 체이스 전투'를 다룬 유명한 고전 서사시. 당시 교양 있는 이들이라면 기본적으로 암송하던 작품이나, 문맹에 가까운 헤어턴에게는 읽기조차 벅찬 고역이었음을 보여 준다.

헤어턴의 가슴이 한동안 침묵 속에서 크게 들썩거렸다. 그는 도저히 억누르기 힘든 극심한 굴욕감과 분노에 휩싸여 괴로워하고 있었다.

나는 신사답게 그 청년의 당혹감을 덜어 줘야겠다는 생각에 자리에서 일어나 문가로 자리를 옮겨 창밖 풍경을 살폈다.

헤어턴도 나를 따라 방을 나갔다. 하지만 금세 예닐곱 권의 책을 들고 다시 나타나서는, 캐서린의 무릎 위로 책들을 내던지며 외쳤다.

"가져가라! 나도 이제 이따위 책 보기도 싫고, 읽고 싶지도 않고, 생각조차 하기 싫으니께!"

"이제는 나도 싫어." 캐서린이 대답했다. "이 책들을 보면 네가 떠올라서 정나미가 떨어질 테니까."

캐서린은 손때가 묻은 책 한 권을 펼치더니, 글을 처음 배우는 사람처럼 한 대목을 느릿느릿 읊조렸다. 그러더니 깔깔 웃으면서 책을 내동댕이쳤다.

"이것도 한번 들어 봐." 그녀는 같은 말투로 옛 민요의 한 구절을 읊으며 노골적으로 약을 올렸다.

하지만 헤어턴의 자존심은 더 이상의 고문을 견디지 못했다. 캐서린의 얄미운 혀 놀림이 손바닥으로 저지당하는 소리를 들었고, 나는 그 소리가 결코 아주 불쾌하지만은 않았다. 그 못된 사촌이 세련되지는 못해도 예민한 청년의 감정에 상처를 주려고 온 힘을 기울였으니, 받은 만큼 갚아 주려면 물리적 대응만이 유일한 수단이었을 것이다.

헤어턴은 바닥에 흩어진 책들을 주위 모아 불길 속으로 던져 버렸다. 울분을 가라앉히기 위해 소중한 것들을 제물로 바치는 그의 얼굴에서 나는 극심한 고통을 읽었다. 책들이 타들어가는 동안, 그는 책을 통해 이미 맛보았던 기쁨과 앞으로 누리게 되리라 기대했던 승리감과 더 큰 기쁨을 떠올렸을 것이다. 그가 왜 남몰래 공부에 매달렸는지도 짐작이 갔다.

하루하루의 노동과 투박한 동물적 쾌락만으로 충분했던 헤어턴의 인생에 캐서린이 끼어들었다. 그녀의 조롱이 남긴 수치심, 그리고 그녀에게 인정받고 싶다는 간절한 소망이 그를 더 높은 가치에 눈뜨게 한 최초의 자극제였을 것이다. 하지만 자신을 일으켜 세우려던 그의 노력은 캐서린의 인정을 받거나 마음을 얻기는커녕 정반대의 결과만을 낳고 말았다.

"그래, 너 같은 짐승에게 책은 땔감으로나 쓰는 게 따이지!" 캐서린이 부르튼 입술을 빨며 외쳤다. 그녀는 분노에 찬 눈으로 활활 타오르는 불길을 응시했다.

"이제 닥치는 게 좋을 기여." 헤어턴이 험악하게 대꾸했다.

그는 격한 감정이 북받쳐 더는 말을 잇지 못하고 서둘러 입구 쪽으로 걸음을 옮겼다. 나는 그가 지나갈 수 있도록 길을 비켜 주었다. 그러나 문턱을 넘기도 전에, 헤어턴은 집 앞길을 걸어 올라오는 히스클리프 씨와 마주쳤다. 히스클리프가 그의 어깨를 붙잡으며 물었다.

"무슨 일이냐, 이 녀석아?"

"아무 일 없소." 헤어턴이 이렇게 대답하고는 혼자 슬픔과 분노를 삭이려 급히 자리를 떴다.

히스클리프는 그의 뒷모습을 물끄러미 쳐다보다가 한숨을 내쉬었다.

"내가 내 발목을 잡는다면 참으로 기가 찬 노릇이겠지." 히스클리프는 내가 뒤에 있는 줄도 모르고 혼잣말을 내뱉었다. "하지만 저놈 얼굴에서 저놈 아비의 모습을 찾으려고 하면 할수록 '그 애'의 모습

만 보여! 대체 왜 저렇게 닮은 거지? 얼굴을 마주하는 것조차 지옥 같
군."

그는 땅바닥만 뚫어지게 보더니 침울하게 안으로 걸어 들어왔다.
그의 얼굴에는 이전에는 한 번도 본 적 없는 불안하고 초조한 기색이
역력했고, 몸집은 전보다 더 야위어 보였다.

그의 며느리는 창문을 통해 그가 걸어오는 모습을 보자마자 부엌
으로 달아나 버렸기 때문에 방 안에는 나 혼자뿐이었다.

"록우드 씨, 이제 바깥출입하시는 걸 보니 다행이오." 히스클리프
씨가 내 인사에 화답하며 말했다. "뭐, 저로서도 다행이지요. 이 황량
한 곳에서 록우드 씨 같은 분을 놓치면 다른 세입자를 구하기가 어디
쉽겠습니까? 사실 록우드 씨가 어쩌다 이런 곳까지 오게 되었을까 의
아할 때도 여러 번 있었소."

"글쎄요, 부질없는 변덕 때문이었다고 해 두죠." 내가 대답했다. "어
쨌든 이번에는 그 변덕이 저를 다시 훌쩍 떠나게 만드는군요. 다음 주
에 런던으로 돌아갈 생각입니다. 아울러 스러시크로스 그레인지에
세 들어 살기로 한 열두 달이 끝나면 계약을 연장할 의향이 없다는
말씀을 미리 드려야겠군요. 이제 그곳에 더는 거처를 두지 않기로 마
음을 정했습니다."

"아, 그렇군요. 세상과 담쌓고 사는 것도 이제 진저리가 난 모양이
오?" 히스클리프 씨가 말했다. "하지만 집을 비우는 동안 집세를 빼
달라고 사정하러 오신 거라면 헛걸음하셨소. 나는 누구한테든 내 몫
을 정확히 받아 내는 사람이니까."

"저는 집세를 빼 달라는 소리를 하러 온 게 아닙니다!" 나는 기분
이 몹시 언짢아져서 외쳤다. "원하신다면 지금 당장 정산해 드리지
요." 나는 주머니에서 수표책을 꺼내 들었다.

"아니, 됐소." 그가 냉정하게 대꾸했다. "혹시 다시 못 돌아온다 해도, 미납금을 충당하고도 남을 짐들을 두고 갈 테니 그리 급할 건 없지요. 앉으세요, 함께 식사나 합시다. 다시 찾아올 걱정이 없는 손님은 보통 환영받는 법이니까. 캐서린! 식탁 차려야지. 어디 있는 거야?"

캐서린이 나이프와 포크가 담긴 쟁반을 들고 다시 나타났다.

"너는 조지프랑 같이 먹어." 히스클리프가 내 귀에 들릴 듯 말 듯 혼잣말처럼 낮게 말했다. "그리고 록우드 씨가 돌아갈 때까지는 부엌에서 나오지 마."

캐서린은 그의 지시를 아주 칼같이 따랐다. 어쩌면 그 명령을 어기고 싶은 유혹조차 느끼지 못하는 듯했다. 무지렁이들과 염세가들 틈에서 살다 보니, 수준 높은 부류를 만나도 그 진가를 알아보지 못하는 모양이었다.

험악하고 음침한 히스클리프 씨와 꿀 먹은 벙어리처럼 입을 꾹 다물고 있는 헤어턴 사이에 앉아 있으니 식사 자리가 즐거울 리 없었다. 나는 서둘러 저녁을 마치고 일찍 작별을 고했다. 떠날 때는 뒷문으로 나가면서 마지막으로 캐서린을 한 번 더 보고 고약한 조지프의 성질도 긁어 줄 작정이었지만, 헤어턴이 내 말을 끌어오라는 지시를 받은 데다 집주인이 몸소 문 앞까지 배웅하며 지키는 통에 그 바람을 이룰 수는 없었다.

'저런 집에서 살면 얼마나 따분할까!' 나는 말을 타고 내려가며 생각에 잠겼다. 만약 그 착한 부인의 바람대로 린턴 히스클리프 부인과 나 사이에 사랑이 싹터서 떠들썩한 도시로 함께 이주했더라면, 그녀에게는 동화보다 더 로맨틱한 현실이 펼쳐졌을 텐데!

18장

1802년. 올해 9월에 북부에 사는 한 친구가 자기네 황야에서 사냥 감들을 싹 쓸어 버리자며 나를 초대했다. 친구의 집으로 향하는 길에 나는 뜻밖에도 기머턴에서 15마일 정도 떨어진 지역을 지나게 되었다. 길가 주점에서 내 말들이 목을 축일 수 있게 물동이를 들고 있던 마구간지기가 갓 베어 낸 새파란 귀리를 실은 짐수레 한 대가 지나가자 이렇게 말했다.

"기머턴에서 나오는구먼! 그 동네는 추수가 다른 데보다 항상 3주는 늦으니까."

"기머턴이라고?" 내가 되물었다. 그곳에서 살던 기억은 이미 내 머릿속에서 꿈결처럼 흐릿해져 있었다. "아! 거기라면 나도 알지. 여기서 얼마나 떨어져 있나?"

"고개를 넘어가면 한 14마일쯤 될 긴디, 길이 워낙 험해 놔서요." 그가 대답했다.

나는 불현듯 스러시크로스 그레인지에 가 보고 싶다는 충동에 사로잡혔다. 아직 정오도 되기 전이었고, 여관에서 하룻밤을 나느니 차라리 내 집 지붕 아래서 하룻밤을 보내는 게 낫겠다 싶었다. 게다가 마음 편히 하루쯤 시간을 내어 집주인과 뒷마무리할 일들을 처리하면 나중에 다시 이 근처까지 찾아와야 하는 번거로움도 덜 수 있을 터였다.

잠시 휴식을 취한 후, 나는 하인에게 마을로 가는 길을 물어보라고 일렀고, 말들이 녹초가 될 때까지 몰아붙인 끝에 세 시간 만에 겨우 목적지에 닿을 수 있었다.

나는 하인을 마을에 남겨 두고 혼자서 골짜기를 걸어 내려갔다. 잿빛 교회는 전보다 더 잿빛으로 보였고, 쓸쓸하던 교회 묘지는 더 쓸쓸해 보였다. 황야에 풀어놓은 양 한 마리가 무덤가에 돋아난 짧은 잔디를 뜯고 있는 모습이 눈에 들어왔다. 날씨는 감미롭고 따뜻했다. 돌아다니기에는 조금 덥다 싶었지만, 위아래로 펼쳐진 황홀한 풍경을 만끽하는 데 방해가 될 만큼은 아니었다. 그때가 8월쯤이었다면 분명 나는 이 호젓한 풍경 속에서 한 달쯤은 쉬어 가고 싶어졌을 것이다. 겨울에는 더없이 황량하지만, 여름에는 더없이 신성한 곳. 산자락에 폭 안긴 저 골짜기들과 깎아지른 듯 당당하게 굽이치는 히스 구릉은 바로 그런 두 얼굴을 품고 있었다.

나는 해가 지기 전 그레인지에 도착해 안으로 들여보내 달라고 문을 두드렸다. 하지만 부엌 굴뚝에서 가느다랗게 피어올라 휘감기는 푸른 연기 가닥으로 미루어 보건대, 집안 사람들은 집 뒤편 건물로 물러나 있는 듯했고, 그래서 내 소리를 못 듣는 모양이었다.

나는 말을 몰아 안뜰로 들어갔다. 현관 처마 밑에는 아홉 살이나 열 살쯤 되어 보이는 여자애가 뜨개질을 하며 앉아 있었고, 한 노파가 집 앞 계단에 기대앉아 생각에 잠긴 듯 담뱃대를 물고 있었다.

"안에 딘 부인 계시오?" 내가 노파에게 물었다.

"딘 마님이요? 없구먼요!" 노파가 대답했다. "여기 안 살아요. 저기 위에 하이츠에 산다우."

"그럼, 당신이 이 집 가정부요?" 내가 물었다.

"예에, 내가 이 집을 봐 주고 있수다."** 노파가 대답했다.

"그렇군, 나는 이 집 주인인 록우드요. 내가 묵을 방이 있겠소? 오늘 밤은 여기서 자고 갈까 하는데…."

"주인 나리시라고요?" 노파가 화들짝 놀라 소리쳤다. "아이고, 나리가 오실 줄 누가 알았겠소? 미리 기별이라도 주셨어야지. 죄다 눅눅하고 엉망인디… 이 일을 어쩐다우!"

노파가 담뱃대를 내던지고 허둥지둥 집 안으로 뛰어 들어가자 여자애도 따라 들어갔다. 나도 안으로 발을 들였다. 노파의 말은 사실이었다. 달갑지 않은 나의 갑작스러운 출현이 노파의 혼을 쏙 빼 놓은 듯했다.

나는 노파를 진정시켰다. 산책이나 다녀올 테니, 그사이에 큰방을 한쪽이라도 치워 저녁 식사를 준비해 주고 잠잘 방만 마련해 달라고 일렀다. 쓸고 닦고 할 거 없이 그저 불이나 잘 피워 놓고 잘 마른 침구

---

* 록우드가 '가정부(Housekeeper)'냐고 물었을 때, 여기서 가정부는 단순히 가사 노동을 돕는 하인이 아니라, 딘 부인(Mrs. Dean)처럼 저택의 안살림을 총괄하고 하인들을 지휘하는 전문 관리직을 의미한다. 반면 노파는 딘 부인을 '마님(Mistress Dean)'이라 칭하면서도, 정작 자신의 역할은 그저 '집을 비우지 않고 지키는 사람' 정도로만 이해하며 대답한다. 이러한 대화의 어긋남은 다시 돌아온 그레인지에서 록우드가 마주한 생경함과 무질서한 현실을 상징적으로 보여 준다. 노파의 응답을 통해 그녀가 정식 관리인이 아닌 하급 임시 일꾼임을 알아차린 록우드가 이후 집주인으로서의 권위를 강조하며 말투를 바꾸는 이유도 바로 이와 같은 환경적 변화 때문이다.

만 있으면 된다고 일러 주었다.

노파는 최선을 다하려는 의지는 있어 보였으나 술을 부지깽이로 착각해 벽난로 시렁에 처넣는가 하면, 자기 살림 도구들도 엉뚱한 데 갖다 놓는 등 실수를 연발했다. 하지만 나는 노파의 기운찬 손놀림을 믿고 돌아올 때쯤이면 쉴 곳이 마련되어 있기를 바라며 물러나 주었다. 나의 목적지는 '워더링 하이츠'였다. 그러나 안뜰을 막 벗어났을 때 어떤 생각이 뇌리를 스치자 나는 발길을 돌렸다.

"워더링 하이츠는 별일 없소?" 내가 노파에게 물었다.

"글쎄요, 내가 아는 한은 그렇다우!" 노파가 시뻘건 잉걸불이 담긴 넓적한 판을 들고 종종걸음을 치며 대답했다.

나는 딘 부인이 왜 그레인지를 떠났는지 묻고 싶었지만, 그런 난리통에 노파를 불러 세우는 건 도저히 불가능해 보였기에, 그냥 발길을 돌려 밖으로 나왔다. 나는 붉게 물든 석양을 뒤로하고 은은하게 떠오르는 달을 마주하며 한가로이 거닐었다. 햇빛은 점점 희미해져 가고 달빛이 밝아지는 사이, 어느새 그레인지를 벗어나 히스클리프 씨의 집으로 접어드는 돌투성이 샛길을 오르고 있었다.

워더링 하이츠가 보이기도 전에 낮의 흔적이라고는 서쪽 하늘에 남은 은은한 호박색 빛줄기 하나뿐이었지만, 휘영청 밝은 달빛 덕분에 길 위의 자갈 하나, 풀 한 포기까지 또렷이 보였다.

대문을 타고 넘거나 두드릴 필요도 없었다. 손이 닿자 문이 스르르 열렸다.

'이건 좀 나아졌군.' 나는 생각했다. 그리고 코끝을 스치는 또 다른 변화를 알아차렸다. 소박한 과실수 사이에서 비단향꽃무와 노란 계란풀 향기가 바람에 실려 은은하게 감돌고 있었다.

문과 격자창은 모두 열려 있었지만, 석탄 산지에서 으레 그렇듯 벽난로에서는 빨갛게 타오르는 불꽃이 난로 안쪽을 환히 비추고 있었다. 불꽃을 바라보는 것만으로도 마음이 안락해져서, 여름날의 과한 열기쯤은 기꺼이 견딜 수 있을 정도였다. 워더링 하이츠의 큰방은 워낙 널찍해서 열기를 피해 앉으려면 자리야 얼마든지 있었다. 그래서인지 집 안에 있는 사람들은 하나같이 창가 가까이에 자리를 잡고 있었다. 안으로 들어가기 전부터 그들의 모습이 보였고, 대화 소리도 들려왔다. 나는 그 자리에 멈춰 서서 귀를 기울였다. 지켜볼수록 호기심과 왠지 모를 부러움이 뒤섞인 묘한 기분이 내 마음속에서 점점 차올랐기 때문이다.

"컨-트러리!" 은방울처럼 맑고 달콤한 목소리가 울렸다. "벌써 세 번째야, 이 바보야! 다신 안 가르쳐 줄 줄 알아. 잊어버리지 마. 또 잊어버리면 머리카락을 잡아당길 테니까!"

"컨트러리." 굵직하지만 한결 부드러워진 목소리가 대답했다. "자, 이제 시키는 대로 잘했으니까 뽀뽀해 줘."

"안 돼, 우선 처음부터 끝까지 정확하게 다시 읽어. 하나도 틀리면 안 돼."

남자가 다시 읽기 시작했다. 목소리의 주인은 단정한 옷차림의 청년이었고, 테이블 앞에 앉아 책을 펴 들고 있었다. 즐거움에 들뜬 그의 잘생긴 얼굴은 상기되어 있었고, 눈자위는 자꾸만 책장에서 벗어나 어깨 위에 놓인 조그만 하얀 손으로 조급하게 옮겨 갔다. 그럴 때마다 하얀 손의 주인은 그가 한눈파는 걸 귀신같이 알아채고는 뺨을 찰싹 때려서 정신을 차리게 해 주었다.

손의 주인은 청년의 등 뒤에 서 있었다. 공부를 가르쳐 주려 몸을 숙일 때마다 이따금 그녀의 밝고 윤기 나는 곱슬머리가 청년의 갈색 머리칼과 뒤섞였다. 그녀의 얼굴, 청년이 그녀의 얼굴을 볼 수 없어서 천만다행이었다. 만약 보았더라면, 도저히 공부에 집중하지 못했을 테니까…. 하지만 나는 볼 수 있었다. 이 넋을 잃게 하는 미인을 그저 멍하니 바라보는 것 말고도 내가 무언가 더 해 볼 만한 게 있었을 텐데, 그 아까운 기회를 스스로 날려 버린 것이 못내 심술이 나서 입술을 깨물었다.

공부가 끝났다. 학생은 여러 번 틀렸으면서도 보상을 요구했고, 최소한 다섯 번의 입맞춤을 받아 냈다. 물론 그는 그 입맞춤을 아주 너그럽게 돌려주었다. 이윽고 그들이 문가로 다가왔는데, 대화 내용으로 보아 황야를 거닐 모양이었다. 하필 이럴 때 나 같은 눈치 없는 불청객이 그들 눈앞에 얼쩡거렸다간, 헤어턴 언쇼는 입 밖으로 내뱉지는 않더라도 마음속으로는 나를 지옥의 밑바닥까지 꺼지라고 저주를 퍼부을 게 뻔했다.

나 자신이 어찌나 옹졸하고 심술궂게 느껴지던지, 나는 슬그머니 꽁무니를 빼며 부엌으로 살금살금 돌아갔다. 그쪽 문 역시 가로막는 것 없이 활짝 열려 있었다. 문간에서는 내 옛 친구 넬리 딘이 노래를 흥얼거리며 바느질을 하고 있었다. 하지만 그녀의 노래는 집 안쪽에서 들려오는 매몰찬 비난과 독선적인 질타 때문에 자꾸만 끊겼는데, 그 목소리는 결코 음악적이라고는 할 수 없는 거친 어조였다.

"아침부터 밤까지 귀가 따갑게 욕지거리를 듣는 게 낫지, 니 그 노랫가락은 도저히 못 들어 주겠다!" 넬리가 뭐라 대꾸했지만 들리지는 않았고, 부엌의 터줏대감은 그 대답을 가로채며 쏘아붙였다. "이놈의 세상이 어찌 되려고, 이 거룩한 성경책 좀 펴 보겠다는데 사탄이나 찬양하는 노래를 불러 대며 세상 온갖 끔찍한 죄악들을 다 불러들이고 있으니! 아이고 망측해라! 에라이, 너도 글러먹었고 저 가시나도 똑같다. 우리 딱한 도련님이 느그들 등살에 못쓰게 됐다, 불쌍한 도련님!" 그는 신음을 내뱉으며 덧붙였다. "홀린 게 틀림없다. 암, 그렇고말고. 주여, 저놈들을 심판하소. 이 땅에는 법도 정의도 없소!"

"그럼요! 있었으면 진작에 화형이라도 당해 장작더미 위에서 이글이글 타고 있었겠죠." 넬리가 노래를 멈추고 쏘아붙였다. "영감, 이제 그만 입 좀 다물고 예수 믿는 사람답게 성경이나 읽어요. 내 노래는 신경 끄시고. 이건 〈요정 애니의 결혼식〉이라는 노래인데, 아주 고운 곡조라서 춤추기에 딱 좋아요."

딘 부인이 다시 노래를 시작하려는 찰나, 내가 안으로 들어갔다. 그녀는 즉시 나를 알아보고는 벌떡 일어나 소리쳤다. "아니, 세상에, 록우드 씨 아니세요! 대체 어쩌자고 이렇게 갑자기 돌아오셨어요? 스러시크로스 저택은 이미 문을 다 걸어 잠갔을 텐데…. 미리 기별이라도 주지 그러셨어요!"

"내가 묵어 갈 수 있게 준비해 달라고 일러두었습니다." 내가 대답했다. "내일이면 다시 떠날 생각이라서요. 그런데 딘 부인, 어쩌다 여기까지 오게 된 겁니까? 자초지종이 궁금하군요."

"록우드 씨가 런던으로 떠나고 얼마 안 돼서 질라가 일을 그만뒀거든요. 록우드 씨가 돌아올 때까지 여기 있으라고 히스클리프 씨가 말하더군요. 그나저나 어서 들어오세요, 어서요! 이 저녁에 기머턴에서부터 걸어오신 거예요?"

"스러시크로스 저택에서 오는 길입니다." 내가 대답했다. "방이 준비되는 동안 주인과 볼일을 좀 끝내고 싶어서요. 조만간 다시 기회가 날 것 같지는 않으니 말입니다."

"무슨 볼일 말씀이세요?" 넬리가 나를 집 안으로 안내하면서 물었다. "집주인은 지금 외출 중이라 금방 돌아오지 않을 텐데…."

"집세 문제입니다." 내가 대답했다.

"아! 그럼 히스클리프 부인과 해결하셔야겠네요." 넬리가 말을 이었다. "아니, 저랑 하시는 게 낫겠어요. 부인이 아직 일 처리가 서툴러서 제가 대신 맡고 있거든요, 달리 할 사람도 없고."

내가 의아한 눈빛으로 쳐다보자 딘 부인이 말을 이었다.

"아! 히스클리프 씨가 돌아가셨다는 소식, 아직 못 들으셨군요."

"히스클리프 씨가 죽었다고요?" 내가 깜짝 놀라 외쳤다. "대체 언제 말입니까?"

"석 달 전 일이에요. 그건 그렇고, 일단 앉으세요. 모자는 이리 주시고요. 자세한 얘긴 천천히 해 드릴게요. 잠깐, 아직 식사 전이시죠?"

"아무것도 차리지 마세요. 그레인지에 저녁을 쥬비해 놓으라고 일러 놓았어요. 부인도 좀 앉으시지요. 그 사람이 죽을 줄은 꿈에도 몰랐네요! 대체 어떻게 된 일인지 어서 들려주세요. 아까 그 젊은 사람들은 바로 돌아오지 않을 거라고 했죠?"

"그럴걸요. 저녁마다 늦게까지 돌아다니지 말라고 아무리 꾸지람을 해도 제 말은 귓등으로도 안 듣는답니다. 그건 그렇고, 집에 묵은 맥주가 있으니 그거라도 한잔하세요. 지쳐 보이는데 마시면 좀 기운이 날 거예요."

내가 거절할 틈도 없이 딘 부인이 서둘러 술을 가지러 나갔다. 그러자 조지프가 투덜거리는 소리가 들려왔다. "나잇살이나 처먹고 뒤로 서방질이나 하고 다니니 이 무슨 망측한 노릇이여! 그것도 모자라 인제 주인님 곳간 술까지 퍼먹이네! 내 남세스러워서 차마 눈 뜨고는 못 봐 주겠구먼."

딘 부인은 대꾸할 가치도 없다는 듯 곧장 돌아왔다. 그녀가 거품이 넘칠 듯 은잔을 내왔기에, 나는 예의를 갖춰 그 맛을 정중히 칭찬해 주었다. 그러고 나서 그녀는 히스클리프 이야기의 뒷부분을 들려

주었다. 그녀의 표현을 빌리자면, 그의 마지막은 참으로 '기이'했다.

　록우드 씨가 떠나고 보름도 안 돼서 워더링 하이츠로 오라는 지시가 떨어졌어요. 저는 캐서린 아가씨를 생각해서 기쁜 마음으로 달려갔지요. 하지만 다시 만난 아가씨의 모습에 저는 가슴이 미어지고 큰 충격을 받았어요. 헤어져 있는 동안 너무나도 변해 버렸더라고요. 히스클리프 씨는 왜 마음을 바꿔 저를 이리로 불렀는지 딱히 이유를 설명하지 않았어요. 그저 제가 필요하고, 캐서린의 얼굴을 보는 것도 지긋지긋하다는 말뿐이었죠. 작은 응접실을 거처로 삼아 아가씨를 데리고 있으라고 하더군요. 캐서린은 하루에 한두 번 꼭 봐야 할 일이 있을 때만 보는 걸로 충분하다고 말하면서요.

　캐서린은 이런 결정이 오히려 다행이라는 기색이었어요. 저는 스러시크로스 저택에서 아가씨가 즐겨 읽던 책과 소지품들을 조금씩 몰래 가져왔고, 이만하면 그런대로 지낼 만하겠다고 위안 삼았지요.

　하지만 그런 착각은 오래가지 않았습니다. 처음에는 만족해하던 캐서린 아가씨가 얼마 안 가 짜증을 내며 안절부절못하기 시작했거든요. 정원 밖으로는 한 발짝도 못 나가게 금지된 탓도 있었는데, 봄이 오는데도 그 좁아터진 울타리 안에 갇혀 있으려니 여간 애가 타는 게 아니었겠지요. 게다가 제가 집안일을 하느라 자주 곁을 떠나자 아가씨는 외로움을 견디지 못했어요. 혼자 평화롭게 앉아 있느니 차라리 부엌에서 조지프와 입씨름을 하는 쪽을 택할 정도였으니까요.

　두 사람의 승강이쯤이야 저도 상관하지 않았답니다. 그런데 히스클리프 씨가 큰방을 독차지하려 들 때면 헤어턴도 별수 없이 부엌으로 밀려나곤 했어요. 처음에는 캐서린도 헤어턴이 오면 자리를 피하거나 제 옆에서 조용히 일손을 거들며 눈길 한 번 주지 않았지요. 헤어턴 역시 할 수 있는 한 입을 꾹 다문 채 뚱한 표정으로 일관했고요. 하지만 얼마 못 가 아가씨의 태도가 변하더니, 도저히 헤어턴을 가만 내버려두지 못하더라고요. 대놓고 면박을 주는가 하면 멍청하다느니 게으르다느니 하며 비아냥거리질 않나, 대체 그런 인생을 어떻게 견디느냐며 저녁 내내 벽난로 앞에서 꾸벅꾸벅 졸고 있는 꼴이 한심하다고 몰아세웠답니다.

"넬리, 저 사람은 그냥 개야. 아니면 마차를 끄는 말이려나?" 언젠가 아가씨가 이런 말을 하더군요. "온종일 일하고, 먹고, 잠만 자잖아! 머릿속이 얼마나 텅 비어 있고 따분할까! 헤어턴, 너도 꿈은 꾸니? 만약 꾼다면 무슨 꿈이려나? 하긴, 너는 나한테 말도 못 붙이지!"

그러고는 헤어턴을 빤히 쳐다보는데, 헤어턴은 입을 열기는커녕 다시 고개를 돌려 버리더군요.

"어머, 지금 꿈을 꾸나 봐." 아가씨가 말을 이었어요. "주노가 잠결에 어깨를 움찔거리는 것처럼 저 사람도 어깨를 실룩거렸거든. 넬리가 한번 물어봐."

"헤어턴 씨가 나리더러 아가씨를 위층으로 쫓아 버리라고 하면 어쩌려고 그러세요? 적당히 좀 하세요!" 제가 한마디 거들었죠. 헤어턴이 어깨를 실룩거렸을 뿐만 아니라, 금방이라도 휘두를 듯 주먹을 꽉 쥐고 있었거든요.

"내가 부엌에 있으면 헤어턴이 왜 입을 꾹 다물고 있는지 알아?" 언젠가 캐서린이 이렇게 말하더군요. "내가 비웃을까 봐 겁내는 거야. 엘런, 어떻게 생각해? 예전에 저 애가 혼자 글자를 깨쳐 보겠다고 애를 쓴 적이 있거든. 그런데 내가 비웃었더니 책을 홀랑 다 태워 버리고는 관둬 버리지 뭐야, 정말 바보 같지 않아?"

"아가씨가 심술을 부린 건 아니고요? 어디 대답해 보세요." 제가 말했습니다.

"아마 그랬을지도 모르지." 캐서린이 말을 이었어요. "그래도 그렇게까지 미련한 짓을 할 줄은 몰랐거든. 헤어턴, 지금 내가 책을 주면 받을래? 어디 한번 해 봐야겠다!"

캐서린은 읽고 있던 책을 헤어턴의 손에 올려놓았어요. 하지만 헤어턴은 책을 내팽개치며, 한 번만 더 수작을 부리면 모가지를 꺾어 버리겠다고 중얼거렸죠.

"그럼, 여기 둬야겠다." 캐서린이 말했어요. "서랍에 넣어 둬야지. 난 자러 간다."

캐서린은 제게 헤어턴이 책에 손을 대는지 잘 지켜보라고 속삭이고는 방을 나갔습니다. 하지만 헤어턴은 책 근처에는 얼씬도 하지 않았고, 다음 날 아침 그 사실을 전해 들은 캐서린은 크게 실망하는 기색이었어요. 아가씨는 헤어턴이 내내 뚱하게 입을 닫고 나태함 속에 파묻혀 있는 게 못내 안타까웠나 봐요. 더 나은 사람이 되어 보려던 헤어턴의 의지를 겁박해서 쫓아 버린 셈이니, 아가씨로서도 양심의 가책을 느꼈던 거겠죠. 아주 제대로 쫓아 버렸으니 말이죠.

하지만 캐서린은 그 잘못을 바로잡기 위해 나름대로 머리를 굴리기 시작했어요. 제가 다림질을 하거나 응접실에서는 하기가 마땅치 않은 이런저런 집안일로 한자리에 붙어 있어야 할 때면, 아가씨는 재미있는 책 한 권을 들고 와서 제 곁에서 소리내어 읽어 주었습니다. 그러다 헤어턴이 있을 때면 꼭 가장 흥미진진한 대목에서 읽기를 멈추고는 책을 아무 데나 슬쩍 흘려 두곤 했지요. 그런 일을 몇 번이고 반복했지만, 헤어턴은 고집 센 노새처럼 아가씨가 던진 미끼를 덥석 물지 않았어요. 비가 오는 날이면 그는 조지프와 함께 담배나 피워 댔지요. 두 사람은 벽난로 양옆을 차지한 채 마치 자동인형처럼 미동도 없이 앉아 있었는데, 늙은 조지프는 귀가 먹어 아가씨가 재잘거리는 그 '못된 헛소리'를 알아듣지 못하니 다행이었고, 젊은 헤어턴은 어떻게든 못 들은 척하려고 애를 썼답니다. 맑게 갠 날 저녁이면 헤어턴은 사냥하러 나갔고, 그럴 때면 아가씨는 지겹다는 듯 하품을 하거나 땅이 꺼지게 한숨을 내쉬며 제발 자기하고 말 상대 좀 해 달라고 저를 들들 볶아 댔어요. 그러다가도 막상 제가 무슨 말이라도 시작할라치면 곧장 마당이나 정원으로 쌩하니 달려 나가 버리곤 했죠. 그러고는 엉엉 울면서 살기 지쳤다느니, 인생이 아무 의미도 없다느니 하며 온갖 생떼를 쓰는 게 마지막 수순이었답니다.

히스클리프 씨는 점점 사람을 피하더니 급기아 헤어턴이 옆에 있는 것조차 견디지 못하게 되었어요. 그런데다 3월 초순에 터진 사고까지 겹치면서 헤어턴은 며칠간 부엌에서 붙박이 신세가 되었지요. 혼자 언덕에 사냥하러 나갔다가 총이 터지는 바람에 파편이 튀어 팔이 찢겼는데, 집으로 오는 내내 피를 많이 흘려서 상처가 아물 때까지는 꼼짝없이 벽난로 앞을 지키며 안정을 취해야 했거든요.

캐서린에게는 헤어턴이 거기 있는 게 더할 나위 없이 좋은 기회였어요. 어찌 됐든 그 덕분에 아가씨는 위층 자기 방을 예전보다 더 끔찍하게 싫어하게 되었지요. 저를 따라 내려오고 싶어서 어떻게든 아래층에서 할 일을 찾아내라고 저를 채근했답니다.

부활절 다음 날 월요일이었답니다. 조지프는 가축 몇 마리를 끌고 기머턴 장터에 갔고, 저는 오후 내내 부엌에서 세탁물을 손질하느라 바빴지요. 헤어턴은 여느 때처럼 뚱한 표정으로 벽난로 구석에 앉아 있었고, 아가씨는 지루함을 달래려 창문에 그림을 그리며 시간을 흘려보내고 있었어요. 그러다가는 웅얼웅얼 노래를 부르기도 하고, 혼잣말을 내뱉기도 하다가, 조바심 어린 눈길로 사촌이 있는 쪽을 힐끗 힐끗 쳐다봤지요. 하지만 헤어턴은 요지부동으로 담배만 피우며 벽난로 시렁만 뚫어지게 응시할 뿐이었어요.

제가 아가씨더러 햇빛을 가리지 말고 비키라고 하자, 아예 벽난로 앞으로 자리를 옮겨 앉더군요. 저는 아가씨가 무엇을 하든 별로 관심을 두지 않았는데, 잠시 후에 이렇게 말하는 소리가 들리더군요.

"있잖아 헤어턴, 생각 끝에 깨달았어. 나는 네가 내 사촌이라는 게 정말 기뻐. 네가 나한테 그토록 심술궂고 거칠게만 굴지 않았더라면, 진작부터 너를 새 사촌으로 좋아했을 텐데 말이야."

헤어턴은 아무 대답도 하지 않았어요.

"헤어턴, 헤어턴, 헤어턴! 내 말 들려?" 아가씨가 계속 채근했지요.

"저리 끄지라!" 헤어턴이 타협의 여지라곤 눈곱만치도 없는 거친 목소리로 으르렁거렸어요. "그 담뱃대 좀 이리 줘 봐." 아가씨가 조심스럽게 손을 뻗어 헤어턴의 입에서 담뱃대를 쓱 빼내며 말했어요.

헤어턴이 도로 뺏으려고 손을 쓰기도 전에, 담뱃대는 부러져서 이미 불길 속으로 던져진 뒤였어요. 헤어턴은 아가씨에게 욕설을 내뱉으며 다른 담뱃대를 움켜쥐었습니다.

"그만 피워." 아가씨가 외쳤어요. "내 말부터 들어 봐. 담배 연기가 얼굴 앞에서 구름처럼 떠다니는데 내가 어떻게 말을 하겠어?"

"뒈지고 싶냐!" 헤어턴이 흉포하게 소리를 질렀어요. "나 좀 내버려 두라 그 말이다!"

"싫어." 아가씨는 끈덕지게 물고 늘어졌지요. "그렇게는 못 해. 내가 어떻게 해야 네가 나한테 말을 걸지 모르겠어. 너는 아예 안 들으려고 작정한 사람 같아. 내가 너를 바보라고 부를 때는 진심이 아니야. 너를 무시해서 그러는 게 아니라고. 자, 헤어턴, 이제 나 좀 봐 줘. 너는 내 사촌이잖아, 나를 사촌으로 인정해야만 해."

"난 니랑 엮일 일 없다." 헤어턴이 말했습니다. "그러니께 같잖게 뻐기고 사람 놀려 먹는 짓은 이제 때려치워! 내가 다시는 니 쪽으론 눈길도 안 줄 기다. 그러느니 차라리 내 몸뚱이와 영혼이 지옥에 떨어지고 말지. 당장 내 눈앞에서 사라져, 지금 당장!"

캐서린은 미간을 찌푸리며 창가 자리로 물러나 앉았어요. 입술을 꾹 깨문 채 이상한 곡조를 흥얼거렸는데, 자꾸만 터져 나오려는 울음을 어떻게든 감춰 보려고 애쓰는 것 같았지요.

"헤어턴 도련님, 사촌이랑 친하게 지내셔야죠." 제가 끼어들었지요. "아가씨도 버릇없게 군 걸 후회하고 있잖아요. 아가씨랑 친구로 지내면 도련님한테도 큰 도움이 될 거고, 도련님도 안전히 딴사람이 될 거라니까요."

"친구 좋아하시네!" 그가 소리쳤어요. "쟤는 나를 미워해. 지 신발 한 짝 닦기에도 모자라는 놈이라고 생각하는데 친구는 무슨! 아니, 왕을 시켜 준대도 쟤 비위나 맞추려 들다가 무시당하는 짓거리는 다시는 안 할 기다."

"내가 너를 미워하는 게 아니야. 네가 나를 미워하는 거지!" 캐서린은 이제 더는 쓰라린 마음을 감추지 못하고 울먹이며 말했어요. "너도 히스클리프 씨 못지않게 나를 미워하잖아. 아니, 네가 더해!"

"니는 순 거짓말쟁이여!" 언쇼가 말을 시작했어요. "그라믄 내가 왜 그 사람한테 욕을 묵어 가며 수백 번이나 니 편을 들었겠나? 니가 날 비웃고 개무시할 때도 그랬단 말이다. 계속 성가시게 굴어 봐라. 당장 저 방으로 건너가서 니가 등 떠미는 바람에 부엌에서 쫓겨났다고 말할 기다!"

"네가 내 편을 들어 준 줄 몰랐어." 캐서린이 눈물을 닦으며 대답했습니다. "그때 나는 너무 비참해서 눈에 보이는 게 없었어. 하지만 지금은 고마워. 그리고 제발 나를 용서해 줘. 내가 사과 말고 뭘 더 하면 되겠니?”

캐서린은 다시 벽난로 앞으로 와서 진심으로 손을 내밀었습니다.

헤어턴의 얼굴은 시커먼 먹구름이 드리운 듯 잔뜩 찌푸려졌어요. 도련님은 두 주먹을 꽉 쥔 채 고집스럽게 바닥만 노려보더군요.

캐서린은 본능적으로 헤어턴의 이런 완강한 행동이 억지스러운 고집 때문이지 자기를 싫어해서가 아니라는 걸 알아챘나 봐요. 잠시 망설이는가 싶더니 몸을 숙여 그의 뺨에 가볍게 입을 맞추었으니까요.

장난꾸러기 아가씨는 제가 보지 못한 줄 알았는지, 뒤로 물러나서는 아주 얌전하게 창가 자리로 돌아가더군요.

제가 나무라듯 고개를 가로저었더니 아가씨가 얼굴을 붉히며 속삭였습니다.

“어쩌겠어! 엘런, 방법이 없잖아. 악수도 안 해 주지, 쳐다보지도 않지…. 내가 걔를 좋아한다고, 친구가 되고 싶다는 걸 어떻게든 보여 줘야 했단 말이야.”

그 입맞춤이 헤어턴의 마음을 열어 주었는지는 저도 모르겠어요. 어쨌든 헤어턴은 표정을 들키지 않으려고 한동안 몹시 애를 썼고, 고개를 들었을 때는 눈을 어디에 둬야 할지 몰라 쩔쩔매고 있었지요.

캐서린은 근사한 책 한 권을 하얀 종이에 정성껏 싸서 리본으로 묶고는 겉면에 ‘헤어턴 언쇼 씨에게’라고 적었습니다. 그러고는 제게 특사가 되어 이 선물을 전해 달라고 하더군요.

“엘런, 이 책을 받으면 가서 제대로 글 읽는 법을 가르쳐 주겠다고 전해 줘. 하지만 거절하면 위층으로 올라가서 다시는 성가시게 하지 않겠다고도 말해 줘.”

저는 책을 가져가 아가씨의 말을 그대로 전했습니다. 제게 특별 임

무릎 준 아가씨는 초조한 눈빛으로 그 모습을 지켜보았지요. 헤어턴이 손을 펴려고 하질 않기에 저는 무릎 위에 놓아 주었어요. 손으로 쳐 내지는 않더군요. 저는 다시 하던 일을 하러 돌아왔습니다.

캐서린은 탁자 위에 엎드려 있다가 바스락거리며 포장지가 벗겨지는 소리가 들리자, 슬그머니 일어나 사촌 옆으로 가서 조용히 앉더군요. 헤어턴의 어깨가 미세하게 떨렸습니다. 얼굴은 붉게 달아올랐고, 그를 감싸고 있던 무례함과 퉁명스러움은 온데간데없이 사라졌지요. 처음에는 입이 떨어지지 않는 모양이었어요. 캐서린이 눈을 맞추며 나지막이 애원하는데도, 뭐라 대답할 엄두를 못 내더군요.

"헤어턴, 제발 나를 용서한다고 말해 줘. 그 한마디면 난 정말 행복해질 거야."

헤어턴이 들릴 듯 말 듯 무슨 말인가를 중얼거렸습니다.

"그럼 이제 나랑 친구 하는 거지?" 캐서린이 다시 확인하듯 물었습니다.

"아니, 니는 평생 나를 부끄러워할 기다." 헤어턴이 대답했습니다. "글고 나를 알면 알수록 더 챙피스러울 긴데… 나는 그걸 도저히 못 견디겠다."

"그래서 나랑 친구 안 하겠다는 거야?" 캐서린이 꿀처럼 달콤한 미소를 지으며 슬며시 헤어턴 옆으로 바짝 다가앉더군요.

그 뒤로 오가는 대화는 더 이상 들리지 않았지만, 다시 돌아보았을 때 제 눈에 비친 두 사람의 얼굴은 환하게 빛나고 있었습니다. 펼쳐 놓은 책 위로 함께 고개를 숙인 모습만 보아도 평화협정이 맺어졌음을 확신할 수 있었지요. 그렇게 어제의 적은 이제 둘도 없는 끈끈한 동맹군으로 거듭났습니다.

두 사람이 열중해서 보는 책에는 값비싼 삽화들이 가득했습니다.

그럼 자체도 근사했지만, 서로 어깨를 맞대고 붙어 있는 그 상황이 마냥 좋았는지 조지프가 돌아올 때까지 두 사람은 미동도 하지 않았습니다. 딱한 조지프는 헤어턴과 나란히 앉아 그의 어깨에 손까지 얹고 있는 캐서린을 보고는 그야말로 넋이 나간 듯 보였습니다. 애지중지하던 헤어턴이 그 계집아이에게 순순히 곁을 내주다니, 조지프로서는 기가 막힐 노릇이었지요. 그 광경이 어찌나 충격적이었는지 조지프는 그날 밤에 입도 뻥긋하지 못했습니다. 그저 식탁 위에 큼지막한 성경책을 엄숙하게 펼쳐 놓고는, 지갑에서 그날 벌어들인 꾀죄죄한 지폐 뭉치를 꺼내 그 위에 올려놓으면서 땅이 꺼져라 한숨만 내쉴 뿐이었지요. 한참 뒤에야 조지프는 헤어턴을 자리에서 불러냈습니다.

"이거 나리한테 갖다주고 거기 딱 붙어 있으소." 조지프가 말했습니다. "난 내 방으로 올라갈란다. 이놈의 방구석은 채신머리도 없고 꼴사나워서 못 봐 주겠네. 우리는 나가서 다른 방을 찾아봐야 쓰겠소."

"자, 캐서린 아가씨." 제가 말했습니다. "우리도 '나가야 쓰겠소'. 이제 다림질도 다 마쳤으니 올라갈까요?"

"아직 8시도 안 됐는걸!" 캐서린이 마지못해 일어나며 대답했습니다. "헤어턴, 이 책은 벽난로 선반 위에 놔둘게. 내일 다른 책도 가져올게."

"여기 놔둔 책은 내가 몽땅 큰방으로 가져갈 줄 알아라." 조지프가 으름장을 놓았습니다. "그럼 다시는 못 볼 기여. 어디 마음대로 해 봐라!"

캐서린은 조지프가 자기 책을 없애 버리면 조지프의 책들도 무사하지 못할 거라고 으름장을 놓았어요. 그러고는 헤어턴 옆을 지나치면서 미소를 지어 보이더니 콧노래를 부르며 위층으로 올라갔지요.

캐서린이 이 집 지붕 아래 살면서 그렇게 마음이 가벼워 보였던 적은 일찍이 없었을 겁니다. 아마 처음 린턴을 만나러 왔을 때를 제외하면 말이죠.

이렇게 시작된 관계는 급속도로 발전했습니다. 물론 중간중간 우여곡절은 있었죠. 헤어턴 언쇼가 그저 바란다고 해서 하루아침에 교양인이 될 리는 없었고, 우리 아가씨 역시 현자나 인내심의 화신과는 거리가 멀었으니까요. 하지만 한 사람은 사랑하는 이를 인정해 주고자 했고, 또 한 사람은 사랑하는 이에게 인정받기를 갈망했습니다. 두 사람의 마음은 같은 곳을 향했고, 결국은 그곳에 이를 수 있었습니다.

록우드 씨, 히스클리프 부인의 마음을 얻는 건 생각보다 쉬운 일이었답니다. 하지만 지금 생각하면, 록우드 씨가 나서지 않길 정말 잘했다 싶어요. 제 가장 큰 소원은 바로 저 두 사람이 하나가 되는 것이니까요. 두 사람이 결혼하는 날에는 세상 누구도 부럽지 않을 것 같아요. 아마 영국에서 저보다 행복한 여자는 없을 거예요!

<h1 style="text-align:center">19장</h1>

그 월요일이 지나고 다음 날이었어요. 헤어턴은 아직 일상적으로 하던 험한 일들을 할 수 없는 상태였으므로 집에 남아 있었습니다. 저는 캐서린을 예전처럼 제 곁에 붙들어 두기란 불가능하다는 걸 금세 깨달았지요.

저보다도 먼저 아래층으로 내려간 캐서린은 사촌이 정원에서 가벼운 일을 하는 걸 보고는 정원으로 나갔어요. 제가 아침을 먹으라고 부르러 나가 보니, 아가씨는 벌써 헤어턴을 설득해 까치밥나무와 구스베리 덤불을 싹 치워서 널찍한 터를 마련하게 했더군요. 두 사람은 그 자리에 그레인지의 화초와 묘목들을 옮겨 심을 계획을 짜느라 여념이 없었습니다.

불과 30분 만에 쑥대밭이 되어 버린 정원을 보고 저는 그만 겁이 덜컥 났습니다. 까치밥나무는 조지프가 금이야 옥이야 아끼던 보물이었는데, 아가씨가 하필이면 그 한복판을 꽃밭 자리로 골랐으니 말이에요.

"저런, 이제 큰일 났네! 조지프가 이걸 보는 족족 주인한테 죄다 일러바칠 텐데…." 제가 소리쳤습니다. "정원을 이렇게 제멋대로 헤쳐 놓았으니 대체 뭐라고 변명을 늘어놓을 셈이에요? 분명 한바탕 난리가 날 테니 두고 보세요! 헤어턴 도련님도 그렇지, 아가씨가 시킨다고 앞뒤 생각도 없이 이런 일을 벌이다니 정말 어처구니가 없네요!"

"조지프 할배 나무라는 걸 깜빡했어." 헤어턴이 난처한 기색으로 대답했습니다. "그래도 내가 했다고 말할 기다."

우리는 항상 히스클리프 씨와 함께 식사했습니다. 차를 내고 고기를 썰어서 나누는 안주인 여할을 제가 도맡아 했기 때문에 저도 식사 자리에는 빠질 수 없었지요. 캐서린은 보통 제 옆에 앉았는데, 그날따라 슬그머니 헤어턴 옆으로 가더군요. 이 아가씨는 누군가를 미워할 때나 좋아할 때나 도통 중간이 없다는 걸 곧 깨달을 수 있었죠.

"자, 내 말 잘 들어요. 사촌한테 너무 아는 척하거나 말을 걸지 마세요." 큰방에 들어서며 제가 나지막이 속삭였습니다. "분명 히스클리프 씨의 심기가 불편해질 테고, 그럼 두 사람 다 무사하지 못할 테니까요."

"안 그럴게." 캐서린이 대답했습니다.

하지만 대답이 끝나기가 무섭게 아가씨는 헤어턴 곁으로 슬그머니 다가가더니, 사촌의 죽그릇에 노란 프림로즈를 꽂으며 장난을 치기 시작했습니다. 헤어턴은 감히 그 자리에서 캐서린에게 말을 걸지도, 눈을 제대로 맞추지도 못했어요. 그런데도 캐서린이 끈질기게 장난을 거는 통에, 헤어턴은 두 번이나 웃음이 터질 뻔한 고비를 넘겨야 했지요. 제가 미간을 찌푸리며 눈치를 주자, 그제야 캐서린은 히스클리프 쪽을 살폈습니다. 그의 표정으로 보아 마음은 동석한 사람들이 아닌 다른 생각으로 가득 차 있는 듯 보였어요. 캐서린은 잠시 진지해진 표정으로 히스클리프 씨를 아주 유심히 살피더군요. 그러더니 다시 몸을 돌려 실없는 장난을 시작했고, 마침내 헤어턴이 참다못해 킥킥거리며 웃음을 터뜨리고 말았습니다.

히스클리프 씨가 흠칫 놀라며 고개를 들더니, 우리 얼굴을 하나하나 빠르게 훑었습니다. 캐서린은 특유의 불안하면서도 반항적인 눈빛으로 그와 맞섰어요. 히스클리프가 지독히도 혐오하는 바로 그 눈빛이었지요.

"내 손이 닿지 않는 걸 천만다행으로 알아라." 히스클리프가 외쳤습니다. "너는 대체 어떤 악마가 씌었길래 그 지긋지긋한 눈으로 계속 나를 빤히 쳐다보는 거냐? 당장 그 눈 내리깔아! 그리고 다시는 내 앞에서 네가 있는 티를 내지 마. 웃음보가 터지는 그 고약한 버릇은 진작에 고쳐 놓았다고 생각했는데…"

"제가 그랬어요." 헤어턴이 나직이 중얼거렸습니다.

"뭐라고?" 히스클리프가 다그치듯 물었습니다.

헤어턴은 자기 접시만 내려다볼 뿐 고백을 반복하지는 않았습니다. 히스클리프 씨는 헤어턴을 잠시 빤히 쳐다보더니, 다시 묵묵히 식사하면서 아까 중단했던 상념에 빠져들었지요.

식사가 거의 끝나 갈 무렵이었고, 두 젊은이도 눈치껏 거리를 두고 떨어져 앉았으니 저는 남은 식사 시간 동안은 별일 없겠거니 했습니다. 그런데 바로 그때, 조지프가 문가에 나타났습니다. 파르르 떨리는 입술과 성난 눈빛을 보니, 소중한 덤불들이 무참히 파헤쳐진 것을 알아챈 게 분명했지요.

정원을 살피기 전에 캐서린과 사촌이 그 근처에 있었던 걸 본 모양인지, 조지프가 무슨 말인가를 시작했는데, 되새김질하는 소처럼 턱을 계속 움직여 대는 바람에 도통 알아듣기가 힘들었지만 대충 이런 말이었습니다.

"내 품삯이나 내주쇼, 난 이제 갈라니까! 예순 해를 넘게 일한 이 집에 뼈를 묻을 작정이었는디…. 조용히 지낼라고 내 책이랑 짐꾸러 미도 몽땅 다락방으로 옮겨 놓고, 부엌은 저것들 마음대로 쓰게 내줘 야겠다 생각했단 말이쇼. 내 평생 지켜 온 아랫목을 내주는 게 참으 로 고된 일이었지만, 그래도 그 정도는 참아 낼 수 있겠다 싶었는디! 근데 이젠 저 가시나가 내 정원까지 뺏어 갔구마. 내 참 가슴이 떨려 서… 주인요, 도저히 못 참겠소! 주인어른이야 원하신다면 저것들 등 쌀에 굽신거리며 살든지 말든지 미음대로 히쇼. 난 그런 멍에 메는 법은 배운 적도 없고, 늙은이가 새로운 짐 지는 법을 금방 배울 수도 없는 노릇인 기라. 길바닥에서 망치질을 해서 입에 풀칠을 할지언정 여기선 더 못 있겠구마!"

"어이, 이봐, 이 천치 같은 영감탱이!" 히스클리프가 말을 끊었습 니다. "짧게 말해! 뭐가 불만이야? 영감이랑 넬리 사이에 벌어진 일이 면 나는 안 끼어들어. 넬리가 영감을 석탄 구덩이에 처박든 말든 내 알 바 아니라고."

"넬리가 아니다!" 조지프가 대답했습니다. "넬리 때문에 내가 왜 나가겠나? 그 가시나도 못돼 먹긴 매한가지지만… 주님께 감사할 일 이지, 적어도 저 가시나는 사람 혼 빼 놓는 재주는 없다! 반반한 면 상도 아니고, 그 면상 어쩌다 봐 봐야 금세 고개 돌려 버린다. 우리 도 련님을 홀린 거는 저 악독하고 버릇없는 가시나다! 저 당돌한 눈빛이 랑 되바라진 짓거리로 우리 도련님 혼을 홀랑 빼 놓았단 말이다! 아 이고, 내 가슴이 찢어진다! 내가 도련님한테 공들인 세월은 싹 잊어 묵고, 가서 정원에 심긴 제일 귀한 까치밥나무들을 한 줄이나 통째로 뽑아 버렸소!" 이 대목에서 조지프는 아예 대놓고 통곡하기 시작했습니다. 상처 입은 억울한 마음과 헤어턴의 배은망덕함, 그리고 헤어턴에게 닥친 위험에 기운이 다 빠져 버린 모양이었습니다.

"저 바보 같은 영감이 취했나?" 히스클리프 씨가 물었습니다. "헤어턴, 조지프가 지금 트집을 잡고 있는 게 네 녀석이냐?"

"나무 덤불을 두어 개 뽑긴 했습니다." 젊은이가 대답했습니다. "하지만 다시 심어 놓을 거예요."

"왜 뽑았어?" 히스클리프가 물었습니다.

캐서린이 참 현명하게도 입을 놀렸습니다.

"거기에 꽃을 좀 심으려고요!" 아가씨가 외쳤습니다. "다 내 잘못이에요, 내가 해 달라고 졸랐으니까요."

"누가 너 따위한테 이 집 나뭇가지 하나라도 손대게 했지?" 시아버지가 몹시 당황한 기색으로 다그쳤습니다. 그가 헤어턴을 돌아보며 덧붙였어요. "그리고 넌 대체 누구 명이라고 저 계집애 말을 고분고분 듣는 거냐?"

헤어턴은 할 말을 잃고 가만히 있었어요. 그러자 캐서린이 대신 대답했습니다. "내 땅 다 가져 놓고선, 고작 그 조그마한 땅에 꽃 좀 심겠다는데 그것도 아까우신가요!"

"네 땅이라고… 이 건방진 것이! 네가 가진 땅 같은 건 애초에 없었어." 히스클리프가 쏘아붙였습니다.

"내 돈도 다 가져갔잖아요!" 캐서린은 지지 않고 그의 분노 어린 시선을 정면으로 받아치며 아침 식사로 먹다 남은 빵 한 조각을 아무렇지도 않게 베어 물더군요.

"닥쳐!" 히스클리프가 외쳤습니다. "어서 먹고 꺼져 버려!"

"그리고 헤어턴의 땅이랑 돈도요." 이 겁 없는 어린것이 계속해서 몰아붙였습니다. "헤어턴이랑 나는 이제 친구거든요. 당신이 어떤 인간인지 내가 싹 다 말해 줄 거예요!"

히스클리프는 순간 당황한 듯 안색이 창백해지더니 자리에서 벌떡 일어나, 지독한 증오가 서린 살벌한 눈빛으로 캐서린을 빤히 노려보았습니다.

"나를 때리면 헤어턴이 당신을 때릴 거예요." 캐서린이 말했습니다. "그러니까 그냥 앉으시죠."

"헤어턴이 너를 당장 끌어내지 않으면, 내 저놈을 지옥으로 보내 버리겠다!" 히스클리프가 집이 떠나가라 고함을 질렀습니다. "이 요망한 것! 감히 내 앞에서 저놈을 부추겨 나한테 맞서게 해? 당장 끌어내! 안 들려? 부엌으로 처박아 버리란 말이다! 엘렌 딘, 저년이 또 내 눈앞에 얼쩡대면 그땐 정말 내 손에 죽을 줄 알아!"

헤어턴은 기어 들어가는 목소리로 캐서린을 설득해 밖으로 내보내려 애썼습니다.

"당장 끌어내라고!" 히스클리프가 광분해서 소리쳤습니다. "거기 서서 노닥거리고만 있을 거냐?" 그러더니 그는 직접 자기 말을 실행에 옮기려는 듯 위협적으로 다가왔습니다.

"헤어턴은 이제 당신 같은 잔인한 인간 말은 듣지 않아." 캐서린이 맞받아쳤습니다. "머지않아 나만큼이나 당신을 증오하게 될걸!"

"쉿, 제발 조용히 좀 해!" 젊은이가 나무라듯 중얼거렸습니다. "히스클리프 씨한테 그렇게 함부로 말하는 거 더는 못 들어 주겠어. 이제 그만해."

"하지만 저 사람이 나를 때리게 내버려두지는 않을 거지?" 캐서린이 외쳤습니다.

"그러니까, 그만 가자." 헤어턴이 간절하게 속삭였습니다.

하지만 너무 늦었습니다. 히스클리프가 캐서린의 팔을 낚아챈 뒤였으니까요.

"이제, 네놈은 비켜!" 그가 헤어턴에게 명령했습니다. "요망한 것! 안 그래도 속이 들끓어 견딜 수가 없는데, 네년이 기어이 내 성질을 건드리는구나! 오늘 일을 평생 후회하게 해 주마!"

히스클리프는 이미 캐서린의 머리채를 움켜쥐고 있었습니다. 헤어턴은 움켜쥔 그의 손을 어떻게든 떼어 내려 애쓰며, 이번 한 번만은 제발 캐서린에게 손대지 말아 달라고 간곡히 사정했어요. 히스클리프의 검은 눈이 번뜩였습니다. 당장이라도 캐서린을 갈가리 찢어 놓을 것 같은 기세여서 저조차도 위험을 무릅쓰고 끼어들어야겠다고 결심한 순간이었지요. 그런데 갑자기 그의 손가락이 풀리더니 머리채를 놓는 대신 팔을 움켜잡고는 캐서린의 얼굴을 뚫어지게 응시했습니다. 그러고는 한 손으로는 두 눈을 쓸어내리며 잠시 마음을 추스르는 듯 서 있다가, 다시 캐서린에게 돌아서며 짐짓 침착한 척 내뱉었습니다.

"나를 화나게 하는 짓은 이제 그만두는 게 좋을 거다. 언젠가 정말로 네 숨통을 끊어 놓을지도 모르니까! 당장 딘 부인을 따라가서 거기 꼼짝 말고 붙어 있어. 그 건방진 입을 놀리려거든 저 여자 귀에나 대고 떠들란 말이다! 그리고 헤어턴 언쇼 말인데, 저놈이 또 네 말 듣는 꼴이 내 눈에 띄기만 해 봐라. 당장 저놈을 집구석에서 내쫓아 버릴 거야! 어디 가서 구걸을 하든 내 알 바 아니니까. 네 그 되먹지 못한 사랑이 저놈을 길바닥에 나앉은 거지 신세로 만들 거란 말이다. 넬리, 애 데리고 나가! 다들 나가, 나가라니까!"

저는 아가씨를 밖으로 데리고 나갔습니다. 아가씨는 그 지옥 같은 상황을 벗어난 것만으로도 너무 다행이라 여겼던지 아무런 저항 없이 저를 따라 나오더군요. 헤어턴도 뒤따라 나왔고, 히스클리프 씨는 점심 식사 전까지 큰방을 독차지했지요.

저는 캐서린에게 점심은 위층에서 먹으라고 조언했습니다. 하지만 히스클리프 씨는 식탁에 앉자마자 아가씨 자리가 비어 있는 것을 알아채고는 당장 불러오게 했어요. 식사 자리에서 히스클리프 씨는 우리 중 누구에게도 말을 걸지 않았고, 음식도 거의 입에 대지 않았습니다. 그러고는 저녁 때가 되기 전까지는 돌아오지 않겠다는 기색을 내비치고는 곧장 밖으로 나가 버렸습니다.

그가 집을 비운 사이, 이제 막 친구가 된 두 사람은 큰방에 자리를 잡았습니다. 그 자리에서 저는 헤어턴이 캐서린의 말을 단호하게 제지하는 소리를 들었습니다 캐서린이 자기 시아버지가 헤어턴의 아버지에게 저지른 만행을 낱낱이 까발리려 들었기 때문입니다.

헤어턴은 히스클리프 씨를 헐뜯는 말은 단 한 마디도 들어 주지 않겠다고 했습니다. 설령 그가 악마일지라도 자신은 그의 편에 서겠다고 말입니다. 그러고는 차라리 예전처럼 자신을 욕할지언정, 히스클리프 씨를 욕되게 하는 것만은 참을 수 없다고 했습니다.

캐서린은 이 말에 슬슬 화가 치밀어 오르는 것 같았어요. 하지만 헤어턴은 영리한 방법으로 캐서린의 입을 다물게 했습니다. 바로 캐서린에게 '너는 내가 네 아버지를 나쁘게 말하면 나를 좋아할 수 있겠느냐'며 되물은 것이었어요. 그제야 캐서린은 깨달았지요. 헤어턴이 히스클리프의 평판을 자기 자신의 평판처럼 여기고 있다는 것, 그둘이 이성으로는 도저히 끊어 낼 수 없는 유대를 맺어 왔다는 것, 습관이 벼려 낸 유대의 사슬을 억지로 풀려고 하는 건 잔인한 짓이라는 것을요.

그때부터 캐서린은 품 넓은 마음씨를 발휘하여 히스클리프에 대한 불평이나 반감을 드러내지 않았습니다. 저에게는 헤어턴과 히스클리프 씨 사이를 이간질하려 했던 것이 후회스럽다고 고백하기도 했지요. 정말이지 그 이후로 캐서린은 헤어턴이 듣는 데서 자신을 억압하는 폭군을 적대시하는 말은 단 한 마디도 내뱉지 않았던 것 같아요.

이 사소한 말다툼이 끝나자 두 사람은 다시 친구가 되어, 스승과 제자라는 각자의 역할에 여념이 없었답니다. 저도 일을 마치고 나면 두 사람 곁에 자리를 잡곤 했는데, 그저 지켜보는 것만으로도 어찌나 마음이 평온하고 위로가 되는지 시간 가는 줄도 몰랐지요. 록우드 씨도 아시겠지만, 어찌 보면 그 아이들은 둘 다 제 자식이나 다름없었습니다. 한 아이는 오랫동안 저의 자랑이었는데, 이제는 다른 아이도 그에 못지않은 기쁨을 안겨 주리라는 확신이 들었지요.

헤어턴의 정직하고 따뜻하며 총명한 천성은 그를 짓누르던 무지와 비천함의 구름을 빠르게 걷어 내고 있었습니다. 캐서린의 진심 어린 칭찬은 그의 학구열에 박차를 가했지요. 정신이 맑아지니 이목구비가 환해졌고, 그 기색과 풍모에는 생기와 고귀함이 더해졌답니다. 예전에 페니스턴 절벽으로 모험을 떠났던 아가씨를 찾으러 워더링 하이츠에 갔을 때 보았던 그 아이와 같은 사람이라고는 도저히 믿기지 않을 정도였어요.

두 사람이 공부에 열중하는 모습을 제가 흐뭇하게 지켜보고 있는 사이 황혼이 깃들었고, 히스클리프 씨가 돌아왔습니다. 그가 예고도 없이 정문으로 들이닥치는 바람에, 우리가 고개를 들어 그를 쳐다볼 겨를도 없이 우리 셋이 모여 있는 모습이 그의 눈에 한꺼번에 들어오고 말았지요.

'이보다 더 기분 좋고 이보다 더 악의 없는 광경이 있을까. 이 아이들을 야단친다면 정말이지 천벌을 받을 만큼 부끄러운 일이다.' 저는 속으로 생각했습니다.

붉게 타오르는 벽난로 불빛이 나란히 숙인 두 사람의 어여쁜 머리를 비추니, 호기심으로 눈이 반짝거리는 어린애 같은 표정이 드러났습니다. 헤어턴은 스물셋이고, 캐시는 열여덟이었지만, 두 사람 모두 느끼고 배워야 할 새로운 세상이 너무나 많아서, 삶에 환멸을 느끼고 꿈을 잃어버린 어른의 침울한 기색 따위는 전혀 찾아볼 수 없었답니다.

두 사람은 일제히 고개를 들어 히스클리프 씨와 눈을 마주쳤습니다. 록우드 씨는 눈치채지 못하셨겠지만, 두 사람의 눈은 서로를 빼다 박은 듯 닮았는데, 그건 바로 캐서린 언쇼의 눈이었지요. 지금의 캐서린 아가씨는 그 눈매를 빼면 어머니와 닮은 구석이 거의 없습니다. 그저 넓은 이마와 특유의 콧날 곡선 정도가 예외랄까요. 그 콧날 때문에 본의 아니게 인상이 좀 도도해 보이긴 하죠. 그런데 헤어턴은 캐서린 언쇼를 훨씬 많이 닮았어요. 언제 봐도 신기할 정도로 닮았지만, 그때는 특히나 더 놀라울 정도였지요. 헤어턴의 감각이 예리하게 살아난 데다, 지적인 능력이 이례적인 활기를 띠며 깨어난 상태였으니까요.

이 닮은 얼굴이 히스클리프 씨를 무장해제시켜 버린 모양이었습니다. 그는 눈에 띄게 동요하며 벽난로 쪽으로 걸어갔지만, 헤어턴을 응시하는 동안 격했던 감정은 이내 사그라들었습니다. 아니, 정확히 말하자면 그 동요의 성질이 변했다고 해야겠지요. 여전히 알 수 없는 불안한 요동이 남아 있었으니까요.

히스클리프는 헤어턴의 손에서 책을 뺏어 펼쳐진 페이지를 훑어보고는 아무 말 없이 돌려주었습니다. 캐서린에게는 그저 나가라는 손짓만 했습니다. 헤어턴도 주저 없이 캐서린의 뒤를 따라 나갔고, 저도 나가려던 참이었는데, 그가 저에게는 좀 앉아 있으라고 하더군요.

"시시한 결말이야, 안 그래?" 방금 목격한 장면을 한동안 곰곰이 되새기던 그가 입을 열었습니다. "내가 죽기 살기로 매달린 결과가 이렇게 우스꽝스럽게 끝나다니⋯. 두 집안을 송두리째 무너뜨릴 작정으로 지레와 곡괭이를 구해다 놓고, 헤라클레스처럼 어떤 일도 해낼 수 있도록 나 자신을 단련해 왔는데, 정작 만반의 준비를 마치고 모든 것이 내 손안에 들어오고 나니, 어느 쪽 지붕에서든 기와 한 장 들어 올릴 의욕조차 사라져 버렸단 말이야! 옛 원수들에게 패배한 것이 아니야. 오히려 지금이야말로 그 후손들에게 복수할 절호의 기회지. 나는 할 수 있고, 아무도 나를 막지 못해. 하지만 그게 다 무슨 소용이야? 나는 이제 누군가를 패 주는 일 따위는 관심도 없어. 손 하나 까닥하기도 귀찮을 지경이야! 이렇게 말하니, 내가 고작 너그러운 사람이라는 품성을 과시하려고 지금껏 고생한 것처럼 들리는군. 하지만 천만에, 절대 그런 게 아니야. 나는 이제 저들의 파멸을 즐길 재간이 없어. 즐겁지도 않은 일을 하기에는 내가 너무 게을러졌단 말이지.

넬리, 기이한 변화가 다가오고 있어. 지금 나는 그 그림자 속에 잠겨 있지. 일상사엔 도통 흥미를 느낄 수가 없어서, 먹고 마시는 일조차 잊어버릴 지경이야. 방금 나간 저 두 아이만이 내 눈에 뚜렷한 형체를 띠고 있는 유일한 존재들이야. 그런데 저들을 보면 고통스러워. 비명이라도 지르고 싶을 만큼 처절한 고통이지. 캐서린에 대해서는 아예 말을 말자. 생각하고 싶지도 않은데, 솔직히 저 애가 내 눈앞에서 감쪽같이 사라져 줬으면 좋겠어. 저 애가 있으면 미쳐 버릴 것 같거든. 그런데 헤어턴 저놈은 나를 또 다른 방식으로 뒤흔들어 놓네. 마음 같아선 안 보고 살고 싶은데, 이유 없이 그러면 다들 나를 미친 사람 취급할 거 아냐. 너도 아마 내가 정말로 미쳐 가는 중이라고 생각하겠지." 히스클리프가 억지로 미소를 지으며 덧붙였습니다. "저놈을 볼 때마다 되살아나는 수천 가지 과거의 기억과 생각들을 다 늘어놓는다면 말이야. 그렇지만 너는 어디 가서 내 말을 옮기지는 않겠지. 너무 오랫동안 이런 생각들을 마음속에 꼭꼭 숨겨 두었더니 이제는 누군가에게 속을 털어놓고 싶어지는군.

5분 전만 해도 헤어턴은 살아 있는 사람이라기보다 내 젊은 날의 화신처럼 보였어. 그놈을 보면 오만가지 감정이 소용돌이쳐서 도저히 제정신으론 말을 붙일 수가 없었지.

우선, 저놈은 캐서린과 소름 끼칠 정도로 닮아서 무서울 만큼 그 애를 떠올리게 해. 너는 저놈이 그 애를 빼닮았다는 게 내 마음을 뒤흔드는 가장 큰 이유라고 생각하겠지만 사실 그건 아무것도 아니야. 네게 캐서린과 관련되지 않은 것이 뭐가 있고, 네게 캐서린을 떠올리게 하지 않는 건 또 뭐가 있겠어! 이 바닥만 내려다봐도 깔린 돌마다 캐서린 얼굴이야! 흘러가는 구름에도, 나무에도 캐서린이 있어. 밤이면 공기 속에 가득 차 있다가, 낮이면 눈에 닿는 모든 것에 그 애 얼굴이 어른거려. 온통 캐서린의 모습이 나를 에워싸고 있단 말이야!

평범한 사람들의 얼굴도, 남자 여자 할 것 없이, 심지어 내 얼굴조차 그 애와 닮은 모습으로 나를 조롱해. 온 세상이 한때 캐서린이 존재했고, 내가 캐서린을 잃었다는 사실을 일깨워 주는 지독한 비망록이야!

그래, 헤어턴의 저 모습이야말로 내 불멸의 사랑이 남긴 망령이야. 내 권리를 되찾으려던 거친 몸부림의 흔적이지. 나의 그 비천함과 자존심, 행복과 고통이 그놈 모습 속에 망령처럼 떠돌고 있어.

하지만 이런 생각들을 넬리, 너에게 일일이 늘어놓는 것도 미친 짓이겠지. 다만 내가 왜 늘 혼자 있는 걸 그토록 견디기 힘들어하면서도, 막상 저놈과 함께 있는 게 아무런 도움이 안 된다고 하는지 너도 이제 알 거야. 오히려 내가 겪는 이 끊임없는 고통이 더 심해질 뿐이지.

그래서 저 둘이 붙어먹든 말든 내버려두는 거야. 이제 난 저 애들에게 조금도 신경 쓸 기력이 없거든."

"그런데 히스클리프 씨, 변화라니… 그게 무슨 말인가요?" 그의 태도에 가슴이 철렁해져서 제가 물었습니다. 제 판단으로는 그가 당장 정신을 놓을 것 같지도 않았고, 그렇다고 죽을병에 걸린 것 같지도 않았거든요. 히스클리프 씨는 여전히 기운이 넘치고 건강했어요. 이성적인 면을 보자면, 어린 시절부터 어두운 생각에 잠기거나 기괴한 공상을 즐기곤 했죠. 아마 떠나간 우상에 대해서만큼은 편집증적인 증세가 있었을지 모르겠지만, 그 외의 모든 면에서는 저 못지않게 멀쩡했습니다.

"그게 완전히 와 봐야 알겠지." 히스클리프 씨가 말했습니다. "지금은 그저 어렴풋이 느끼고 있을 뿐이야."

"어디 아픈 건 아니지요?" 제가 물었습니다.

"아니야, 넬리. 아픈 데는 없어." 히스클리프 씨가 대답했습니다.

"그럼 죽는 게 무섭지는 않나요?" 제가 집요하게 물었습니다.

"무섭냐고? 전혀!" 그가 대답했습니다. "난 죽는 게 두렵지도, 예감되지도 않아. 기대조차 없지. 내가 왜? 몸이 이렇게 단단하고, 생활은 절제되어 있고, 하는 일이 위험한 것도 아니잖아. 머리에 검은 털 한 올 남지 않을 때까지, 나는 끄떡없이 살아남을 거야.

하지만 이런 상태로는 더 이상 버틸 수가 없어! 숨을 쉬는 걸 잊지 않으려 애써야 하고, 심지어 심장한테 뛰라고 일러 줘야 할 지경이란 말이야! 뻣뻣한 용수철을 억지로 꺾어 누르고 있는 꼴이라고나 할까. 그 '한 가지 생각'이 시킨 게 아니라면, 아주 사소한 행동 하나조차 억지로 힘을 짜내야만 할 수 있단 말이지. 산 것이든 죽은 것이든, 내 온 세상을 채우고 있는 그 생각과 상관없는 것이라면 무엇 하나 눈에 담는 것조차 억지로 해야만 해.

나에게는 오직 한 가지 소망뿐이고, 내 모든 존재와 능력이 그 소망을 이루려 몸부림치고 있어. 너무나 오랫동안 한 치의 흔들림도 없이 갈망해 왔으니까, 틀림없이 이루어질 거야. 그 소망이 이미 내 존재를 집어삼켰거든. 소망이 이루어지리라는 기대가 나를 통째로 삼켜 버렸단 말이야.

이렇게 다 털어놓는다고 마음이 편해지는 것도 아니군. 하지만 영문 모를 내 변덕들이 이제 조금은 설명이 됐겠지. 맙소사! 너무나 긴 씨움이었어. 이제 제발, 제발 좀 끝났으면 좋겠어!"

히스클리프 씨는 혼잣말로 끔찍한 말들을 중얼거리며 방 안을 서성이기 시작했습니다. 그 모습을 보고 있자니, 저로서는 조지프 영감 말마따나 정말로 양심이 그의 마음을 생지옥으로 만들어 버린 게 아닐까 하는 생각마저 들 정도였지요. 이 모든 게 결국 어떻게 끝이 날지 몹시 궁금해지더군요.

그때까지 그는 이런 속내를 표정으로라도 좀처럼 내비친 적은 없었지만, 실은 평소에도 늘 이런 지옥 같은 마음으로 살았으리라는 점만큼은 의심할 여지가 없었습니다. 본인 입으로 직접 그렇다고 말해 주었으니까요. 하지만 그의 겉모습만 보고 이런 사실을 짐작할 수 있는 사람은 단 한 명도 없었을 겁니다. 록우드 씨도 히스클리프 씨를 만났을 때 그런 속사정까지는 모르셨잖아요? 제가 말하는 이 당시에도 그는 록우드 씨가 만났을 때와 똑같았습니다. 그저 혼자 지내는 시간이 더 길어졌고, 사람들 사이에서 말수가 훨씬 줄어들었을 뿐이지요.

20장

그날 저녁 이후 며칠 동안 히스클리프 씨는 식사 자리에서 우리와 마주치는 일을 피했습니다. 그렇다고 헤어턴과 캐시를 식탁에서 내쫓지는 않았어요. 자기감정에 완전히 굴복당하느니 차라리 스스로 자리를 피하는 쪽을 택한 것이지요. 하루 한 끼만 먹는데도 참 잘 버티더군요.

어느 날 밤, 식구들이 모두 잠자리에 든 뒤 히스클리프 씨가 아래층으로 내려와 앞문으로 나가는 소리가 들렸습니다. 다시 들어오는 소리는 듣지 못했는데, 아침에 일어나 보니 아직 돌아오지 않았더군요.

때는 마침 4월이었고, 날씨는 더없이 포근하고 감미로웠지요. 봄비와 햇살을 머금은 풀밭은 한껏 푸르렀고, 남쪽 담장 앞의 키 작은 사과나무 두 그루는 꽃으로 만발했습니다.

아침 식사가 끝나자, 캐서린은 제게 의자를 들고 나와 집 모퉁이에 있는 전나무 아래 앉아 바느질을 하라고 성화였습니다. 그러고는 상처가 다 아문 헤어턴을 구슬려 자기의 작은 정원을 가꾸게 했지요. 조지프 영감이 하도 투덜대는 바람에 꽃밭이 그쪽 구석으로 옮겨졌거든요.

저는 사방에서 풍겨 오는 봄의 향기와 머리 위로 펼쳐진 연푸른 빛 고운 하늘에 푹 빠져 느긋하게 쉬고 있었습니다. 그때 울타리에 심을 프림로즈 뿌리를 캐러 대문 근처까지 달려갔던 아가씨가 돌아왔어요. 들고 간 바구니를 절반도 못 채운 채였지요. 아가씨는 우리에게 히스클리프 씨가 들어오고 있다고 알려 주며 덧붙였습니다.

"히스클리프 씨가 나한테 말을 걸었어."

아가씨의 얼굴은 무척이나 당혹스러운 기색이었지요.

"뭐라서?" 헤어턴이 물었습니다.

"어서 빨리 가 버리라고 했어." 아가씨가 대답했지요. "하지만 평소와는 너무 딴판이라서, 나도 모르게 잠시 서서 한참을 쳐다봤지 뭐야."

"어땠는데?" 헤어턴이 다시 물었습니다.

"글쎄, 밝고 활기차 보였다고 해야 하나? 아니, 그 정도가 아냐. 아무튼 뭐랄까, 엄청나게 들뜬 것 같기도 하고, 넋이 나간 것 같으면서도 미칠 듯이 기뻐 보였어!" 아가씨가 대답했습니다.

"밤길 산책이 재미있으셨나 보네." 저는 내심 아가씨만큼이나 놀랐으면서도, 사실을 확인하고 싶은 마음에 아무렇지 않은 척 한마디를 던졌습니다. 히스클리프 씨가 기뻐하는 모습은 평생 한 번 볼까 말까 한 구경거리였으니까요. 그래서 저는 핑곗거리를 만들어 집 안으로 들어갔습니다.

히스클리프 씨는 열린 문 옆에 서 있었어요. 창백한 안색에 몸은 떨리고 있었지요. 하지만 분명 그의 두 눈에는 기이하고도 희열에 찬 광채가 서려 있었고, 그 빛 때문에 그의 얼굴이 평소와는 완전히 다른 사람처럼 보였습니다.

"아침을 차릴까요?" 제가 물었습니다. "밤새워 돌아다녔으니 배가 고플 텐데….' 어딜 돌아다녔는지 알아내고 싶었지만 대놓고 물어보고 싶지는 않았거든요.

"아니, 배는 안 고파." 히스클리프 씨가 고개를 돌리며 가소롭다는 듯이 대답했습니다. 마치 자기가 왜 그렇게 기분이 좋은지, 제가 그 속내를 떠보려 한다는 걸 간파하기라도 한 것처럼 말이죠.

저는 당황스러웠습니다. 지금 쓴소리를 좀 해 줘야 할지 말아야 할지 감이 잘 안 오더라고요. "잘 시간에 밖으로 나돌아다니는 건 옳지 않은 일 같아요." 제가 한마디 했습니다.

"어쨌든 요새같이 습한 철에는 현명한 일이 아니죠. 자칫 잘못하면 지독한 감기에 걸리거나 열병이 날지도 모르잖아요. 지금도 벌써 몸 상태가 정상이 아닌걸요!"

"내가 충분히 견딜 수 있는 정도야." 히스클리프 씨가 대답했습니다. "그리고 넬리가 나를 혼자 내버려두기만 한다면 더할 나위 없이 즐거울 거야. 그러니 안으로 들어가서 나를 성가시게 하지 마."

저는 그 말에 따랐습니다. 그러다 옆을 지나갈 때, 그의 숨소리가 고양이처럼 쌕쌕거리며 가쁜 것을 알았지요.

'그래!' 저는 속으로 생각했습니다. '결국 한바탕 병치레를 하겠군. 대체 무슨 짓을 하고 돌아다닌 거야!'

그날 낮에 히스클리프는 우리와 한 식탁에 앉았는데, 마치 지난 밤 굶은 것을 보충하려는 듯 제가 수북이 담아 준 접시를 건네받았지요.

"넬리, 감기도 안 걸렸고 열도 안 나." 제가 아침에 했던 말을 의식한 듯 그가 말했습니다. "네가 차려 준 음식을 아주 맛있게 먹어 주지."

그가 나이프와 포크를 들고 막 한입 뜨려던 참이었어요. 그런데 무슨 이유에서인지 입맛이 싹 사라진 듯 손에 쥐었던 것들을 식탁 위에 내려놓더니 창밖을 간절하게 내다보고는 자리에서 일어나 밖으로 나가 버렸습니다.

우리가 식사를 마치는 동안 히스클리프 씨는 정원을 이리저리 왔다 갔다 했습니다. 헤어턴은 우리가 주인의 마음을 서운하게 한 건 아닌지 걱정하며, 왜 식사를 안 하는지 가서 물어보고 오겠다고 하더군요.

"뭐래, 들어온대?" 언쇼가 돌아오자 캐서린이 말했습니다.

"아니." 그가 대답했습니다. "근데 화가 난 건 아냐. 오히려 정말 기분이 좋아 보였어. 그저 내가 같은 말을 두 번 한다고 짜증을 내더니, 너한테나 가 보라고 했어. 왜 엉뚱한 사람을 찾으러 다니냐면서."

저는 그의 접시가 식지 않게 벽난로 시렁에 올려 두었습니다. 한두 시간쯤 지나 큰방이 비었을 때 그가 다시 들어왔는데, 조금도 진정된 기색이 아니었어요. 어둡게 그늘진 눈매에는 여전히 괴이한—정말이지 괴이하다는 말 말고는 설명할 길이 없는—희열이 서려 있었고, 핏기 없는 얼굴로 이따금 미소를 지을 때마다 하얀 이가 드러났습니다. 몸은 가늘게 떨리고 있었는데, 추위나 기력이 다해서 떠는 게 아니었어요. 마치 팽팽하게 당겨진 줄이 부르르 진동하는 것처럼, 떨고 있다기보다는 강렬한 전율에 휩싸인 듯했지요.

저는 대체 무슨 일인지 물어봐야겠다고 생각했습니다. 저 말고 물어볼 사람이 누가 있겠어요? 그래서 저는 불쑥 말을 건넸습니다.

"히스클리프 씨, 무슨 좋은 소식이라도 들었어요? 평소와 다르게 기운이 넘치네요."

"내가 좋은 소식을 들을 데가 어디 있어?" 그가 대답했습니다. "배가 고프니까 기운이 나는군. 아무래도 먹어서는 안 될 것 같아."

"음식은 여기 있어요." 제가 대답했습니다. "왜 손도 안 대는 거예요?"

"지금은 생각 없어." 그가 서둘러 중얼거렸습니다. "저녁때까지 기다리지. 그리고 넬리, 이젠 정말 마지막으로 말해 두는데, 헤어턴이랑 그 애 좀 내 눈앞에서 치워 줘. 아무한테도 방해받고 싶지 않아. 여긴 나 혼자만 있고 싶어."

"갑자기 사람들을 쫓아내는 특별한 이유라도 있나요?" 제가 물었습니다. "히스클리프 씨, 왜 이렇게 이상하게 구는지 말 좀 해 주세요. 어젯밤에 어디 있었어요? 그냥 쓸데없는 호기심 때문에 물어보는 게 아니라…."

"순전히 쓸데없는 호기심 때문이잖아." 그가 웃음을 터뜨리며 말을 잘랐습니다. "그래도 대답은 해 주지. 어젯밤에 나는 지옥의 문턱에 서 있었어. 오늘은 나의 천국을 눈앞에 두고 있고. 바로 내 앞에 있어. 내게서 고작 3피트도 떨어져 있지 않아! 이제 그만 가. 네가 기웃거리지만 않으면 겁먹을 일은 없을 거야."

저는 벽난로 주위를 쓸고 식탁을 닦은 다음 그 어느 때보다 뒤숭숭한 마음으로 방을 나왔습니다.

그날 오후 그는 집 밖으로 한 발짝도 나오지 않았고, 아무도 그의 고독을 방해하지 않았습니다. 그러는 동안 8시가 되었고, 저는 부름을 받지는 않았지만 촛불과 저녁 식사를 챙겨 가는 게 도리라고 생각했습니다.

그는 활짝 열린 격자창 앞 창턱에 기대어 서 있었습니다. 하지만 밖을 내다보고 있는 게 아니었습니다. 얼굴이 방 안의 어스레한 어둠을 향해 있었거든요. 벽난로에는 재만 남았고, 방 안은 흐린 저녁 날의 눅눅하고 미지근한 공기로 가득했습니다. 사방이 얼마나 고요한지, 저 아래 기머턴 골짜기에서 졸졸 흐르는 시냇물 소리는 물론이고, 그 잔물결이 자갈 위를 찰랑이며 지나는 소리며, 물 위로 솟은 커다란 바위틈을 비집고 흘러나오며 콸콸 쏟아지는 소리까지 낱낱이 분간할 수 있을 정도였지요.

저는 불기 없는 벽난로의 처량한 꼴을 보면서 불만에 찬 탄식을 내뱉고는 창문을 하나하나 닫기 시작했습니다. 그러다 마침내 그가 있는 창문 앞에 이르게 되었습니다.

"이 창문도 닫아야겠지요?" 그가 꿈쩍도 하지 않기에 정신을 차리게 하려고 물었습니다.

제가 이 말을 내뱉는 순간 촛불이 그의 얼굴을 비추었습니다. 아아, 록우드 씨, 순간 그를 보고 얼마나 놀랐는지 말로는 다 표현 못 할 거예요! 움푹하게 꺼진 시커먼 눈! 그 미소와 창백하다 못해 섬뜩한 얼굴! 제 눈앞에 있는 건 히스클리프 씨가 아니라 꼭 악귀 같았어요. 저는 겁에 질린 나머지 촛불이 벽 쪽으로 기우는 것도 몰랐어요. 방 안은 다시 암흑천지가 되었습니다.

"그래, 닫아." 히스클리프 씨가 평소와 다름없는 목소리로 대답했습니다. "이런, 그렇게 덜렁대서야! 어쩌자고 초를 옆으로 뉘어서 들고 있는 거야? 얼른 가서 다른 초를 가져와."

저는 얼이 빠져서 허둥지둥 방을 뛰쳐나가 조지프에게 말했습니다. "나리가 초를 가져오고 불도 다시 피우라고 하시네요." 그 순간만큼은 도저히 제 발로 그 방에 다시 들어갈 엄두가 나지 않았거든요.

조지프는 덜컥거리며 석탄불을 삽에 퍼 담아 위층으로 올라갔습
니다. 하지만 이내 한 손에는 부삽을, 다른 한 손에는 저녁 쟁반을 든
채 곧장 내려왔습니다. 그러고는 히스클리프 씨가 자러 간다며 아침
전까지는 아무것도 먹지 않겠다고 했다며 투덜거렸지요.

곧이어 히스클리프 씨가 계단을 오르는 소리가 들렸습니다. 그런
데 자기 방으로 가지 않고, 판자 미닫이문 침대가 있는 방으로 들어
가는 게 아니겠어요? 일전에 말씀드렸듯이 그 방 창문은 사람이 드
나들 수 있을 만큼 널찍하답니다. 그래서 저는 그가 또 우리 몰래 한
밤중 외출을 계획하고 있는 줄로만 알았지요.

'저자는 송장 먹는 귀신인가, 아니면 흡혈귀인가?' 저는 곰곰이 생
각했습니다. 사람의 탈을 쓴 흉측한 악귀들에 대해 읽은 적이 있었거
든요. 그러다 이내 고개를 저으며, 그를 어릴 적부터 보살피고 청년으
로 자라나는 과정을 지켜보면서 그의 생애 거의 전부를 곁에서 함께
해 온 세월을 떠올려 보았습니다. 그런 공포에 휘둘리는 것이 얼마나
터무니없는 짓인지 스스로를 다독이면서 말입니다.

'그런데 그 검고 조그만 것은 대체 어디서 온 걸까? 사람 좋은 어르
신이 제 무덤을 파는 줄도 모르고 거두어 준 그놈 말이야.' 제가 꾸벅
꾸벅 조는 동안 미신이라는 놈이 제 귓가에 대고 중얼거렸습니다. 저
는 꿈결 속으로 빠져들면서 그에게 어울릴 만한 부모가 누구일지 상
상해 보느라 애를 먹었습니다. 깨어 있을 때 머릿속을 맴돌던 생각들
을 반복하면서도, 거기에 기괴한 상상을 덧붙여 그의 생애를 다시금
훑어 내려갔지요. 마침내 꿈속에서 그의 죽음과 장례식 장면까지 보
게 되었습니다. 지금 유일하게 기억나는 건, 그의 묘비명을 정해야 하
는 골치 아픈 일을 맡은 제가 묘지기와 상의하던 모습뿐이에요. 성^姓

도 모르고 나이도 알 수 없었으므로 우리는 그저 '히스클리프'라는 딱 한 마디 새기는 것으로 만족해야 했지요.

그런데 실제로도 그렇게 되었습니다. 지금 교회 묘지에 가서 그의 묘비를 보시면 그 이름과 사망 날짜만 새겨져 있는 걸 보시게 될 겁니다.

새벽이 되자 저는 다시 제정신이 들었습니다. 날이 밝아져 앞이 보이기 시작하자마자 저는 정원으로 나갔어요. 그의 창문 아래에 발자국이 남았는지 확인하기 위해서였지요. 흔적은 전혀 없었습니다.

'집에 있었구나.' 저는 생각했습니다. '그럼 오늘은 별 탈 없겠지.'

저는 평소 하던 대로 식구들이 먹을 아침을 준비했습니다. 하지만 헤어턴과 캐서린에게는 히스클리프 씨가 내려오기 전에 먼저 아침을 먹으라고 일러두었지요. 그가 늦게까지 누워 있었거든요. 두 아이가 바깥 나무 그늘에서 먹는 게 좋겠다고 하기에, 저도 그 애들이 편히 앉을 수 있도록 작은 식탁 하나를 내어 주었습니다.

다시 안으로 들어와 보니, 히스클리프 씨가 아래층으로 내려와 있었습니다. 그는 조지프와 이야기를 나누고 있었는데, 의논 중인 사안에 대해 명확하고 상세하게 지시를 내리고 있었어요, 하지만 말이 너무 빠르고 고개를 연신 옆으로 돌려 대는 것이 여전히 흥분이 가라앉지 않은 모습이었습니다. 아니, 전날보다 더 심했어요.

조지프가 큰방을 나가자 그는 평소 즐겨 앉던 자리에 앉았고, 저는 그 앞에 커피 한 대접을 놓아 주었습니다. 그는 커피를 자기 쪽으로 당겨 놓다 말고, 양팔을 식탁에 올리더니 맞은편 벽을 응시했습니다. 제 짐작으로는 벽의 어느 한 지점을 위아래로 훑어보는 것 같았는데, 기이하게 번뜩이는 눈이 무언가를 갈구하는 듯 잠시도 쉬지 않고 움직였습니다. 어찌나 간절히 살펴보던지 무려 30초 동안이나 숨

쉬는 것조차 잊은 듯 보였습니다.

"자, 정신 차리세요!" 저는 빵을 그의 손에 밀어 넣으며 외쳤어요. "식기 전에 좀 먹고, 이것도 마셔요. 차려 놓은 지 벌써 한 시간이 지났단 말이에요."

히스클리프 씨는 저를 쳐다보지도 않았지만 입가에는 미소가 흐르고 있었습니다. 차라리 이를 갈며 화를 내는 모습을 보는 게 낫지, 그런 미소는 정말 보고 싶지 않았습니다.

"히스클리프 씨! 주인님!" 제가 소리쳤습니다. "제발 부탁이니, 무슨 헛것이라도 보고 있는 것처럼 그렇게 노려보지 좀 마세요!"

"제발 부탁인데, 그렇게 소리 좀 크게 지르지 마." 그가 대답했습니다. "뒤를 돌아보고 말해 줘. 지금 우리 둘뿐인가?"

"당연하죠." 제가 대답했습니다. "우리 말고 또 누가 있겠어요!"

저는 우리 둘뿐이라고 대답하면서도 미심쩍은 마음에 저도 모르게 그가 시키는 대로 뒤를 돌아다보았습니다.

그는 앞에 차려진 아침상을 손으로 획 밀어내 공간을 만들더니, 몸을 앞으로 기울여 더 편한 자세로 응시하기 시작했습니다.

그제야 저는 히스클리프 씨가 벽을 보고 있는 게 아니라는 사실을 깨달았습니다. 그의 모습만 따로 떼어 놓고 보니, 정확히 자기 자리에서 두어 걸음 남짓 떨어진 허공의 무언가를 응시하고 있었거든요. 그것이 무엇이든, 그에게 극한의 환희와 고통을 한꺼번에 안겨 주는 듯했습니다. 적어도 괴로워하면서도 황홀경에 빠진 듯한 그 표정을 보면 그렇게 짐작할 수밖에 없었지요.

그가 넋을 놓고 바라보고 있는 대상은 한곳에 가만히 머물러 있지도 않았습니다. 그의 눈은 지치지도 않는지 부지런히 그 형체를 뒤쫓았고, 저에게 말을 할 때조차 시선을 떼는 법이 없었지요. 저는 그가 너무 오래 굶고 있다는 사실을 애써 일깨워 주었지만 다 소용 없는 일이었습니다. 제발 뭘 좀 먹으라는 제 간곡한 청에 못 이겨, 마지못해 빵 한 조각이나마 집으려 손을 뻗기는 하더군요. 하지만 손가락이 빵 조각에 채 닿기도 전에 주먹을 꽉 쥐어 버리더니, 무엇을 하려 했는지도 잊은 듯 식탁 위에 손을 그냥 툭 내려놓는 것이었습니다.

저는 인내심의 표본처럼 꾹 참고 앉아, 그를 사로잡고 있는 그 기괴한 망상에서 어떻게든 빠져나오게 하려고 온갖 애를 썼습니다. 결국 히스클리프 씨는 짜증을 내며 벌떡 일어나더니, 왜 식사하는 중에도 시시건건 참견하면서 자기 시간을 빙해하느냐며 다음부터는 시중들 필요 없으니, 상만 차려 놓고 그냥 나가라고 했습니다.

그 말을 남기고 그는 큰방을 나가 정원의 오솔길을 따라 천천히 거닐더니 이내 대문 밖으로 사라졌습니다.

한 시간 한 시간이 초조함 속에 지겹도록 느릿느릿 흘러갔고, 또다시 저녁이 찾아왔습니다. 밤이 깊어서야 겨우 잠자리에 들었지만 도무지 잠을 이룰 수가 없었어요. 히스클리프 씨는 자정이 지나서야 돌아왔는데, 침실로 올라가는 대신 아래층 큰방에 틀어박혀 버리더군요. 저는 그가 내는 소리에 온 신경을 집중하며 이리저리 뒤척이다가, 결국 옷을 챙겨 입고 아래층으로 내려갔습니다. 온갖 부질없는 걱정으로 머릿속을 괴롭히며 누워 있자니, 도저히 좀이 쑤셔 견딜 수가 있어야지요.

히스클리프 씨가 안절부절못하며 방 안을 서성이는 발소리가 들렸습니다. 이따금 신음 같은 깊은 한숨이 정적을 깨뜨리더군요. 드문드문 혼잣말도 중얼거렸는데, 제가 알아들을 수 있었던 건 오직 '캐서린'이라는 이름뿐이었습니다. 그 이름 뒤에는 애끓는 사랑의 말이나 고통에 겨워 터져 나오는 탄식이 뒤따랐지요. 마치 바로 앞에 누가 있는 것처럼 낮고 간절하게, 영혼의 밑바닥에서부터 쥐어짜는 듯한 목소리였지요.

차마 방 안으로 곧장 들어갈 용기는 나지 않았습니다. 하지만 그를 그 기괴한 망상에서 끌어내고 싶은 마음에, 저는 부엌 벽난로로 가서 괜히 불을 뒤적이며 타다 남은 재를 달그락달그락 긁어 내기 시작했습니다. 제 생각보다 효과가 빨리 나타나더군요. 그가 즉시 문을 열더니 말했습니다.

"넬리, 들어와 봐. 아침인가? 불 가지고 와."

"4시를 치는군요." 제가 대답했습니다. "위층으로 가져갈 양초가 필요하겠군요. 여기 부엌에 있는 불로 붙이면 그만이었을걸."

"아니, 위층으로는 안 올라가." 그가 말했습니다. "들어와서 불이나 좀 지펴 줘. 그리고 방 안에서 할 일이 있으면 뭐든 해."

"불씨를 살려야 불을 옮겨 오든 말든 하죠." 제가 의자와 풀무를 가져오며 대답했습니다.

그사이 히스클리프 씨는 거의 실성한 사람처럼 이리저리 방 안을 배회했습니다. 어찌나 한숨을 몰아쉬든지, 제대로 숨을 고를 틈도 없이 깊은 탄식이 쉴 새 없이 터져 나왔지요.

"날이 밝는 대로 그린 씨를 불러와." 그가 말했습니다. "이런 일들에 마음을 쓸 여력이 조금이라도 남아 있을 때, 내 정신이 온전할 때 그 사람한테 법률적인 문제를 좀 물어보고 싶어. 아직 유언장도 안 썼고, 내 재산을 어떻게 처리해야 할지도 결정을 못 했거든. 마음 같아서는 이 세상천지에서 내 재산을 깡그리 없애 버리고 싶은데 말이야."

"그런 말 마세요, 히스클리프 씨." 제가 말을 가로막았습니다. "유언장은 나중에 천천히 써도 돼요. 지은 죄를 다 뉘우치시려면 아직 살아야 할 날이 한참은 더 남았단 말이에요! 당신 같은 사람이 이렇게 정신이 나가 버릴 줄은 꿈에도 몰랐네요. 하지만 지금 상태는 정말이지 기가 막힐 정도예요. 게다가 이건 순전히 본인이 자초한 일이라고요. 사흘을 이런 식으로 보냈으니 제아무리 티탄Titan*이라도 쓰러지고 말겠어요. 제발 끼니 거르지 말고 잠도 좀 자요. 거울을 보고 당신 상태가 어떤지 좀 보란 말이에요, 얼마나 못 먹고 못 잤는지 단숨에 알 수 있을 테니까. 볼은 푹 꺼지고 눈은 시뻘겋게 충혈된 게, 꼭 굶주림에 허덕이다 잠을 못 자 눈이 멀게 된 사람 같다고요."

"내가 못 먹고 못 자는 건 내 탓이 아니야." 그가 대답했습니다. "일부러 안 먹고 안 자는 게 아니란 말이야. 나도 할 수만 있다면 당장 그렇게 할 거야. 하지만 자네가 지금 하는 말은 팔 한 번만 저으면 육지인데, 물에서 허우적대는 사람한테 그냥 쉬라는 말이나 똑같아! 일단 육지에 올라가야 할 거 아냐, 쉬는 건 그다음이지. 그건 그렇고, 그런 씨는 관두지. 그리고 아까 죄를 뉘우치라고 했나? 나는 잘못한 게 없으니까 뉘우칠 일도 없어. 나는 행복하지만 아직 온전히 행복하진 않아. 내 영혼의 지복至福이 내 육체를 갉아 먹고 있지만, 정작 그 영혼은 그 무엇으로도 채워지지 않는단 말이야."

"행복하다고요, 히스클리프 씨?" 제가 소리를 질렀습니다. "참 이상한 행복도 다 있네요! 화내지 않고 제 말을 들어 준다면, 더 행복하

* 그리스신화에 등장하는 거대하고 강력한 신의 종족. 올림포스 신들이 등장하기 전 세상을 지배했으며, 주로 압도적인 힘이나 거대한 체구, 또는 초인적인 저항과 고통을 상징할 때 비유적으로 쓰인다.

게 해 줄 조언을 드릴 수도 있는데요."

"그게 뭔데?" 그가 물었습니다. "말해 봐."

"히스클리프 씨도 알겠지만," 제가 말을 이었습니다. "당신은 열세 살 때부터 지금까지 이기적이고 기독교도답지 않은 삶을 살아왔잖아요. 그 긴 세월 동안 성경책을 손에 쥔 적이 거의 없을 거예요. 성경책에 무슨 말이 있는지도 다 잊어버렸을 테고, 이제 성경책을 뒤적거릴 짬도 없겠지요. 그래서 말인데, 어느 교파든 상관없으니 목사 한 분을 모셔다가, 히스클리프 씨가 그 가르침에서 얼마나 멀리 벗어나 있는지, 그리고 죽기 전에 회개하지 않으면 성경이 약속하는 천국이 본인에게 얼마나 어울리지 않는 곳이 될지 제대로 좀 들어 본다고 해서 딱히 해로울 건 없겠지요?"

"그 말을 들으니 화가 나기는커녕 오히려 고마운걸, 넬리." 히스클리프 씨가 말했습니다. "넬리 덕분에 내가 어떻게 묻히고 싶은지 다시 떠올랐거든. 시신은 저녁에 교회 묘지로 옮겨. 넬리랑 헤어턴은 오고 싶으면 따라와. 특히 명심해. 관 두 개를 어떻게 할지에 대해 내가 내린 지시를 묘지기가 한 치의 오차도 없이 따르는지 똑똑히 지켜보란 말이야! 목사 같은 건 올 필요 없어. 내 무덤 앞에서 그 어떤 말도 지껄이지 못하도록 해. 다시 말하지만, 내 천국은 이제 손에 잡힐 듯 가까이 있어. 남들이 말하는 천국 따위는 내게 아무 의미도 없고 조금도 탐나지 않아."

"그런데 계속 그렇게 고집부리고 아무것도 안 먹다가 굶어 죽어서 교회 묘지에 묻히는 것조차 거부당하면요?" 그의 불경스러운 무관심에 충격을 받은 제가 물었습니다. "그때는 어쩌려고요?"

"그럴 리 없어." 그가 대답했습니다. "설령 그렇게 되더라도 넬리가 나를 몰래 옮겨야 할 거야. 만약 그 일을 소홀히한다면, 죽은 자가 무덤 밖을 떠돈다는 게 무슨 뜻인지 몸소 실감하게 해 주겠어!"

다른 식구들이 움직이는 소리가 들리자마자 그는 자기 굴로 기어 들었고, 그제야 저는 숨을 좀 돌릴 수 있었습니다. 하지만 오후가 되어 조지프와 헤어턴이 일하러 나간 사이, 그는 다시 부엌으로 들어왔습니다. 그러더니 광기 어린 눈빛으로 저더러 큰방에 들어와 앉아 있으라고 하더군요. 누군가 옆에 있어 주길 간절히 바라는 모양이었습니다.

저는 거절했습니다. 히스클리프 씨의 해괴한 말과 행동이 무서워 죽겠으니, 혼자서 그를 상대할 배짱도 의지도 없다고 딱 잘라 말했죠.

"나를 악마라고 생각하나 보군." 히스클리프 씨가 특유의 음울한 웃음을 터뜨리며 말했습니다. "번듯한 지붕 아래 같이 살기에는 너무나도 끔찍한 괴물이라고 생각하는 거지."

그러고는 부엌에 있다가 그를 보자 제 등 뒤로 몸을 숨기는 캐서린 쪽으로 몸을 돌리더니, 비아냥거리는 말투로 덧붙였습니다.

"얘야, 네가 같이 있어 줄래? 해치지 않으마. 아니지, 안 될 말이군! 너한테 나는 악마보다 더 지독한 놈이었지. 좋아, 내 옆에서 뒷걸음질 치지 않을 애가 딱 하나 있긴 해! 세상에, 정말 끈질기기도 하지! 아, 빌어먹을! 산 사람의 몸뚱이로는 도무지 감당할 수가 없어. 나 같은 놈조차 버텨 내질 못하겠단 말이야!"

그 뒤로 그는 아무한테도 옆에 있어 달라는 말은 하지 않았습니다. 해 질 녘 그는 자기 방으로 들어갔습니다. 밤새도록, 그리고 아침 늦게까지 우리는 그가 신음하며 중얼거리는 소리를 들었습니다. 헤어턴이 방에 들어가 보고 싶어 안달복달했지만, 저는 차라리 케네스 선생을 모셔 오라고, 선생이 오면 같이 들어가 보자고 일렀습니다.

의사가 와서 제가 들어가게 해 달라고 청하며 문을 열려고 해 보았지만, 문은 잠겨 있었습니다. 히스클리프 씨는 우리더러 다 지옥에나 가라며 소리를 질렀습니다. 자기는 좀 나아졌으니 혼자 있게 내버려 두라면서 말이에요. 결국 의사는 그냥 돌아갔습니다.

그다음 날 저녁은 비가 아주 많이 내렸습니다. 사실 새벽녘까지 비가 억수같이 퍼부었죠. 아침에 집 주변을 한 바퀴 돌며 산책을 하다가, 히스클리프 씨의 방 창문이 활짝 열린 채 덜컹거리는 것을 보았습니다. 빗줄기가 방 안으로 그대로 들이치고 있더군요.

'침대에 누워 있을 리가 없어.' 저는 생각했습니다. '그랬으면 비에 흠뻑 젖었을 테니까. 이미 일어났거나 밖에 나간 게 틀림없어.' 어쨌든 여기서 혼자 지레짐작하며 애태울 게 아니라, 단단히 마음을 먹고 들어가 확인해 보기로 했습니다.

다른 열쇠로 간신히 문을 열고 안으로 들어가 보니 방은 비어 있더군요. 저는 서둘러 벽장 침대로 달려가 판자 미닫이문을 열어젖히고 안을 들여다보았습니다. 히스클리프 씨가 있었어요. 똑바로 누워 있더군요. 저와 마주친 그의 눈빛이 어찌나 날카롭고 사나운지 저는 그만 움찔하며 물러섰습니다. 그런데 가만히 보니 미소를 짓고 있는 것 같았어요.

그가 죽었다고는 생각도 못 했습니다. 하지만 들이친 빗물에 얼굴과 목덜미가 차갑게 씻기고, 침대 홑이불이 흠뻑 젖어 축축한데도 그는 미동조차 없었지요. 여닫이창이 앞뒤로 덜컹거리며 창틀에 놓인 그의 한쪽 손등을 계속 긁어 대고 있었지만, 벗겨진 피부에서는 피한 방울 흘러나오지 않았어요. 그 상처에 제 손을 대본 순간, 더는 의심의 여지가 없었습니다. 그는 이미 죽어 뻣뻣하게 굳어 있었어요.

저는 창문을 닫아걸었습니다. 그의 이마 위로 흘러내린 검고 긴 머리카락을 쓸어넘겨 주고, 어떻게든 그 눈을 감겨 보려 애썼지요. 누군 가 보기 전에, 그 무시무시하고도 생생한 환희에 찬 눈빛을 지워 버리 고 싶었거든요. 하지만 눈은 감기지 않았습니다. 오히려 제 노력을 비 웃는 것 같았지요. 벌어진 입술 사이로 드러난 날카롭고 하얀 이까지 저를 비웃는 듯했어요! 다시 덜컥 겁이 나서 저는 비명을 지르며 조 지프를 불렀습니다. 조지프는 발을 질질 끌며 올라와서는 한바탕 법 석을 떨더니, 그 몸에 손을 대는 것만큼은 하지 않겠다며 단호히 거 절하더군요.

"악마가 그놈 영혼을 가로채 갔다." 그가 소리쳤습니다. "어차피 내 알 바 아니니, 넘으로 몸뚱이도 가져갈 것이지! 아이고, 뒈졌는데 잇 새를 드러내고 이죽거리다니, 몰골 한번 고약하네!" 그 늙은 죄인은 망자를 조롱하듯 히죽거렸습니다.

저는 그 영감이 침대를 빙글빙글 돌며 덩실덩실 춤이라도 출 줄 알 았지요. 하지만 갑자기 평정을 되찾더니 무릎을 꿇고 두 손을 높이 쳐들었습니다. 그러더니 정당한 주인과 그 가문의 혈통이 마침내 권 리를 되찾게 된 데 대해 감사의 기도를 올렸습니다.

이 끔찍한 사건 앞에 저는 망연자실해졌습니다. 옛 기억들이 되살 아나며 가슴을 짓누르는 듯한 슬픔이 밀려들었지요. 하지만 진심으 로 가슴 아파한 사람은 가장 모진 대우를 받았던 불쌍한 헤어턴뿐이 었습니다. 밤새도록 시신 곁을 지키면서 비통하게 울더군요. 시신의 손을 꼭 맞잡고, 다른 이들은 쳐다보는 것조차 꺼리는 그 냉소적이고 사나운 얼굴에 입을 맞추기도 했지요. 벼린 강철처럼 단단하면서도 한없이 너른 심성에서 솟구쳐 오르는 강렬한 슬픔으로 그를 애도했 습니다.

케네스 씨는 그 집 주인이 대체 무슨 병으로 죽었는지 딱 잘라 말하지 못해 당황해했습니다. 저는 그가 나흘 동안 아무것도 먹지 않았다는 사실은 말하지 않았습니다. 혹여라도 번거로운 일이 생길까 봐 두렵기도 했지만, 제가 보기에는 분명히 일부러 곡기를 끊은 건 아니었어요. 그가 굶은 것은 기이한 병이 불러온 결과였지, 결코 원인이 아니었으니까요.

우리는 온 동네 사람들의 빈축을 사면서도 그가 생전에 소원하던 대로 장례를 치렀습니다. 조문객이라고는 언쇼 도련님과 저, 묘지기, 그리고 관을 운반하는 장정 여섯 명이 전부였지요.

장정들은 관을 무덤 자리에 내려놓자마자 떠나 버렸고, 우리만 남아서 흙이 덮이는 모습을 지켜보았습니다. 헤어턴은 얼굴이 눈물범벅이 된 채로 직접 푸른 잔디 뗏장을 떼어 와 갈색 흙 위를 덮어 주더군요. 이제 그 무덤은 곁에 있는 두 무덤처럼 매끄럽고 푸르러졌습니다. 그곳의 주인도 다른 두 사람만큼이나 고이 잠들어 있기를 바랄 뿐입니다.

하지만 이 고장 사람들에게 물어보면 아시겠지만, 다들 그가 떠돌아다닌다고 성경에 손을 얹고 맹세할 겁니다. 교회 근처나 황무지에서 그를 보았다는 사람도 있고, 심지어 이 집 안에서도 그와 마주쳤다는 사람이 있으니까요. 손님은 부질없는 소리라고 하시겠지요. 저도 그렇게 생각합니다. 하지만 부엌 난롯가에 앉아 있는 저 노인네는 주인님이 죽은 뒤로 비 오는 밤이면 그 방 창가에서 밖을 내다보는 두 사람의 형체를 보았다고 우겨 댑니다. 그리고 사실, 한 달 전쯤 저에게도 기이한 일이 있었어요.

어느 날 저녁 그레인지로 가는 길이었어요. 금방이라도 천둥이 칠 것 같은 컴컴한 저녁이었지요. 하이츠에서 막 벗어나 굽잇길을 돌아서려는데, 양 한 마리와 새끼 양 두 마리를 앞세운 한 남자아이와 마

516

주쳤습니다. 아이가 자지러지게 울고 있기에, 저는 새끼 양들이 제멋대로 날뛰어 힘에 부쳐서 그러나 보다 싶었지요.

"얘야, 무슨 일이니?" 제가 물었습니다.

"저기, 저기 언덕 아래에 히스클리프랑 어떤 여자가 있어요." 아이가 엉엉 울며 대답했어요. "무서워서 못 지나가겠어요."

저는 아무것도 보지 못했습니다. 하지만 양들도 아이도 더는 가려고 하지 않고 버티고 있더라고요. 그래서 저는 아이에게 아래쪽 길로 가라고 일러 주었지요. 아이가 혼자 황야를 가로지르다가 부모나 친구들에게 들었던 터무니없는 소리를 떠올리고는 헛것을 본 걸 거예요. 그렇긴 해도, 이제는 어두울 때 밖에 나기는 게 꺼려지더군요. 이 음침한 집에 나 혼자 남겨지는 것도 싫고요. 그런 기분이 드는 건 저도 어쩔 도리가 없어요. 두 사람이 빨리 이 집을 떠나 그레인지로 이사 가면 제 마음도 한결 놓일 것 같아요!

"두 사람이 그레인지로 가기로 했나요?" 내가 물었다.

"네." 딘 부인이 대답했다. "결혼하자마자 바로 떠날 거예요. 새해 첫날이 결혼식 날이에요."

"그럼 여긴 누가 살죠?"

"글쎄요, 조지프가 집을 지키겠지요. 아마 말동무가 되어 줄 젊은 사내 하나를 들일 거예요. 둘이 부엌에서 지내고, 다른 데는 전부 닫아 두려고요."

"거길 차지하고 싶어 안달 난 유령들이 쓰라고 말인가요?" 내가 한마디 거들었다.

"그런 말 마세요, 록우드 씨." 넬리는 고개를 내저으며 말했습니다. "고인들은 평온히 잠들었다고 믿어요. 그들을 그렇게 가볍게 입에 올리는 건 도리가 아니지요."

바로 그때 정원 문이 철컥 닫히는 소리가 들렸다. 산책하러 나갔던 두 사람이 돌아온 것이었다.

"저들은 무서울 게 없겠군." 내가 창문 너머로 두 사람을 지켜보며 투덜거렸다. "둘이 함께라면 사탄과 그 수하들이 몰려온대도 맞서 싸우겠어."

두 사람이 현관 앞 돌계단을 밟고 서서 마지막으로 달을, 더 정확히 말하자면 달빛에 비치는 서로의 얼굴을 바라보려고 멈춰 섰을 때, 나는 이번에도 그들을 피해 달아나고 싶은 충동을 억누를 수 없었다. 나는 딘 부인의 손에 성의의 표시를 쥐여 주고 황급히 자리에서 일어났다. 예의 없이 도망치듯 어딜 가느냐며 나무라는 부인의 만류를 뒤로한 채, 나는 두 사람이 현관문을 여는 것과 거의 동시에 부엌문으로 빠져나왔다.

다행히 조지프는 발치에 떨어진 금화 한 닢의 청아한 소리를 듣고 나서야 나를 점잖은 신사로 인정해 주었다. 안 그랬다면 딘 부인이 경박하게 손님과 속닥거렸다고 확신하며 혀를 찼을 게 뻔하다.

집으로 돌아가는 길은 교회 방향으로 돌아가느라 산책이 좀 길어졌다. 교회 담장 아래서 보니, 고작 일곱 달 사이에 건물은 눈에 띄게 퇴락해 있었다. 창문마다 유리창이 깨져 검은 구멍이 숭숭 뚫려 있었고, 지붕 기와는 여기저기 어긋나 삐죽 튀어나와 있어서 곧 불어닥칠 가을 폭풍우에 하나둘 떨어져 나갈 것만 같았다.

나는 황야 근처 비탈길에서 묘비 세 개를 찾아냈다. 가운데 묘는 회색빛으로 바랜 채 히스 풀에 반쯤 덮혀 있었고, 에드거 린턴의 묘는 발치까지 자라난 잔디와 이끼 덕분에 그나마 주변과 어우러져 있었으나, 히스클리프의 묘는 아직 헐벗은 채였다.

나는 그 온화한 하늘 아래에서 무덤 주위를 한참 동안 맴돌았다. 히스와 블루벨 사이를 나풀거리는 나방들을 지켜보기도 하고, 풀숲을 스치며 부드럽게 숨 쉬는 바람 소리에 귀를 기울이기도 했다. 그리고 생각에 잠겼다. 이토록 고요한 땅속에 잠든 이들이 어찌 편안히 쉬지 못하리라고 그 누가 상상이나 할 수 있겠는가.

끝.

1818년　7월 30일, 영국 요크셔주 손턴에서 영국 국교회 목사인 아버지 패트릭 브론테와 어머니 마리아 브론테 사이에서 5녀 1남 중 다섯째로 태어난다.[첫째 언니는 마리아(1814), 둘째 언니는 엘리자베스(1815), 셋째 언니는 《제인 에어Jane Eyre》를 쓴 샬럿(1816), 오빠는 브랜웰(1817), 동생은 《아그네스 그레이Agnes Gray》를 쓴 앤(1820)이다.]

1820년　동생 앤이 태어난다. 아버지가 하워스의 교구 신부로 부임하면서 가족들이 하워스로 이사한다.

1821년　어머니 마리아가 병으로 사망한다. 이후 집안 살림과 양육은 이모인 엘리자베스 브랜웰이 맡는다.

1824년　세 언니가 다니고 있던 기숙학교에 입학한다. 나중에 이곳은 샬럿의 《제인 에어》에 나오는 기숙학교의 배경이 된다.

1825년　첫째 언니 마리아가 기숙학교의 열악한 환경 탓에 병에 걸려 돌아온다. 5월, 마리아가 사망한다. 둘째 언니 엘리자베스도 병에 걸려 돌아온다. 6월, 엘리자베스가 사망한다. 샬럿과 에밀리는 집으로 돌아온다. 이때부터 남은 아이들은 한집에 살며 독학으로 공부를 이어 간다.

1835년　언니 샬럿이 교사로 있는 학교에 입학한다. 하지만 향수병에 걸려 몇 달 만에 다시 집으로 돌아온다. 돌아온 에밀리 대신 앤이 그 학교에 입학한다.

1838년　핼리팩스에 있는 여학교에서 교사 일을 하다 병이 나서 집으로 돌아온다. 이때부터 집안 살림을 돌보거나, 주일학교 교사 일을 하면서 독학한다.

1841년   샬럿과 함께 학교 설립을 계획한다.

1842년   2월, 학교 설립에 필요한 교육을 받기 위해 샬럿과 함께 벨기에 브뤼
셀에 있는 기숙학교에 들어간다. 하지만 10월, 엘리자베스 이모가
사망하자 나시 집으로 들어온다.

1844년   샬럿과 에밀리는 집에서 학교를 열어 보려 했으나 학생들이 모이지
않아 실패한다.

1845년   에밀리가 쓴 시를 우연히 본 샬럿이 두 동생에게 시집 출판을 제안
한다.

1846년   샬럿과 에밀리, 앤 이렇게 세 자매는 여성 작가에 대한 편견을 피하
기 위해 중성적인 필명으로 《커러, 엘리스, 액턴 벨의 시집Poemns by
Currer, Ellis and Acton Bell》을 출판한다. 하지만 시집은 두 권 정도만
팔린다. 이 시집에는 에밀리의 시 21편이 실려 있다.

1847년   10월, 샬럿이 쓴 《제인 에어》가 출간되어 호평을 받는다. 12월, 에
밀리의 《폭풍의 언덕》과 앤의 《아그네스 그레이Agnes Gray》가 출간
된다. 《폭풍의 언덕》은 평자들 사이에서 논란이 되기는 했지만 큰
성공을 거두지는 못한다.

1848년   9월, 오빠 브랜웰이 결핵으로 사망한다. 12월 19일, 《폭풍의 언덕》
출간 이후 건강이 나빠진 에밀리가 결핵으로 사망한다.

1849년   5월, 앤이 사망한다.

1855년   3월, 샬럿이 사망한다.

폭풍의 언덕

초판 1쇄 인쇄 2026년 4월 16일
초판 1쇄 발행 2026년 4월 23일

지은이 에밀리 브론테
옮긴이 이현숙
펴낸이 이효원
편집인 노현주
디자인 이용석(표지), 이수정(본문)
펴낸곳 올리버
출판등록 제395-2022-000125호
주소 경기도 고양시 덕양구 삼송로 222, 101동 305호(삼송동, 현대헤리엇)
전화 070-8279-7311　　　　　**팩스** 02-6008-0834
전자우편 tcbook@naver.com

ISBN 979-11-94381-91-4 (04080)
　　　979-11-89550-89-9 (세트)

올리버 세계교양전집 목록

01 사람을 얻는 지혜 발타자르 그라시안 지음 | 황선영 옮김

02 자유론 존 스튜어트 밀 지음 | 이현숙 옮김
서울대, 연세대, 고려대 선정 필독 교양서

03 명상록 마르쿠스 아우렐리우스 지음 | 김수진 옮김
하버드대, 옥스퍼드대, 시카고대 선정 필독 교양서

04 군주론 니콜로 마키아벨리 지음 | 민지현 옮김
하버드대, 옥스퍼드대, 서울대 선정 필독 교양서

05 크리스마스 캐럴 찰스 디킨스 지음 | 아서 래컴 그림 | 박영민 옮김

06 오 헨리 단편선 오 헨리 지음 | 신예용 옮김

07 좁은 문 앙드레 지드 지음 | 김진형 옮김
노벨문학상을 수상한 20세기 프랑스 문학의 거장 앙드레 지드의 대표작, 국립중앙도서관 선정 고전 100선

08 첫사랑·짝사랑 이반 투르게네프 지음 | 윤영 옮김

09 인간 실격 다자이 오사무 지음 | 임지인 옮김

10 사양 다자이 오사무 지음 | 이재현 옮김

11 이방인 알베르 카뮈 지음 | 구영옥 옮김
1957년 노벨 문학상 수상 작가, 미국대학위원회 선정 SAT 추천도서

12 동물 농장 조지 오웰 지음 | 윤영 옮김
《타임》 선정 '20세기 100대 영문 소설', 미국대학위원회 선정 SAT 추천도서

13 도련님 나쓰메 소세키 지음 | 임지인 옮김
서울대 선정 필독 교양서

14 자기 신뢰·운명·개혁하는 인간 랄프 왈도 에머슨 지음 | 공민희 옮김

15 노인과 바다 어니스트 헤밍웨이 지음 | 서나연 옮김
노벨 문학상 수상 작가, 1953년 퓰리처상 수상작

16 소크라테스의 변명·크리톤·파이돈·향연 플라톤 지음 | 최유경 옮김

17 데미안 헤르만 헤세 지음 | 이민정 옮김
노벨 문학상 수상 작가, 괴테상 수상 작가, 서울대 선정 필독서

18 1984 조지 오웰 지음 | 주정자 옮김
하버드대생이 가장 많이 읽는 책 20, 서울대 지원자들이 가장 많이 읽은 책 20

19 톨스토이 단편선 레프 니콜라예비치 톨스토이 지음 | 민지현 옮김

20 군중심리 귀스타브 르 봉 지음 | 최유경 옮김
《르몽드》 선정, 세상을 바꾼 20권의 책

21 유토피아 토머스 모어 지음 | 김용준 옮김

22 프랑켄슈타인 메리 셸리 지음 | 윤영 옮김
미국대학위원회 선정 SAT 추천도서, 《뉴스위크》 선정 세계 최고의 책 100선

23 예언자 칼릴 지브란 지음 | 김용준 옮김

24 벤자민 버튼의 시간은 거꾸로 간다 F. 스콧 피츠제럴드 지음 | 이민정 옮김

25 변신·시골 의사 프란츠 카프카 지음 | 윤영 옮김
서울대 권장도서 100선, 미국대학위원회 선정 SAT 추천도서

26 지킬 박사와 하이드 씨 로버트 루이스 스티븐슨 지음 | 조진경 옮김
하버드대 신입생 권장도서, 《가디언》 선정 '모든 사람이 꼭 읽어야 할 책'

27 싯다르타 헤르만 헤세 지음 | 최유경 옮김
노벨 문학상 수상 작가, 괴테상 수상 작가, 서울대, 연세대, 고려대 선정 추천도서